二〇一一—二〇二〇年國家古籍整理出版規劃項目
國家古籍整理出版專項經費資助項目

阮元集

程章燦 主編

揅經室集 上

〔清〕阮元 著

張鑫龍 點校

廣陵書社

圖書在版編目（CIP）數據

揅經室集 / (清) 阮元著 ; 張鑫龍點校. -- 揚州 : 廣陵書社, 2023.9
（阮元集 / 程章燦主編）
ISBN 978-7-5554-2078-1

Ⅰ. ①揅… Ⅱ. ①阮… ②張… Ⅲ. ①雜著－中國－清代 Ⅳ. ①Z429.49

中國國家版本館CIP數據核字(2023)第024715號

叢 書 名　阮元集
叢書主編　程章燦

書　　名　揅經室集
著　　者　〔清〕阮　元
點　　校　張鑫龍
責任編輯　劉　棟
出 版 人　曾學文
封面設計　姜　嵩

出版發行　廣陵書社
揚州市四望亭路 2-4 號　郵編　225001
(0514)85228081（總編辦）　85228088（發行部）
http://www.yzglpub.com　E-mail:yzglss@163.com
印　　刷　常州市金壇古籍印刷廠有限公司

開　　本　889 毫米 × 1194 毫米 1/32
印　　張　55.375
字　　數　740 千字
版　　次　2023 年 9 月第 1 版
印　　次　2023 年 9 月第 1 次印刷
標準書號　ISBN 978-7-5554-2078-1
定　　價　360.00 元(全三冊)

清陳重慶題雷塘庵主像（揚州博物館藏）

阮元坐像(選自《清中葉學者大臣阮元生平與時代》)

阮元家廟（位于揚州市毓賢街）

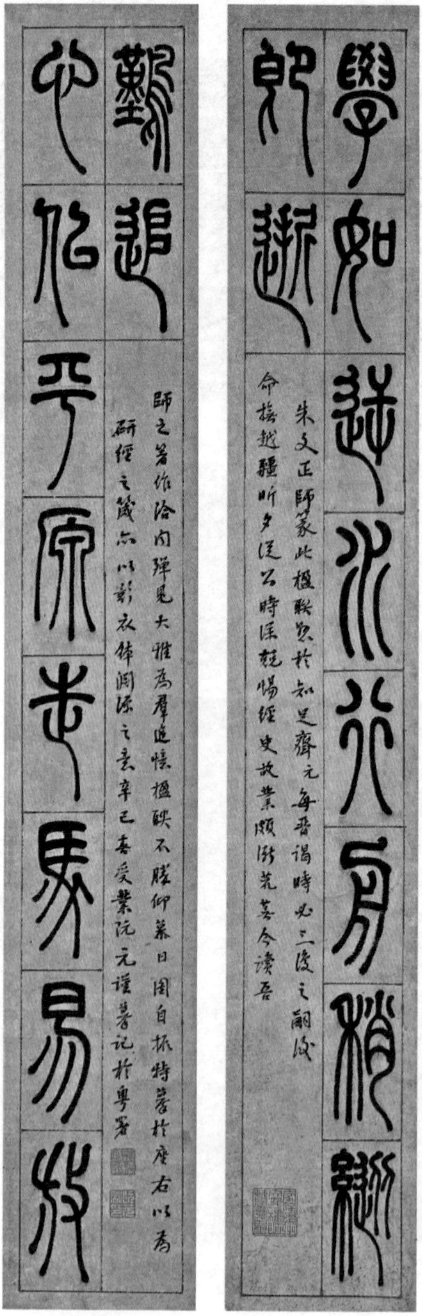

阮元篆書十言聯（揚州博物館藏）

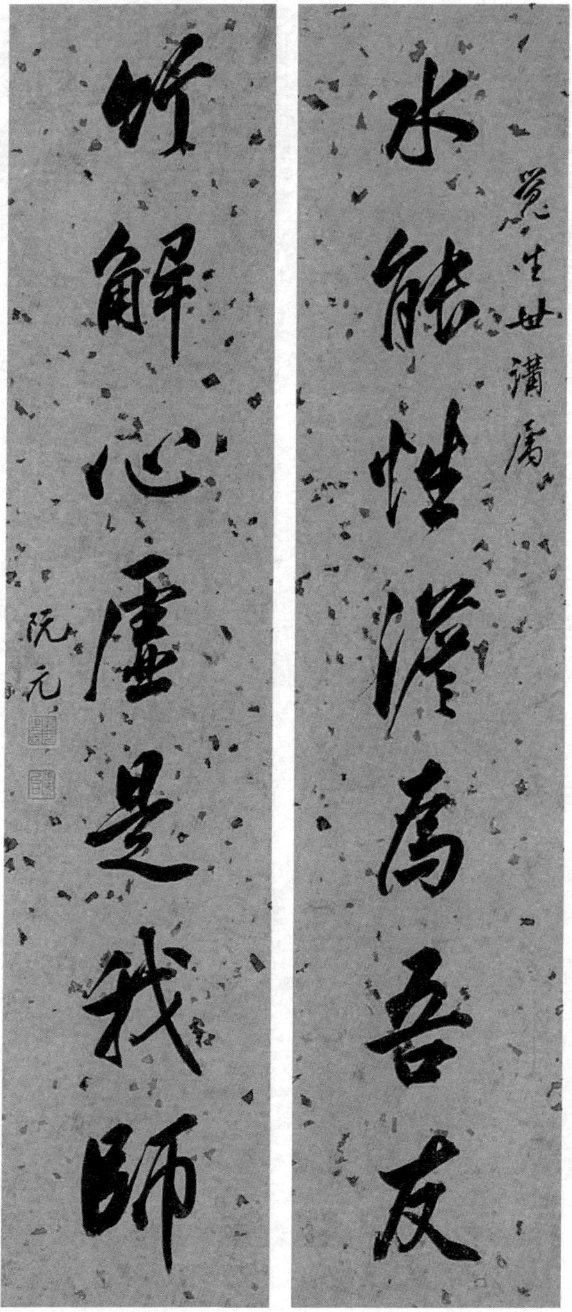

阮元行書七言聯

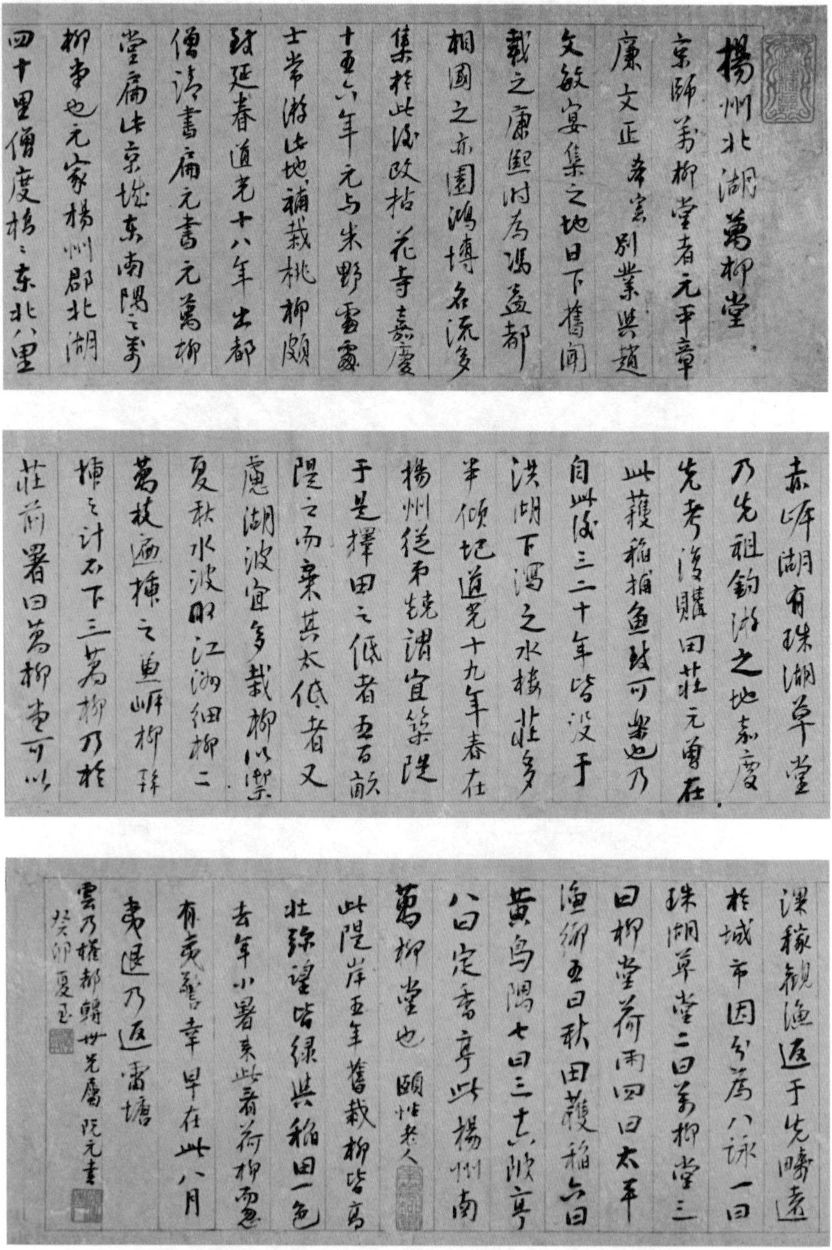

阮元行書《揚州北湖萬柳堂記》橫幅（浙江省博物館藏）

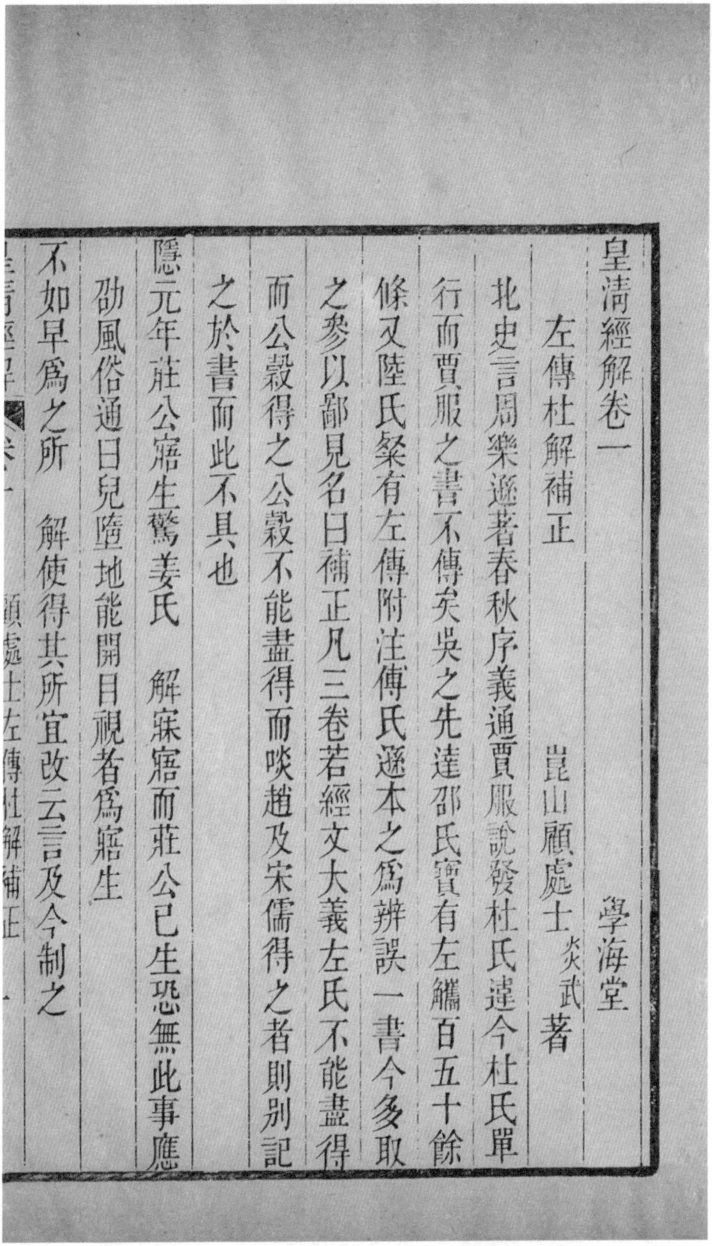
皇清經解卷一　學海堂

左傳杜解補正　崑山顧處士炎武著

北史言周樂遜著春秋序義通賈服說發杜氏違今杜氏單行而賈服之書不傳矣吳之先達邵氏寶有左觿百五十餘條又陸氏粲有左傳附注傅氏遜本之爲辨誤一書今多取之參以鄙見名曰補正凡三卷若經文大義左氏不能盡得而公穀得之公穀不能盡得而啖趙及宋儒得之者則别記之於書而此不具也

隱元年莊公寤生驚姜氏　解寐寤而莊公已生恐無此事應劭風俗通曰兒墮地能開目視者爲寤生

不如早爲之所　解使得其所宜改云言及今制之

皇清經解卷一　顧處士左傳杜解補正　一

清道光九年廣東學海堂刻本《皇清經解》書影

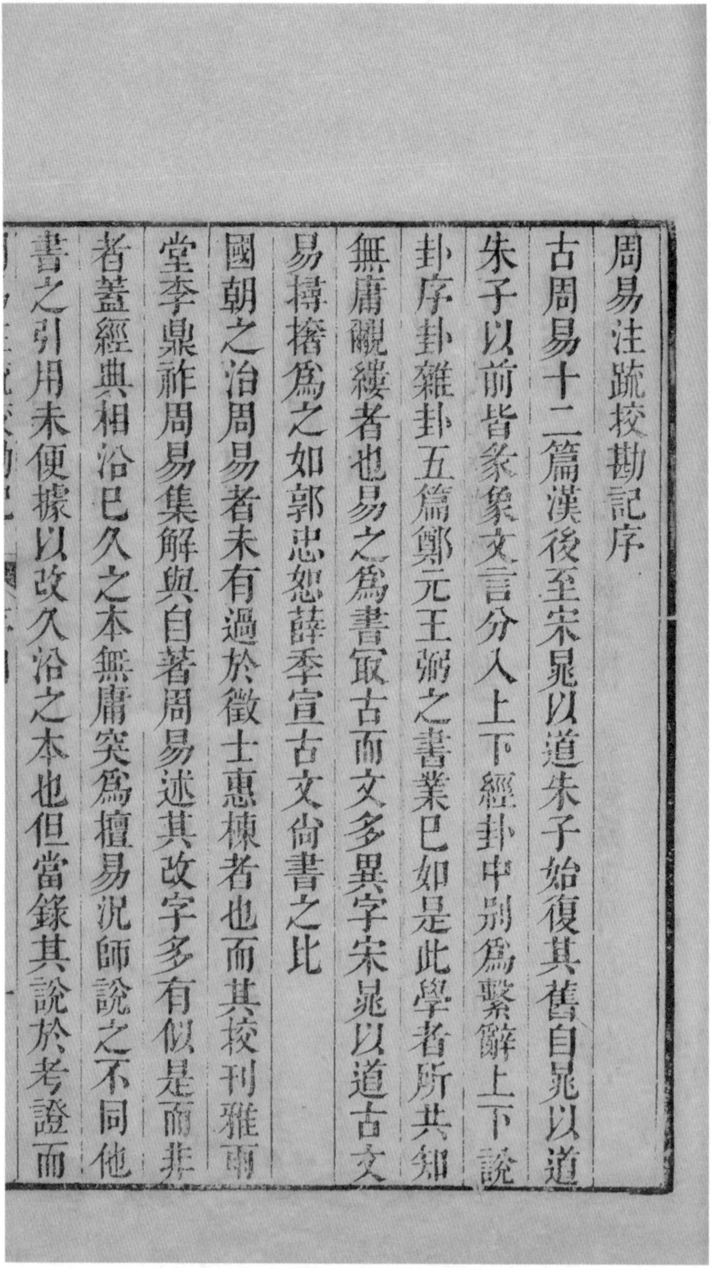
周易注疏校勘記序
古周易十二篇漢後至宋晁以道朱子始復其舊自晁以道朱子以前皆彖象文言分入上下經卦中别爲繫辭上下說卦序卦雜卦五篇鄭元王弼之書業已如是此學者所共知無庸覼縷者也易之爲書最古而文多異字宋晁以道古文易撏撦爲之如郭忠恕薛季宣古文尚書之比
國朝之治周易者未有過於徵士惠棟者也而其校刊雅雨堂李鼎祚周易集解與自著周易述其改字多有似是而非者蓋經典相沿已久之本無庸突爲擅易況師說之不同他書之引用未便據以改久沿之本也但當錄其說於考證而

清嘉慶文選樓本《十三經注疏校勘記》書影

陝西省圖書館藏《擘經室集》扉頁書影

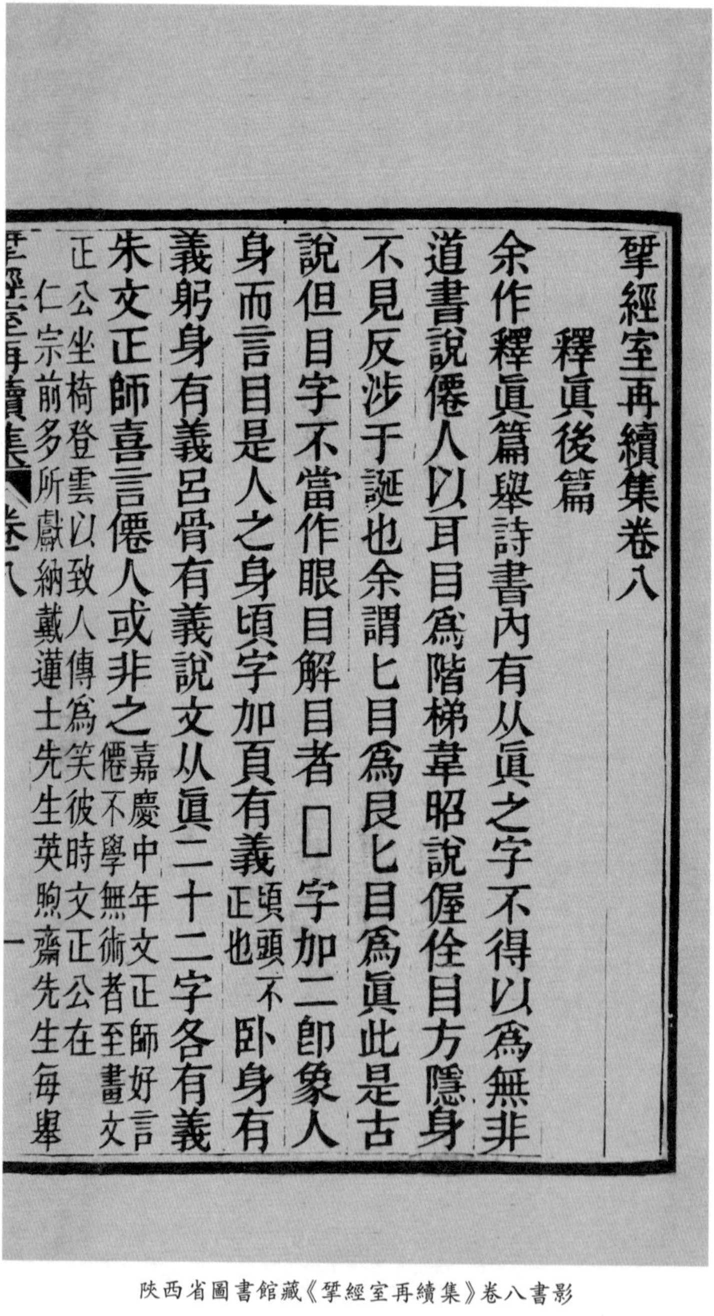
揅經室再續集卷八

釋眞後篇

余作釋眞篇舉詩書內有从眞之字不得以爲無非道書說僊人以耳目爲階梯韋昭說僊佺目方隱身不見反涉于誕也余謂匕目爲艮匕目爲眞此是古說但目字不當作眼目解目者□字加二即象人身而言目是人之身頊字加頁有義頊頭不正也卧身有義躬身有義呂骨有義說文从眞二十二字各有義朱文正師喜言僊人或非之嘉慶中年文正師好言僊不學無術者至畫文正公坐椅登雲以致人傳爲笑彼時文正公在仁宗前多所獻納戴蓮士先生英煦齋先生每舉

揅經室再續集 卷八 一

陝西省圖書館藏《揅經室再續集》卷八書影

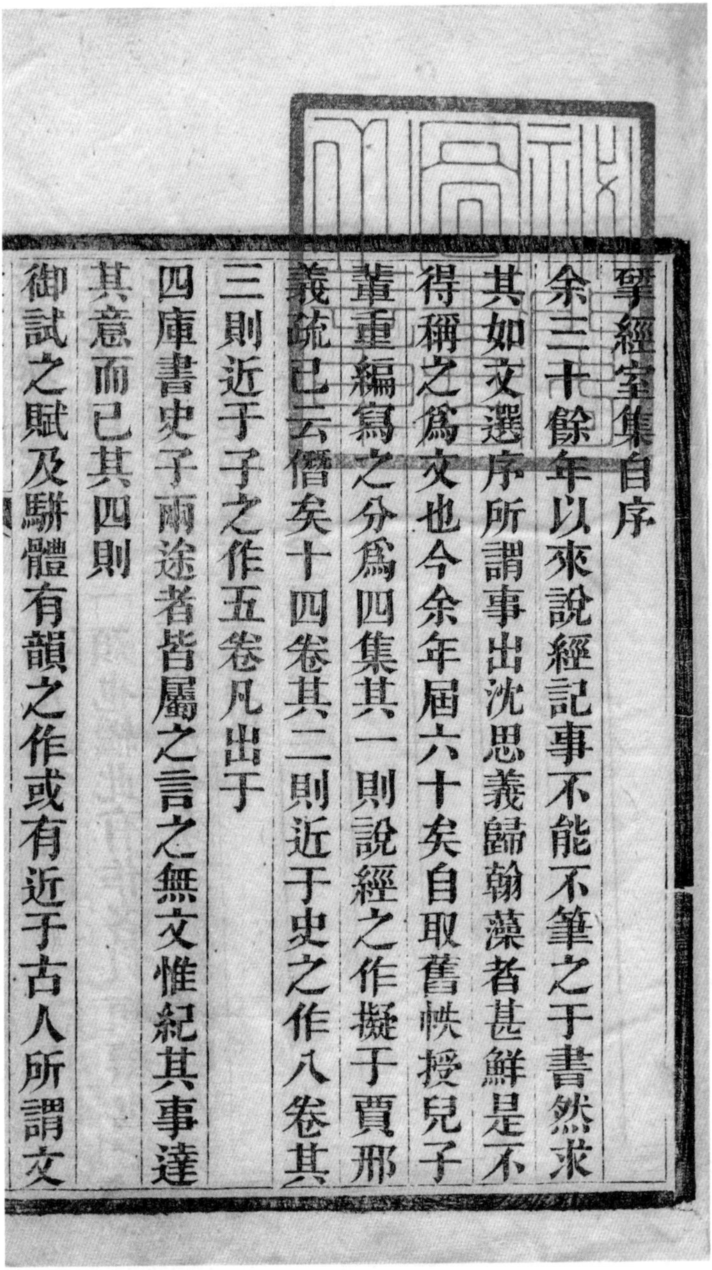

揅經室集自序

余三十餘年以來說經記事不能不筆之于書然求
其如文選序所謂事出沈思義歸翰藻者甚鮮是不
得稱之爲文也今余年屆六十矣自取舊帙授兒子
輩重編寫之分爲四集其一則說經之作擬于賈邢
義疏已云僭矣十四卷其二則近于史之作八卷其
三則近于子之作五卷凡出于
四庫書史子兩途者皆屬之言之無文惟紀其事達
其意而已其四則
御試之賦及駢體有韻之作或有近于古人所謂文

日本國立公文書館藏《揅經室集》書影

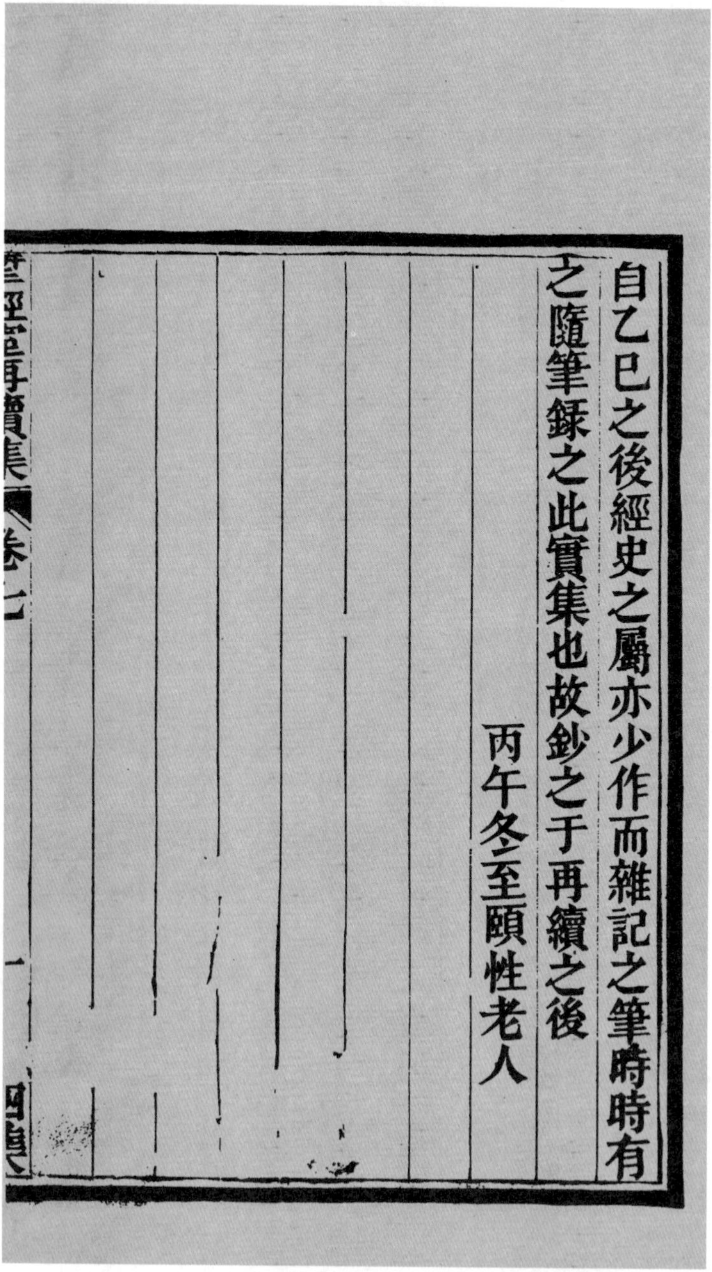
自乙巳之後經史之屬亦少作而雜記之筆時時有之隨筆錄之此實集也故鈔之于再續之後

丙午冬至頤性老人

哥倫比亞大學圖書館藏《揅經室再續集》卷七末頁書影

阮元集序

一

阮元（一七六四—一八四九），字伯元，號芸臺、揅經老人、雷塘庵主、頤性老人等，江蘇儀徵（今屬揚州市）人。阮氏祖籍係出陳留尉氏縣（今河南開封），明初，遷至江蘇淮安。明神宗時，人稱『小槐公』的阮巖再遷至揚州，是爲阮氏遷揚之始祖。

阮氏爲武官世家，二世祖、三世祖、四世祖等，皆官至將軍。祖父阮玉堂，文武雙全，中康熙五十四年（一七一五）武進士，征苗一役，大獲全勝，全活苗人無數。父親阮承信，幼年攻書，熟習《左傳》《資治通鑑》等經典，亦嫻熟騎射。母親林氏，爲福建大田縣知縣林廷和之女，幼承庭訓，深明大義，能作詩，爲其教育子弟奠定了文化基礎。阮元五歲便跟隨母親認字，六歲就外傅讀書。阮元幼年口吃，讀文章不順暢，在母親的細心指導之下，得以掌握讀書方法。母親常常過問阮元的交友、行事，並告誡他如何辨明是非曲直。而父親則曾對他說：『讀書當明體達用。徒鑽時藝，無益也。』父母的教誨對阮元的一生有重要影響。

少年時代的阮元，曾受業于江振鷺、賈天凝、栗溥、胡廷森、喬椿齡、李道南等人。尤其師從胡廷森學習《文選》，爲他以後的詩文寫作及研究打下了很好的基礎。乾隆三十八年（一七七三），阮元與焦循、江藩結交，以同窗之誼成爲終身的朋友。此後，他陸續結識了乾嘉時代許多著名學者。四十六年，母親林氏病故，阮元居家守喪。時凌廷堪因慕江永、戴震之學，挾書來游揚州，遂與阮元結識並訂交。四十七年，結識汪中，並求教于顧九苞、劉台拱、任大椿、王念孫等學人。五十一年，阮元中鄉試第八名，並因學使謝墉之故，結識了錢大昕，兩人訂交。與這些朋友的交游，開闊了他的學術視野。

乾隆五十四年（一七八九），阮元殿試得二甲第三名，賜進士出身，入翰林院爲庶吉士，充史館纂修官。五十五年，散館一等第一名，授編修。五十六年，大考翰詹第一，陞授詹事府少詹事，奉旨南書房行走。召對，乾隆大喜。次日，乾隆特地對大臣阿桂説：『阮元人明白老實，象個有福的，不意朕八旬外，又得一人。』可見他對阮元甚爲賞識。五十八年，阮元奉命督山東學政。六十年，奉旨調任浙江學政。嘉慶四年（一七九九），兼署兵部左侍郎，署理浙江巡撫。次年實授浙江巡撫，從此阮元躋身封疆大吏之列。那一年，他纔三十六歲，可謂少年得志。

在浙江巡撫任上，阮元改軍制，造船炮，全力剿匪，並製定《緝匪章程》七條，督令各部嚴格執行。其間剿滅安南艇匪及各路匪幫萬餘人。又在杭州創設『詁經精舍』。嘉慶十年(一八〇五),丁父憂去職。十二年,服闋,署户部侍郎,赴河南按事,授兵部侍郎,再任浙江巡撫,暫署河南巡撫。十三年,赴浙繼續剿捕海盜。十四年,因劉鳳誥科舉舞弊一案,革職解京發落,不久獲嘉慶帝恩賞,授文穎館編修。十七年,補授爲工部右侍郎,不久受任漕運總督。十九年,改江西巡撫。二十一年,調補河南巡撫,尋補授湖廣總督。二十二年,調補兩廣總督。二十五年,在廣東任上開辦學海堂,以經古之學課士,親自書寫『學海堂』匾。道光元年(一八二一),以兩廣總督、兩廣鹽政攝廣東巡撫、太平關稅務、廣東學政、粤海關稅務。四年,親自選址建學海堂,年底建成。六年,調補雲貴總督。十五年,奉旨充體仁閣大學士,遂離滇返京,兼署都察院左都御史。十六年,充經筵講官。十八年,致仕。二十九年,阮元卒,享年八十六歲。賜謚文達。總體來説,阮元生當乾嘉盛世,仕途順利,得享高年,的確是一个『有福』之人。

阮元生長于揚州人文薈萃之地,成長于乾嘉文物鼎盛之世,一生勤勉治學,崇尚實學,兼容並蓄,淹通四部。他早被知遇,交游廣泛,一生以經史學術爲己任。一方面,他十分重視提携後進,作育人才,任職浙江時創設的詁經精舍,任職廣東時創建的學海堂,都培養了很多傑出人才。另一方面,他重視文獻整理和文化承傳,不僅積極刊行同時代優秀學人的重要著作,而且還投入大量精力,參編、主編並刊刻了許多大型圖書,爲保存文獻作出突出的貢獻。從這個角度説,阮元不僅是文人和學者,更是一個文獻學家和出版家。顯然，他的交游、官位及其所擁有的資源，都爲他從事文獻整理與學術研究提供了方便。

阮元著作（不計其刻書以及作爲地方官員挂名修撰的方志），主要包括如下三大類：

第一類是阮元主持編撰的經學著作，包括《經籍籑詁》《重栞宋本十三經注疏》《皇清經解》等。

第二類是阮元主持的其他部類文獻彙編，包括《疇人傳》《山左金石志》《淮海英靈集》等。

第三類是阮元的個人著述，涵蓋經史子集四部，包括《儀禮石經校勘記》四卷、《三家詩補遺》三卷、《詩書古訓》六卷、《儒林傳稿》四卷、《曾子注釋》四卷《叙録》一卷、《小滄浪筆談》四卷、《定香亭筆談》四卷、《石渠隨筆》八卷、《石畫記》五卷、《揅經室集》六十四卷、《廣陵詩事》十卷等。

二

阮元著作在清代及民國有各種刊印本。一九四九年以來，多種阮元著作被影印或排印整理出版。在影印方面，較早有成都古籍書店、中華書局分别影印的《經籍籑詁》。近年來，浙江古籍出版社等先後影印出版了《兩浙金石志》《兩浙防護録》《積古齋鐘鼎彝器款識》等著述。

自二十世紀九十年代以來，阮元的部分著述陸續得到整理，排印出版，據目前所知，主要有下列數種（按出版先後爲序）：

一、《揅經室集》（五十四卷），鄧經元點校，中華書局一九九三年版；

二、《廣陵詩事》，王明發點校，廣陵書社二〇〇五年版，收入『揚州地方文獻叢刊』；

三、《疇人傳彙編》，彭衛國、王原華點校，廣陵書社二〇〇九年版；

四、《石渠隨筆》，錢偉彊、顧大朋點校，浙江人民美術出版社二〇一一年版；

五、《疇人傳合編校注》，馮立昇等校注，中州古籍出版社二〇一二年版；

六、《兩浙輶軒録》，夏勇等整理，浙江古籍出版社二〇一二年版，收入『浙江文叢』；

七、《十三經注疏校勘記》，劉玉才主編，北京大學出版社二〇一五年版；

八、《揅經室集》（六十三卷），沈瑩瑩點校，北京大學出版社二〇一六年版；

九、《小滄浪筆談　定香亭筆談》，姚文昌點校，山東人民出版社二〇一八年版；

十、《石畫記》，蔣暉校注，西泠印社出版社二〇一九年版。

除了鄧經元點校本《揅經室集》是在一九九三年出版以外，其餘各種阮元著述都是在新世纪陸續得到整理与出版的。这説明，學界對阮元的生平、學術及其思想的研究越來越重視，但相對于阮元衆多的著述而言，有待整理出版者仍然占有相當大部分。

廣陵書社歷來重視清代揚州學者著述的整理出版，已陸續出版汪中、焦循、寶應劉氏、儀徵劉氏等重要學者的詩文著作集。原計劃整理出版《阮元全集》，由于阮元著述宏富，且編、撰情況較爲複雜，出版全集難度大、耗時長，遂決定根據其著述情況，以『阮元集』爲名，分别整理出版其存世著作。此次整理出版《阮元集》，大致遵循以下原則：

一是其自著悉予收羅，無論之前是否有整理本，均重新予以整理，如《揅經室集》；

二是其編纂之著述酌情收録，主要收未曾整理者，如《山左金石志》；

三是有的著述，屬其創編，自應收録，而其書之續作，亦與阮元關係密切，則作爲附録收入，如《疇人傳》及《淮海英靈集》之續編。

按照上述原則，目前收入《阮元集》者主要包括以下著述：

一、《三家詩補遺》三卷

二、《儀禮石經校勘記》四卷

三、《曾子注釋》四卷《叙録》一卷

四、《詩書古訓》六卷

五、《儒林傳稿》四卷

六、《疇人傳》四十六卷附《續編》六卷

七、《山左金石志》二十四卷
八、《小滄浪筆談》四卷
九、《定香亭筆談》四卷
十、《石渠隨筆》八卷
十一、《石畫記》五卷
十二、《揅經室集》六十四卷
十三、《淮海英靈集》二十二卷附《續集》十二卷
十四、《廣陵詩事》十卷

《阮元集》的整理，大抵根據各書的特點，確定適當的整理方式與體例，力求達到深度整理的要求，各有所長。如《山左金石志》，採用了校補的整理方式，融入了整理者多年潛心研究此書的學術成果。《儒林傳稿》，以徵引文獻對校原文，覆核其源，注明誤作、誤引、異文等，用力頗勤。《廣陵詩事》《小滄浪筆談》《定香亭筆談》，因體裁的緣故，原書無細目，内容顯得散亂無序，整理時依内容分擬標題，便于讀者閱讀利用和檢索。《淮海英靈集》，爲體現此書『或以詩存人，或以人存詩』的特點，特別編製了詳細的索引，《廣陵詩事》《疇人傳》等其他幾種書亦相應編製了人名等索引，尤其方便讀者檢索、使用。對已有整理本者，則根據新發現的文獻版本資料，重新校點，力圖後出轉精。

如《揅經室集》，雖已有中華書局及北京大學出版社兩部整理本，但此次整理底本採用了新發現的目前所知的最全之本（六十四卷），其中《再續集》一册八卷，較此前學者所知之《再續集》七卷本多出一卷，詩文多出八篇。同時在點校方面也精益求精，改正前人標點錯訛之處甚多。另外擬收入揚州市圖書館所藏『阮元家書』，以及當代學者陳鴻森、孫廣海、羅瑛等人輯録的《揅經室集》之外的佚文，以期呈現全璧。

《阮元集》已被列爲二〇一一—二〇二〇年國家古籍整理出版規劃項目、國家古籍整理出版專項經費資助項目。假以時日，待其著述基本整理完畢，將彙總出版《阮元全集》。

阮元作爲清代主持風會數十年的一代名臣，學術上卓有建樹，是揚州學派的主要代表人物，影響深遠。相信此次對《阮元集》的系統整理出版，能够爲研究阮元的生平、文學、學術、思想奠定更爲堅實可信的文獻基礎，也能爲進一步推動揚州學派研究，爲全面梳理清代學術史、文學史乃至清代中期歷史的脉絡，起到積極的推動作用。

程章燦

二〇二〇年十月二十九日

整理前言

一

阮元（一七六四—一八四九），字伯元，號芸臺、揅經老人、雷塘庵主、頤性老人等，江蘇儀徵（今屬揚州市）人。一生勤勉治學，崇尚實學，兼容並蓄，淹通四部。主持編撰了《重栞宋本十三經注疏》《皇清經解》等多部大型著作，並著有《儀禮石經校勘記》《三家詩補遺》等書數種，其個人詩文集，則彙爲《揅經室集》刊行於世。

《揅經室集》一書，分爲《初集》（也稱『原印四集』）[一]、《續集》《再續集》及《外集》，除《外

[一]『初集』是沙志利《〈揅經室集〉版本初探》（載《古籍整理研究學刊》二〇〇九年第二期，第四九—五四頁）一文中提出的概念，『原印四集』是沈瑩瑩《〈揅經室集〉版本續考》（載《儒家典籍與思想研究》第二輯，北京大學出版社，二〇一〇年，第三四一—三六二頁）一文中的概念，兩者所指内容相同，皆指《揅經室集》一集十四卷、二集八卷、三集五卷、四集文二卷詩十一卷。

集》(即《四庫未收書提要》)相對固定之外,其他各集都存在陸續增補、删改等情況,版本極爲複雜。依據沙、沈二人所言,《孿經室集》大體經歷了四十五卷本、五十四卷本、五十六卷本、六十卷本、六十二卷本、六十三卷本的演進歷程,具體内容,此處不再贅述。

但是前人關於《孿經室集》版本的研究,或多或少存在一些問題,最重要的一點是没有廣泛調查更多地方的館藏,沙、沈二人調查的地點僅限於北京的幾處圖書館,包括國家圖書館、北京大學圖書館、中國人民大學圖書館、北京師範大學圖書館及中國科學院圖書館,致使很多重要版本未被發現,從而導致最終的版本源流關係圖也不甚可靠。

此前學界認爲《孿經室集》卷數最多者爲收入《文選樓叢書》中的六十三卷本,在中國國家圖書館、北京大學圖書館各藏一部,中國國家圖書館藏本索書號爲/41939:1—19,北京大學圖書館藏本索書號爲X/081.17/7100.1,其中《再續集》共七卷。筆者在調查過程中,發現哥倫比亞大學圖書館亦藏有一部收有六十三卷本《孿經室集》的《文選樓叢書》,與中國國家圖書館、北京大學圖書館藏本全同。此本最顯著的特點是《再續集》卷七末《京師慈仁寺新立顧亭林先生祠堂碑記》一文從『自少至老,無』以後便缺佚無存。

因《阮元集》之《孿經室集》點校事宜,我在走訪各地公共圖書館的過程中,有幸在陝西省圖書館發現兩部《孿經室集》六十四卷本,應該是目前所知卷數最多的《孿經室集》。此兩部《孿經室集》，相較六十三卷本而言，多出《再續集》卷八整整一卷内容。

第一部，陝西省圖書館編號爲普0013996，其中《續集》十一卷及《外集》五卷爲抄配本，《再續集》八卷則爲刻本。裝訂爲兩册，其中卷一至卷四裝爲一册，卷五至卷八裝爲一册。卷七第一頁有阮元識語：『自乙巳之後，經史之屬亦少作，而雜記之筆時時有之。隨筆録之，此實集也，故鈔之於《再續》之後。丙午冬至頤性老人。』前七卷與中國國家圖書館、北京大學圖書館所藏《文選樓叢書》本《揅經室集》相同，但卷七最後《京師慈仁寺新立顧亭林先生祠堂碑記》一文是完整的，並無缺佚；而卷八則收有兩篇文章：《釋眞後篇》及《桐城劉少涂乞其父孟涂廣列女傳序》。而且卷八末頁呈現的是刷印時的墨塊，不見整齊的欄綫，當是試印之本。《釋眞後篇》末落款『丙午十一月小寒夜』，《桐城劉少涂乞其父孟涂廣列女傳序》末落款『道光丙午年冬十一月，頤性老人年八十三歲』。結合上引識語，可知此八卷本刻於道光丙午年（二十六年，一八四六）。

第二部，陝西省圖書館編號爲普0009060，在『陝西省圖書館藏古籍目録』網站中，誤著録爲『《再續集》六卷』，我目驗發現實爲八卷，亦裝爲兩册。其中卷一至卷三裝爲一册，卷四至卷八裝爲一册。卷一及卷四目録頁鈐有『揚州阮氏/著禮堂珍/臧金石書/畫之印記』白文方印，卷一首頁、卷三末頁、卷五首頁、卷八末頁皆鈐有『阮充/私印』白文方印、『雲莊詩畫』朱文方印。

可知此本爲阮元之弟阮充故物。前七卷亦與中國國家圖書館、北京大學圖書館所藏相同，卷七末文亦完整無缺佚；卷八末頁呈現的也是刷印時的墨塊，不見欄綫，推測爲當年家刻試印時所留存，故流傳不廣。卷七第一頁亦有上引阮元識語，卷八則收有以下八篇詩文：

一、《釋眞後篇》
二、《桐城劉少涂乞其父孟涂廣列女傳序》
三、《羅氏始遷揚兩世先塋碣銘》
四、《林茉生印稿序》
五、《辛丑冬日小支方丈于建隆寺西南隅梅竹中分屋立五代李招討龕位繪圖徵詩因題識之》
六、《建隆寺志略跋尾》
七、《兵部車駕司主事許君宗彦配梁恭人傳》
八、《艾湖春泛圖題句》

《兵部車駕司主事許君宗彦配梁恭人傳》文中言：『恭人生於乾隆辛卯年十月初五日卯時，卒於道光丁未年三月初八日子時，年七十有七，以其年十月二十二日，祔葬於留下花家山駕部之塋，距駕部下世已三十載矣。』梁恭人歿於道光二十七年（一八四七），而阮元歿于道光二十九年

（一八四九）。又此本最後所收《艾湖春泛圖題句》二詩，乃道光十八年（一八三八）所作，遠在梁氏傳文之前，當是阮元授意後所增補入刻，非後人隨意摭入。故可知此本《再續集》當刻于道光二十七年至二十九年之間。

二

既然《揅經室集》六十四卷本被發現，則重新點校《揅經室集》，自然應以它爲底本。然而《揅經室集》版本情況較爲複雜，雖然它的刊刻，卷數大體是逐漸增長的，卻並不是遵循一個綫性的、後出轉精的過程。有些後出的版本反而比前出的版本卷帙少，而有些前出的版本文字質量反倒勝於後出版本。這與阮元在文集刊刻完成後一直對文集中的字句進行小修小改有關，也與多地刊刻《揅經室集》時採擇的版本來源多有不同所致，這對於通校本的選擇，至關重要。此外，《揅經室集》還有一些零星的單卷或數卷的特殊版本，如所謂『畢光琦校本《再續集》四卷本』、南京圖書館藏單行《再續集》五卷本（索書號：89902）一册，篇目安排及文字等，與各本亦多有差異，尤其是多出銘文一篇等。這些零星的版本雖然卷帙少，但也是不可或缺的參校本。

故本書以陝西省圖書館藏六十四卷本《揅經室集》（索書號：0009060）爲底本，以天津圖書館藏『甲戌續刊本』[一]、哥倫比亞大學圖書館藏《文選樓叢書》本《揅經室集》[二]爲通校本，其他各種版本（包括零星版本）爲參校本。

而《揅經室集》之點校本，此前已有兩種。一九九三年，中華書局出版了鄧經元點校的《揅經室集》，作爲『中國歷史文集叢刊』叢書之一種，此本所用底本爲《四部叢刊》影印本。二〇一六年，北京大學出版社出版了沈瑩瑩點校的《揅經室集》，作爲《儒藏》『精華編』之一種，此本所用底本爲北京大學圖書館藏《文選樓叢書》本《揅經室集》。『中華本』具有『導夫先路』之功，但因爲過於相信《四部叢刊》，計卷時多統計了十卷，誤以爲是最全本。而且在一些卷次內，後來的本子還增補了若干篇文章，致使中華本是一個卷內缺文、整書缺卷比較嚴重的本子，前輩學者對此已有論及，兹不贅述。『儒藏本』是在認真調查版本的基礎上，重新進行校勘標點的一個質量較爲

[一]《續修四庫全書》集部別集類所收《揅經室集》五十七卷是上海圖書館藏『甲戌續刊』本，它是不包含《四庫未收書提要》一書的。《四庫未收書提要》在《續修四庫全書》中被單獨收在史部目録類，據南京圖書館藏本影印。這兩種書其實並不屬於同一部書拆爲兩書影印，而是各自版本不同。本書所用『甲戌續刊本』，是指天津圖書館藏包含《四庫未收書提要》的完整六十二卷『甲戌續刊本』《揅經室集》一書。前人將之等同於《續修四庫全書》本，蓋因其書較爲易得之故，然實際二者在《四庫未收書提要》中文字小有差異。故本書不用『《續修四庫全書》本』之名，而稱『甲戌續刊本』。

[二] 前已有言，此本與中國國家圖書館、北京大學圖書館所藏《文選樓叢書》本一致，然因哥倫比亞大學圖書館藏本已上載於網絡，較易獲得。故捨本國之所藏，而借他山之寶玉。

上乘的整理本。雖然從前文所述來看，它也是一個缺卷而不完整的本子。

筆者重新點校《揅經室集》，時時參考前兩種點校本，同時亦發現兩本多有訛誤，得二百餘條，已另紙别録，權作心得。然人多易見他人之誤，而常不自知己之誤，錢大昕《弈喻》所謂『吾能知人之失，而不能見吾之失；吾能指人之小失，而不能見吾之大失』也。故新本容有訛謬，而吾不自知。敬希四方博雅弘達，不吝弼違鑒正。是則吾之幸，亦此書之幸也。

本書得以整理出版，首先要感謝我的博導程章燦教授。感謝他不棄鄙吝，將如此重任委託給我。在我擔心時賢珠玉在前而踟躕不進之際，他也時時鼓舞並指教。其次要感謝廣陵書社的各位領導，尤其是副總編劉棟先生，作爲本書的責編，他本著高度負責的態度、嚴謹扎實的作風，指正了不少我原稿的訛誤，爲本書增色不少。尤其在我回看校樣的過程中，發現劉總審稿時往往會在某卷之後記録月日及心情狀態，其中有許多是在他確診新冠期間的手筆。染恙在身，猶校書不輟，更是令人欽敬不已。此外，還要感謝廣陵書社的戴敏敏兄，在發現《再續集》第八卷的過程中，他出力不少；平時有阮元以及《揅經室集》的相關信息，他也會及時轉發給我，令我獲益良多。其他朋友，尊名雖未列，高情永在心，恕不一一。

餘干張鑫龍識於三金齋

癸卯春分前六日初稿　夏至後十日改定

整理凡例

一、以陝西省圖書館藏六十四卷本《犖經室集》爲底本，以天津圖書館藏『甲戌續刊本』、哥倫比亞大學圖書館藏《文選樓叢書》本《犖經室集》爲通校本，其他各本爲參校本。

一、《犖經室集》各集原有卷前目録，今一律不載。以新排目録，冠於書首。

一、凡底本與校本之異文，一例出校記，此類但爲存他本面目。偶於校記處判定正誤，然不多述。

一、底本『己』『巳』『已』、『毋』『毌』、『日』『曰』等字，常有混淆，今隨文徑改，不出校。若『挍』『校』、『無』『无』、『據』『据』、『按』『桉』、『爾』『尔』之類，本自可通，皆依底本。

一、古人引書，多有省改。凡本書援引前人著作，不失原意，則一依其舊。語存扞格，則校以他書，並附校記。若一段引文内，既有語存扞格亦有不失原意者，則因類而及，一並出校。

一、多書並稱，古人多有省其同字者，今加標點，可分加書名號以别。然如《集傳録存・孔廣森傳》内『詩經春秋傳説彙纂』『日講四書易經書經解義』連稱之類，實無善法。若書名號内另加頓號點開諸書，究屬不妥。今遂並入同一書名號內，不復識別，讀者詳之。

一、底本中遇「國朝」「皇帝」「四庫」「實録」等字，皆起另行；遇「武英殿」「本朝」等字，或抬頭，或空格。今一律不從，接續前文而排。墓志銘等文介紹傳主著作若干卷及生卒年月日時，偶有因不知而留空者，此類則以相應數量「□」代替。

一、避聖賢及帝王諱者，如「玄」作「𢆯」、「丘」作「丠」、「寧」作「寗」等，此類易形或缺筆之避諱字，徑改不出校。而避諱改字者，如「玄」作「元」（如「太玄經」作「太元經」。然底本「玄妙」皆作「𢆯妙」，故書中「元妙」之「元」非避諱字）、「弘」作「宏」、「琰」作「玉」等，則在避諱字前後加圓括號，其後加六角括號補出本字，不出校記。至於「邱」「丘」則僅改人名、書名中避諱，地名等因不少已成慣例，遂不專作區分，而一仍其舊。

一、凡書中文章原有訛誤，如月日、人名等，不改底本，出以校記，並加考證。

總目録

上册

中册

下册

目録

揅經室一集 文十四卷

揅經室一集卷三

揅經室一集卷四

揅經室一集卷五

揅經室一集卷十二

揅經室一集卷十三

揅經室二集卷三

揅經室二集卷四

揅經室二集卷五

揅經室二集卷六

揅經室二集卷七

揅經室二集卷八

揅經室三集 文五卷

揅經室三集卷一

揅經室三集卷二

揅經室三集卷三

揅經室三集卷四

揅經室三集卷五

揅經室四集 文二卷 詩十一卷

揅經室四集卷一

揅經室四集卷二

揅經室四集詩卷一 琅嬛仙館詩略

辛亥

壬子

癸丑

甲寅

肇經室四集詩卷二　琅嬛仙館詩略

乙卯

丙辰

孳經室四集詩卷三　琅嬛仙館詩略

丁巳

揅經室四集詩卷四　琅嬛仙館詩略

戊午

己未

揅經室四集詩卷五　瑯嬛仙館詩略

庚申

辛酉

壬戌

揅經室四集詩卷六　瑯嬛仙館詩略

癸亥

揅經室四集詩卷七　琅嬛仙館詩略

甲子

乙丑

揅經室四集詩卷八　文選樓詩存

丁卯

戊辰

己巳

揅經室四集詩卷九 文選樓詩存

庚午

辛未

壬申

揅經室四集詩卷十　文選樓詩存

乙亥

丙子

丁丑

揅經室四集詩卷十一　文選樓詩存

丁丑

戊寅

己卯

庚辰

辛巳

壬午

揅經室續集　文四卷　詩七卷

揅經室續一集卷一

揅經室續二集卷二

揅經室續二集卷二之下卷

揅經室續三集卷三

揅經室續四集卷六　文選樓詩存第十三

甲申

乙酉

揅經室續四集卷七　文選樓詩存第十四

丙戌

羣經室續四集卷八　文選樓詩存第十五

丁亥

戊子

揅經室續四集卷九　文選樓詩存第十六

己丑

庚寅

揅經室續四集卷十　文選樓詩存第十七

辛卯

癸巳

肇經室續四集卷十一　文選樓詩存第十八

甲午

目録

乙未

丙申

丁酉

戊戌

揅經室再續集 文五卷　詩三卷

揅經室再續集卷一

揅經室再續集卷二

揅經室再續集卷三

揅經室再續集卷七　文選樓詩存第二十一

乙巳

丙午

揅經室再續集卷八

揅經室外集　文五卷

四庫未收書提要　阮福記語……………一五三五

揅經室外集卷一

揅經室外集卷二

揅經室外集卷三

揅經室外集卷四

揅經室外集卷五

揅經室一集

文十四卷

揅經室集自序

余三十餘年以來，説經記事，不能不筆之于書。然求其如《文選序》所謂『事出沈思，義歸翰藻』者甚鮮，是不得稱之爲文也。今余年屆六十矣，自取舊帙，授兒子輩重編寫之，分爲四集：其一則説經之作，擬于賈、邢義疏，已云僭矣，十四卷；其二則近于史之作，八卷；其三則近于子之作，五卷。凡出于《四庫書》史、子兩途者皆屬之，言之無文，惟紀其事、達其意而已；其四則御試之賦及駢體有韻之作，或有近于古人所謂文者乎？然其格亦已卑矣，凡二卷；又詩十一卷。共四十卷。統名曰『集』者，非一類也。繼此有作，各以類續也。室名『揅經』者，余幼學以經爲近也。余之説經，推明古訓，實事求是而已，非敢立異也。

道光三年，歲在癸未，阮元識。

孷經室一集卷一

易書不盡言言不盡意説

庖犧氏未有文字，始畫八卦。然非畫其卦而已，必有意立乎卦之始，必有言傳乎畫之繼。其意若指此或連或斷之畫，以爲此乾、坎、艮、震、巽、離、坤、兑也，其言遂以音傳之，曰此乾、坎、艮、震、巽、離、坤、兑也。坎則傳爲喝音之言，巽則傳爲脣音之言，而坎、巽等字尚未造也。至黄帝時，始有文字。後人始指八卦之字而讀之以寄其音，合之以成其書，而庖犧八卦命名之意，傳乎其中矣。故六書出于八卦，而指事、象形、形聲、會意、轉注、假借皆出于易，舍易卦無以生六書，非六書無以傳庖犧之意與言。故《傳》曰『書不盡言，言不盡意』者，此也。書乃六書之書，《傳》曰『《易》之爲書也』，亦謂籀篆之著簡策，非如今紙印之書也。《易傳》曰：『聖人立象以盡意，設卦以盡情僞，繫辭焉以盡其言。』此即許叔重所謂庖犧氏『作《易》八卦，以垂憲象』；神農結繩，『庶業其繁，飾僞萌生』；黄帝之史倉頡，『初造書契，以乂以察』也。書契取于夬，是必先有夬卦而後有夬意，先有夬意而後有夬言，先有夬言而後有夬書，先有夬書而後有夬辭也。以此推之，後世之言語文字，皆出于易卦也[一]。

釋易彖音

《周易》『彖』之爲音，今俗皆讀『團』之去聲，與古音有異。古音當讀若『弛』，音近于『才』，亦與『蠡』字音近。故《繫辭傳》曰：『彖者，材也。』此乃古音訓相兼。是『彖』音必與『才』音同部。『材』字之『才』與『彖』字皆在段氏古音弟一部，由之、咍、止、海、志、代轉而爲十五部脂、微、齊、皆、灰，又轉爲十六部之、支、佳、紙、蟹、寘、卦、陌、麥、昔、錫。若讀今音『通貫切』，如劉瓛之訓『斷』，則在十四部，與『材』字迥不同部，孔子何以『材』字訓之哉？且此非徒孔子之言也，《毛詩》亦有之矣，《廣雅》《説文》《玉篇》亦皆證之矣。按，《説文》『彖』『彖』二字之注，後人亂之。今本『彖，豕走也』，當云：『彖，豕走捝也。讀若弛。』後之淺人疑『弛』字之音與『彖』不合，故仍系『彖』字下，竟妄以『豕走捝也』四字系『彖』字之下，而又删去『捝』字。《玉篇》引

[一] 于易卦也，甲戌續刊本作『八卦益明矣』。

《説文》：『彖，豕走捝也。』案，今本《玉篇》誤『捝』爲『悦』。《説文》：『捝，解捝也。』捝，古之『脱』字。《廣雅》訓『彖』爲『捝』，可證《玉篇》『悦』之誤。『脱走』之『脱』當从手，『肉曰脱之』之『脱』當从肉，實皆以『兑』爲音意。此從古本《説文》而來。《廣雅・釋言》曰：『彖，捝也。』與《説文》《玉篇》正合。『捝』字从『兑』，『兑』與『彖』聲相近，故『彖』『彖』二字因錯失互淆，凡从二字偏旁得聲之字皆淆矣。然則『彖』『彖』二字，分别在多寡一畫之間。『彖』之音當若何？曰：此字乃『通貫切』，豕也，音近『緣』，凡緣、篆、瑑等字皆从之，有緣飾、隆起之意；『彖』字音近『材』、近『蠡』，凡蠡、喙、像、褖字从之，有劙刻、分解之意。《詩・大雅・緜》：『柞棫拔矣，行道兑矣。混夷駾矣，維其喙矣。』兑、彖、駾、喙同部，皆十五部之入聲，均由弟一部之『才』聲轉入。弛、施、地等字从『也』得聲，『也』古讀若『沱』，爲弟十七部之歌、戈。段氏云：『「也」聲在十七部。』然考『地』字，周、秦人亦入於十六部，如《莊子》接輿歌：『禍重如地，莫之知避。』以此推之，則凡从『也』聲之字，皆與支、佳同部矣。《儀禮・喪大記》『褖衣』，鄭注云：『字或作税。』即《雜記》之『税衣』。『褖衣』當从『彖』，與『兑』同部也。若从『彖』聲，讀『通貫切』，則在十四部，韻不合矣。由《詩》之『兑』『彖』相韻觀之，更可見《廣雅》《玉篇》『捝』字之古。惟其『捝』爲『彖』訓，更可證兑、駾、喙同部相韻之迹之據，斷不與『通貫切』之字相涉。由此知『通貫切』本『彖』字之音，今互相誤也。此乃《詩・大雅》及孔子之音一綫厪存，豈可依劉瓛訓『斷』之誤音耶？又按，段君懋堂《説文注》疑及『像』

『蠡』二字當从『彖』，此灼見十五、十四部之不能通合，而未知今《説文》之『讀若弛』爲『豕走捝』下之音，所以餘字尚轇轕不已，而誤以《詩・緜》之『喙』爲合韻也。彖、彖形近，秦漢間篆隸已不分矣。所以《説文・豕部》云：『今世字誤㠯豕爲彘，㠯彘爲豕。何以明之？爲啄、琢从豕，蠡从彘，皆取其聲，㠯是明之。』此許氏説。自漢㠯後又誤寫，莫之是正。今正之，當云：『今世字誤以豕爲豕，以彖爲彖。何以明之？爲『啄』『琢』从豕，蠡从『彖』，皆取其聲，以是明之。』此秦漢間『彖』『彖』久訛之證也。此彖、喙等字，漢以後并訛其音之證也。今人讀从兑之『脱』字，俗音已訛入十四部，此『彖』音亦相牽而訛之證也。

釋易彖意

『彖』之爲音，既據《繫辭》《大雅》定之矣，然則其意究如何？孔子『材也』之訓究如何？曰：此但當以『彖』字爲最先之字，但言其音，而意即在其中。即如蠡字，加『蚰』與不加『蚰』，無異也。《方言》曰：『蠡，分也。』『蠡』尚訓爲『分』，則『彖』字本訓爲『分』，可知也。『豕捝』即『分』也，此即孔子之所以訓『彖』爲『材也』。『材』即『財成天地之道』之『財』，亦即『三才』之『才』，以天、地、人三分分之也。今人但知寫『化而裁之』之『裁』，方謂用刀裁物，而不知古人音意相同，字多假借。『材』即『裁』也，『財』亦『裁』也。否則，貨財之『財』，安可曰『財成天地』邪？孔子所訓之『材』，言用此彖辭説卦象而分之也。且『説』从兑，『兑』與『彖』同意，『兑』者最先之字，『説』者後造之字，即謂『彖』爲『説』之假借亦可。明乎此，則『爻者，效也』之意，于此更明矣。是故學者以『彖者，材也』求孔子之意不能明，以『蠡者，裁也』求之則明矣。若執迂守淺，古音古意終不明矣。

釋心

漢劉熙《釋名》曰：『心，纖也。言纖微無物不貫也。』此訓最合本義。蓋纖細而鋭者，皆可名曰心；但言心，而其纖鋭纖細之意見矣。《説文》『心』部次於『思』部，『思』部次于『囟』部。『系』部『細』字，即从『囟』得聲得意。今人俗書『尖』字，古作『鑯』，『鑯』與『纖』同意。《易·説卦》云：『坎，其于木也，爲堅多心。』虞翻云：『堅多心者，棗棘之屬。』桉，棗棘之屬，初生未有不先見尖刺者，尖刺即心也。《説文》『朿』字，即今『刺』字，解曰『木芒也』。故重朿爲『棗』，並棘[一]爲『棘』，皆歸『朿』部，皆有尖心之木也。《易·坎卦》：『上六，寘于叢棘。』《困卦》：『六三，據于蒺藜。』惟坎爲心而于木多心，故爲叢棘蒺藜之象。叢棘蒺藜，但皆言其鐵鋭而已。《詩·凱風》『吹彼棘心』『棘心夭夭』，皆言棗棘初生有尖刺，故名曰心，非謂其木皮外裹赤心在内也。心果在内，風安得吹之？且《易》曰『堅多心』，《禮記》曰『松柏有心』，皆謂心爲尖刺，故可曰『多心』『有心』，否則，除棗棘松柏，皆無心之木耶？棗棘松柏較之他木之内心，又豈獨多耶？《爾雅》曰：『樕樸，心。』《詩》疏引孫炎注云：『樸樕，一名心。』此亦即棘心有刺之木。《禮記》：『如竹箭之有筠也，如松柏之有心也。』凡松柏枝葉初生之年，皆有尖刺，至第二年則刺落而成葉。此言松柏堅木，初生必由心而來，猶竹箭之由筠而來也。『筠』字不見于《説文》，當即是『筍』字。『筍』或爲『笋』，『旬』『尹』『匀』皆相通，故《禮記》『孚尹旁達』，鄭注讀『孚尹』爲『浮筠』。此與松柏有心同例。後人不知『筠』爲『笋』字之通借，遂與『心』字並誤解矣。

[一] 按：依文意，『並棘』之『棘』，當作『朿』。

釋鮮

『鮮』義屬于『魚』，而古音與『斯』近，遂相通藉。顧氏亭林、惠氏定宇已發之矣。如《詩・瓠葉》云『有兔斯首』，箋云：『斯，白也。今俗語斯白之字作「鮮」，齊魯之閒聲近「斯」。』《尒疋・釋詁》曰：『鮮，善也。』《釋文》：『本或作「誓」。沈旋曰：古「斯」字。』《說文》『䲜』字『讀若斯』。《左傳》『于思于思』，賈逵曰：『頭白皃。』元謂『鮮』『斯』通藉之迹，求諸經傳，多有可稽，釋者少誤，便成舛誼。今試釋之。有以『斯』本語詞，藉聲近之『鮮』爲用者，則有《尚書・無佚》曰：文王『懷保小民，惠鮮鰥寡』，『鮮』即『斯』字。言文王惠斯鰥寡，即祖甲『保惠于庶民，不敢侮鰥寡』之義是也。僞孔訓『鮮』為『少』，失之。《漢石經》《漢書・谷永傳》並作『懷保小人，惠于鰥寡』。蓋作『小民惠鮮』者，孔安國之眞古文，馬、鄭所注，僞孔所襲用者也；作『小人惠于』者，漢初諸儒以說經之字易其本字，如《史記》之以訓詁代經文也。又《立政》曰『知恤鮮哉』，《詩・蓼莪》曰『鮮民之生，不如死之久矣』，『鮮』皆當訓『斯』字。《立政》之『斯』指王左右，《蓼莪》之『斯』如《論語》『斯民也』之例。而僞孔傳訓『鮮』爲『少』，毛傳訓『鮮』爲『寡』，並失之。有以『鮮，魚名』爲本誼，而藉聲近之『斯』爲用者。《詩・閟宮》曰：『奚斯所作。』《春秋左傳》『奚斯』爲公子魚字。《孟子》『庾公之斯』，《左傳》襄十四年作『庾公差，字子魚』，『差』乃『斯』聲近之誤，『斯』乃『鮮』字假藉也。有以語詞之『斯』，藉聲同之『思』爲用者，《詩・漢廣》曰『不可休思』是也。有以訓離析之『斯』,《尒疋·釋言》:『斯,離也。』《説文》:『斯,析也。』『析,破木也。』藉聲近之『鮮』爲用者。《尒疋·釋山》曰『小山別大山,鮮』,言小山之別離于大山者名以『鮮』,『鮮』即『斯』,《釋言》曰:『離也。』《儀禮·鄉飲酒禮》《鄉射禮》並有『兩壺斯禁』之文,鄭注『斯禁』爲禁之切地無足者,即『棜禁』異名。此于古無明驗,弟由《禮器》『天子、諸侯之尊廢禁,大夫、士棜禁』推之,訓『斯』爲『盡』,以合其誼耳。元案:此『斯』亦當訓『離』,言房户之間,兩尊用兩禁,相並而略相離,南向,如人離立然,(元)〔玄〕酒在西,醴在東也。《禮記·玉藻》曰:『大夫側尊用棜,士側尊用禁。』棜、禁雖有大夫、士之別,然彼爲側尊言之。側尊者,特尊無偶,非兩尊同設可比,故分別言之。若賓主共尊同飲,則雖卿大夫亦不用棜,專用禁,誼取戒禁。若祭祀之事,誼取飫神,則雖士亦兼用棜,誼取厭飫。故《禮器》曰:『天子、諸侯之尊廢禁,大夫、士棜禁。』秖分二等,明棜、禁爲士、大夫公共之物,可臨事取誼,相通爲用者也。一證之《特牲饋食禮》,特牲饋食本士禮,當專用禁矣,而經云『壺,棜禁,饌于東序,南順,覆兩壺焉』,鄭注『禁言棜者,祭尚厭飫,得與大夫同器,不爲神戒』是也。言棜禁者,兩壺一棜一禁,不比斯禁爲兩禁相離也。再證之于《少牢饋食禮》,曰:『尊兩甒于房户之閒,同棜,皆有冪,甒有(元)〔玄〕酒。』此禮言兩甒共一棜,故不言禁,亦不言斯棜,不比斯禁爲兩禁相離也。三證之于《士冠禮》:『側尊一甒醴。』此禮不言禁者,醴賓無禁戒也。又曰:『若不醴,則醮用酒,尊于房户之閒,兩甒,有禁,(元)〔玄〕酒在西。』此用禁,有禁戒也。此『禁』字直承『兩甒』,明是兩禁,故徒言禁,省言斯,且易『斯』爲『有』字,以別于醴賓之無禁也。四證之于《士昏禮》:『側尊甒。』不言禁者,賓唯啐醴,不必禁戒也。合觀諸誼,然則『斯禁』之詞,與『側尊』相類,明當訓『離』,非棜之別名也。有以『鮮』『斯』音通,而又通于音誼相近之「析」字者。《尚書·禹貢》「析支」,《大戴記·五帝德》作「鮮支」,《後漢書·西羌傳》作「賜支」賜,《唐韻》「斯義切」,即「析」之轉聲。是也。有以「獻」爲本字,藉音近之「鮮」爲用者。《禮記·月令》「天子鮮羔開冰」,鄭注云「鮮當爲獻」是也。至于「鮮」之訓「善」、訓「少」,及「斯」之轉通于「須」「西」等音,更不可枚舉矣。

釋磬

《説文》:「磬,樂石也。象縣虡之形,殳擊之。籀文省爲殸,古文作硜,从巠。」元案:「殸」之爲字,「声」象形,「殳」指事,从「石」乃後人所加,其形象石之虚懸。物虚懸未有不空者,故磬又訓空。从「缶」爲「罄」,器中空也。《尒疋·釋詁》:「罄、空,盡也。」《説文》:「窒,空也。从空[一],巠聲。」引《詩》「瓶之窒矣」證之。然則凡物縣空之義,皆從此「殸」字之聲出矣。《左傳》曰「室如縣罄」,《國語》作「縣磬」。正此義也。《文王世子》曰:「公族其有死罪,則磬于甸人。」鄭注:「縣縊殺之曰磬。」磬者,經死之,即虚縣之義。然則《文王世子》「磬」字乃虚縣之義,非實字,與

[一] 空,依文意當作「穴」,陳昌治刻本《説文解字》第七下亦作「穴」。

《左傳》《國語》不同。若讀爲『鐘磬』實字，則下『于甸人』『于』字爲不詞矣。《國語》：『中生雉經。』『雉』字與《周官・封人》『絼』字音轉相假借。絼，繩也。《左傳》『都城百雉』，亦以繩爲度之名，與城之以板爲度名同。板度縱，雉度橫也。『經』與『磬』同聲同義，特『殸』『巠』二字異形耳。猶古文『殸』作『硜』，『瓶之罄矣』又作『窒』也。《尒疋・釋蟲》：『蜆，縊女。』縊女所以名蜆者，『蜆』與『殸』聲相轉相假。《詩》『俔天之妹』，《韓詩》作『磬天』；《詩・杕杜》『睘睘』之假爲『煢煢』，是其類也。縊女縣于樹，所以名蜆。『蜆』聲如『殸』也。《説文》『聲』字所以從『殸』得音者，『殸』有耳聞之義，聞屬于耳，古人鼻之所得、目之所得，皆可借聲聞以概之。故《詩・大明》曰『俔天之妹』，《説文》『俔』弟二訓曰『一曰聞見』，此訓最確，與毛傳合。毛傳直訓曰：『俔，磬也。』蓋當時《韓詩》作『磬』，訓爲『聞見』，人人習知，不必多言。若鄭箋以『如』訓『俔』，即《説文》『譬，諭也』之弟一訓。此自是漢以來相沿之别解，鄭氏用之以别毛義，然不如毛義遠矣。詩人言『俔天之妹』者，稱后妃爲天妹以神之，文王實有見聞其爲天妹者，故定祥親迎也。禮，娶妻先聘。《説文》：『聘，訪也。从耳，甹聲。』『甹』與『殸』同。義見下。然則『俔天之妹』，『俔』與『聘』義又相近矣。目得者可概以聲聞，鼻得者亦可概以聲聞，故《説文》曰：『馨，香之遠聞者。从香，殸聲。殸，古文磬。』又曰：『⿰甹只，聲也。从只，甹聲。讀如馨。』案：《詩・椒聊》次章『遠條且』，毛傳曰：『言聲之遠聞也。』『聲』字與『馨』字音義相近，漢人每相假借。故漢《衡方碑》亦借『聲』爲『馨』矣。海鹽吳東發云：

『《衡方碑》云：「克長克君，不虞不陽。維明維允，耀此聲香。」「聲」乃「馨」之假借字，上文既云「有□有聲」，則此義不應重矣。』《逸周書・謚法解》：『不生其國曰聲。』昔人解此多誤。案：此乃生于母家，不在本國，如虛懸然，其義猶在『殸』字，『聲』乃假借耳，猶《史記》所言『贅壻』之義。魯嬰齊謚聲伯，聲伯之母不聘，穆姜不以爲姒，生聲伯而出之，嫁于齊。《左・成十一年傳》。然則聲伯必是隨母生長于外，所以卒謚曰『聲』。又齊侯娶魯顏懿姬，無子，其姪鬷聲姬生光。杜注云：『顏、鬷皆二姬母姓。』姬之謚『聲』，必亦育于母鬷姓家之故，故以母姓爲名，而謚曰『聲』，《左・襄十九年傳》。與嬰齊『聲伯』同例。而隱公母謚『聲』，僖公夫人『聲姜』，齊靈公母『聲孟子』，皆同此例矣。《詩・叔于田》『抑罄控忌』[一]，毛傳曰：『騁馬曰罄。』元謂『罄』即『騁』之音近假借字。蓋『甹』『殸』同韻，《說文》所以讀『㽕』若『馨』也。若離『騁』而別求其訓，則誤矣。《尒雅》：『甹夆，掣曳也。』此專訓《詩・小毖》。今《詩》作『荓蜂』者，異同字。『荓蜂』『甹夆』，無所不可，但爲雙聲耳，其義在音不在字也。故毛、鄭皆據《尒雅》，無新說。『甹夆』與《詩・叔于田》『罄控』同義，『殸』與『甹』音義每相通。『荓蜂』者，如執轡者掣曳馬也。後人因『螫』字而求其義于『蠭蜜』之『蠭』，則郢書燕說矣。『荓』與『抨』『伻』同音，亦『使』義也，『聘』亦『使』也。凡此毛傳未發之義，證之古皆合，故毛氏經訓可竝《尒疋》也。

[一] 抑罄控忌，阮刻本《毛詩正義》在《大叔于田》，是。下同。

釋蓋

《爾雅·釋言》：『蓋、割，裂也。』郭璞注未詳。今學者皆以『蓋』『割』同聲假借，引鄭康成《禮記·緇衣》注明之，則郭所未詳者明矣。元更謂『害』『曷』『盍』『末』『未』，古音皆相近，每加偏旁，互相假借。若以爲正字，則失之。《書·吕刑》曰『鰥寡無蓋』，『蓋』即『害』字之借，言堯時鰥寡無害也。僞傳云『使鰥寡得所，無有掩蓋』，失之矣。『害』字與『割』音義最近。《詩·生民》曰：『無菑無害。』《釋名》曰：『害，割也。』《書·堯典》『洪水方割』、《大誥》『天降割』之類，皆『害』字之借也。『害』字與『蓋』字亦近。《爾雅釋文》：『蓋，舍人本作「害」。』《尚書·君奭》『割申勸王之德』，鄭氏《緇衣》注曰『割之言蓋』是也。『盍』與『曷』同音，故《孟子》『時日害喪』，『害』即『曷』。《吕覽》『葛天氏』即『蓋天氏』也。『盍』與『末』『未』亦最近。故《春秋》襄二十七年《公羊傳》：『盟曰：「昧雉彼視。」』何休學：『昧，割也。』邵公之意若曰：有渝盟者，視此割雉也。《孟子》『謀蓋都君』，此兼掩井、焚廩而言之，『蓋』亦當訓爲『害』也。若專以『謀蓋』爲蓋井而不兼焚廩，則下文『咸我績』『咸』字無所著矣。

釋且

《說文》訓『且』爲『薦』，字屬象形。段若膺大令曰：《儀禮》鄭注、《公羊》何注皆云『且字』，如伯某、仲某，『某』是且字，某以薦伯仲也。《古文尚書》『黎民俎飢』，鄭易『俎』爲『阻』。蓋《尚書》本作『且』，故今文家作『祖』，古文家作『阻』，此皆訓薦之義。元按諸古誼，且，古『祖』字也。古文『祖』皆『且』字，《商文戊祖丁尊》作『』，《祖又尊》作『』，《孟祖辛彝》作『』，《祖乙爵》作『』，《祖己爵》作『』，《祖丁觚》作『』，《瞿祖丁卣》作『』，此文與今『且』字近矣。《周齊侯鐘》作『』、作『』，皆『祖』之古文。小篆始左『示』作『祖』，故《說文·示部》：『祖，始廟也。』今音『祖，則古切』，『且，千也切』，不知古音古誼正相同也。《禮記·檀弓》：『曾子曰：「夫祖者，且也。且胡爲其不可以反宿也？」』鄭注：『且，未定之辭。』可以證矣。

又按：且，始也。『且』既與『祖』同字同音，則其誼亦同。《爾雅·釋詁》：『祖，始也。』凡言『祖』，皆有『始』誼。如『祖』訓『始廟』，『祖祭』爲『柩始行』。《史記[一]·食貨志》引《書》曰：『黎民祖飢。』又《詩》『四月維夏，六月徂暑』，鄭箋云：『徂，猶始也。』言『且』，亦即有『始』誼。經傳中言『既某且某』者，皆言

[一] 按：《史記》，依文意，當作《漢書》。

終如此，始又如此。『既』訓『終』，『且』訓『始』。王懷祖給事謂元曰：『《詩》言「終風且暴」「終和且平」「終温且惠」，「終」皆當訓「既」，言「既風且暴」也。』鄭箋訓『終風』爲『終日風』，此望文生誼。《爾雅》偏釋《詩》中風名，獨無『終風』，且『終和』『終温』又將何説？元爲之加證曰：『終』即『既』。既，終也；且，始也。《詩·鄭風·溱洧》：『女曰觀乎？士曰既且。且往觀乎？』『既且』即『終始』之誼。『且』讀爲平聲，與『乎』『乎』字爲韻。『且往觀乎』之『且』，即蒙上『既且』爲言，愈見修辭之善。漢《張遷碑》『爰既且于君』，文例可與此相證也。顧寧人以『既且』爲『暨』字之分，疑是碑爲重刻摹勒之誤，非也。

又按：且，粗也、姑也。『且』訓爲『始』，『始』有艸創之誼，即爲粗畧之誼。《説文》：『粗，疏也。』『粗』从『且』得聲得誼。『且』又與『盬』通借，皆不攻緻之誼。《詩·唐風》『王事靡盬』，毛傳：『盬，不攻緻也。』孔疏引『蠱』字爲證，誼乖遠，不相涉。《漢書·息夫躬傳》曰『器用盬惡』，鄧展注：『盬，不堅牢也。』即不攻緻。《吕覽·誣徒》篇『從師苦』，高誘注：『苦，讀如「盬會」之「盬」。苦，不精致也。』《方言》曰：『盬，且也。』郭璞未詳。合經史子數誼，《方言》之訓可識矣。又『沽』音同『盬』。《儀禮·喪服傳》云『冠者，沽功也。』鄭注：『沽，猶麤也。』又《既夕》注：『沽，今文作「古」。』又《周禮·司兵》注曰：『功沽上下。』『沽』即麤惡，與『盬』同。可見漢末猶爲恒語。『麤畧』即爲『聊且』之誼，故『且』爲『姑且』之『且』。《廣雅》：『嫴，且也。』其寔『姑』即『且』同音假借字。《詩·周南》：『我姑酌彼金罍。』毛傳：『姑，且也。』《説文》：『夃，秦以市買多得爲夃。

《詩》：「我夃酌彼金罍。」」段若膺大令曰：《説文》引《詩》『我夃酌彼金罍』，『夃』本應作『姑』，此許引《詩》説假借，古文以『夃』爲『姑』也。如玫，人姓也，《洪範》以『玫』爲『好』。此亦『且』之假借字。《論語》『沽之哉』，『沽』即『夃』字假借。《禮記・檀弓》『杜橋之母之喪，宫中無相，以爲沽也』，鄭注：『沽，猶略也。』是『沽』即麤略之誼，與『盬』『姑』同誼[一]，寔皆『且』之假借也。《莊子》『與物且者』，此謂苟且，《漢書・宣帝紀》『莫有苟且之意』同。《廣雅》[二]『聊、苟，且也』，亦其誼也。

又案：『且』字加『口』爲『咀』。《春秋左傳》僖二十八年：『晉侯㝱楚子伏己而盬其腦。』『盬』與『咀』同，謂咀啑其腦，故《方言》曰：『盬，且也。』此益明矣。服虔注：『盬，啑也。』杜注沿之。正義云『未見正訓』，此未明古誼也。《左傳》：『吾且柔之矣。』腦能柔物，故《考工記》曰：『近于刲而休于氣。』『且』與『姑』同音，故『姑』亦有『咀』誼。《孟子・滕文公》『蠅蚋姑嘬之』，『姑』與《方言》『盬』同，即『咀』也，趙岐『姑』字無解。朱子訓『語助』固非，至以爲『螻蛄』，則古無分『螻蛄』二字單名爲『蛄』者，此未明古誼之失也。謂蠅與蚋同咀嘬之也。

又案：『且』有包含大多之意，故《説文》『咀』訓爲『含味』。苴，麻子，包多子者。《禮記・喪服小記》：『苴杖，竹也。』此言以苴麻纏杖如殳然，鄭説非。《詩・鴟鴞》『予所蓄祖』，『祖』讀爲『苴』。《毛詩》作『祖』，

[一] 同誼，甲戌續刊本作『廣雅』，誤。
[二] 廣雅，甲戌續刊本作『同誼』，誤。

《韓詩》作『租』,《釋文》不誤。今本《毛》誤爲『祖』。『祖』『租』無定,其爲『苴』之假借益明。『苴』即陸璣所謂『紩巢』之麻,與下『捋荼』『荼』字,二物相配,非虛字。《禮記》『苞苴』,此誼亦近也。物粗惡未有不大者,故《史記》注『盬』爲『大鹽』,《説文》訓『駔』爲『壯馬』。《爾雅》『奘,駔也』,《釋文》引孫、樊本作『將,且也』。又案:《小雅》『夜如何其,夜未央』,毛傳『央,且也』,《釋文》『七也反』,今訛作『旦也』。又《夏小正》傅崧卿本『十二月隕麋角』,傳曰『蓋陽氣且覩也』,『且覩』即始覩也;餘本皆訛爲『旦覩』矣。由『且』誼推之,經傳中誼有可識矣。《説文》咀、祖、租、胆、珇、殂、組、苴、袓、虘、爼、伹、岨、詛、租、怚、鉏、狙、沮、姐、粗、坥、狙、罝、罝、睢、駔、疽、阻、抯、𨑥、徂、宜、助、耝,三十五字皆从『且』得聲,皆有誼可尋。

又案:『且』爲發聲,與『將』同。《詩》『將翺將翔』『將安將樂』是也。『將恐將懼』,鄭箋:『將,且也。』又案:『且』爲語餘聲。《詩》『乃見狂且』,毛傳:『且,辭也。』『椒聊且』《爾雅》『朻者聊』,即釋『椒聊』。陸璣以『聊』爲語助辭,豈不與『且』字相複?之類誼同此。又案:『且』聲轉『此』。《詩·載芟》『匪且有且』,毛傳『且,此也』是也。

釋黻

『黻』與『黼』同爲畫繢之形。《考工記》『白與黑謂之黼,黑與青謂之黻』,『黼』象斧形明矣。

說『黻』者曰：兩己相背戾。《爾雅》孫注、《左·桓二年傳》注、《書·益稷》傳。而自古畫象則作『𢀳』形，明兩弓相背戾，非兩己相背戾也。兩弓相背，義取于物，與斧同類，兩己之『己』何物耶？然則各傳注所言『兩己』者，豈非『兩弓』相沿之誤與？《漢書·韋賢傳》師古注曰：『紱，畫爲「𢀳」文，「𢀳」，古「弗」字也。』今俗本《漢書》《文選》皆譌爲『亞』。師古此語必有師傳，非師古所創。經傳中弻、佛、弗，義每相通，字或相假，音亦相轉。《說文》『弻』解曰：『輔也，重也。』輔者，以輔戾弓之不正者，即《考工記·弓人》之『茭』，鄭注所謂『弓檠』者。重者，二弓也。《說文》『弗』字收于『丿』部，解曰：『弗，撟也。』《考工記·弓人》曰『撟幹』『撟角』[一]。『从丿，从乀，从韋省。』案：『弗』字明是从『弓』之字，若从『韋』，則不知所省，無以下筆，必有後人刪改之誤。『弗』字从丿、从乀、从弓，『丿』『乀』者，明是兩弓相背、左右手相戾之義，此會意之恉也。特『丿』『乀』分背，不若『乂』字相交耳。然則『弗』即『𢀳』字，爲兩弓相背戾之證，師古之說有由來矣。

[一] 按：『考工』至『撟角』十字，疑當爲小字註。

釋郵表畷

將欲于平坦之地分其間界行列遠近，使人可以準視望、止行步，無尺寸之差而不可逾焉，則必立一木于地，且垂綴他物于木上，以顯明其標志矣，此『郵表畷』之權輿也。則試言『郵』。《説文》：『郵，境上行書舍也。《漢書》各紀、傳『郵亭』注皆同。郵从邑，从𡍮，𡍮，遠邊也。𡍮从土，从𠂹。𠂹，草木華葉垂，象形也。蓋古者邊𡍮疆界，其始必正其四至焉。四至之邊必立木爲表𠂹，綴物于上，以準遠近之望而分疆界焉。此『𡍮』之所以从『𠂹』，『郵』之所以从『𡍮』也。『垂』之遠近者必分程途里數，故鄭康成注《周禮・掌節》云：『若今郵行有程矣。』《説文》『郵』字乃以『𡍮』『邑』二字會成一意，其聲則生之于『斿』，故與『斿』『流』『旒』通借。古字義隨音生，『斿』『郵』是也。《詩・長發》：『受小球大球，爲下國綴旒。』《禮記・郊特牲》曰：『饗農，及郵表畷、禽獸。』鄭康成注：『郵表畷，謂田畯所以督約百姓于井間之處也。』引齊、魯、韓三家《詩》作『爲下國畷郵』，三家《詩》乃本字、古字也。按：球，玉磬也。以其直懸求然而名之。莍、梂皆同音義。裘，古文但作『求』，加『衣』爲『裘』，猶『表』之加『衣』于『毛』也。立一木爲標志，綴毛物于上，即球也。《詩》之『球』，即『裘』同音假借字也。故以『裘』爲標志，即以『表』爲標志也。

則試言『表』。表者，裘衣也，柱也，標也，志也，準也，明也。《説文》：『表，上衣也。从衣，从毛。古者衣裘以毛爲表。』『裘，皮衣也。象形，古文省「衣」作「求」。』《荀子·儒效》《後漢·蓋勳》《馬援傳》注：『表，標也。』《吕覽·愼小》注：『表，柱也。』《禮記·檀弓》《内則》注：『表，明也。』《周禮·大司馬》『爲表』注：『表，所以識正行列也。』《荀子·大略》注：『表，標志也。』《後漢書·劉祐傳》注：『表，標準也。』《管子·君臣上》注：『表，謂以木爲標，有所告示也。』《漢書·淮南厲王傳》注：『表者，樹木爲之，若柱形也。』《吕覽·不屈》云：『或操表掇以善睎望。』注：『表掇，儀度。』旗之旒、冕之旒，皆以物相聯綴爲名。《詩·長發》之『球』，是乃『表裘』之『裘』。《長發》之『綴旒』，是言受地于天子，爲諸侯之封疆樹立聯綴之表以定四界也。《春秋》襄十六年《公羊傳》『君若贅旒然』，言臣專政，君不與國事，但若委衷於朝宁之上而已。故《漢書·賈誼傳》曰：『植遺腹，朝委裘，而天下不亂。』此言遺腹之主甚幼，不能立朝，但委綴裘衣于朝而天下不亂，即《公羊》『贅旒』之義也。『贅』與『綴』音近義相假。《莊子·大宗師》云『彼以生爲附贅縣疣』，亦取此義也。《史記·滑稽傳》：『淳于髡，齊之贅壻。』索隱：『如人贅疣，餘剩物也。』《詩·大雅》：『具贅卒荒。』傳：『贅，屬也。』是《郊特牲》之『表』義，即『郵』義也。

則試言『畷』。《説文》：『叕，篆作，綴聯也。』又：『綴，合著也。畷，兩陌間道也。』按：『綴』爲以物繫屬于物之義，叕、綴、畷、輟義皆通。《檀弓下》《國語·齊語》注皆曰：『綴，連也。』『綴』又訓『止』，見《樂記》注。故『輟』亦訓『止』，見《吕覽·期賢》《求人》注。《説文》：『輟，車小缺復合。』衆車連行，缺而復合，

連義也，即止義也。『綴兆』之『綴』，連也，亦即止也。《尚書・立政》『綴衣』，亦掌連綴衣服之官也。『贅』則同音假借之字。『祋』字亦音義相近，故《詩・候人》：『荷戈與祋。』《説文》：『祋，殳也。或説城郭市里高懸羊皮，有不當入而欲入者，暫下以驚牛馬，曰祋。』此乃以木綴裘之明證，漢時尚有此制。故田陌之間相聯之處，以木爲表，分其界限，則可名曰『表』，以表繫皮則可名曰『綴』，因之兩陌間之道路，亦即別制加『田』于『叕』之字，名之曰『畷』。此亦字隨音生，實一義也。揚州古銅盤銘曰：『用大蔽㪚邑，迺即㪚用田竟，竟自濾、洮以南，至于大沽，一表以降二表。』又曰『表于單道，表于原道，表于周道以東，表于耔東疆右還，表于竟，竟導以南，表于郤萊，導以西，至于堆莫竟，竟井邑田』云云。觀此可見古人以表立田地疆界之事。《周禮》：『虞人萊所田之野爲表，百步則一，爲三表。又五十步爲一表。』又曰：『及表乃止。』此可見古人閲軍以表爲界之事。又舞者行列所止，亦立木綴物爲標，名曰『綴』。《禮記・樂記》曰『綴兆』，鄭注：『綴，謂酇舞者之位也。』又曰『其舞行綴遠』『其舞行綴短』，觀此可見古人凡分行列遠近長短者，皆以表綴爲用。然則《郊特牲》所謂『郵表畷』者，『郵』乃爲井田上道里可以傳書之舍也，『表』乃井田間分界之木也，《左傳》襄二十五年《傳》『表淳鹵』，賈逵注云：『淳鹵之地，九夫爲表。』《國語・周語》：『單襄公云：「周制有之曰：列樹以表道。」』韋注：『表，識也。』『畷』乃田兩陌之間道也。凡此皆古人饗祭之處也。而『郵』『表』『畷』之古義，皆以立木綴毛裘之物垂之，分間界行列遠近，使人可準視望、止行步而命名者也。

釋頌

《詩》分風、雅、頌。『頌』之訓爲『美盛德』者，餘義也。『頌』之訓爲『形容』者，本義也。且『頌』字即『容』字也。『頌』正字，『容』假借字。《詩譜》『頌之言容』，《釋名》『頌，容也』，並以假借字釋正字。《說文》『容』訓『盛』，與『頌』字義別。後人專以『頌』爲歌功頌德字，而『頌』之本義失矣。故《說文》：『頌，皃也。从頁，公聲。籀文作額。』是『容』即『頌』。《漢書・儒林傳》『魯徐生善爲頌』，即善爲容也。《說文》『皃』下云『頌儀也』，與此『頌』字爲轉注。籀文者，周宣王太史所作。『頌』即容貌字者，《史記・樂書》云：『物[一]之頌也。』《漢書・儒林傳》云：『頌禮甚嚴。』又云：『孝文時，徐生以頌爲禮官大夫。』師古注並云：『頌，讀曰容。』容、養、羕一聲之轉，古籍每多通借。今世俗傳之『㨾』字，始于《唐韻》，即『容』字轉聲所借之『羕』字，不知何時再加『扌』旁以別之，而後人遂絕不知從頌、容、羕轉變而來，豈知所謂商頌、周頌、魯頌者，若曰商之㨾子、周之㨾子、魯之㨾子而已，無深義也。何以三《頌》有㨾，而《風》《雅》無㨾也？《風》《雅》但弦歌笙閒，賓主及歌者皆不必因此而爲舞容。凡樂縣並在堂下，惟琴瑟隨工而得升，笙則倚於堂。《大射儀》云：『簜在建鼓之閒。』《禮記・禮器》云：『歌者在上，匏竹在下，貴人聲也。』弦歌閒以笙者，如諸侯燕羣臣

[一] 按：今傳各本《史記》作『性』。

及聘問之臣，升歌《鹿鳴》《四牡》《皇皇者華》，閒歌《魚麗》，笙《由庚》；歌《南有嘉魚》，笙《崇丘》；歌《南山有臺》，笙《由儀》。大夫、士鄉飲酒禮亦如之，並無所爲舞容。他如《周禮》《左傳》《國語》所載，亦但曰「歌」、曰「詠歌」。《左傳》季札觀樂，惟使工爲之歌。《國語》叔孫穆子對晉侯云「伶簫詠歌」，而亦絶不及舞容。惟三《頌》各章皆是舞容，故稱爲頌，若元以後戲曲，歌者、舞者與樂器全動作也；《風》《雅》則但若南宋人之歌詞、彈詞而已，不必鼓舞以應鏗鏘之節也。「頌」之舞容，《禮記·文王世子》「適東序，釋奠於先老。登歌《清廟》，下管《象》，舞《大武》」，注云：「《象》，周武王伐紂之樂也。以管播其聲，又爲之舞。」《明堂位》：「以禘禮祀周公於太廟，升歌《清廟》，下管《象》。」《祭統》：「夫大嘗禘，升歌《清廟》，下而管《象》。」《仲尼燕居》：「升歌《清廟》，示德也；下而管《象》，示事也。」《詩序》：「《維清》，奏《象舞》也。」箋云：「《象舞》，象用兵時刺伐之舞，武王制焉。」又云：「《武》，奏《大武》也。」箋云：「《大武》，周公作樂所爲舞也。」《樂記》：「鍾鼓、管磬、羽籥、干戚，樂之器也；屈申、俯仰、綴兆、舒疾，樂之文也。」又云：「執其干戚，習其俯仰、屈伸，容貌得莊焉；行其綴兆，要其節奏，行列得正焉，進退得齊焉。」猶之戲曲執持文武之器，手舞足蹈而口歌之，以應節奏也。

《仲尼燕居》：「子曰：大饗有四焉，下管《象》《武》《夏》《籥》，序興。」《象》《武》，武舞，用干戚也；《夏》《籥》，文舞，用羽籥也。文舞，武舞，《禮記·內則》「十三舞《勺》，成童舞《象》，二十舞《大夏》」，注謂「先學《勺》，後學《象》，文武之次。《大夏》，樂之文武備者也。」《勺》即《周頌·酌》，《象》即《周頌序》云「《維清》，奏《象舞》也」。《大夏》則夏禹之樂也。《文王世子》：「春夏學干戈，秋冬學羽籥。」注云：「干戈，《萬舞》，象舞[一]也。羽籥，《籥舞》，象文也。」《樂記》云：『干、戚、羽、旄謂之樂。』注云：『干，盾也；戚，斧也，武舞所執。羽，翟羽也；旄，旄牛尾也，文舞所執。』《郊特牲》：『諸侯之宮縣而祭以白牡，擊玉磬，朱干設錫，冕而舞《大武》。』《明堂位》：『禘禮，祀周公於太廟，朱干玉戚，冕而舞《大武》。八佾以舞《大夏》。』《公羊·宣八年傳》：『夏六月壬午，猶繹，《萬》入去《籥》。《萬》者何？干舞也。《籥》者何？籥舞也。』《左傳·襄二十九年傳》：『季札請觀周樂，見舞《象箾》《南籥》，見舞《大武》，見舞《韶濩》，見舞《大夏》，見舞《韶箾》。』周所存六代之樂，若《大司樂》所云《雲門》《大卷》《大咸》《大磬》《大夏》《大濩》《大武》，皆頌也，魯得其四。《韶箾》《夏濩》等舞，季札俱及見之。所謂夏者，即《九夏》之義。《説文》：『夏，从夊，从頁，从𦥑。𦥑，兩手。夊，兩足。』與『頌』字義同。周曰『頌』，古曰『夏』而已。故《九夏》皆有鐘鼓等器以爲容節。《詩·時邁》：『肆於時夏。』傳云：『夏，大也。』箋云：『陳其功，夏而歌之。樂歌大者稱夏。』《禮記》：『《夏》《籥》，序興。』正義云：『《夏》《籥》，謂大夏文舞之樂，以《象》《武》次序更遞而興。』鄭氏康成注：『鐘師以《九夏》爲樂之大歌。』《説文》『夓』訓『中國之人也』，从頁，即古文『首』字。頭爲容貌之首，古頌皃字，故从頁。『夓』字於六書屬象形。《禮》曰『夏』，《詩》曰『頌』，二而一者也。《九夏》者，《鐘師》所謂《王夏》《肆夏》《昭夏》《納夏》《章夏》《齊夏》《族夏》《祴夏》《鶩夏》也。杜子春云：『王出入，奏《王夏》；尸出入，奏《肆夏》；牲出入，奏《昭夏》；四方賓客來，奏《納夏》；臣有功，奏《章夏》；夫人祭，奏《齊夏》；族人侍，奏《族夏》；客醉而出，奏

[一] 按：象舞，阮刻本《禮記正義》作『象武』，是。照應下文『象文』。

《祴夏》；公出入，奏《驁夏》。」凡奏《夏》，並以鐘鼓爲行步之節。金奏之例皆在升歌前。如賓入門升堂後，金奏即闋。《九夏》即在頌中。明乎人身手足頭皃之義，而古人名《詩》爲『夏』、爲『頌』之義顯矣。《清廟之什》凡十篇，古登歌用《清廟》，尚餘其九。吕叔玉云：「《肆夏》《繁遏》《渠》，皆《周頌》也。《肆夏》，《時邁》也；《繁遏》，《執競》也；《渠》，《思文》也。」其餘六夏蓋即《維天之命》等篇爲近之矣。鄭氏康成以《九夏》皆《詩》篇名，《頌》之族類也。

《樂記》賓牟賈問答，全是舞頌，即頌即容之實據。《樂記》言《大武》：『先鼓以警戒，三步以見方，再始以著往，復亂以飭歸，奮疾而不拔，極幽而不隱。』又孔子答賓牟賈云：『夫樂者，象成者也。揔干而山立，武王之事也；發揚蹈厲，太公之志也；《武》亂皆坐，周、召之治也。且夫《武》始而北出，再成而滅商，三成而南，四成而南國是疆，五成而分周公左、召公右，六成復綴以崇。』皆舞頌之實證。按：《左氏·宣十二年傳》：『楚莊王曰：「武王克商，又作《武》。其首章曰：耆定爾功。其三曰：鋪時繹思，我徂維求定。其六曰：綏萬邦，屢豐年。」』然則《賚》《桓》二章，皆屬於《大武》，猶之《關雎》實兼《葛覃》《卷耳》，《鵲巢》兼《采蘩》《采蘋》也。《周禮·大司樂》凡曰『奏』，皆金也；曰『歌』，皆人聲也；曰『舞』，皆頌也，夏也，人身之動容也。《大司樂》：『乃奏黄鍾，歌大吕，舞《雲門》，以祀天神；乃奏大蔟，歌應鍾，舞《咸池》，以祭地示；乃奏姑洗，歌南吕，舞《大磬》，以祀四望；乃奏蕤賓，歌函鍾，舞《大夏》，以祭山川；乃奏夷則，歌小吕，舞《大濩》，以享先妣；乃奏無射，歌夾鍾，舞《大武》，以享先祖。』夏舞者，謂鼓舞以應鏗鏘之節也。武舞曰萬舞者，萬，厲也。蹈厲，武舞也。《公羊·宣八年傳》云：『萬者何？干舞也。』《史記·樂書》正義云：『厲，謂顔色勃然如戰色。』《樂記》注云：『蹈厲，所以象威武時。』而《公羊》注以爲『武王以萬人服天下』，故民以『萬』名其篇，此漢人望文生義，其實非也。《豳詩》有『頌』者，此必有舞容在後。《籥章》：『國祭蜡，則歙《豳頌》。』桉：豳爲周之舊。商、周皆夏，殷之舊邦，宋有《商頌》，周亦有《豳頌》。既謂之頌，宜有舞容在焉。禮：君子趨行、賓出入、尸出入，皆奏《夏》。《夏》即人容，以金奏爲之節也。《周禮·樂師》：『教樂儀，行以《肆夏》，趨以《采薺》。』《禮記·玉藻》：『古之君子，趨以《采齊》，行以《肆夏》。』《儀禮·燕禮》：『賓及庭，奏《肆夏》。賓醉，奏《陔》。』《大射儀》：『公升，即席，奏《肆夏》。賓醉，奏《陔》。公入，《驁》。』《鄉飲酒禮》：『賓出，奏《陔》。』《禮記·禮器》：『大饗之賓，其出也，《肆夏》而送之。』《郊特牲》：『賓入大門而奏《肆夏》。』又云：『大夫之奏《肆夏》也，由趙文子始也。』《仲尼燕居》：『兩君相見，入門而縣興，升堂而樂闋。』縣興，即金奏也。又云：『金作，示情也。』《國語·魯語》：『叔孫穆子不拜《肆夏》，曰：「先樂金奏《肆夏》《繁遏》《渠》，天子所以饗元侯也。非使臣之所敢聞也。」』《大司樂》：『王出入，則令奏《王夏》；尸出入，則令奏《肆夏》；牲出入，則令奏《昭夏》。』凡奏《夏》，皆擊金以爲節，『鍾師掌金奏，以鍾鼓奏《九夏》。鎛師凡祭祀，鼓其金奏之樂』是也。《周禮·鍾師》于二南之《詩》亦稱奏者，彼以弓矢爲舞容，故有金奏，非舞不稱奏也。《鍾師》：『凡射，王奏《騶虞》，諸侯奏《貍首》，卿大夫奏《采蘋》，士奏《采蘩》。』《大司樂》：『及射，令奏《騶虞》，詔諸侯以弓矢舞。』據此，知《貍首》《采蘋》《采蘩》皆以弓矢舞。鐘、磬分笙鐘、笙磬、頌鐘、頌磬者，笙在東方，專應《風》《雅》之歌；頌在西方，專應《夏》《頌》之舞也。樂縣之位，小胥正之。《大射儀》：『樂人宿縣於阼階東，笙磬西面，其南笙鐘，其南鎛。』《燕禮》鎛之南又有鼓，其南應鼙，皆南陳。笙爲東方，以應《風》《雅》。《詩·鼓鐘》云『笙磬同音，以《雅》以《南》』，謂諸侯大夫燕時但歌《雅》與二《南》。《左氏·襄十一年傳》：『鄭人賂晉侯以歌鐘二肆。』其云『歌鐘』，必是應《風》《雅》之鐘，然則即笙鐘也。或者笙鐘、笙磬器聲比頌鐘、頌磬爲小，以此爲分别歟？或以笙爲所吹之笙，不知所吹之笙則在兩階建鼓之閒，與此絶不相同。西階之西，頌磬東面，其南鐘，其南鎛，其南朔鼙，其南鼓，皆南陳。頌爲西方，以應頌舞。《儀禮·燕禮》《聘禮》，以及《少牢饋食》《有司徹》所載，賓、尸入門升堂，莫不由西出入。凡賓、尸出入，皆金奏，金奏必歌《頌》，以應屈申、俯仰、行步之節也。《尚書》「笙鏞以閒」，孔、鄭古文皆作「笙庸」，「庸」即《大射儀》之「頌」，古文頌或爲庸。《大司樂》疏引《書》鄭注云：「東方之樂謂之笙。笙，生也。東方生長之方，故名樂爲笙也。西方之樂謂之庸。庸，功也。西方物孰有成功，亦謂之頌，頌亦是頌其成也。」僞孔解「庸」爲「大鏞」，便昧於笙頌之義矣。此乃古人未發之義，因釋之如此。

釋矢

義从音生也，字从音義造也。試開口直發其聲曰「施」，「尸」爲同音，夷、侇、匜、移爲音近字。《孟子》「孟施舍」，趙岐注：「施，發聲。」重讀之曰「矢」。「屎」爲同音，雉、薙、豸爲音近字。施、矢之音，皆有自此直施而去之彼之義。古人造从「㫃[一]」从「也」，「也」即同「匜」。之「施」字，即從音

[一] 㫃，甲戌續刊本作「於」，誤。

義而生者也。《説文》：「施，旗皃。」齊欒施、鄭豐施、魯巫馬施，皆字子旗。齊弦施，字子多。「多」音義如「西」，故「移」从「多」。旗有自此斜平而去之貌，《史記·屈原賈生列傳》「庚子日施兮」，索隱：「施，猶西斜也。」故義爲施舍。《易·乾卦》「雲行雨施」「稱物平施」。《左傳》昭五年劉炫注：「施者，舍也。」「舍」爲「施」之重音，「施」之訓展、訓陳、訓布、訓行、訓舒、訓設、訓弛、訓移，皆平直施去之義也。《詩·葛覃》「施于中谷」，《兔罝》「施于中林」，《頍弁》「施于松柏」，《旱麓》「施于條枚」，《禮記·樂記》「施於孫子」，《孔子閒居》「施及四海」，《中庸》「施及蠻貊」，皆重讀之。其實輕重皆同音義也。「尸」與「施」同音，故《禮記》「在牀曰尸」，人死平陳也。《左傳》宣十六[一]年。「荆尸而舉」，尸，陳也，即俗「陣」字也。《爾雅》曰：「矢、雉、尸，陳也。」「平、夷、弟，易也。」「矢，弛也。」「弛，易也。」皆此音此義也。「尸」或爲「侇」。「侇」从夷，與「尸」音義皆相近。《周禮·凌人》：「大喪供侇槃冰。」注：「侇之言尸也。」《國語·晉語》：「秦人殺冀芮而施之。」注：「陳尸曰施。」《禮記·喪大記》：「奉尸夷於堂。」《詩·草蟲》「我心則夷」，《桑柔》「亂生不夷」，《左氏·成十六年傳》「塞井夷竈」，又十七年《傳》「一朝而尸三卿」，皆平義也。《詩·泂酌》「豈弟君子」，豈弟，易直也。弟、易音義近也。「匜」爲注水器，《左氏·僖廿三年傳》：「懷嬴奉匜，既而揮之。」水從匜出，平揮而去，故名其器曰匜。「池」之从「也」，亦同此義。

[一] 按：六，當作「二」，「荆尸而舉」乃《左傳·宣公十二年》文。

「矢」爲弓弩之矢，象形字，而義生於音。凡人引弓發矢，未有不平引延陳而去止於彼者。《爾雅》：「矢、雉、引、延，陳也。」此義即此音也。《左傳》隱五年。「公矢魚于棠」，《詩》「矢于牧野」「無矢我陵」「以矢其音」「矢詩不多」，「矢」皆訓「陳」。又人之所遺曰「矢」，亦取施舍而去之義。故《史記・廉頗藺相如傳》曰：「三遺矢矣。」《莊子・知北遊》曰：「道在屎溺。」「屎」同「矢」。《左傳》：定三年。「閽曰：「夷射姑旋焉。」」「旋」當爲「施」。施者，謂便溺也。便溺有施舍之義，「旋」乃字形之訛也。

雉，野雞也。其飛形平直而去，每如矢矣，故古人名鳥之音與矢相近，且造一从隹、从矢之字曰「雉」也。「雉」與「豸」「緻」同音，每相假借。雉有度量之義。凡物自此止彼、平引延陳而度之，約略如「矢」「雉」之去曰「雉」，以繩則曰「緻」。《左傳》隱元年。「都城過百雉」，杜預説「雉長三丈」，許慎《五經異義》、《韓詩》説「雉長四丈」，何休《公羊》學「雉二百尺」，説雖不同，大約皆用長繩平引度物之名。《左傳》襄二十五年。「度山林，鳩藪澤」，「鳩」與「度」對言，「鳩」乃「雉」字之訛，「雉」即「度」也，度以繩尺爲度數也。《左傳》：昭十七年。「五雉爲五工正，利器用、正度量，夷平也。民者也。」工正命官所以名雉者，雉有度義，亦有平義也。《周禮》「薙氏」，書或作「夷」，鄭康成：「讀如鬀小兒頭之「鬀」，書或作夷。」《釋文》：「薙，或作雉。」然則薙、鬀、夷、雉，亦平而去之之義。《周禮・封人》：「封其四疆。造都邑之封域者，亦如之。凡祭祀，置其緻。」司農注：「緻，著牛鼻繩，所以牽牛者。今時謂之雉，與古者名同。』杜子春[一]云：『絼，當以「豸」爲聲。』據此，知封人掌有繩絼，遇城邑則量百雉之絼，遇祭祀則供牛鼻之繩。五雉之爲工正也，義與此同。《國語》《晉語》二。『中生雉經』，乃以繩絼自經，『雉』乃『絼』之假借字。而或以爲如雉鳥之經，自古未見有雉鳥自經於樹者，此不明古義之失也。『絼』从『豸』得聲，《左傳》：宣十七年。『范武子引《詩》曰：「『君子如怒，亂庶遄沮。君子如祉，亂庶遄已。』余將老，使郤子逞其志，庶有豸乎！」』《釋文》：『豸，本又作雉。』今訛爲『鳩』，與『雉藪澤』之『雉』訛爲『鳩』同。《左傳》襄十六年。又云：『范宣子曰：「匄在此，敢使魯無鳩乎！」』此『鳩』字亦是『雉』字之訛，與『庶有豸乎』詞氣正同。豸者，止也，即阻止之義。平也，解也。解豸，名獸，乃雙聲字。此『雉』亦當訓止也，平也。正所以答《圻父》『無所止居』、《鴻鴈》『哀鳴劬勞』之義，與范武子引《詩·巧言》『亂庶遄沮』『遄已』義同也。《管子》曰：《地員》。『夫管仲之匡天下也，其施七尺。』注：『施者，大尺之名，其長七尺。』然則『施』『雉』之音皆有長引法度之義。『水』音近『矢』，《說文》：『水，準也。』水之流也，平引而去，義與『矢』『雉』相同。『準』爲法則，『法』字古文从水、从廌。凡言廌者，皆有直義，有平義。『灋』从『水』者，水至平；从『廌』者，爲平、爲直，皆指事；从『去』者，兩人相違之閒，以水廌

[一] 按：杜子春，當作『鄭玄』。據《周禮注疏》卷十二，『絼，當以「豸」爲聲』乃鄭玄之語。

平直之，爲會意。廌猶繇繩之直也，《説文·廌部》『灋』字乃以神羊『觸不直』爲解，此由漢時沿楚制，爲解豸冠，令觸不直，著之國典之故，許氏不能不據以爲解。其實商、周以上制字，未必定主此義。《説文》『灋』字似宜收『去』部，未可會意説『廌』爲解豸『觸不直而去之』也。蓋水、廌皆平止義，故今文『廌』字可省。若如神羊之説，今文省一『廌』字，則所餘『去』字會何意耶？明乎此，可知古人造字，字出乎音義，而義皆本乎音也。

釋順

有古人不甚稱説之字，而後人標而論之者；有古人最稱説之恒言要義，而後人置之不講者。孔子生春秋時，志在《春秋》，行在《孝經》。其稱『至德要道』之於天下也，不曰『治天下』，不曰『平天下』，但曰『順天下』。『順』之時義大矣哉！何後人置之不講也？《孝經》『順』字凡十見。《開宗明義章》『以順天下』，《士章》『以敬事長則順』『忠順不失』，《三才章》『以順天下』，《聖治章》『以順則逆』，《廣要道章》『教民禮順』，《廣至德章》『孰能順民如此其大者乎』，《廣揚名章》『順可移於長』，《感應章》『長幼順』，《事君章》『將順其美』。『順』與『逆』相反。《孝經》之所以推孝弟以治天下者，順而已矣。故曰：『先王有至德要道，以順天下，民用和睦，上下無怨。』又曰：『夫孝，天之經也，地之義也，民之行也。天地之經，而民是則之。則天之明，因地之利，以順天下。』又曰：『教民禮順，莫善於悌。』又曰：『非至德，其孰能順民如此其大者乎？』是以卿、大夫、士本孝弟忠敬，以立身處世，故能保其禄位，守其宗廟；反是，則犯上作亂，身亡祀絶。《春秋》之權所以制天下者，順、逆閒耳。魯臧、齊慶，皆逆者也。此非但孔子之恒言也，列國賢卿、大夫莫不以順、逆二字爲至德要道。是以《春秋》三傳、《國語》之稱『順』字者最多，皆孔子《孝經》之義也。《左氏·隱三年傳》：「且夫賤妨貴、少陵長、遠閒親、新閒舊、小加大、淫破義，所謂六逆也，君義、臣行、父慈、子孝、兄愛、弟敬，所謂六順也。去順效逆，所以速禍也。」又五年《傳》「順少長」，僖八年《傳》「能以國讓，仁孰大焉？臣不及也，且又不順」，杜預云：「立庶不順禮。」又卅三年《傳》：「文不犯順，武不違敵。」文二年《傳》：「禮無不順。祀，國之大事也，而逆之，可謂禮乎？」又六年《傳》：「事長則順。」又十五年《傳》：「禮以順天，天之道也。」宣四年《傳》：「以順，則公子堅長。」又十二年《傳》：「典從禮順。」成十六年《傳》：「禮以順時。」襄三年《傳》云：「臣聞師衆以順爲武。」又十年《傳》：「大夫諸司門子弗順，將誅之。」又十七年《傳》：「大臣不順，國之恥也。」又廿三年《傳》：「作不順而施不恕也。」又廿五年《傳》：「其辭順，犯順不祥。」昭元年《傳》：「夫夫婦婦，所謂順也。」又十一年《傳》：「蔡小而不順。」又十九年《傳》：「子産憎其爲人也，且以爲不順。」又廿六年《傳》：「獎順天法。」又廿八年《傳》「慈和徧服曰順」，杜預云：「唯順故天下徧服。」哀二年《傳》：「二三子順天明，從君命。」又六年《傳》：「從君之命，順也。」《公羊·定八年傳》：「從祀者何？順祀也。文公逆祀，定公順祀。』《穀梁·莊六年傳》：『朔入逆則順出[一]矣。』《國語·周語上》：『非禮不順。』又云：『敬王命，順之道也。』《周語中》：『以順及天下。』又云：『奉義順則謂之禮。』《周語下》：『方不順時。』《晉語一》：『敬順所安爲孝。』《晉語二》：『在因民而順之。』《晉語四》：『順以訓之。』《晉語六》：『其辭順。』《晉語七》：『帥衆以順爲武。』《晉語八》：『順其憲則。』《晉語九》：『順德以學子。』又：『行之以順。』《越語下》：『順天地之常。』又：『必順天道。』

不苐此也，《易》之『坤』爲『順也』。《易》之稱『順』者最多，亦孔子《孝經》《春秋》之義也。《易·坤》：『乃順承天。』又：『坤道其順乎！承天而時行。』《需》：『順以聽也。』《比》：『下順從也。』《泰》：『内健而外順。』《大有》：『順天休命。』《豫》：『順以動豫。』《臨》：『説而順。』《萃》：『順天命也。』《升》：『巽而順。』《革》：『順乎天而應乎人。』又：『順以從君也。』《漸》：『順相保也。』《繫辭上》：『天之所助者，順也。』《説卦》：『和順於道德而理於義。』又曰：『將以順性命之理。』又曰：『數往者順，知來者逆。』《詩》之稱『順』者最多，亦孔子《孝經》《春秋》之義也。《詩·女曰雞鳴》：『知子之順之。』《皇矣》『克順克比』，又『順帝之則』。《下武》：『應侯順德。』《公劉》：『既順迺宣。』《抑》：『順德之行。』《桑柔》：『惟彼不順。』禮之稱『順』者最多，亦孔子《孝經》《春秋》之義也。《周禮·地官·師氏》：『順行以事師長。』《儀禮·士冠禮》：『棄爾幼志，順爾成德。』《禮記·

[一] 按：『順出』二字，《穀梁傳·莊公六年》作『出順』，是。

檀弓上》：『頽乎其順也。』《檀弓下》：『節哀順變也。』《王制》：『宗廟有不順者爲不孝。』《月令》『順彼遠方』，鄭康成云：『順，猶服也。』又曰：『必順其時。』《禮運》：『順人情之大竇。』又云：『仁者順之體也。』《禮器》：『禮，時爲大，順次之。』又云：『有順而討也。』又云：『有順而摭也。』又云：『故作大事，必順天時。』《郊特牲》：『年不順成。』《大傳》：『自仁率親，等而上之至于祖，名曰輕；自義率祖，順而下之至于禰，名曰重。』《樂記》：『正聲感人而順氣應之。』又云：『和順積中。』又云：『天地順而四時當。』又云：『樂極和，禮極順，内和而外順。』又云：『樂在族長鄉里之中，長幼同聽之，則莫不和順。』《祭義》：『立敬自長始，教民順也。』又云：『所以示順也。』《祭統》：『賢者之祭也，必受其福。非世所謂福也，福者，備也。備者，百順之名也，無所不順者之謂備，言内盡於己，而外順於道也。忠臣以事其君，孝子以事其親，其本一也。上則順於鬼神，外則順於君長，内則以孝於親，如此之謂備。唯賢者能備，能備然後能祭。是故賢者之祭也，致其誠信，與其忠敬，奉之以物，道之以禮，安之以樂，參之以時，明薦之而已矣，不求其爲，此孝子之心也。祭者，所以追養繼孝也。孝者，畜也。順於道，不逆於倫，是之謂畜。』又云：『夫祭之爲物大矣，其興物備矣，順以備者也。其教之本與！是故君子之教也，外則教之以尊其君長，内則教之以孝於其親。是故明君在上，則諸臣服從；崇事宗廟社稷，則子孫順孝，盡其道，端其義，而教生焉。是故君子之事君也，必身行之，所不安於上，則不以使下；所惡於下，則不以事上；非諸人，行諸己，非教之道也。是故君子之教也，必由其本，順之至也。祭其是與？故曰：祭者，教之本也已。』又曰：『顯揚先祖，所以崇孝也。身比焉，順也；明示後世，教也。』《中庸》：『父母其順矣乎！』《表記》：『義而順。』又云：『君命順，則臣有順命；君命逆，則臣有逆命。』《冠義》：『順辭令。』《昏義〔一〕》：『教順成俗，外内和順，國家理治，此之謂盛德。』《大戴禮·主言》：『上順齒，則下益悌。』又云：『立之以義，行之以順。』《哀公問五義》：『言既順之。』《曾子立孝》：『爲人弟而不能承其兄者，不敢言人兄不能訓其弟者。』又云：『未有長而順下可知者，弟弟之謂也。』《五帝德》：『以順天地之紀。』又云：『順天之義。』又云：『莫不從順。』《盛德》：『天道不順，生於明堂。』《千乘》：『以順天道。』《誥志》：『以順四時。』《小辨》『士學順』，盧注云：『學順成之道。』

聖人治天下，萬世不别立法術，但以天下人情順逆，敘而行之而已。《爾雅》：『敘，順也。』故孔子但曰『至德要道以順天下也』。『順』字爲聖經最要之字，曷可不標而論之也。

釋達

『達』之爲義，聖賢道德之始，古人最重之，且恒言之，而後人畧之。元按：達也者，士大夫智類通明，所行事功及于家國之謂也。《法言·問神》篇：『昔仲尼潛心於文王矣，達之。』《吕覽·誣徒》篇：『況乎達師與道術之言乎！』成公十五年《傳》『前志有之曰：聖達節』，孔氏《正義》以爲『聖人達於天命』，則『達』即道德之始

〔一〕按：昏義，原作『昏禮』，今據《禮記》篇名改。

之證。《禮記》《學記》曰：『九年知類通達，强立而不反，謂之大成。』故《左傳》昭公七年：『孟僖子曰：「吾聞將有達者曰孔(某)〔丘〕，聖人之後也。臧孫紇有言曰：『聖人有明德者，若不當世，其後必有達人。』今將在孔(某)〔丘〕乎？」』此時孔子年三十五歲矣。杜預集解『僖子卒時，孔子年三十五』，此杜氏用服虔注，見於襄公三十一年疏。而本傳正義云：『當言三十四，而云「五」，蓋相傳誤耳。』此孔氏別有所據。世未稱聖，但稱達。《説文》：『聖，通也。』《白虎通》：『聖者，通也，道也。』《荀子·臣道》篇『是聖臣也』，楊倞注：『聖者無所不通之謂。』是『聖』之訓『通』，同也。又《廣雅·釋詁》：『達，通也。』《儀禮·士昏禮》『下達』，鄭注：『達，通達也。』《説文》『達』字下不訓『通』，而於『通』字下注曰『達也』。故昭公十三年《傳》：『晉、楚之從，不聞達者，可謂無人。』《史記·楚世家》引作：『不聞通者，可謂無人。』是『達』可訓『通』，『通』又訓『達』，皆與『聖』義相近。又《禮記·鄉飲酒義》『産萬物者，聖也』，鄭注：『聖之言生也。』是『聖』又得訓『生』。《詩·生民》『先生如達』，毛傳：『達，生也。』是『達』與『聖』亦同訓。蓋毛公用轉注，謂有生聖之美，義無不通；康成恐後人以『先生』爲『生』不成辭，故又從『達』字本義箋之曰『達，小羊』，蓋小羊生而能行，亦有性成之義，與『聖』字意正相輔。總之，『達』即『聖』之次，『聖』是已成之『達』，『達』是未成之『聖』。猶之皇、公之同訓爲『君』，賚、予之同訓爲『賜』，特有淺深之殊耳。故《莊子·天運》曰：『聖者，達於情而遂於命也。』《左傳》文公十八年《傳》『齊聖廣淵』，杜預集解：『聖者，通也，博達衆務，庶事盡通也。』《禮記·樂記》『作者之謂聖』，賈公彦疏：『聖者，通達物理。』則聖賢道德之始，無不由達而臻者，聖人之名尚矣。古之所謂達人，即今之所謂通人，名異而訓可互證也。

『達』之爲義，春秋時甚重之。『達』之爲義，學者亦多問之。《論語》：『子張問：「士何如，斯可謂之達矣？」子曰：「何哉爾所謂達者？」子張對曰：「在邦必聞，在家必聞。」子曰：「是聞也，非達也。《禮記·禮器》：『君子之人達。』故皇侃《義疏》以爲『達者，聞之實』。夫達也者，質直而好義，察言而觀色，慮以下人，在邦必達，在家必達。夫聞也者，色取仁而行違，居之不疑，在邦必聞，在家必聞。」』《大戴禮》：『弟子問于曾子曰：「夫士何如，則可以爲達矣？」曾子曰：「不能則學，疑則問，欲行則比賢，雖有險道，循行達矣。」』《說文》『達，行不相遇也』，引《詩》曰『挑兮達兮』，毛傳：『挑、達，往來相見之貌。』則『達』本有『行』義，不相遇者，猶言不相遻也，《呂覽·慎人》篇『達於道之謂達』是也。又曰：『君子進則能達。豈貴其能達哉？貴其有功也。』繹孔、曾此言，知所謂達者，乃士大夫學問明通，思慮不爭，言色質直，循行于家國之閒無險阻之處也。《禮記》：『知、仁、勇三者，天下之達德也。』《列子》：『端木叔，達人也，德過其祖矣。』故《說文》曰：『達，行不相遇也。』遇，遻也。故《論語》『子曰：「賜也達，於從政乎何有」』『夫仁者，己欲達而達人』王肅作《家語》，襲其語曰『以達而能達人者，欲窮不可得也』，與『窮』字對舉，便非。『不怨天，不尤人，下學而上達』，此『達』之說也。《左傳》宣公四年曰：『君子曰：仁而不武，無能達也。』《穀梁·僖公二[一]年傳》：『達心而懦。』此造語之異。《論語》曰：『誦《詩》三百，授

[一] 按：二，原作『三』，據《穀梁傳·僖公二年》改。

之以政，不達。」《孟子》曰：「君子之志於道也，不成章不達。」此「不達」之説也。後儒持明體達用之論，而「達」專屬「用」，非孔、曾本義也。張鑑注。

釋門

凡事物有間可進，進而靡已者，其音皆讀若「門」，或轉若「免」、若「每」、若「敏」、若「孟」，而其義皆同；其字則展轉相假，或假之於同部之疊韻，或假之於同紐之雙聲。試論之。

凡物中有間隙可進者，莫首於門矣。古人特造二户象形之字，而未顯其聲音。其聲音爲何？則與「亹」同也。「亹」从釁得音，釁、門同部也。因而「釁」又隸變爲亹、爲亹、爲璺，皆非《説文》所有之字，而實皆漢以前隸古字。唐貞觀《等慈寺墖記銘》既有「亹社」字，又有「亹亹」字，皆「亹」古體之遺也。《周禮·太卜》注：「璺，玉之坼也。」《方言》亦云：「器破而未離，謂之璺。」《釋文》注：「亹，本作璺。」是「璺」與「亹」同音義也。玉中破未有不赤者，故「釁」爲以血塗物之間隙，音轉爲「盟」。盟誓者，亦塗血也。《水經注》「孟津」即「盟津」，《穀梁傳》「盟津」亦即「孟津」。其音亦同也。由是推之，《爾雅》「虋」爲赤苗，《詩》作「穈」，更可證「每」「門」音轉之蹟。《説文》「璊」爲赤玉，「𣯍」爲赤毳，《莊子》「樠」爲門液，《人間世》：「以爲門户則液樠。」皆此音此義也。釁又讀爲興去聲，轉爲「隙」，轉爲「瑕」，皆物破有間隙、色赤之義。《説文》『瑕』字次於『璊』字者，連類而及之也。又《爾雅》『虋冬』注：『門冬，一名滿冬。』

若夫進而靡已之義之音則爲『勉』，《説文》『勉』从免聲，經籍亦或以『免』爲『勉』。『勉』轉音爲『每』。『亹亹文王』，當讀若『每每文王』，『亹』字或作『斖』。『文』亦音。再轉爲『敏』、《漢書》以『閔勉』爲『敏勉』。爲『黽』，雙其聲則爲『黽勉』，收其聲則爲『蠠没』，《爾雅》：『蠠没，勉也。』又爲『密勿』。《毛詩》『黽勉同心』，《文選》注引《韓詩》作『密勿同心』。揚雄《劇秦美新》云『亹聞汗漫』，『亹』亦聲之轉。『没』乃『門』之入聲，『密』乃『敏』之入聲。又《爾雅》：『孟，勉也。』『猛』字从『孟』者以此。《爾雅》『獸曰釁』，亦猛進之氣也。《尚書·洛誥》曰：『汝乃是不蘉。』『蘉』字訛俗，無以下筆。錢辛楣少詹事以爲『㝱』字形近之訛，是也。『夢』與『孟』亦同也。《詩》：『鳧鷖在亹。』《後漢書·馬援傳》注：『亹者，水流夾山間，兩岸深若門也。』《詩》箋：『亹之言門也。』其有間而進之義更顯矣。《鳧鷖》『亹』字與《文王》之『亹亹』及《易·繫辭》《禮器》之『亹亹』，皆爲一字，特今人讀爲二音耳。『亹亹文王』即『勉勉我王』，『勉』『亹』同也，進無已也。『河水浼浼』，浼浼，即『勉勉』之義，水之進靡已也。敏勉，猶之勉勉也。『敏』之从『每』，猶『縻』之从『麻』也。推之，『勿勿』猶『亹亹』也。『孟』又轉爲『懋』、爲『勱』、爲『勖』。《書》『懋哉懋哉』，即『勉哉勉哉』。『勱』與『邁』同音，又『懋』之轉也。『勖』者，《説文》『冂』音『密』字之後，次以『冃』音『卯』，次以『冃』音『冒』，次以『冒』，此皆一聲之轉。《尚書》『勖哉夫子』之『勖』，其音當讀與『目』同。今人讀若『旭』者，漢以後音之變，猶讀『亹』若『尾』，不爲『每』也。『冒』从目，目亦聲。《説文》：『冒，冡「冡」即同「蒙」。而前也。』『冡』與『門』同，故《荀子》之『邎門』，《孟子》爲『逄蒙』。勖之从力、从冒，冒爲聲而義即寓焉。『勖哉』，即『懋哉』也。『璹瑁』當讀如『毒目』，疊韻也。又《方言》：『侔莫，强也。』『侔莫』即『黽勉』之轉音。《方言》之『侔莫』，即《論語》之『文莫』。『文莫』二字爲句，與『聽訟，吾猶人也』『聽訟』二字爲句同。劉端臨曰：『「文莫，吾猶人也」，猶曰「黽勉，吾猶人也」。後人不解孔子之語，讀「文」爲句，誤矣。』是故訓詁不明，則聖賢之語必誤。語尚誤，遑言其理乎！又案：『卯』字乃『門』字開兩户，故篆爲『丣』也，『丣』『門』一聲之轉，觀於此，更見古人聲音文字之精義矣。

釋釋訓

《禮記·王制》曰：『言僞而堅，行僞而辨，學非而博，順非而澤。』此節鄭氏注似以第四句難得其解而略之。按：『順』乃『訓』之假借字，『澤』乃『釋』之假借字，言其所訓説者似是而非，强釋之以惑人也。『順是而澤』者，《爾雅·釋訓》之道也。如此爲解，乃與『學非而博』同類相近，語有倫次。《大戴記·小辨》篇曰：『士學順，辨言以遂志。』此『順』字亦『訓』字之假借。後人昧之，致失其解。《史記·孝武紀》『振兵澤旅』，徐廣云：『古「釋」字作「澤」。』此亦『澤』『釋』

相假之據也。

釋相

自周、秦以來，凡宰輔之臣皆名曰相。相之取名，必是佐助之義。《詩》：「相維辟公。」《論語》：「則將焉用彼相矣。」乃《説文》「相」在《目部》，本義爲「省視」，爲以目觀木，《易》：「地可觀者，莫可觀于木。」曷嘗有佐助之義？此必是假借之字，其本字爲何？曰：「襄」字也。古人韻緩，平仄皆可同義，是以「輔相」之「相」亦可平聲，「贊襄」之「襄」亦可去聲。後人昧此，故不知襄、相音同，可假借矣。《説文·衣部》「襄」字云：「《漢令》：解衣而耕謂之襄。」凡耕者必有耦，故但言耕而即有佐助之義，即所謂「相人偶」之「偶」也。《儀禮·大射儀》《聘禮》《公食大夫禮》《禮記·中庸》《論語》注皆有「相人偶」之義。非佐助不成耦耕，故事之相佐助者皆曰「襄」。如《尚書·虞書》「思日贊贊襄哉」，其最古者也。「贊」有佐助之義，凡《周禮》「贊王」「贊命」「贊工」皆是也。「贊贊」爲疊字，凡疊字皆形容之字，以「贊贊」形容「襄」字，猶「浩浩滔天」以「浩浩」形容「滔」字，「蕩蕩懷山襄陵」以「蕩蕩」形容「懷」字、「襄」字也。自《虞書》以後，「襄」字不常寫，多假同音之「相」字，寫爲「宰相」之「相」，是以「相」有佐助之訓、輔贊之義，顧名而不知其義矣！至于「襄」之訓「因」、訓「除」，

『相』之訓『道』、訓『勴』，皆從人偶耕闢贊助而引申之者也。『襄』有『因』訓，《謚法》：『因事有功曰襄。』則『相』亦必訓『因』。凡二人、二事之有因者，必以『相』字連綴之，如相成、相佐、相偶之類是也。其實『相』皆借字，本義皆在『解衣而耕』之『襄』字也。《説文》恐後人不解『襄』字收入《衣部》之故，故引《漢令》以明之，而佐助之義即在其中。且《説文》『衣』爲『覆二人』，本有偶竝之義，故不再爲訓也。『襄』又訓『除』，乃《説文》引申之義，非第一義也。『襄』又訓『駕』，《詩·大叔于田[一]》：『兩服上襄。』此兩馬竝駕之義，即兩人竝耕之義。以襄駕之訓例之，知『襄』字之義重竝耕而不重解衣矣。《詩·棫樸》：『金玉其相。』『相』亦『襄』之假借字，言金玉兩竝爲追琢之章也。傳訓『相』爲『質』，似望『章』字而始生其義，非本義也。至于襄、相假借之見于經籍者，《文選·上林賦》『消揺乎襄羊』，《西京賦》『相羊乎五柞之宫』，《漢書·外戚傳》『惟幼眇之相羊』，《詩·出車》『玁狁于襄』，《釋文》『本或作攘』，《禮記·祭法》『相近於坎壇』，鄭注『相近，當爲「攘祈」』，皆其跡也。又《詩》曰『誕后稷之穡，有相之道』，此『相道』即『襄道』。襄道者，耦耕也，攘草也，故下直接曰『茀厥豐草』也。

[一] 按：大叔于田，底本誤作『大東』，『兩服上襄』乃《詩·大叔于田》句，今據改。

揅經室一集卷二

擬國史儒林傳序

昔周公制禮，太宰九兩繫邦國，三曰師，四曰儒，復於司徒本俗，聯以師、儒，師以德行教民，儒以六藝教民。分合同異，周初已然矣。數百年後，周禮在魯，儒術爲盛。孔子以王法作述，道與藝合，兼備師、儒，顔、曾所傳，以道兼藝，游、夏之徒，以藝兼道，定、哀之間，儒術極醇，無少差繆者，此也。荀卿著論，儒術已乖，然六經傳説，各有師授。秦弃儒籍，入漢復興。雖黄老、刑名，猶復淆襍。迨孝武盡黜百家，公、卿、大夫、士、吏，彬彬多文學矣。東漢以後，學徒數萬，章句漸疏，高名善士，半入黨流。迄乎魏、晉，儒風蓋已衰矣。司馬、班、范皆以《儒林》立傳，敘述經師家法，授受秩然，雖於周禮師教未盡克兼，然名儒大臣，匡時植教，祖述經説，文飾章疏，皆與《儒林傳》相出入。是以朝秉綱常，士敦名節，拯衰銷逆，多歷年所，則周、魯儒學之效也。兩晉玄學盛興，儒道衰弱，南北割據，傳授漸殊。北魏、蕭梁，義疏甚密，北學守舊而疑新，南學喜新而得僞。至隋唐，《五經正義》成，而儒者鮮以專家古學相授受焉。宋初名臣，皆敦道誼，濂洛以後，遂啓紫陽。闡發心性，分析道理，孔孟學行不明著於天下哉！《宋史》以《道學》《儒林》分爲二傳，不知此即周禮師、儒之異，後人創分而闇合周道也。元、明之間，守先啓後，在於金華，洎乎河東、姚江，門户分岐，遞興遞滅，然終不出朱、陸而已。終明之世，學案百出，而經訓家法，寂然無聞，揆之周禮，有師無儒，空疏甚矣，然其間臺閣風厲，持正扶危，學士名流，知能激發。雖多私議，或傷國體，然其正道，實拯世心。是故兩漢名教，得儒經之功，宋、明講學，得師道之益，皆於周、孔之道得其分合，未可偏譏而互誚也。

我朝列聖道德純備，包涵前古，崇宋學之性道，而以漢儒經義實之，聖學所指，海内嚮風，御纂諸經，兼收歷代之説，《四庫》館開，風氣益精博矣。國初講學，如孫奇逢、李容等，沿前明王、薛之派。陸隴其、王懋竑等，始專守朱子，辨僞得眞。高愈、應撝謙等，堅苦自持，不愧實踐。閻若璩、胡渭等，卓然不惑，求是辨誣。惠棟、戴震等，精發古義，詁釋聖言。近時孔廣森之於《公羊春秋》，張惠言之於孟、虞《易》説，亦專家孤學也。且我朝諸儒，好古敏求，各造其域，不立門户，不相黨伐，束身踐行，闇然自脩。嗚呼！周、魯師、儒之道，我皇上繼列聖而昌明之，可謂兼古昔所不能兼者矣。

綜而論之，聖人之道，譬若宫牆，文字、訓詁，其門逕也。門逕苟誤，跬步皆岐，安能升堂入室乎！學人求道太高，卑視章句，譬猶天際之翔，出於豐屋之上，高則高矣，户奥之間，未實窺也。或者但求名物，不論聖道，又若終年寢饋於門廡之間，無復知有堂室矣。是故正衣尊視，惡難從易，但立宗旨，即居大名，此一蔽也；精校博考，經義確然，雖不踰閑，德便出入，此又一蔽也。臣等備員史職，綜輯儒傳，未敢區分門逕，惟期記述學行。自順治至嘉慶之初，得百數十人，仿《明史》載孔氏於《儒林》之例，别爲《孔氏傳》，以存《史記·孔子世家》之意。至若陸隴其等，國史已入《大臣傳》，兹不載焉。

福謹案：家大人撰《儒林》正傳、附傳，共百數十人，持漢學、宋學之平，羣書采集甚博，全是裁綴集句而成，不自加撰一字。因館中修史，例必有據。《儒林》無案據，故百餘年來，人不能措手。家大人謂：羣書即案據也。故史館賴以進呈。聞家大人出京後，館中無所增改。惟有所删原稿抄存家笥，不應入集，人無由見。然《二集》中有《蔣士銓傳》一篇，集句之式，觀之可想也。

太極乾坤説

天地所共之極，舍北極别無所謂極也。《爾雅》曰：『北極謂之北辰。』《易·繫辭》曰：『易有太極。』虞翻注曰：『太極，太一也。』鄭康成注《乾鑿度》曰：『太一者，北辰之神名。』鄭説雖爲太一行九宫之法，然太極即太一，太一即北辰，北辰即北極，則固古説也。《易·繫辭》曰：『易有太極，是生兩儀，兩儀生四象，四象生八卦。』然則八卦本于四時，四時本于天地，天地本于太極，孔子之言，節節明顯，而後儒舍其實以求其虚，何也？實者何？天地之實象也。《虞書》曰：『在璿璣玉衡，以齊七政。』此即渾天以北極定天地之儀，與《周髀》相通。天圓地亦圓，見于《大戴記·曾子天圓》篇，亦孔子言也。天地共以北極爲樞，天之所轉即地之所繫，其爲極心之中，同也。非太極不生兩儀，兩儀謂天地，地圓居中而不墜，天旋包之而有常。兩儀生四象，四象謂四時，天具黄、赤道，與地圓相遊行，以成四時，春夏秋冬即東南西北也。四象生八卦，則因四方以定八卦之位。《説卦傳》『帝出乎震』以下，皆其位也。然則乾坤爲天地，宜居正南北矣，曷由乾居西北、坤居西南也？曰：此正太極即北極之實象也。地體正圓，中國界赤道而居，北極斜倚乎其北，南極入地不能見，以渾圓之體論之，則但於赤道緯線之内外，北極高低有分别耳。至於兩極經線，如瓜之直痕，則處處皆可謂當極之中，本無偏也。然洪荒既闢，及于中古，中國之地，以黄河横亘爲起止，若執洛陽爲地之中，謂其所北之天正當北極，則應以洛陽南北地面一綫之經爲最高之地脊，其水當分，東者向東流，西者向西流矣，曷由河與洛皆由西而來復東流也？觀于河、洛之由西而東，則中國之地東與海近，古聖人以爲大勢偏乎東矣。故河源之西，水分東西流處，方許以爲當北極經線之中，爲地之脊。古聖人居中國，而考其儀象，則乾居西北，坤居西南，職此之故，《坤卦》

之坤，古文作巛。巛，順也。此象大地流形，由西而東，順之至也。否則，以洛當北極經線，則由洛而西，皆不順矣。此太極乾坤之實象也。且洛雖居中國之中，然四時之大中則在西南，坤所以位西南也。且乾尊坤卑，乾既在西北，則坤必居西南以應之。《説卦》此節，定八卦方位于西北、正北、東北、正東、東南、正南，皆明言方位，惟于坤、兑不明言西南、正西者，古聖人若謂中國地勢偏于東，河、洛以西不盡其地，若非以乾當北極倚于西北，下臨西南之坤以定地脊，置坎、艮、震、巽、離五卦于偏東，則太極之實象不顯。故曰：北極即太極也。《説文》：『王育説：天屈西北爲无。』此即古聖人置北極乾、兑之西北于虛無不用之精義，故造此奇字專施于《易》。但『无』者以天之西北爲无，非以太極爲无也。王弼以『无』注太極，虛而不實，乃老、莊之學。故李業興以太極爲有，而斥無極爲玄學也。見《魏書·儒林傳》。《魏書》游雅曰：見《陳奇[一]傳》。『《易·訟卦》：「天與水違行。」自葱嶺以西，水皆西流。推此而言，《易》之所及，自葱嶺以東耳。』游雅此言，闇合河、洛之旨，足發天水之義。陳奇之駮，强辭也。

[一] 按：奇，底本誤作『喜』。《魏書》卷八四本傳作『陳奇』，此文末亦言『陳奇』。

儀禮石經校勘記序

乾隆五十六年冬十一月，起居注日講官、文淵閣直閣事、南書房翰林、國史館纂修、詹事府詹事臣阮元，奉詔充石經校勘官。臣元校得《儀禮》十七篇。臣謹桉：《儀禮》漢《石經》僅有殘字，難校全經。自鄭康成作注，參用今、古文，後至隋末，陸德明始作《釋文》，校其同異。今《釋文》本又多爲唐、宋人所亂。唐《開成石經》所校未盡精審，且多朱梁補刻及明人補字之訛。宋張淳校刻浙本，去取復据臆見。臣今總漢《石經》殘字、陸德明《釋文》、唐《石經》、杜佑《通典》、朱熹《經傳通解》、李如圭《集釋》、張淳《識誤》、楊復《圖》、敖繼公《集説》、明監本、欽定《義疏》、武英殿《注疏》諸本，以及内廷天禄琳瑯所收諸宋元本、曲阜孔氏宋本，綜而核之，經文字體擇善而從，録成四卷，用付經館，以待總裁加勘。時五十七年六月十三日，臣元敬識。

福謹案：《石經儀禮校勘記》一卷，此其序也。在浙定《十三經注疏校勘記》時，此《記》皆采載彼本矣。

儀禮喪服大功章傳注舛誤考

《儀禮・喪服》『大功章』經曰：『女子子嫁者、未嫁者，爲世父母、叔父母、姑姊妹。』自此以下，子夏傳及鄭康成注，皆爲唐以前人寫校舛誤，賈疏不能辨正，遺誤至今矣。何以言之？鄭注云：『舊讀合大夫之妾爲君之庶子、女子子嫁者、未嫁者，言大夫之妾爲此三人之服也。』按：此三十二字，乃鄭所引舊讀之文，固已。至于『下言爲世父母、叔父母、姑姊妹者，謂妾自服其私親也』二十一字，今列爲傳文者，實亦鄭氏所引舊讀之文，與上注三十二字相連，同爲注文，而下與『此不辭』云云相連，皆爲鄭氏注文。此三節注文皆當屬于傳文『與女君同』之下，則文詞一氣相生，豪無疑義矣。鄭引舊讀曰『言大夫之妾』云云，又曰『爲世父母』云云，『下言』即對上『言』字而成文，皆指舊讀也。鄭引舊讀而破之曰『此不辭』，蓋鄭破舊説，而欲顛倒傳文也。自寫者誤分注爲兩截，竄舊讀三十二字于『傳曰』之前，而又誤鄭注『下言』二十一字爲傳文，遂爲學者大疑。向使二十一字爲傳文，則舊讀甚是，鄭若破之，是破傳，非破舊讀矣。鄭不言傳誤，而但言舊讀誤，是傳必不與舊讀合矣。蓋鄭意謂傳『何以大功也？妾爲君之黨服，得與女君同』十六字，乃前經『大夫之妾爲君之庶子』下之傳文，而誤爛在『女子子』節傳文之下，謂『嫁者，其嫁于大夫者也。未嫁者，成人而未嫁者也』兩句。唐以前人寫校麤淺，因爛下之文，遽疑『下言』二十一字爲傳文有爛，而升之爲傳耳。今依舊讀，則少『其』字爲不辭；鄭謂經文『世父母』上若依舊讀，當有『其』字。依鄭讀，則顛倒傳文，未嫁逆降，又招駁議。然不必論此是非，但須論鄭注元本傳注如何分別耳。至于舊、新二説之是非，與此無涉也。元嚮校注疏，有見于此，又合以金輔之説。乾隆五十八年，奉詔校勘

《儀禮石經》，欲删『下言』至『親也』二十一字，改傳歸注，而未敢遽定。馳書問之劉君端臨，劉君以爲然，乃毅然删之，載其義入《儀禮石經校勘記》中。元旋奉命出督山東學政，刻石經者覆校之，不敢删，復刻二十一字傳文于碑中。繼而程君易田復校《喪服》，謂此二十一字爲傳文，不從鄭説。近時學者又從程説。夫程君不從鄭氏文爛、逆降可也；若不知此二十一字非傳文，則其舛誤終不可明矣。元于《十三經校勘記》中既復列正之，而别爲此篇，考而著之。夫古籍易誤難明，幸有明之者，而又屢爲他説所奪，是可慨也。學者平心静審之，當知所從矣。嘉慶十五年夏六月。

刻七經孟子考文竝補遺序

《四庫全書》新收日本人山井鼎所譔《七經孟子考文》并物觀《補遺》，共二百卷。元在京師，僅見寫本。及奉使浙江，見揚州江氏隨月讀書樓所藏，乃日本元板落紙印本，攜至杭州，校閱羣經，頗多同異。山井鼎所稱『宋本』，往往與漢、晉古籍及《釋文》别本、岳珂諸本合，所稱『古本』及『足利本』，以校諸本，竟爲唐以前别行之本。物茂卿《序》所稱唐以前王、段、吉備諸氏所齎來古博士之書，誠非妄語。故經文之存于今者，唐《開成石經》、陸元朗《釋文》、孔沖遠《正義》三本爲最古。此本經雖不全，然可備唐本之遺，即如《周易·文言傳》『可與幾也』，古本、足利本

『幾』上有『言』字，與李鼎祚《集解》及孔疏合，疏中『共論』二字，正釋『言』字也。《尚書·堯典》『敬授人時』，古本、足利本作『民時』，此唐以前未避諱之驗。而《洪範》『無偏無陂』，『陂』仍作『頗』，亦在未經詔改以前。

《召誥》『錫周公曰：拜手稽首』，『曰』下有『敎』字，『敎』乃篆文『𢼄』字之譌；『比介于我有周御事』，『介』作『途』，『途』爲『邇』字古文，所由誤爲『介』字，皆與傳、疏所解相合。此漢、晉以來僅存古字也。《毛詩·殷其靁》，古本、足利本二章作『莫敢或遑息』，三章作『莫敢或遑處』，此承首章加『息』『處』二字，爲韻極合，而淺人于二章刪『或』字，三章刪『敢』字，以成四言，古人之文不若是纖巧矣。又《椒聊》兩『遠條且』，古本皆作『遠脩』。今案：兩『條』固非，兩『脩』亦誤。蓋首章爲『脩』，次章爲『條』，脩、條皆古韻也。古毛傳離經單行，首章傳曰『脩，長也』，次章傳曰『言聲古聲、馨二字音義可通假。之遠聞也』。若兩章脩、條無別，毛不應次『遠聞』一訓于匊、篤二訓之後，故脩之爲長，一訓已明；條爲條鬯，義須再訓，詩人就椒之在『升』、在『匊』者言其香之遠聞，非謂樹之枝條遠揚也。《前漢書·禮樂志》曰『聲氣遠條』，此即漢人襲用《詩》次章語意。《周禮·春官》『鬯人』，後鄭注『鬯，芬香條鬯于上下也』，即毛公訓遠條之意。又案：『椒聊』二字，舊訓爲語助，謬矣。毛傳云『椒聊，椒也』，『也』字上必脱『捄』字。鄭箋云『一捄之實』，意實承傳而述言之，緣傳已專訓，不必再爲『聊，捄也』之訓矣。《尒疋》云『椒椴醜莍』，『莍』即『捄』也，又曰『朻者聊』，『朻』亦即『捄』也。《詩》之『兕觥其觓』，『觓』

每作『觩』，ㄐ、求通也。是《尒疋》此句專爲《唐風》而釋，毛、鄭皆知，而郭璞未詳，陸璣妄爲語助之説，然則斯義自魏、晉以後，皆昧之矣。

《禮記·檀弓》『宫中無相，以爲沽也』，古本、足利本『相』下有『君子』二字，乃成文。『司徒旅歸四布』作『司徒敬子使旅歸四方布』。案：正義中屢言『敬子』，猶是皇侃、熊安生舊語，設經中無此，則疏豈空言？《喪服小記》『齊衰惡笄以終喪』，『笄』下有『帶』字，乃與注、疏合。《雜記》『其介在其東南，北面，西上，西于門』，古本疊『西上』二字。案：此古本『西上西于門』五字，乃鄭氏注文，古本已誤爲經，淺人以文不類經，復删疊字，經、注相淆久矣。

《春秋經》文公十五年『齊人侵我西鄙』，足利本『齊』上有『秋』字。昭公元年『公子比出奔晉』，『公』上有『楚』字，義竝長。《左氏傳》哀公十一年『公孫務人』，『孫』作『叔』，與《檀弓》合，『務』『禺』乃異同，『孫』字直誤耳。二十六年『乃睦于子矣』『衛師侵外州』，『矣』字下多杜注『民睦』二字，傳文無『衛』字。案：此義長，蓋越師，非衛師也。

《論語》異同，多出皇侃《義疏》，洵爲六朝眞本。《孟子》趙岐《章指》亦勝俗本邵武僞疏。惟《孝經》多據僞孔安國本，爲無足取。僞孔《序》自稱逮從伏生論古文《尚書》，而《史記》稱安國早卒。計安國當生于文帝末年，卒于武帝太初以前，安能逮事伏生？而《尚書》僞孔《序》又稱及見巫蠱，王氏《後案》辨之，《孝經》亦僞。

凡以上經文，略爲舉證，皆非《唐石經》以下所有，誠古本也。傳注、《釋文》、《正義》三者所校，更爲繁細，助語多寡、偏旁增減，或不足爲重，然精核可采者亦復不少。至于《書·大誥》「肆哉爾庶邦君」，古本、足利本皆作「肆告」，似亦可從。然《漢書·翟方進傳》王莽擬《大誥》此節，正作「肆哉」，則作「告」乃形近之譌。若斯之類，宜審辨焉。山井鼎等惟能詳紀同異，未敢決擇是非，皆爲才力所限。然積勤三年，成疾幾死，有功聖經，亦可嘉矣。

我國家文教振興，遠邁千載，七閣所儲書籍，甲于漢、唐，海外軼書，亦加甄録，此書其一也。元督學兩浙，偶于清暑之暇，命工寫刊小板，以便舟車，印成卷帙，諗于同志，用校經疏，可供采擇。至于去非從是，仍在吾徒耳。日本序文、凡例皆依文瀾閣寫本，刊列卷首，書中字句盡依元板，有明知其譌者，亦仍之，別爲訂譌數行于每卷之後，示不誣也。助元校字者，爲吳縣友人江鏐、仁和廩生趙魏、錢塘廩生陳文述。

曾子十篇注釋序

元謹案：百世學者皆取法孔子矣，然去孔子漸遠者，其言亦漸異。子思、孟子近孔子而言不異，猶非親受業於孔子者也。然則七十子親受業于孔子，其言之無異於孔子而獨存者，惟《曾子》

十篇乎！曾子修身愼行，忠實不欺，而大端本乎孝。孔子以曾子爲能通孝道，故授之業，作《孝經》。今讀《事父母》以上四篇，實與《孝經》相表裏焉。患之小者，豪髮必謹；節之大者，死生不奪。窮極禮經之變，直通天律之本，莫非傳習聖業，與年竝進，而非敢恃機悟也。且其學與顔、閔、游、夏諸賢同習，所傳于孔子者，亦絶無所謂獨得道統之事也。竊以曾子所學，較後儒爲博，而其行較後儒爲庸。顔子曰：『博我以文，約我以禮。』孔子曰：『庸德之行，庸言之謹。』然則魯哀公年閒，齊、魯學術可以槩見，後世學者當知所取法矣。元不敏，于曾子之學，身體力行未能萬一，惟孰復曾子之書，以爲當與《論語》同，不宜與記書雜録竝行。爰順考十篇之文，注而釋之，以就正有道。竊謂從事孔子之學者，當自《曾子》始。

又案：《漢志》載《曾子》十八篇，此先秦古書，爲第一本。《隋志》據阮孝緒《七録》稱《曾子》二卷，連目録三卷，爲六朝以前舊本，或十八篇，或十篇，無明文，此第二本。新、舊《唐書》皆作二卷，較《隋志》亡目録一卷，其篇數亦不可考，爲第三本。鼂氏公武據唐本十篇，文蓋與《大戴記》同，有題『紹述本』者，紹述即樊宗師字，此昭德所據唐本，爲第四本。昭德之從父詹事公病其文字回舛，以家藏《曾子》與温公所藏《大戴禮》參校是正，并盧辨注，此宋人以單行《曾子》及《大戴》合校本，爲第五本。楊氏簡即十篇之文而注之，此宋人新注，爲第六本。今第一篇爲《立事》，而高氏、王氏所見，首篇皆作《修身》，與今書不同，此第七本。《崇文總目》《通志略》《文獻通考》《山堂考索》《宋史·藝文志》等書皆載《曾子》二卷，蓋同爲一書，此第八本。周遏《曾子音訓》十篇，此第九本。以上九本，惜皆失傳，無從參校。今之所據，惟《大戴記》中十篇耳。其自汪晫以下九家，雜采他書，割裂原文而爲之，今附録於後，不足數也。

近時爲《大戴》之學者，有仁和盧召弓學士文弨校盧雅雨運司見曾刻本，有休寧戴東原吉士震校刻武英殿聚珍板本，有曲阜孔撝約檢討廣森補注本，有高郵王懷祖給事念孫、江都汪容甫拔貢中在朱竹君學使筠署中同校本，有歸安丁小雅教授杰本。元今所注《曾子》，仍據北周盧僕射之書，博考羣書，正其文字，參以諸家之説，擇善而從。如有不同，即下己意，稱名以別之。至於文字異同及訓義所本，皆釋之，以明從違之意。又嘗博訪友人，商榷疑義，説之善者，擇而載之。時嘉慶三年，敘録於浙江使院。

孝經解

《孝經緯》曰：『孔子曰：「吾志在《春秋》，行在《孝經》。」』此八字實爲至聖之微言，實有傳授，非緯書家所能撰托。蓋《春秋》以帝王大法，治之于已事之後；《孝經》以帝王大道，順之于未事之前。皆所以維持君臣、安輯家邦者也。君臣之道立，上下之分定，于是乎聚天下之士、庶人而屬之君、卿、大夫，聚天下之君、卿、大夫而屬之天子，上下相安，君臣不亂，則世無禍患，民無傷危矣。即如百乘之家，不敢上僭千乘；千乘之國，不敢上僭萬乘，則天下永安矣。且千乘之國不降爲百乘，百乘之家不降爲庶人，則天下更永安矣。《論語》曰：『其爲人也孝弟，而好犯上者，鮮矣；不好犯上，而好作亂者，未之有也。君子務本，本立而道生。孝弟也者，其爲仁之本與！』《論語》此章，即《孝經》之義也。不孝則不仁，不仁則犯上作亂，無父無君，天下亂，兆民危矣。《春秋》所以誅亂臣賊子者，即此義也。孟子曰：『何必曰利，亦有仁義而已矣。上下交征利，千乘之國、百乘之家，皆弑其君，不奪不厭。』此首章亦即《孝經》之義，孔、孟正傳在此。戰國以後，縱横兼并，秦祚不永，由于不仁，不仁本于不孝，故至于此也。賈誼知秦之不施仁義，而不知秦之本于不知《孝經》之道也。

『孝經』二字標題，乃孔子所自名，故孔子曰：『吾行在《孝經》。』《太平御覽》六百十卷引，又《藝文類聚》二十六卷引。《史記》孔子以曾子『爲能通孝道，故授之業，作《孝經》』。《漢書·藝文志》曰：『夫孝，天之經、地之義、民之行也。舉大者言，故曰《孝經》。』據此諸古籍，知『經』之一字，始于此書。自此之後，五經、六經、七經、九經、十三經之名皆出于此。釋、道之名其書曰『經』，亦始襲取于此。

子曰：『夫孝，德之本也，教之所由生也。』故《大戴記·曾子大孝》曰：『民之本教曰孝。』

此即孔子授曾子之實據，譬如堯、舜[一]峻德本于孝，自親九族至變黎民，其教之所生皆由于孝，周公郊祀、宗祀亦然。

《孝經》卿大夫之孝，以保守其家之宗廟祭祀爲孝。知此爲孝，則不敢作亂，則不敢不忠、不仁、不義、不慈。齊之慶氏、魯之臧氏，皆叛于《孝經》者也。儒者之道，未有不以祖、父廟祀爲首務者也。曾子無廟祀而啟其手足，亦此道也。

論語解

『學而時習之』者，學兼誦之、行之，凡禮樂文藝之繁、倫常之紀、道德之要，載在先王之書者，皆當講習之、貫習之。《爾雅》曰：『貫，習也。』轉注之，習亦貫也。『時習』之『習』，即『一貫』之『貫』。貫主行事，習亦行事，故『時習』者，時誦之、時行之也。《爾雅》又曰：『貫，事也。』聖人之道，未有不於行事見而但于言語見者也。故孔子告曾子曰：『吾道一以貫之。』『一貫』者，壹是皆行之也。又告子貢曰：『汝以予爲多學而識之者與？予一以貫之。』此義與告曾子同，言

[一] 堯舜，甲戌續刊本作『舜之』。

聖道壹是貫行，非徒學而識之，兩章對挍，其義益顯。此章乃孔子教人之語，實即孔子生平學行之始末也。故學必兼誦之、行之，其義乃全。馬融注專以『習』爲『誦習』，失之矣。『朋自遠來』者，如孔子道兼師、儒。《周禮·司徒》『師以德行教民，儒以六藝教民』，各國學者皆來爲弟子從學也。蓋『學而時習』，未有不朋來者。聖人之道不見用于世，所恃以傳於天下後世者，朋也。『人不知』者，世之天子、諸侯皆不知孔子，而道不行也。『不愠』者，不患無位也。學在孔子，位在天命，天命既無位，則世人必不知矣，此何愠之有乎？孔子曰『五十而知天命』者，此也。後世學者於學尚未能時習，而妄欲見知於時，見用於世，或且患得患失，苟患失之，無所不至，君子、小人之別，在乎此矣。《易》曰『遯世无悶，不見是而无悶』，《中庸》曰『遯世不見、知而不悔』，即此道也。此章三節皆孔子一生事實，爲《史記·孔子世家》全篇之總論，故弟子論撰之時，以此冠之二十篇之首也。二十篇之終曰『不知命，無以爲君子也』，與此始終相應也。

有子論爲人孝弟者，《論語》孔子稱『子』，此外惟有子、曾子、顔子稱『子』，是明明有異諸賢矣。弟子以有子之言似夫子，而欲師之，惟曾子不可强，其餘皆服之矣。故《論語》次章即列有子之語，在曾子之前。此章之言，蓋兼乎《孝經》《春秋》之義也，此即似夫子之言也。孔子之道，在於《孝經》。《孝經》取天子、諸侯、卿、大夫、士、庶人最重之一事，順其道而布之天下，封建以固，君臣以嚴，守其髮膚，保其祭祀，永無奔亡弑奪之禍，即有子所云孝弟之人不犯上、不作亂也。使天下庶人、士、大夫、卿、諸侯，人人皆不敢犯上作亂，則天下永治也。惟其不孝、不弟，不能如《孝經》之順道而逆行之，是以子弑父、臣弑君，亡絶奔走，不保宗廟社稷。是以孔子作《春秋》，明王道，制叛亂，明褒貶。《春秋》論之於已事之後，《孝經》明之於未事之先，其間所以相通之故，則有子此章，實通徹本原之論也。其列之於首篇之次章，固所宜也。

「君子務本，本立而道生」者，『本立而道生』一句，乃古逸《詩》句也。『君子務本，本立而道生。孝弟也者，其爲仁之本與。』此一節四句，乃孔子語也。劉向《説苑·建本》篇曰：『孔子曰：「君子務本，本立而道生。」夫本不正者末必倚，始不盛者終必衰，《詩》云：「原隰既平，泉流既清，本立而道生。」』雖漢人引《論語》，往往皆以爲孔子之言，但劉向明以此上二句爲孔子之言，尚是漢人傳《論語》之舊説，而又以爲有子言者，所以似夫子也。劉向在西漢挍秘書，見傳記、百家古説甚多，是以《建本》篇又引孔子曰『立體有義矣，而孝爲本』，觀此益可知《論語》此二句爲孔子語也。又《後漢書·延篤傳》曰：『夫仁人之有孝，猶四體之有心腹、枝葉之有根本也。聖人知之，故曰：「夫孝，天之經也，地之義也，人之行也。君子務本，本立而道生。孝弟也者，其爲人之本與。」』觀此，延篤以此節十九字，與《孝經》十四字同引爲孔子之言，其爲兩漢人舊説，皆以爲孔子之言矣。延篤後漢人，博通經傳，寬仁恤民，其論仁孝也，語質而義明，足爲《論語》此章注解，不似後人求之太深，而反失聖人本意。故東漢人經説最爲平正純實，今録之。《後漢書·延篤傳》

曰：『篤以病歸，教授家巷。時人或疑仁孝前後之證，篤乃論之曰：「觀夫仁孝之辯，紛然異端，互引典文，代取事據，可謂篤論矣。夫人二致同源，總率百行，非復銖兩輕重，必定前後之數也。而如欲分其大較，體而名之，則孝在事親，仁施品物。施物則功濟於時，事親則德歸於己。於己則事寡，濟時則功多。推此以言，仁則遠矣。然物有出微而著，事有由隱而章，近取諸身，則耳有聽受之用，目有察見之明，足有致遠之勞，手有飾衛之功，功雖顯外，本之者，心也；遠取諸物，則草木之生，始于萌芽，終于彌蔓，枝葉扶疎，榮華紛縟，末雖繁蔚，致之者，根也。夫仁人之有孝，猶四體之有心腹，枝葉之有根本也。聖人知之，故曰：『夫孝，天之經也，地之義也，人之行也。』『君子務本，本立而道生。孝弟也者，其爲人之本與。』然體大難備，物性好偏，故所施不同，事少兩兼者也。如必對其優劣，則仁以枝葉扶疎爲大，孝以心體本根爲先，可無訟也。或謂先孝後仁，非仲尼序回、參之意。蓋以爲仁孝同質而生，純體之者，則互以爲稱，虞舜、顔回是也；若偏而體之，則各有其目，公劉、曾參是也。夫曾、閔以孝弟爲至德，管仲以九合爲仁功，未有論德不先回、參，考功不大夷吾，以此而言，各從其稱者也。」』元案：東漢人論孝、論仁，平實如此，故元所撰《論語論仁論》，於管仲之仁，尤與之合。

論語一貫說

聖賢之言，不但深遠者非訓詁不明，即淺近者亦非訓詁不明也。就聖賢之言而訓之，或有誤焉，聖賢之道亦誤矣。說在《論語》之「一貫」。《論語》「貫」字凡三見，曾子之「一貫」也，子貢之「一貫」也，閔子之言「仍舊貫」也。此三「貫」字，其訓不應有異。元按：貫，行也，事也。《爾雅》「貫，事也」，《廣雅》「貫，行也」，《詩·碩鼠》「三歲貫女」，《周禮·職方》「使同貫利」，《論語·先進》「仍舊貫」，傳注皆訓爲「事」。《漢書·谷永傳》云「以次貫行」，《後漢·光武十[一]王傳》云「奉承貫行」，皆「行事」之義。三者皆當訓爲「行事」也。孔子呼曾子告之曰：「吾道一以貫之。」此言孔子之道皆于行事見之，非徒以文學爲教也。「一」與「壹」同。「一」與「壹」通，經史中竝訓爲「專」，又竝訓爲「皆」。《後漢·馮緄傳》《淮南·說山訓》《管子·心術》篇，皆訓「一」爲「專」。《大戴·衛將軍》《荀子·勸學》《臣道》《後漢書·順帝紀》，皆訓「一」爲「皆」。《荀子·大略》、《左》昭廿六年、《穀梁》僖九年、《禮記·表記》《大學》，皆訓「壹」爲「專」。至于「一」「壹」二字通用之處，經史中不可勝舉矣。壹以貫之，猶言壹是皆以行事爲教也。弟子不知所行爲何道，故曾子曰：「夫子之道，忠恕而已矣。」此即《中庸》所謂「忠恕違道不遠，施諸己而不願，亦勿施于人。君子之道四，(某)

[一] 十，底本誤作「十五」，《後漢書》卷十一爲《光武十王傳》，「奉承貫行」語出《東平王劉蒼傳》。

〔丘〕未能一』，庸德、庸言、言行相顧之道也。此即《大戴·曾子本孝》篇所謂忠爲『孝之本』，《衛將軍文子》篇孔子所云『曾子中夫孝、弟、信、忠四德之道』也。此皆聖賢極中、極庸、極實之道，亦即天下古今極大極難之道也。若云賢者因聖人一呼之下，即『一旦豁然貫通』焉，此似禪家頓宗冬寒見桶底脱大悟之旨，而非聖賢行事之道也。何者？曾子若因『一貫』而得道統之傳，子貢之『一貫』又何説乎？不知子貢之『一貫』亦當訓爲『行事』，子告子貢曰：『汝以予爲多學而識之者歟？』子貢曰：『然。非歟？』子曰：『予一以貫之。』此夫子恐子貢但以多學而識學聖人，而不于行事學聖人也。夫子于曾子則直告之，于子貢則略加問難而出之，卒之告子貢曰『予一以貫之』，亦謂壹是皆以行事爲教也，亦即忠恕之道也。閔子曰：『仍舊貫，如之何？』此亦言仍舊行事，不必改作也。故以『行事』訓『貫』，則聖賢之道歸于儒，以『通徹』訓『貫』，則聖賢之道近于禪矣。鄙見如此，未知尚有誤否，敢以質之學古而不持成見之君子。

大學格物説

《禮記·大學》篇曰：『致知在格物。物格而後知至。』此二句雖從身心意知而來，實爲天下國家之事，天下國家以立政行事爲主，《大學》從身心説到意知，已極心思之用矣。恐學者終求之于心學，而不驗之行事也，故終顯之曰：『致知在格物。』物者，事也。格者，至也。事者，家、國、天下之事。即止于五倫之至善，明德、新民，皆事也。『格』有『至』義，即有『止』意。履而至，止於其地，聖賢實踐之道也。凡經傳所云『格于上下』『不格姦』『格于藝祖』『神之格思』『孝友時格』『暴風來格』，及古鐘鼎文『格于太廟』『格于太室』之類，皆訓爲『至』。蓋『假』爲本字，『格』字同音相借也。《小爾雅·廣詁》曰：『格，止也。』『知止』即知物所當格也。『至善』之『至』、『知止』之『止』，皆與『格』義一也。譬如射然，升階登堂，履物而後射也。《儀禮·鄉射禮》曰『物長如笴』，鄭注云：『物，謂射時所立處也。』謂之『物』者，物猶事也。《禮記·仲尼燕居》鄭注：『事之謂立，置于位也。』《釋名·釋言語》曰：『事，傳也。傳，立也。』蓋『物』字本從『勿』。『勿』者，《説文》：『州里所建旗，趣民事，故稱勿勿。』《周禮·鄉大夫》：『五物詢衆庶。』『物』即與『事』同義，而堂上射者所立之位亦名『物』者，古人即通會此意以命名也。《大戴禮·虞戴德》曰：『規鵠竪物，履物以射，其心端，色容正。』《大射儀》曰：『左足履物。』皆此義也。故曰『格物』者，至止于事物之謂也。凡家國天下五倫之事，無不當以身親至其處而履之，以止于至善也。『格物』與『止至善』『知止』『止于仁敬』等事，皆是一義，非有二解也。必變其文曰『格物』者，以『格』字兼包『至止』，以『物』字兼包諸事。聖賢之道，無非實踐，孔子曰：『吾道一以貫之。』貫者，行事也，即與『格物』同道也。曾子著書，今存十篇，首篇即名《立事》，『立事』即『格物」也。先儒論「格物」者多矣，乃多以虚義參之，似非聖人立言之本意。元之論「格物」，非敢異也，亦實事求是而已。

又案：此篇本無闕失，自「大學之道」至「先致其知」，皆言「知止」，知者心知之，非身行之也，直到「在格物」三字，方著實在行事矣。既著實行事，復順推其效，自「知至」以至「身修」，乃是實行所知、實行所止之效。「格物」二字，不待「在格物」句始見，篇首先云「物有本末」，然則離「本末」言「物」字，不可也。篇中「本末」凡五見：一則「壹是皆以修身爲本」也，二則「其本亂而末治者否」也，三則「此謂知本」也，四則「大畏民志，此謂知本」也，五則「德本財末，外本内末，争民施奪」也。凡此五處，「本」「末」皆不能與「物」字相離爲説，然則物者即身、家、國、天下之事，即五倫之事，即誠正之事，即德財之事，事即物也。「事有終始」即「物有本末」，重言以申之也。「先后」者，兼本末、終始言也。若以「格物」爲心靈窮理，則猶是致知際内之言，非修身際内之事也。要之，「壹是皆以修身爲本」，即「物有本末」之「本」，「物有本末」之「物」，即「格物」之「物」，不可離、不可歧也。《大學集注》「格」亦訓「至」，「物」亦訓「事」。惟云「窮至事物之理」，「至」外增「窮」字，「事」外增「理」字，加一轉折，變爲「窮理」二字，遂與實踐迥别。又案：黄宗羲《文定》載與萬充宗論格物，充宗用《大射儀》「物」字之義，黄君舉先儒瞿汝稷元立亦主此説，但元今説與彼不同。

揅經室一集卷三

明堂論

粤惟上古，水土荒沈，橧穴猶在，政教朴略，宫室未興。神農氏作，始爲帝宫，上圓下方，重蓋以茅，外環以水，足以禦寒暑、待風雨，實惟明堂之始。明堂者，天子所居之初名也。是故祀上帝則于是，祭先祖則于是，朝諸侯則于是，養老尊賢、教國子則于是，饗射、獻俘馘則于是，治天文、告朔則于是，抑且天子寢食恒于是，此古之明堂也。黄帝、堯、舜氏作，宫室乃備。洎夏、商、周三代，文治益隆，于是天子所居，在邦畿王城之中，三門三朝，後曰路寢，四時不遷。路寢之制，準郊外明堂四方之一，鄉南而治，故路寢猶襲古號曰明堂。若夫祭昊天上帝則有圜丘，祭祖考則有應門内左之宗廟，朝諸侯則有朝廷，養老尊賢、教國子、獻俘馘則有辟雍學校。其地既分，其禮益備，故城中無明堂也。然而聖人事必師古，禮不忘本，于近郊東南，别建明堂，以存古制，藏古帝治法册典于此。或祀五帝，布時令，朝四方諸侯，非常典禮，乃于此行之，以繼古帝王之迹。譬之上古，衣裳未成，始有韍皮；椎輪初制，惟尚越席。後世聖人采備繪繡，無廢赤芾之垂；車成金玉，不增大輅之飾。此後世之明堂也。自漢以來，儒者惟蔡邕、盧植實知異名同地之制，尚昧上古、中古之分；後之儒者，執其一端，以蔽衆説，分合無定，制度鮮通。蓋未能融洽經傳、參驗古今。二千年來，遂成絶學。試執吾言，以求之經史百家，有相合、無相戾者，勒書一卷，以備稽覽。括其大恉，著于斯篇。

神農明堂

《淮南子·主術訓》曰：『昔者神農之治天下也，神不馳于胸中，智不出于四域，懷其仁誠之心，甘雨時降，五穀蕃植，《太平御覽》七十八作『播植』。春生夏長，秋收冬藏，月省時考，歲終獻功，《御覽》『功』作『貢』，《文子》及《北史·宇文愷傳》同。以時嘗穀，祀于明堂。明堂之制，有蓋而無四方，風雨不能襲，寒暑不能傷。《御覽》『寒暑』作『燥濕』。遷延而入之，養民以公。其民樸重端慤，不忿争而財足，不勞形而功成，因天地之資，而與之和同。是故威厲而不殺，《御覽》作『不試』，《文子》同。刑錯而不用，法省而不煩，故其化如神。』《御覽》作『教化如神』。

元案：《大戴禮記·盛德》篇云：『明堂者，古有之也。』據《主術訓》云云，是明堂之名始于神農，特無宗廟、郊壇、朝廷、路寢之分，總以明堂爲天子所居，即後世郊外明堂也。其云

『以時嘗穀，祀于明堂』，即《月令》『天子居明堂』，以時嘗穀之始。

桓譚《新論》曰：『神農氏祀明堂，有蓋而無四方。』《御覽》。

元案：此與《淮南子》同。桓譚時古籍猶多，或不專本《淮南》也。

黃帝明堂

《尸子》曰：『欲觀黃帝之行於合宮。』《文選》注。

《文選》張衡《東京賦》曰：『則是黃帝合宮。』

元案：合宮者，天子所居，各禮皆合行于此，故無宗廟、郊壇、朝廷、路寢之分，亦即後世郊外明堂也。

《管子·桓公問》篇曰：『黃帝立明臺之議者，上觀於賢也。』

元案：此『明臺』當即合宮中南向之堂。

《漢書·郊祀志上》曰：『申公曰：「其後黃帝接萬靈明庭。」』

成伯璵《禮記外傳》曰：『明堂，古者天子布政之宮。』『黃帝享百神于明廷是也。』

元案：明廷猶明臺。其云『接萬靈』『享百神』，即《月令》以時祈祀之始。

《素問·五運行大論》曰：『黃帝坐明堂，始正天綱，臨觀八極，考建五常。』

元案：惠氏士奇云：『五常，謂五氣行天地之中者也。端居正氣，以候天和。』然則明堂五室始于黄帝矣。

《史記·封禪書》曰：『濟南人公王帶上黄帝時《明堂圖》。《明堂圖》中有一殿，四面無壁，以茅蓋，通水，圜宫垣，爲複道，上有樓，從西南入，命曰昆侖。』

元案：後世郊外明堂之制，似即放此。其云『四面無壁，以茅蓋』，與神農時明堂有蓋而無四方正同。

堯明堂

《今文尚書·堯典》曰：『正月上日，受終于文祖，在璿璣玉衡，以齊七政。』鄭氏注云：『文祖者，五府之大名，猶周之明堂。』

元案：堯時明堂當已分建，授受大典故在明堂也。

《史記·五帝本紀》曰：『舜受終于文祖。文祖者，堯大祖也。』

元案：孫觀察星衍云：『《周書·嘗麥解》：「維四年孟夏，王初祈禱于宗廟，乃嘗麥于大祖。」合之《淮南·主術訓》有神農「以時嘗穀，祀于明堂」之説，則知史所云「大祖」即明堂也。』

桓譚《新論》曰：『明堂，堯謂之五府。府，聚也，言五帝之神聚于此。』《御覽》。

元案：明堂名五府，及祀五帝，實是舊禮。《尚書帝命驗》云：『五府，五帝之廟，蒼曰靈府，赤曰文祖，黄曰神斗，白曰顯紀，黑曰(元)〔玄〕矩。』鄭氏注《尚書》云：『文祖者，五府之大名。』《大戴禮記·少閒》篇云武丁『開先祖之府，取其明法』，足證府名甚古。惠徵君棟云：『《周官》有天府，乃明堂掌陳寶之官，取法于唐、虞也。』

《管子·桓公問》篇曰：『堯有衢室之問者，下聽於人也。』

元案：衢室，義取四達，即四面無壁之謂。

《尚書大傳·虞夏傳》曰：『尚考大室之義，唐爲虞賓。』鄭氏注云：『大室，明堂之中央室也。』

元案：據此，明堂五室之制非始于夏。

舜明堂

《今文尚書·堯典》曰：『歸格于藝祖，用特。』鄭氏注云：『藝祖，猶周之明堂』。馬融注云：『藝，禰也。』

元案：此巡方大典，故歸格郊外明堂也。文祖、藝祖，皆指祖考，而即爲明堂大室之名。周公稱文王爲文祖，義同，猶後世稱某帝爲某廟也。

《尸子》曰：『觀堯、舜之行於總章。』《文選》注。

《文選》張衡《東京賦》曰：『有虞總期。』李善注：『章、期，一也。』

元案：總章、總期之義，皆同合宫。以各禮總于此表章，故名總章；以各禮總于此期會，故名總期，字異而義則同也。

《今文尚書·堯典》曰：『賓于四門，四門穆穆。』又曰：『闢四門。』

元案：城中朝、寢無四門之制，此亦指郊外明堂也。四方諸侯來朝大典，則於明堂中行之。

《禮記·祭法》曰：『有虞氏禘黄帝而郊嚳，祖顓頊而宗堯。』鄭氏注云：『禘、郊、祖、宗，謂祭祀以配食也。此禘謂祭昊天於圜丘也。祭上帝於南郊曰郊。祭五帝、五神於明堂曰祖、宗。』

《國語·魯語》曰：『展禽曰：「故有虞氏禘黄帝而祖顓頊，郊堯而宗舜。」』韋昭注云：《禮·祭法》與此異者，『舜在時則宗堯，舜崩而子孫宗舜，故郊堯也。』

元案：禘、郊、祖、宗，四者皆爲配天之祭，鄭注明白可據。總享五帝、五神於明堂，則以顓頊與堯配祭。自王肅有心違鄭，謂祖、宗爲祖有功、宗有德，其廟不毁，誤仞爲宗廟之祭非屬明堂，遂致其義不明也。

夏明堂

《考工記·匠人》曰：『夏后氏世室，五室，三四步，四三尺。九階，四旁兩夾窗，白盛。門堂三之二，室三之一。』鄭氏注云：『世室者，宗廟也。魯廟有世室，牲用白牡，此用先王之禮。』

元案：世室乃明堂五室之中，猶《尚書大傳》所言大室，夏特取此爲名，概其餘耳。古字『世』『大』通，故『大子』又稱『世子』，『世叔』又稱『大叔』矣。《匠人》言三代明堂之制，皆郊外明堂也。自『室中度以几』以下，乃通言城中王宫之制，非專指明堂。鄭注謂世室爲宗廟，殆以魯世室例之耳。其實夏之名世室，非專爲祀祖，即如《夏小正》爲觀天測時布令之書，禮亦當行于世室，與舜『在璿璣玉衡』于文祖同。

成伯璵《禮記外傳》曰：『夏謂大廟爲世室。』又曰：『夏后一堂之上爲五室，南面，三階。五室象地載五行，五行生于四時，故每室四達，一室八窗，象八節。』

元案：此云『一堂之上爲五室』，世室乃一堂中央之室也，較他室爲尊，故稱之爲『世室』。『世』與『大』皆尊稱之辭，成氏以大廟擬之，是也。

鄭氏《考工記·匠人》注曰：『周堂高九尺，殷三尺，則夏一尺矣，相參之數。禹卑宫室，謂此一尺之堂與。』

元案：此自指郊外明堂而言。

《禮記·祭法》曰：『夏后氏亦禘黄帝而郊鯀，祖顓頊而宗禹。』

《國語·魯語》曰：『展禽曰：「夏后氏禘黄帝而祖顓頊，郊鮌而宗禹。」』韋昭注云：『虞、夏俱黄帝、顓頊之後，故禘祖之禮同。虞以上尚德，夏以下親親，故夏郊鮌也。』

元案：説見『舜明堂』下。

殷明堂

《考工記·匠人》曰：『殷人重屋，堂修七尋，堂崇三尺，四阿，重屋。』鄭氏注云：『重屋者，王宫正堂若大寢也。』

元案：鄭注以爲王宫正堂，非也。此所言仍是郊外明堂之制。至于國中寢宫之制，止取郊外明堂四面之一，向南爲之，斷非如郊外明堂四面皆有堂也。

《大戴禮記·少閒》篇曰：『成湯卒受天命。』『發厥明德，順民天心嗇地。作物配天，制典慈民。咸合諸侯，作八政，命於總章。服禹功，以脩舜緒，爲副于天。粒食之民，昭然明視，民明教，通于四海之外[一]，肅愼、北發、渠搜、氐、羌來服。成湯卒崩，殷德小破。二十有二世，乃有武丁即位，開先祖之府，取其明法，以爲君臣上下之節，殷民更服[二]。」

元案：此總章即襲舜明堂名，謂郊外明堂也。四夷來朝于此者，非常典禮，不於國中朝廷行之，必在明堂，以繼舜、禹之業。周公之明堂，朝四夷同此。其云「先祖之府」，亦指郊外明堂，與《堯典》文祖、藝祖同，蓋先代典册亦藏于明堂也。

《管子·桓公問》篇曰：「湯有總街之庭，以觀人誹也。」

元案：《説文解字》云：「街，四通道也。」此名「總街」者，亦取明堂四達之義。

《尸子》曰：「殷人曰陽館。」《唐會要》「明堂」下，顔師古議引。

元案：孫觀察云：「明堂在國之陽。」以此文知夏、商已在東南郊也。

桓譚《新論》曰：「商人謂路寢爲重屋，商于虞、夏稍文，加以重檐四阿，故取名。」《御覽》。

元案：此誤以國中南面之路寢爲郊外四面堂之路寢也。

《禮記·祭法》曰：「殷人禘嚳而郊冥，祖契而宗湯。」

[一] 按：此句《大戴禮記》作「通于四海，海之外」。

[二] 按：服，《大戴禮記》作「眩」。

《國語·魯語》曰：『展禽曰：「商人禘舜而祖契，郊冥而宗湯。」』韋昭注云：『舜，當爲「嚳」字之誤也。』

元案：説見『舜明堂』下。

鄭氏《考工記·匠人》注曰：『周堂高九尺，殷三尺。』

元案：説見『夏明堂』下。

周明堂

《考工記·匠人》曰：『周人明堂，度九尺之筵，東西九筵，南北七筵，堂崇一筵，五室，凡室二筵。』

元案：此本指郊外明堂，與宫内路寢不同，故《匠人》又曰『宫中度以尋』。

《禮記·明堂位》曰：『昔者周公朝諸侯于明堂之位：天子負斧依，南鄉而立；三公，中階之前，北面東上；諸侯之位，阼階之東，西面北上；諸伯之國，西階之西，東面北上；諸子之國，門東，北面東上；諸男之國，門西，北面東上；九夷之國，東門之外，西面北上；八蠻之國，南門之外，北面東上；六戎之國，西門之外，東面南上；五狄之國，北門之外，南面東上；九采之國，應門之外，北面東上；四塞，世告至。此周公明堂之位也。明堂也者，明諸侯之尊卑也。』

元案：《明堂位》雖魯儒傅會，而此段言周公明堂，則必是周初相傳舊典。由此知郊外明堂惟向南一面有臯、應、路三重門，其三面惟一門。

《大戴禮記·盛德》篇曰：『凡人民疾、六畜疫、五穀災者，生於天道不順。天道不順，生於明堂不飾。故有天災，則飾明堂也。』

元案：此篇『飾』字凡六見，皆『飭』字之訛。『飭』字从力，古『力』字作『𠠲』[一]，所以訛爲『巾』也。觀篇末曰『則飭司馬』『則飭司寇』『則飭司空』，皆作『飭』，明此『飾』亦當同此例爲『飭』字也。明堂，天法之所在，故天災則于此飭之。

《逸周書·作雒解》曰：『乃位五宫：大廟、宗宫、考宫、路寢、明堂，咸有四阿、反坫。重亢，重郎，常累，復格，藻棁。設移，旅楹，舂常，畫旅。内階、(元)〔玄〕階，隄唐，山廧，應門、庫臺(元)〔玄〕閫。』

元案：五宫即下五處。前四處皆在城中，惟明堂在郊外也。

《大戴禮記·盛德》篇曰：『或以爲明堂者，文王之廟也。』又曰：『此天子之路寢也，不齊不居其室。』

[一] 𠠲，甲戌續刊本作『屮』。

元案：明堂中大室爲宗祀之所，故以爲文王之廟。路寢亦指明堂而言，『路』與『大』同[一]，故又稱大寢。鄭氏注《月令》以大寢東堂、大寢南堂、大寢西堂、大寢北堂釋之，是也。

《孝經》：『孔子曰：「昔者周公宗祀文王于明堂以配上帝。」』

《詩·周頌·我將》序曰：『《我將》，祀文王于明堂也。』『我將我享，維羊維牛，維天其右之。儀式刑文王之典，日靖四方。伊嘏文王，既右饗之。我其夙夜，畏天之威，于時保之。』孔穎達正義云：『謂祭五帝之於明堂，以文王配而祀之，即《孝經》所謂「宗祀文王于明堂以配上帝」是也。文王之配明堂，其祀非一。此言配文王于明堂，謂大饗五帝于明堂也。』

元案：此郊外明堂祀五帝，以文王配也。

《禮記·祭法》曰：『周人禘嚳而郊稷，祖文王而宗武王。』

《國語·魯語》與《祭法》同。韋昭注云：『此與《孝經》異也。商家祖契。周公初時亦祖后稷而宗文王。至武王雖承文王之業，有伐紂定天下之功，其廟不可毀，故先推后稷以配天，而後更祖文王而宗武王也。』

[一] 同，甲戌續刊本作『通』。

元案：此言行宗祀于郊外明堂。宗祀即《堯典》六宗之祀。

《尚書·洛誥》曰：『承保乃文祖受命民。』鄭氏注云：『文祖者，周曰明堂以稱文王。』又曰：『考朕昭子刑，乃單文祖德。』鄭氏注云：『成我所用明子之法度者，乃盡明堂之德。明堂者，祀五帝太皞之屬，爲用其法度也。周公制禮六典，就其法度而損益用之。』又曰：『予以秬鬯二卣，曰明禋，拜手稽首，休享。予不敢宿，則禋于文王、武王。』鄭氏注云：『明禋者，六典成祭于明堂，告五帝太皞之屬也。既告明堂，則復禋于文、武之廟，告成洛邑。』

元案：此以文祖即郊外明堂中太廟是也。其云明堂祀五帝，亦是古禮。唯分告明堂與禋廟爲二，非是，惠徵君曾駁之。

《詩·周頌·清廟》序曰：『《清廟》，祀文王也。周公既成洛邑，朝諸侯，率以祀文王焉。』

元案：此清廟即郊外明堂中央大室也。周公居攝六[一]年，制度大備，朝諸侯于明堂，即率以祀文王于此。此二事顯而易見者。《我將》之『祀文王于明堂』與此有別者，此率諸侯助祭，禮尤盛也。

[一] 六，底本原作『五』，據甲戌續刊本改。《毛詩注疏》卷十九《清廟之什》正義曰：『既成洛邑，在居攝五年，其朝諸侯，則在六年。』

《春秋》隱公十一年《左氏傳》曰：『清廟茅屋，昭其儉也。』

元案：此即郊外明堂，明堂以茅蓋屋也。若國中朝左之大廟，未聞以茅蓋屋也。

《尚書·洛誥》曰：『王入大室祼。』王肅注云：『大室，清廟中央之室。』

《樂記》曰：『武王伐殷，薦俘馘于京大室。』《續漢志》注引蔡邕《明堂論》。

元案：此亦指郊外明堂而言。《鍾鼎款識》所載伯姬鼎、師毛父敦、𢦏敦、牧敦等銘所云大室，蓋皆謂清[一]廟中央之室。古者朝諸侯、祀祖考、獻俘馘，皆在明堂也。

《逸周書·本典解》曰：『維四月既生霸，王在東宮，告周公曰：「嗚呼！朕聞武考，不知乃問，不得乃學，俾資不肖，永無惑矣。」』

《尸子》曰：『昔武王崩，成王少，周公踐東宮，祀明堂。明堂在左，故謂之東宮。』袁準《正論》引。

元案：此東宮亦指郊外明堂。《考工記·匠人》『左祖右社』疏引劉向《别録》云：『左明堂、辟雍。』是明堂在左矣。

《周禮·大宰》曰：『正月之吉，始和布治于邦國都鄙。乃縣治象之法于象魏，使萬民觀治象，

[一] 謂清，底本作『僭謂』，據甲戌續刊本改。

挾日而斂之。』賈公彦疏云：『縣治象之法于雉門象魏，從甲至甲凡十日，斂藏之明堂，于後月月受而行之，謂之告朔也。』

元案：此雉門乃國中之雉門，蓋以明堂所藏之治象，月吉縣之國中，挾日仍藏之郊外明堂也。

《禮記·月令》。

元案：此篇文多，不録。《吕覽》同。以此皆古帝無路寢專居明堂布政之遺制，周時王居城中路寢，此禮未必全行也。

魯明堂

《禮記·明堂位》曰：『大廟，天子明堂。』鄭氏注云：『言廟及門如天子之制也。』孔穎達正義云：『言周公大廟制似天子明堂。』

元案：魯之大廟，猶周明堂中之清廟也。故《春秋》桓公二年《左氏傳》：『夏四月，取郜大鼎于宋。戊申，内于大廟。』臧哀伯即以清廟茅屋爲説。魯侯國，不得别立明堂，其一切非常典禮，皆于大廟行之。

又曰：『季夏六月，以禘禮祀周公于大廟。』

元案：此禘即祫也。天子禘于明堂，諸侯祫于大廟，一也。惠徵君云：『成王賜魯重祭而有禘祭，止用禘禮、禘樂，魯無明堂，無圜丘之禘，但有吉禘、時禘，皆于宗廟，無配天之典。雖行禘祭，其實祫也。』

《春秋》文公二年《穀梁傳》曰：『八月丁卯，大事于大廟，躋僖公。躋，升也。先親而後祖，逆祀也。逆祀則是無昭穆也，無昭穆則是無祖也，無祖則無天也，故曰「文無天」。無天者，無天而行也。』

元案：魯大廟猶周明堂。明堂，天法之所在，故曰『無天』。

《春秋》哀公三年《左氏傳》曰：『季桓子御公立于象魏之外，命藏象魏，曰：「舊章不可忘也。」』

元案：天子藏舊章于明堂，魯無明堂，當藏于大廟。

《春秋》僖公五年《左氏傳》曰：『公既視朔，遂登觀臺以望，而書，禮也。』

元案：天子靈臺在明堂中，諸侯觀臺亦當在大廟。《周禮·春官·大史》云：『頒告朔于邦國。』鄭氏注云：『天子頒朔于諸侯，諸侯藏之祖廟，至朔朝于廟，告而受行之。』故視朔與登觀臺竝書也。

泰山下明堂

《孟子·梁惠王》曰：『齊宣王問曰：「人皆謂我毀明堂，毀諸？已乎？」孟子對曰：「夫明堂者，王者之堂也。王欲行王政，則勿毀之矣。」』趙岐注云：『謂泰山下明堂。本周天子東巡狩朝諸侯處也，齊侵地而得有之。』

元案：此明堂即壇也，與他處明堂異制。《周禮·秋[一]官·司儀》云：『將合諸侯，則令爲壇三成，宮旁一門。』《儀禮·覲禮》云：『諸侯覲于天子，爲宮方三百步，四門，壇十有二尋，深四尺，加方明于其上。』鄭氏注云：『王巡守至于方嶽之下，諸侯會之，亦爲此宮以見之。』即指此也。泰山在齊州，齊居天下之中，有王者起，於山下朝諸侯，即於山上刻石紀號，行封禪之禮。

《史記·封禪書》曰：『初，天子封泰山，泰山東北址，古時有明堂處。』

《漢書·武帝紀》曰：『元封元年夏四月癸卯，登封泰山，降坐明堂。』

元案：泰山下明堂，據此西漢時尚存其迹。自元封二年秋，武帝因公玊帶所上之圖，作明

[一] 按：秋，底本誤作『春』，《周禮》『司儀』屬《秋官》。

堂于汶上，後王莽又作明堂于長安，泰山下明堂遂不可考矣。

漢明堂

《漢書·河閒獻王傳》曰：『武帝時獻王來朝，獻雅樂，對三雍宮。』應劭云：『辟雍、明堂、靈臺也。』又《終軍傳》曰：『建三宮之文質。』服虔云：『三宮，明堂、辟雍、靈臺也。』

元案：武帝明堂在奉高，未嘗立于長安。《禮樂志》言：『武帝即位，進用英雋，議立明堂，制禮服，以興太平。』僅議立而已，非實立也。河閒獻王所對《上下三雍宮》三篇，《藝文志》載其目，胡梅磵以爲對三雍宮之制度者，是也。

《漢書·平帝紀》曰：『元始四年夏，安漢公奏立明堂、辟雍。』

《後漢書·世祖紀》曰：『是歲，初起明堂、靈臺、辟雍及北郊兆域，宣布圖讖于天下。』

元案：明堂建于長安實始于此，非建于武帝時明矣。

《三輔黃圖》曰：『漢靈臺在長安西北八里，辟廱在長安西北七里，明堂在長安西南七里，太學在長安西北七里。』

元案：『八』當『七』字之誤。蓋靈臺、辟廱、太學三者異名同地，俱在長安西北也。三者在北，明堂在南，則明堂與三者又分建可知。

揅經室一集卷四

禹貢東陵考

余昔在浙，已考『浙江』即《禹貢》『三江』之南江，《禹貢》『東池北會于匯』，乃自池州石城東池會于震澤，至餘姚入海。稽之漢以前古籍，無不合者。漢以後各家之誤，可指諸掌矣。嘉慶十一二年間，予在墓廬，爲卜葬之事，西上冶山，見所謂廣陵者矣。十三年，由汴梁過臨淮，踰清流關嶺，更見所謂廣陵者矣。十八年，由江寧溯江至池州、九江，乃曉然于《禹貢》『至于東陵東池』六字爲確不可易，廣陵即東陵，晉以後人誤之久矣。晉以後人誤解『北會於匯』之『匯』爲彭蠡，勢不得不在湖口、彭澤以上求東池、求東陵，不知大江之勢，自武昌至彭澤皆正東流，惟過彭澤由望江向安慶、池州、蕪湖以至江寧皆東北流，此《禹貢》所以稱爲『北江』也。按：地球度數，由西南向東北斜角，歷南北經度將及三度，非比由武昌至彭澤，自正西至正東，緯度平行也。且名曰東陵，自應在九州之東，若在彭蠡以上，則荆州界内不當云東矣。東池之處，即在池州古石城，由石城而趨震澤，實是正東流。由池州至震澤，正循緯度平行而東。《禹貢》于『東迆』之上書曰『至于東陵』，是以東陵定東迆之地。後人既見東迆之地，即當于相近之地求所謂東陵者，晉人誤以東迆在彭蠡之上，遂失東陵之名，不知《漢書·地理志》『廬江郡』下班氏自注云：『金蘭西北有東陵鄉，淮水出，屬揚州。廬江出陵陽東南，句。北入江。』由江之北岸入江，故曰北。此乃漢人之説，最爲明白可據者也。

計東陵之大，非一二邑所可盡。陵之爲形，乃長山之形，其脊棱棱然，緜延而行，水分兩地而流，方稱其名。今廬州府舒城縣應即是東陵之首，過此以東，爲滁州清流關，嶺脊最高。再東則六合、天長，以至揚州甘泉、江都，始爲東陵盡處。試觀此陵，緜延數百里，其脊分南北，脊南之水皆入于江，脊北之水皆入于淮，界限分明。雖起伏高低，或有平衍之處，而以分水之法測之，則瞭然可見者也。予出揚州西門，至古井寺、陳家集、横山、冶山，見一路皆有嶺脊之形。問之農民，皆言嶺脊雨水，南則入江，北則入湖。再由冶山至棠山以上，直接滁山皆然。滁之清流，其形最顯。此揚州之所以名曰廣陵也。此江都東鄉所以有漢東陵亭廟也。《後漢書·郡國志》江都廣陵有東陵亭，即此地也。統而言之，皆《禹貢》之東陵也。《禹貢》于『彭蠡』之下書曰『東爲北江入于海』，又書曰『至于東陵東迆』，是明以東陵爲北、中兩江分路之處，而北江千里，僅以『東爲北江入于海』七字畢之，是明以東陵數百里與北江同起止矣。東陵盡處即北江盡處也。或曰：東陵之脊，水分南北流，東陵之尾，將至東陵廟即《後漢書》注之東陵聖母廟，在今張綱溝仙女廟相近之處，約去揚州府城東三十餘里，漢廣陵太守張綱于東陵村開溝，故名。方止，今邵伯湖水曷由過揚州府城而入江也？曰：此陵脊在今府城北灣頭鎮，禪智、山光兩寺之間，爲最低之處，乃吴夫差溝通江淮之故，非《禹貢》東陵本來之形勢也。予嘗讀《爾雅》各陵矣，注者唯以西隃、雁門爲北陵可考，餘皆不能確有所指。予于十七年至山西，稽問西隃、雁門之陵，横亘塞門數百里，是非一二邑地所可盡，與東陵同。「東陵」二字見于《爾雅》，又見于《禹貢》，必非舒、廬之間一山所能當此。此非今由廬州至滁州、揚州之廣陵而何？《爾雅》曰「東陵阠」，「阠」之一字，迷失數千載，乃吾鄉大山之主名，北江之北、東陵之東，吾所居也，故考定之。

毛詩王欲玊女解

許氏《説文》「金玊」之「玊」無一點，其加一點者解云：「朽王也。从王有點。讀若畜牧之畜。」是「王」與「玊」，音義迥别矣。《毛詩》「玊」字皆「金王」之「王」，惟《民勞》篇「王欲玊女」，「玊」字專是加點之玊，後人隸字混淆，始無别矣。《詩》言「玊女」者，畜女也。畜女者，好女也。好女者，臣説君也。召穆公言：「王乎！我正惟欲好女畜女，不得不用大諫也。」《孟子》

曰：『爲我作君臣相說之樂。其《詩》曰：「畜君何尤。」畜君者，好君也。』《孟子》之『畜君』與《毛詩》召穆公之『玨女』無異也。後人不知『玨』爲假借字，是以鄭箋誤解爲『金玉』之『玉』矣。蓋玨、畜、好、丂、九，古音皆同部相假借。《淮南·說林》篇曰：『白璧有考。』《氾論》篇曰：『夏后氏之璜，不能無考。』考即朽，朽即玨，謂玉之釁也。玨有釁，即是有孔。故《考工記》《爾雅》皆以璧之孔爲『好』，『好』即『玨』也。《呂覽·適成》篇『民善之，則畜也』，注：『畜，好也。』《說苑》：『尹逸對成王曰：「民善之，則畜也。」』此『畜』字即『玨女』『玨』字也。《說文》：『嬌，媚也。』孟康注《漢書·張敞傳》云：『北方人謂媚好爲詡畜。』『畜』與『嬌』通也。《禮記·祭統》云：『孝者，畜也。』《釋名》云：『孝，好也。』愛好父母如所說好也。』是愛於君親者，皆可云『畜』也。『畜』即『好』也，『好』即『玨』也。『畜』與『旭』同音，故《詩》『驕人好好』，《爾雅》作『旭旭』，郭璞讀『旭旭』爲『好好』。凡此，皆『玨』字加點之『玉』字，與『畜』『好』相通相同之證也。

引書說

《古文尚書》孔傳出于東晉，漸爲世所誦習。其中名言法語以爲出自古聖賢，則聞者尊之。

故宇文周主視太學，太傅于謹爲三老，帝北面訪道，謹曰：『木受繩則正，后從諫則聖。』帝再拜受言。唐太宗見太子息于木下，誨之曰：『木受繩則正，后從諫則聖。』據此兩引皆作『受繩』，今書作『從繩』，當是別本。陸氏《釋文》未載。唐太宗自謂兼將相之事，給事中張行成上書，以爲禹不矜伐而天下莫與之争，上甚善之。唐總章元年，太子上表曰：『《書》曰：「與其殺不辜，寧失不經。」伏願逃亡之家，免其配役。』從之。凡此君臣父子之間，皆得陳善納言之益。唐、宋以後，引經言事，得挽回之力、受講筵之益者，更不可枚舉。學者所當好學深思，心知其意，得古人之益，而不爲古人所愚，則善矣。

天子諸侯大夫士金奏升歌笙歌間歌合樂表説

	天子	諸侯	大夫士
金奏用鐘鎛。	大饗諸侯，入門，金奏《肆夏》《繁遏》《渠》，見《魯語》《周禮·春官》。《禮器》『賓出，奏《肆夏》』，鄭破『肆』爲『陔』，非是。《大司樂》：『大饗出入如尸，奏《肆夏》矣。』	兩君相見及燕勤王事大夫，入門，金奏《肆夏》，見《郊特牲》《燕禮·記》《仲尼燕居》。以今推之，出亦當奏《肆夏》。	無金奏。《郊特牲》曰：「大夫奏《肆夏》，自趙文子始也。」言其僭。《鄉飲酒》『賓出，奏《陔夏》』，鄭注：『有鼓無鐘。』

	天子	諸侯	大夫士[一]
升歌正歌之始，在堂上，用琴瑟。	大饗諸侯，升歌《清廟》，經無明文。由今推之，當用《清廟》。何以明之？大夫、士鄉飲酒諸禮，升歌用《鹿鳴》，諸侯之燕大夫也，亦即用《鹿鳴》。然則諸侯相見用《清廟》，天子之饗諸侯亦即用《清廟》，同此比例矣。	諸侯相見，升歌《清廟》，見《仲尼燕居》。君燕羣臣及聘問之臣，升歌《鹿鳴》《四牡》《皇皇者華》，見《儀禮·燕禮》。 君燕勤王事大夫，升歌《鹿鳴》《四牡》《皇皇者華》，見《燕禮·記》。 大射，升歌《鹿鳴》《四牡》《皇皇者華》，見《大射儀》。	大夫、士鄉飲酒，升歌《鹿鳴》《四牡》《皇皇者華》，見《儀禮》 鄉射，不升歌，見《鄉射禮》。
笙歌			
間歌正歌之中，在階，笙間之。	大饗，間歌，經無明文。或如《仲尼燕居》『下管《象武》』歟？	諸侯相見，下管《象武》，見《仲尼燕居》。此亦當如下管《新宮》，笙入，三成，遂合樂也。	大夫、士鄉飲酒，歌《魚麗》《南有嘉魚》《南山有臺》，皆笙間，見《儀禮》。鄉射禮，不笙，不間，見《儀禮》。

[一] 按：士，底本原無，據文意補。

		君燕羣臣及聘問之臣，歌《魚麗》《南有嘉魚》《南山有臺》，皆笙間之，見《燕禮》。 君燕勤王事大夫，則下管《新宮》，笙入，三成，不間，遂合樂，見《燕禮·記》。 大射，管《新宮》，三終，不笙不間，見《大射儀》。	
合樂正歌之備，堂階合作。	大饗合樂，經無明文。或如《晉語》用《文王》《大明》《緜》歟？	諸侯相見，合樂《文王》《大明》《緜》，見《晉語》。以《仲尼燕居》「《清廟》、下管《象》《武》舞」遞推知之。《仲尼燕居》又云：「客出以《雍》，徹以《振羽》。」 君燕羣臣及聘問之臣，合樂《周南·關雎》《葛覃》《卷耳》，《召南·鵲巢》《采蘩》《采蘋》，見《儀禮》。 君燕勤王事大夫，合樂《周南·關雎》《葛覃》《卷耳》，《召南·鵲巢》《采蘩》《采蘋》，見《燕禮·記》。若舞，則用《勺》。 大射不合樂，見《儀禮》。	大夫、士鄉飲酒，合樂《周南·關雎》《葛覃》《卷耳》，《召南·鵲巢》《采蘩》《采蘋》，見《儀禮》。

說曰：古之歌《詩》成樂，自天子至大夫。其升歌于堂也，笙歌于階也，間歌于堂階也，堂階合作也。《詩》不同，而分爲四節則同也。若夫《詩》之用，于此四節，則有天子饗諸侯、諸侯燕大夫、士之別。大夫、士相見之樂爲《鹿鳴》，諸侯之燕大夫也，亦即用《鹿鳴》，然則兩君相見之樂爲《清廟》，天子之饗諸侯也，亦即用《清廟》。兩兩相比，其例相同矣。至于《周南·關雎》《葛覃》《卷耳》、《召南·鵲巢》《采蘩》《采蘋》不在此内者，諸侯、大夫、士或用爲合樂，所謂『合鄉樂』者是也。天子、諸侯亦或用爲房中之樂矣。見《燕禮》，謂后、夫人弦歌《周南》《召南》。又有金奏，則《國語》諸書言之極詳，皆是賓入門，奏鐘鎛爲樂，賓升堂之後，金奏即闋，與升歌之用琴瑟、間歌之用笙，迥不相涉也。若以鄭氏《詩·小雅譜》論之，其辭曰：『其用于樂，國君以《小雅》，天子以《大雅》。然而饗賓或上取，燕或下就。天子饗元侯，歌《肆夏》，合《文王》。諸侯歌《文王》，合《鹿鳴》。諸侯于鄰國之君，與天子于諸侯同。天子、諸侯燕羣臣及聘問之賓，皆歌《鹿鳴》，合鄉樂。』

元竊謂鄭說不盡然也。《左傳》襄四年：『叔孫穆子不拜工歌《文王》，穆叔曰：「《文王》，兩君相見之樂也，使臣不敢及。」』《國語》曰：『夫歌《文王》《大明》《緜》，則兩君相見之樂也，非使臣之所敢聞也。』此明云諸侯用《大雅》，而鄭云用《小雅》，非矣。《仲尼燕居》曰：『兩君相見，揖讓而入門，入門而縣興。揖讓而升堂，升堂而樂闋。入門而金作，示情也。升歌《清廟》，示德也。』據此，明是金奏《肆夏》與升歌《清廟》區爲二事。升歌者，《頌》之首篇《清廟》也。而鄭云天子用《大雅》，天子饗元侯歌《肆夏》，非矣。諸侯燕羣臣及聘問之賓，皆升歌《鹿鳴》，見于《燕禮》。若燕勤王之大夫，始于入門時用金奏《肆夏》，見于《燕禮・記》。若天子燕羣臣，天子卿大夫爵與諸侯同，自當用《頌》與《大雅》，而鄭云同諸侯燕羣臣歌《鹿鳴》、合鄉樂，非矣。總之，《肆夏》別爲金奏，鄭以天子升歌當之，其下皆取就未合，皇氏、孔氏更多支蔓矣。考《魯語》：『叔孫穆子不拜《肆夏》，曰：「夫先樂金奏曰先樂，明與正樂不同。《肆夏》《繁遏》《渠》，天子所以饗元侯也，非使臣之所敢聞也。」』《仲尼燕居》曰：『兩君相見，入門而縣興，升堂而樂闋。』縣即金奏。《郊特牲》：『賓入大門而奏《肆夏》，示易以敬也。卒爵而樂闋。孔子屢歎之。』《周禮・春官・鎛師》：『凡祭祀，鼓其金奏之樂，大饗亦如之。』不掌升歌之事。《儀禮・燕禮・記》：『若以樂納賓，此謂諸侯燕勤王事大夫。則賓及庭，奏《肆夏》。賓拜酒，主人答拜而樂闋。公拜受爵而奏《肆夏》。公卒爵，主人升，受爵以下而樂闋。升歌《鹿鳴》，下管《新宮》，笙入三成，此當與《仲尼燕居》『下管《象武》、《夏籥》序興』參觀之。彼管《象武》《夏籥》，此則管《新宮》，舞《勺》也。遂合鄉樂。若舞則《勺》。』綜此五者觀之，則是金奏在升歌前，用鐘鎛，與琴瑟之升歌異矣。《燕禮・記》《仲尼燕居》尤其明證也。升歌、笙歌、間歌、合樂，古人皆以爲正歌，故樂正告曰『正歌備』。其分《詩》屬樂，則有諸侯于諸侯，暨天子于諸侯爲一事；大夫于大夫，暨諸侯于大夫爲一事。諸侯于大夫，即用大夫升歌之《鹿鳴》，然則天子于諸侯，即用諸侯升歌之《清廟》可知矣。諸侯燕大夫、大夫相見，其升歌用《鹿鳴》，在《儀禮·燕禮》《鄉飲酒》諸禮，歷歷可考。諸侯之相見，其升歌用《清廟》，見于《仲尼燕居》，夫子之言又極明白可據，佐之以《左傳》《晉語》，更皆相合。治經者惟知依據經傳，折衷仲尼之言而已，安用多爲端緒以自紛哉！《清廟之什》凡十篇，除《清廟》尚餘九篇，而《周禮·鐘師》「以鐘鼓奏九夏」，吕叔玉云：「《肆夏》《時邁》也。《繁遏》，《執競》也。《渠》，《思文》也。」此三篇賴漢人之言以知之，則其餘六夏即《維天之命》等六篇爲近。然先儒無言者，不敢臆斷。又按：《周禮·旄人》「凡賓客舞燕樂」，《籥師》「饗食，鼓羽籥之舞」，《司干》「饗食授舞器」，《鞮鞻氏》「祭祀則龡而舞之，燕亦如之」。此諸舞器，皆爲燕饗。是天子饗諸侯，于下管《象武》，後不間歌者，爲備文、武之舞，其聲容較間歌爲盛，故鄉飲酒間歌無舞者，禮樂不備于大夫也。

又説曰：《虞書》「笙庸以間」，《尚書》今本作「笙鏞」者，僞孔據《商頌》「庸鼓有斁」解「庸」爲「大鏞」之「鏞」，而昧于「笙庸」之義，唐以後株守僞孔者，據孔義改「庸」成「鏞」，其實僞孔竝未作「鏞」也。《周禮》疏兩引鄭注，皆曰「西方之樂謂之庸。庸，功也」，竝非「鏞」字。且疊「庸」字爲訓，與「笙，生也」正同。設鄭本爲「鏞」字，鄭必有以破之，不能徑疊「鏞」字成「庸」字也。《大司樂》疏引鄭注云：「東方樂謂之笙。笙，生也。東方長生之方，故名樂爲笙也。西方之樂謂之庸。庸，功也。西方物成熟有成功，亦謂之頌，亦頌其成也。」注《眡瞭》及《儀禮·大射》同。鄭君此説古義也。按：東西階竝有鐘磬，在東者名笙，在西者名庸，所吹之笙則在兩階之間，與「笙庸」之「笙」訓爲「生」者不同，故《大射儀》所言「宿縣」，地位明白可案也。大夫、士鄉飲酒縣樂不分東西階，惟一縣在兩階之間，故《儀禮》惟曰「磬階間縮霤，北面鼓之』，不復別笙、頌之名，其明證也。《詩・小雅》『鼓鐘』，即金奏也。《序》云：『《鼓鍾》，刺幽王也。』未言所刺何事，而傳有會諸侯于淮上之説。元考幽王實無遠至淮上會諸侯之事，且用樂之節與《燕禮・記》『君燕勤王事大夫』事事皆合。據經文『鼛鼓』，似淮上諸侯遣大夫勤王役事，然畧無佐證，不能臆説。又案：鼓鐘，擊鐘也，非鐘鼓。《詩》云：『笙磬同音，以《雅》以《南》。』此是諸侯燕大夫之禮，惟歌《雅》及二《南》也。云『以《雅》以《南》』者，用《雅》在《南》前，升歌先於合樂也。今《詩》分《南》《雅》《頌》，雖在周末，而《雅》《南》之名，周初已立，故《鹿鳴》爲《雅》，《關雎》《鵲巢》爲《南》，載在《儀禮》，即此詩所言『以《雅》以《南》』也。《詩》曰『以籥不僭』，此即《燕禮・記》所言『若舞則用《勺》』。《勺》不常用，此用亦不爲僭。『不僭』專言用籥，非總上《雅》《南》爲言也。此自是諸侯燕勤王事大夫之樂，似非天子饗諸侯之樂，傳説今無證驗也。傳、箋屬樂于王，故毛謂《雅》《南》舞四夷之樂，鄭謂《雅》爲《萬》舞，取説皆曲。

詩十月之交四篇屬幽王説

謂《十月之交》四篇屬厲王時詩者，《魯詩》申培公及《中候擿雒貳》、鄭司農《詩箋》之説也。謂屬幽王時者，子夏《詩序》、大毛公《詩傳》之説也。兩漢《毛詩》晚出，其説甚孤，公卿大儒多從魯說。今考毛說之合者有四，魯說之不合者亦有四，試說之。

《詩》言：『十月之交，朔月辛卯，日有食之。』交食至梁、隋而漸密，至元而愈精。梁虞劆，隋張胄元，唐傅仁均、一行，元郭守敬，竝推定此日食在周幽王六年十月建酉辛卯朔，日入食限，載在史志。今以雍正癸卯上推之，幽王六年十月辛卯朔，正入食限。推數列後。此合者一也。若厲王在位有十月辛卯朔日食，緣何自古術家無一人言及？此不合者一也。

《詩》：『百川沸騰，山冢崒崩。高岸爲谷，深谷爲陵。』此災異之大者。《國語》：『幽王二年，西周三川皆震，岐山崩。十一年，幽王乃滅。』《史記·周本紀》載幽王二年事正相同。此合者二也。若厲王在位，殊無此變，《詩》不應誣言『百川沸騰』諸事。此不合者二也。

豔妻實褒姒也。毛傳曰：『豔妻，褒姒。美色曰豔。』此受子夏之說，故毅然斷之如此。曰妻者，此詩作於幽王六年未廢申后以前，褒姒尚在御妻之列。且《正月》篇曰『褒姒威之』，揆之『煽處』，正復同時。子夏以二詩相連爲篇弟，非毛公作《訓詁傳》時所得移改，鄭箋説非也。證之《國語》《史記》《大雅》，時事更朖然可案。其合者三也。若厲王時，惟聞弭謗專利而已，使有豔姓之妻爲内寵熾盛如此，《詩·大雅·板》《蕩》以及《國語》、周、秦諸子史中，不容無一語及之者。此不合者三也。

皇父卿士乃南仲之裔孫，周宣王時卿士，命征淮徐者。故《大雅·常武》曰：『王命卿士，南仲大祖，大師皇父。』皇父爲老臣，幽王不用之，任尹氏爲大師卿士，任虢石父爲卿，廢申后，去太子宜臼，故詩人雖頌皇父之聖，實怨其安於退居。是尹氏、虢石父不在卿士皇父、司徒番鄭箋以幽王時司徒乃鄭桓公友，非此篇之所謂『番』，以爲詩屬厲王之證。但今以《史記·鄭世家》考之，鄭桓公爲卿士在幽王八年，其六年日食時爲司徒者實番也。諸休退老臣之列。此合者四也。若厲王時用爲卿士專利者，榮夷公也。其爲正臣諫王者，召公、芮良夫也。皇父等七人，考之彼時，無一驗者。其不合者四也。

綜而論之，子夏之《序》，親受經於孔子，其説宜從。日食推步既得十月辛卯朔，其説宜從。至於鄭箋，從《魯詩》，非從魯也。東漢《中候》襲用《魯詩》，石渠説經，往往稱制臨決，鄭君尊時制也。至于傳、箋訓詁閒有未合詩人本恉者，而皇父七人以正臣蒙權黨之名，所關爲尤巨，元於所箸《詩補箋》中，各隨章句辨之。恐元此説不足以振積非，而學者株守鄭義，反執彼一二端爲言，致被以異説也，乃自《節南山》至《小(明)〔旻〕》，録《補箋》之可發斯義者釋之，以證鄙意焉。

節南山

序：《節南山》，家父刺幽王也。補箋：自《節南山》至《小(明)〔旻〕》，序皆曰刺幽王，今以皇父、褒姒人事及《十月之交》術法推驗皆合。

序以《節南山》以下皆幽王時詩，《毛詩》説與序同。惟鄭箋據緯書《中候擿雒貳》，以

《十月之交》以下四詩爲刺厲王，今推驗皆不合。又謂毛作《訓詁傳》時移其篇第，言亦無徵。此數詩中解詁因厲王而多失，今悉辨正，詳後各「補箋」下。鄭所以用緯説者，後漢世祖尊用圖讖，朝廷引以定禮説經，明帝用禮讖初祀五方帝，光武帝配，鄭司農知禮尊王，故解經多從緯説，尊時制也。後人用是毁鄭，未免誦《詩》而不論其世。兩漢，《毛詩》、子夏《序》甚微，未顯于世，故《漢書·劉向傳》《谷永傳》《五行志》皆以《十月之交》爲厲王時事者，用《魯詩》説。

赫赫師尹。補箋：師尹，太師尹氏也，吉甫之族。幽王時不用皇父，任尹氏爲大師，尸位不親民，故詩人刺之。

謂尹氏爲吉甫族者，宣王初年伐玁狁，尹吉甫爲老臣總武事者，故《六月》曰：「文武吉甫，萬邦爲憲。」至征徐戎時，則用卿士皇父總武事，以繼吉甫，故《大雅·常武》章首備言卿士皇父，次章始言王謂尹氏也。此尹氏或是吉甫之子，抑或其族，副于皇父出師者。《春秋》隱公三年「尹氏卒」，《公羊》以爲譏世卿，即此族也。幽王時不用皇父，用尹氏爲太師卿士，尹氏無大惡，而尸位不諫則有之，故詩人曰「尹氏太師，維周之氐」云云，而終曰「以究王訩」，則尹氏尚未如暴公善譖、虢石父巧諛好利，爲詩人所專刺也。迨後尹氏亦退，而暴公代之，當在廢申后時矣。

弗躬弗親，庶民弗信。補箋：尹氏不躬親教養，民不諒之。

弗問弗仕，勿罔君子。補箋：尹氏不問察讒言，致誣罔君子。

式夷式已，無小人殆。

鄭箋：仕，察也。義本《爾雅》。傳謂庶民之言不可信，箋謂下民勿罔于上，皆非。

式夷式已，無小人殆。補箋：夷，傷也。王不察讒言，君子之在位者，或傷或已，皆爲小人所危，尹氏當諫。

《易·序卦》曰：「夷，傷也。」箋訓「夷」爲平，言當用平正之人，非是。

瑣瑣姻亞，則無膴仕。補箋：謂皇父諸臣退居私邑，以昏姻相益，車馬爲富。

詳「昏姻孔云」「擇有車馬」補箋下。

君子如屆，俾民心闋。君子如夷，惡怒是違。補箋：屆，至也。夷，傷也。君子如至其位，可使民惡怒之心止息；君子如傷廢去位，則民惡怒之心與上相違。

此「夷」字即承上「式夷」「夷」字爲言。鄭箋：屆，至也。言君子當行至誠之道，平易之行，非是。

不自爲政，卒勞百姓。補箋：不自爲政，尹氏弗躬弗親也。

不懲其心，覆怨其正。補箋：王不自懲其心，反怨大臣而退之。

傳：正，長也。即《雨無正》所謂正大夫，蓋皇父諸人。

家父作誦，以究王訩。補箋：誦，諷也。大夫自著字諫王，詩人之極忠直也。亂由王興，尹氏尸位，責之猶淺。

《説文》「誦」「諷」二字轉相爲訓。合《節南山》各章觀之，尹氏無大惡，故責之猶淺。以究王訩，極諫無隱矣。《禮記·大學》引章首四句，復曰：「有國者不可以不慎，辟則爲天下僇矣。」此正言幽王被弑之事也。厲王未僇。

正月

序：《正月》，大夫刺幽王也。補箋：此下四詩皆暬[一]御大夫獨勞王事，刺幽王嬖褒姒、舉㜸㜸、棄舊臣，舊臣亦相率去王都，自徹其屋，保有私室，暬御獨傷憂勤也。

義詳《十月之交》補箋下。《雨無正》曰：「曾是暬御，憯憯日瘁。」詩人官暬御，守王不去，怨友之去也。數詩皆一人所作。

民之訛言，寧莫之懲。召彼故老，訊之占夢。具曰予聖，誰知烏之雌雄？補箋：故老，謂退居之皇父。占夢，微事也，亦謝不能，其不屑懲小人訛言可知。予，皇父自謂也。

《北風》曰：「莫黑匪烏。」以喻君臣同惡。《尚書大傳》曰：「愛人者，兼其屋上之烏。」

[一] 暬，原誤作「暬」，今據《毛詩正義·雨無正》改。下同。

烏本宜惡也。《左傳》襄二十二年：『臧武仲不知雨，御叔曰「焉用聖人！我將飲酒而已。」』聖人宜多所知也。幽王時，皇父稱聖人，故《十月之交》曰『皇父孔聖』。今退居後，訛言亂興，皇父不之懲，即召之占夢，亦謝曰：『人俱謂予聖，予實不知烏之雌雄。』衰廢而自藏其智也。傳謂幽王君臣俱自謂聖，非是。

燎之方揚，寧或滅之。赫赫宗周，褒姒烕之。補箋：豫決必烕周也。『烕』即『滅』，此義同字變之例也。

《説文》：『滅，盡也。盡爲器中空，从皿，从㶳聲。㶳，火餘也。』『滅』與『烕』義相同，詩人必變『滅』書『烕』者，一字分二韻，則別二字書之，義同字變之例也。如《小戎》『龍盾之合』，『龍』讀爲『尨』。尨，雜色也。龍、尨古之通借者多矣。『尨盾』乃雜畫之盾，非畫龍于盾。下章『蒙伐有苑』，『蒙伐』即『龍盾』。詩人凡重言者，每變其字，示不相複，其實于事則同。此例學者罕知，求之經傳，往往而是。謂『蒙伐』即『龍盾』者，《詩》『爲下國駿尨』，《荀子》《大戴禮》並引作『蒙』。『狐裘蒙戎』，《左傳》引作『尨』，是通借也。《説文》：『盾，瞂也。』『瞂，盾也。』『伐』與『瞂』同音假借也。箋、傳之説皆非。《説文》『烕』字下引『褒姒烕之』，解曰：『从火、戌。火死于戌，陽氣至戌而盡。』案：戌爲九月，陽氣盡于九月，心火三星亦納于此月，故《説文》『戌』字解曰『滅也』。此詩作于幽王未喪之前，直曰『褒姒烕之』者，豫決其必烕也。如幽王二年，三川震，伯陽父言必有川竭山崩之事，是年果三川竭、岐山崩，見《史記·周本紀》。亦豫決之。

終其永懷，又窘陰雨。補箋：終，既也。

《詩》「終風且暴」「終溫且惠」「終和且平」，「終」當訓「既」，與「又」相對爲義，言既如此又如此也。此「終」字詞例相同。箋以爲終王之所行，非是。

乃棄爾輔。補箋：喻棄皇父諸舊臣，使之退處。

魚在于沼，亦匪克樂。補箋：喻賢臣雖退處，亦不能安居。

彼有旨酒，又有嘉肴。洽比其鄰，昏姻孔云。念我獨兮，憂心慇慇。補箋：怨退居者以酒肴洽鄰里、益昏姻，不若我獨憂王事。「云」讀與「員于爾輻」「員」同，益也。

義與《十月之交》相同。此章語與上章不相屬。「酒」與「肴」相韻，不與上「炤」「虐」相韻。「孔云」之「云」，《釋文》亦作「員」。「云」「員」古同音，義當與「員于爾輻」之訓爲「益」者同。傳訓「旋」，箋訓「友」，取義皆曲。

佌佌彼有屋，蔌蔌方穀。民今之無祿，天夭是椓。哿矣富人，哀此惸獨。補箋：怨退居者少有居室車馬，此無祿者終惸獨也。蔡邕《釋誨》曰：「速速方轂。」李賢曰：「方，竝也。竝轂而行也。」

箋謂小人富貴，非是。佌佌，《說文》作「⿰亻囟⿰亻囟」，解曰「小也」。《釋文》云：「方穀，本或作「方有穀」，非是。』陸本作『蔌蔌方穀』，陸本是也。自《唐石經》以下，皆衍『有』字。此四句『佌佌彼有屋』五字句，與『民今之無禄』相諧；『蔌蔌方穀』四字句，與『天夭是椓』相諧，其無『有』字益明矣。又《石經》、岳珂本皆作『天夭是椓』，今坊本多訛作『夭夭是椓』。《後漢書·蔡邕傳》曰：『速速方轂，夭夭是加。』彼之『速』『轂』異《毛詩》者，所傳本異也。以『加』易『椓』者，用『加』以韻枯、辜、邪、牙等字，非『椓』或作『加』也。方轂，章懷太子注爲『竝轂』，此爲得之，即『擇有車馬』義。今毛本『穀』爲『轂』假借字。《老子》王弼本，諸侯自稱『不穀』之『穀』作『不轂』。毛不破字，鄭亦沿而未破，訓『善』非本義也。

十月之交

序：《十月之交》，刺幽王也。補箋：刺幽王以褒姒爲后，任用小人，退廢諸賢臣，致天變也。義詳『皇父卿士』補箋下。

十月之交，朔月辛卯，日有食之。補箋：雍正癸卯上距周幽王六年，積二千四百九十八年，依今推日食法，推得建酉月辛卯朔，太陰交周，初宮一十二度八分三十五秒二十九微，入食限。朔月，月朔也。

雍正癸卯距魯僖公五年積二千三百七[一]十八年，算上經史所推，久有定數。今據《史記》，魯僖公五年距周幽王六年，積一百二十一年，算外竝之，得自雍正元年癸卯距所求之周幽王六年，共二千四百九十九年，減一年得積年二千四百九十八。

中積分九十一萬二千三百七十五日三五一三八一一六。以積年與周歲三百六十五日二四二三三四四二相乘，得中積分。

通積分九十一萬二千三百四十三日二二八八四一一六。置中積分減氣應三十二日一二二五四，得通積分。

天正冬至一十六日七七一一五八八四。置通積分其日滿紀法六十去之，餘四十三日二二八八四一一六，轉與紀法相減，餘爲天正冬至日分。

紀日一十七。以天正冬至日數加一日得紀日。

積日九十一萬二千三百七十六日。置中積分減氣應分一二二五四，加本年天正冬至分七七一一五八八四，得積日。

通朔九十一萬二千三百九十一日一二六三三。置積日加朔應一十五日一二六三三，得通朔。

[一] 七，甲戌續刊本作「九」，誤。

積朔三萬〇八百九十六。首朔一十四日〇〇一三一五一二。置通朔以朔策二十九日五三〇五九〇五三除之，得數爲積朔，餘數爲首朔。

積朔太陰交周，二宫一十六度五十分八秒四十微。以積朔與太陰交周朔策一十一萬零四百一十三秒九二四四一三三四相乘，得三十四億一千一百三十四萬八千六百〇八秒六七四五五二六四，滿周天一百二十九萬六千秒去之，餘數二十七萬六千六百〇八秒六七四五五二六四，以宫度分收之，爲積朔太陰交周。

首朔太陰交周，四宫六度四十六分四十四秒九微。置首太陰交周應六宫二十三度三十六分五十二秒四十九微，減積朔太陰交周，得首朔太陰交周。

十月朔太陰交周，初宫一十二度八分三十五秒二十九微爲太陰入交，有食。置本年首朔太陰交周，以太陰交周朔策一宫零四十分一十三秒五十五微遞加八次，得周正十月朔太陰交周。逐月朔太陰交周，自初宫初度至初宫二十一度一十八分，自五宫八度四十二分至六宫九度一十四分，自十一宫二十度四十六分至十一宫三十度，皆爲太陰入交，今十月入交，即十月有食。

十月平朔，辛卯日卯初三刻九分。以太陰入交月數八與朔策相乘，得二百三十六日二四四七二四二四，與本年首朔日分相加，得二百五十日二四六〇三九三六，即平朔距冬至之日數，再加紀日一十七，滿紀法去之，得二十七日二四六〇三九三六，自初日甲子起算，得平朔干支，以周日一千四百四十分通其小餘，得平朔時刻。

案：《大衍術·日蝕議》曰：『《小雅·十月之交》，虞劆以術推之，在幽王六年。《開元術》定交分四萬三千四百二十九入蝕限。』《授時術議》云：『幽王六年十月辛卯朔，泛交十四日五千七百九分入食限。』蓋自來推步家未有不與緯説異者。本朝《時憲（書）〔曆〕》密合天行，爲往古所無，今遵《後編》法推，幽王六年十月朔正得入交。從《魯詩》説謂厲王時事者，斷難執以争矣。

於何不臧。補箋：於，讀如『粤』，發聲也。

《爾雅》『粤』『於』相轉注。

百川沸騰，山冢崒崩。補箋：幽王二年，三川震而復竭，岐山崩。

《史記》幽王二年云云，是涇、洛、渭三川先震而後竭，岐山亦崩。震與竭爲二事，《周本紀》之言明白可案。此詩因六年日食之變而作，竝溯及二年川震之事，故曰沸騰。孔沖遠疏以爲沸騰與竭不同，非是。今本《國語》譌作『幽王三年』，非是。《説苑·辨物》篇亦作『二年』，與《史記》同。

皇父卿士。補箋：皇父乃南仲之孫，周宣王時卿士，命征淮徐者。故《常武》曰：『王命卿士，南仲大祖，大師皇父。』幽王不用之，任尹氏爲大師，大師尸位，虢石父爲卿，巧諛好利，用是廢申后，去太子宜臼，故詩人頌皇父之聖，復怨其安於退居也。

箋以皇父爲厲王時人，故以司徒番等七子皆厲王妻黨女謁，權寵相連，朋黨於朝。此説固不合。即王肅、皇甫謐以此詩爲幽王時事，亦以皇父等與豔妻同視爲佞嬖，亦不合矣。元案：

《大雅·常武》之詩，乃宣王征淮夷時事，其詩曰：『王命卿士，南仲大祖，大師皇父。』是皇父爲大臣之字、南仲之後，宣王時爲大師卿士，命征淮徐，與召虎、尹吉甫同時者明矣。幽王爲宣王子，則皇父爲先朝老臣，宜倚用之。乃幽王嬖褒姒、任尹氏爲大師卿士，虢石父《史記·周世家》云：『幽王以虢石父爲卿用事，國人皆怨。石父爲人佞巧，善諛好利，王用之，廢申后，去太子。』是廢后易嫡皆虢石父之惡，尹氏尸位不諫而已。爲卿，而退皇父。故詩人一則曰：『抑此皇父，豈曰不時，胡爲我作，不即我謀。』言告皇父此生尚非不辰，何不就我謀政事。再則曰：『皇父孔聖，作都於向。』言其甚聖哲，今不用之，皇父亦安於退居采邑，不以國家爲憂，怨責之也。三則曰：『不憖遺一老，俾守我王。』言不留此一老成人以衛王。一老，即皇父也。如以皇父與《常武》『皇父』爲兩人，則前後二三十年間不應同官者復同字，其不合一也。如以皇父爲女謁權佞，不應不居王都，反退居於向，讓尹氏爲太師卿士，其不合二也。幽王六年，尹氏爲大師卿士，如皇父在朝爲權寵，豈二人竝居此一官？其不合三也。詩曰『不憖遺一老』二句，在『擇三有事』『擇有車馬』之間，如是貪淫，則語極不順，其不合四也。《節南山》之『尹氏』，《史記》之『虢石父』，皆不在家伯、仲允之列，忠佞判然，其不合五也。《墨子·所染》篇『幽王染於傅公夷、蔡公穀』，《呂氏春秋》録《墨子》之説，作『染於虢公鼓、祭公敦』，而皇父以下七人，無一人列名其中，明非佞臣，其不合六也。《大雅・民勞》《板[一]》《蕩》《抑》《桑柔》，皆刺厲王，反覆於厲階貪人，與《國語》弭謗專利合，無一語及於煽處、權黨；至幽王《大雅・瞻卬》《召旻》，即極言哲婦傾城，亦無一言及於皇父七人之權黨，其不合七也。據此七事，皇父明是賢臣，而自漢以來皆視爲姦佞之首，徒以此詩與豔妻同舉故耳。其實此章不過臚舉朝臣，末言『豔妻煽方處』，自是貶詞，其曰『皇父卿士，番維司徒，家伯維宰，俗本譌作『冢宰』，因箋中『冢』字而誤。仲允膳夫，聚子內史，蹶維走馬，楀維師氏』，但舉其官爵、名字，未嘗少有褒貶。詩人不言在位之尹氏、石父，而言居向之皇父卿士，則番、家伯等以類相從，是皆賢臣，民所屬望、王所屏弃者可知。詩若曰：雖此老臣賢臣之多，其如褒姒煽方處何也？《君子偕老》前五句與後二句相反，文義與此同。但諸臣退居私邑，保有室家，坐視王室之燬，無箕子、比干之節，不能免詩人怨刺耳。此事端賴《常武》之詩可以表正，竝藉《節南山》以下諸篇互相發明。自《魯詩》誤以七人爲女謁權黨，漢儒靡然從之。《漢書・人物表》至列入『下下』，沈冤經史中數千載矣，不可不力辨之。《竹書紀年》：『王錫大師尹氏皇父命。六年，皇父作都於向。』皆僞說，不可從。又幽王時暴公亦曾爲卿士，故《何人斯》序曰：『暴公爲卿士。』彼詩在《小弁》廢太子之後，當是幽王日食以後事，尹氏亦退位，故暴公代之也。

[一] 按：板，原作『版』，據《毛詩正義》改。

番維司徒。補箋：幽王八年，始命鄭桓公友爲司徒，在日食之後。《鄭世家》：『宣王二十二年，鄭桓公友始封於鄭，三十三歲，百姓愛之，幽王以爲司徒。』是封後三十三年爲司徒，當幽王八年矣。《國語》韋昭註云：『幽王八年爲司徒。』此詩作於幽王六年，故司徒仍是番。而鄭箋據幽王司徒爲鄭桓公，謂番爲厲王司徒，誤矣。《漢書·人物表》引『番』作『皮』，『中允』作『中術』，『聚』作『掫』，『楀』作『萬』，皆『下下』。

豔妻煽方處。補箋：褒姒煽惑處内，賢臣雖多，不居其職。《昏義》曰：『天子八十一御妻。』日食時褒姒未爲后也。稱豔，惡之也。皇父諸臣稱爵，重之也。

毛傳曰：『豔妻，褒姒。美色曰豔。』此依子夏序爲説也。《中候擿雒貳》曰：『昌受符，厲倡嬖，期十之世權在相。』又曰：『剡者配姬以放賢，山崩水潰納小人，家伯罔主異載震。』據緯書此説，以『豔』爲『剡』，剡爲姓，與姬相對，屬厲王時事。此自是後漢時帝用緯説經，稱制臨決之事，鄭司農遵用之也。豔，《中候》作『剡』，《漢書·谷永傳》作『閻』，皆『美豔』『豔』字假借也。鹽、淹亦與『豔』通。《禮記·郊特牲》『鹽諸利』，註：『鹽讀爲豔。』古樂府『鹽』皆讀爲豔。《大戴記·官人》篇『淹之以利』，『淹』與『豔』同。《逸周書·官人解》『臨之以利』，『臨』乃『鹽』字之譌，淹、豔通也。煽，《説文》作『傓』，在《人部》，今從火作『煽』者，由俗改也。

抑此皇父，豈曰不時。胡爲我作，不即我謀。補箋：不時，不辰也。何爲我作而謀王，彼不來就我同謀。

《詩·桑柔》：「我生不辰。」《爾雅》：「不辰，不時也。」詩人言國事猶可爲之時也。《小(明)〔旻〕》曰：「謀夫孔多，是用不集。」集，《韓詩外傳》作「就」。「集」與「就」同。《書·顧[一]命》：「克達殷，集大命。」《漢石經》作「就」。「即」「集」亦同。此詩曰「不即我謀」，義與彼同。

徹我牆屋，田卒汙萊。曰予不臧，禮則然矣。補箋：言己獨居勤王，牆屋皆徹，田亦不治。友朋謂予自謀不善，不知事王之禮當然。

箋以爲皇父毀徹民之牆屋，不得趨農，邑人怨辭，非也。篇中稱予、稱我，皆暬御自稱，非百姓也。今經文皆作「曰予不戕」。《釋文》曰：「戕，王作『臧』。孫毓評以爲鄭[二]改字。」陸説是也。蓋[三]此經本爲「臧」字，王肅本如舊，鄭本亦是「臧」字，特破讀爲「戕」字，訓爲「殘」，非經本「戕」字。後之宗鄭者踵改經文，竝刪去箋中「讀爲戕」一句，孫毓猶及見之也。如經中本是「戕」字，字不習見，毛傳亦不容無以訓之。孫毓評多從鄭説，不致反護子雍。其實此處正當以子雍「臧」字義長，不煩破字，不得因王肅攻鄭，其言千慮無一得也。凡此數詩

[一] 顧，甲戌續刊本作「敢」，誤。
[二] 按：爲鄭，《經典釋文》作「鄭爲」。
[三] 蓋，甲戌續刊本作「葢」。

中言『於何不臧』『庶曰式臧』『謀臧不從』『不臧覆用』『謀之其臧』『謀之不臧』，皆與此『曰予不臧』詞氣相同，故今改爲『臧』，以復其舊。下『亶侯多臧』同。

皇父孔聖，作都于向。補箋：皇父甚聖哲，今惟作都於向，不居王都。

擇三有事，亶侯多藏。補箋：三有事，王之三公也。多臧，俗本作『多藏』。字當爲『臧』，善也。《雨無正》曰：『謂爾遷于王都，曰予未有室家。』與此相發明。詩人怨責皇父與三卿同退居，此三卿皆善謀者，故曰『信維多善』也。

訓『三有事』爲『三公』，鄭義也。『亶侯』爲『信維』，毛義也。此詩與《雨無正》似皆一人所作。詩人勞於王事，怨諸賢臣去王都、居向邑，不肯留守王也。故《雨無正》曰：『正大夫離居，莫知我勩。三事大夫，莫肯夙夜。邦君諸侯，莫肯朝夕。』又曰：『凡百君子，各敬爾身。胡不相畏，不畏於天。戎成不退，飢成不遂。曾我暬御，憯憯日瘁。凡百君子，莫肯用訊。』又曰：『云不可使，得罪於天子。亦云可使，怨及朋友。謂爾遷于王都，曰予未有室家。』又曰：『昔爾出居，誰從作爾室。』皆足互相發明。蓋王不用皇父，皇父退居於向，新作居室，其三事之同去者亦作居於向，即《正月》之詩所云『佌佌方有屋，蔌蔌方穀』[一]，『哿矣富人』

[一] 按：『佌佌方有屋，蔌蔌方穀』九字，阮刻本《毛詩正義》作『佌佌彼有屋，蔌蔌方有穀』。

者也。詩人貧苦勞勩，有與國存亡之義，深責皇父爲先朝老臣，不應甘於退位，又斥三事大夫有車馬者亦安居於向，此豈皇父擇之？曰擇之者，所以激勵之使出守王也。合觀詩詞，皇父棄廢就衰，詩人竭忠盡瘁之情，數千載皆可想見。自解者不得其旨，義乃沉晦不可求矣。《雨無正》曰：「三事大夫，莫肯夙夜。」鄭箋彼「三事」爲「三公」，是也。此「擇三有事」自當同解。乃箋沿傳説以爲國之三卿，又與畿内諸侯二卿不合，遂謂皇父專權，立三卿爲聚斂之臣，故多一卿，取義皆無所依據也。即如箋説三事多財，富民多車馬，皇父擇與同居，於皇父亦何益，於皇父又何罪乎？藏，俗字。《説文》惟有「臧」字，故《漢書》凡「收藏」之「藏」皆作「臧」。此「多臧」亦言三事謀多臧耳。而傳以爲貪淫多藏，《釋文》讀爲「才浪反」，皆誤矣。「寶藏」之「藏」與「臧否」之「臧」，古皆同聲同形，六朝始分平仄。如以爲仄聲，與「向」相韻，則《彤弓》「受言臧之」與「貺」「饗」相韻矣，《頍弁》「庶幾有臧」，與「上」「怲」相韻矣，凡此皆訓爲「寶藏」之「藏」乎？信維多善，言謀多臧，即「不即我謀」之義也。此詩多用「臧」字，見上「曰予不臧」補箋下。

不慭遺一老，俾守我王。補箋：慭，讀若靳。《春秋左氏傳》曰：「宋公靳之。」一老，謂皇父也。魯哀公誄孔子曰：「不慭遺一老，俾屏予一人以在位。」用此詩也。

鄭箋：慭者，心不欲自彊之辭也。此訓較《説文》明確，以律諸經傳，可得其意焉。《左》

哀十六年：『哀公誄孔子曰：「不憗遺一老。」』杜注曰：『憗，且也。』且即心不欲而自强之意。《晉語》：『憗庇州犁焉。』《左》文十二年：『兩軍之士皆未憗也。』昭二十八年：『憗使吾君聞勝與臧之死也以爲快。』此皆始不願而後願之意，而杜注文十二年爲『傷』、昭二十八年爲『發語之音』，皆失之矣。《説文》『憗』從猌聲，『猌，犬張齗怒也。讀若銀』。故《春秋》昭十一年《左》《穀》『會於厥憗』，《公羊》作『屈銀』者，『銀』『憗』同音也。『銀』與『斤』聲相近。《左》莊十一年：『宋人請南宫長萬，宋公靳之。』『靳』與『憗』音同，假借字也。靳者，亦始不願彊而後可之意，故宋萬怨而弑之。服虔注：『恥而惡之曰靳。』杜注：『戲而相愧曰靳。』皆從下魯囚語望文生義者，非本義也。杜注『憗』爲『傷』，義本《方言》。《方言》漢人語，義從《詩》及哀公誄而生，爲傷悼之意，非古人本義也。

擇有車馬。補箋：三事大夫有車馬，重言以激責之。

箋謂擇民之富有車馬者，非是。

我不敢傚，我友自逸。補箋：友謂皇父及諸大夫。

雨無正

浩浩昊天，不駿其德。降喪饑饉，斬伐四國。上天疾威，弗慮弗圖。補箋：夏曰昊天，即夏四月繁霜致饑饉也。秋曰上天，即秋八月辛卯朔日食也。

若此無罪，淪胥以鋪。補箋：順流而風曰淪，言蘊淪也。胥，皆也。淪胥猶曰胥淪，與『胥靡』同意，相隨累皆得罪也。

毛傳：『淪，率也。胥，相也。鋪，徧也。』《爾雅》曰：『淪，率也。』《漢書·敘傳》曰：『烏呼史遷，薰胥以刑。』晉灼曰：『淪，齊、魯、韓《詩》作「薰」。薰，帥也，從人得罪相坐之刑也。』元謂《毛詩》之『淪』，本字本義也，三家之『薰』，同韻假借也。《爾雅》『小波爲淪』，郭注：『言蘊淪。』《釋文》引《韓詩》曰：『順流而風曰淪。』《爾雅》：『胥，皆也。』《吕氏春秋》曰：『傅説，殷之胥靡。』《史記》亦言『傅説胥靡』。是『淪胥』猶『胥淪』，『胥淪』猶『胥靡』，皆隨累得罪之名也。《史記》曰『從風而靡』，又曰『靡然鄉風』，即《韓詩》『順流而風』之意。故《大雅·抑》曰：『如彼泉流，無淪胥以亡。』《小(明)〔旻〕》卒章曰：『國雖靡止，民雖靡膴。』即繼之曰：『如彼流泉，無淪胥以敗。』《小雅》兩『淪胥』與《抑》之『淪胥』義同，彼時以爲恒語。至於『流泉』一語，正從『淪』字生義。『淪』與『靡』意亦相近，若徒訓爲『率』，則其義未盡矣。《釋文》引王肅註：『鋪，病也。』是王肅讀『鋪』爲『痡』，王義似較毛、鄭爲長，蓋與『敗』『亡』字一例也。

正大夫離居，莫知我勩。三事大夫，莫肯夙夜。補箋：皇父居向，不知暬御之勞。三公善謀，亦以車馬而退居於向。

周宗既滅。補箋：亦豫決其必滅。

邦君諸侯，莫肯朝夕。補箋：邦君之在王都者，亦不肯朝夕省王。

如鄭桓公既封鄭，猶居王都也。

凡百君子，各敬爾身。胡不相畏，不畏于天。補箋：不畏繁霜日食之變。

戎成不退，飢成不遂。曾我暬御，憯憯日瘁。補箋：戎兵成而已不退，飢餓成而已不遂，暬御自盡瘁事國也。

譖言則退。補箋：諸臣被譖即退，不若己雖被讒言，猶黽勉從事。

維曰于仕，孔棘且殆。云不可使，得罪于天子。亦云可使，怨及朋友。補箋：于仕者，勸諸友往王都從仕也。明知往仕甚急且危，但君臣之禮則然矣。若曰不可仕，則諸友非禮，得罪天子。若曰可往仕，則朋友皆怨我。

《石經》、岳本皆作『于仕』，監本譌作『予仕』。

謂爾遷于王都，曰予未有室家。補箋：皇父、三事辭不肯居王都。

小(明)〔旻〕

國雖靡止，或聖或否。民雖靡膴，或哲或謀，或肅或艾。補箋：靡之言隨也，累也。止，語辭。膴，大也。國與民雖靡靡然相隨累，尚有敬用五事者。聖，謂皇父諸人。否[一]，則謂虢石父諸人。

《史記·殷本紀》：「説爲胥靡。」靡，隨也，古者相隨坐輕刑之名。《詩·周頌》：「無封靡於爾邦。」傳：「靡，累也。」下曰「無淪胥以敗」，言無相隨累牽率同至敗，即此「靡」字義也。鄭箋以聖、哲、謀、肅、艾爲《洪範》五事，是也。傳訓「靡止」爲「小」，箋訓「靡」爲「無」、訓「止」爲「禮」、訓「膴」爲「法」，皆義曲，與下二句不相屬矣。訓「膴」爲「大」者，《巧言》「亂如此憮」詞氣同此。《爾雅》：「憮，大也。」「膴」「憮」音皆同也。膴，《韓詩》作「腜」，聲尤與「止」「否」「謀」相近。至「艾」字始轉其聲，與「敗」字相韻。

如彼泉流，無淪胥以敗。補箋：國民靡然相從，如泉流順風，戒其無相從皆敗也。

詳《雨無正》「淪胥以鋪」補箋下。

〔一〕否，甲戌續刊本作「者」。

進退維谷解

《毛詩・大雅・桑柔》曰：『朋友已譖，不胥以穀。人亦有言，進退維谷。』傳、箋皆訓『谷』爲『窮』。考『谷』無『窮』訓，此望文生義也。案：『谷』乃『穀』之假借字，本字爲『穀』。《爾雅・釋天》：『東風謂之谷風。』郭注：『谷之言穀。』《書・堯典》『昧谷』，《周禮・縫人》注作『柳穀』。進退維穀，穀，善也。此乃古語。詩人用之，近在『不胥以穀』之下，嫌其二『穀』相竝爲韻，即改一假借之『谷』字當之，此詩人義同字變之例也。此例《三百篇》中往往有之。元始稱之，前人無言之者。即如《小雅》『褒姒烕之』，近在『寧或滅之』之下，嫌其二『滅』相竝，即改『滅』而書爲『烕』。或曰毛公訓《詩》古矣，今訓爲『善』，有據耶？元曰：漢人訓《詩》，究不如周人訓《詩》之爲有據也。《晏子春秋》：『叔向問晏子曰：「齊國之德衰矣，今子何若？」晏子對曰：「嬰聞事明君者，竭心力以没其身，行不逮則退，不以誣持禄。事惰君者，優游其身以没其世，力不能則去，不以諛持危。且嬰聞君子之事君也，進不失忠，退不失行。不苟合以隱忠，可謂不失忠。不持利以傷廉，可謂不失行。」叔向曰：「善哉！《詩》有之曰：『進退維谷。』其此之謂歟！」』《韓詩外傳》：『田常弑簡公，乃盟于國人曰：「不盟者，死及家。」石他曰：「古之事君者，死其君之事。舍君以全親，非忠也。舍親以死君之事，非孝也。他則不能，然不盟，是殺吾親也；從人而盟，是背吾君也。嗚呼！生亂世不得正行，刼乎暴人不得全義，悲夫！」乃進盟以免父母，退伏劍以死其君。聞之者曰：「君子哉！安之命矣！《詩》曰：『人亦有言，進退維谷。』石先生之謂也。」』此二書，一則叔向之言，一則魯哀公時齊人之言。曲體二人引《詩》之意，皆謂處兩難善全之事，而處之皆善也。歎其善，非嗟其窮也。且叔向曰『善哉』，『善』字即明訓『谷』字也。段氏《說文注》謂《詩》『進退維谷』之『谷』字爲『鞫』字之同音假借。《爾雅》曰：『鞫，窮也。』元謂『鞫』『谷』同部，聲相近，究非如『谷』『穀』之同聲。或曰：《左傳》『深山窮谷』，則『谷』亦有『窮』義。元謂『谷』皆通川之名，義近于『通』，不近于『窮』。其曰『窮谷』者，言谷之有窮者也，乃變義，非常義也。《爾雅》『窮瀆，汜。』亦言瀆有窮者，非『瀆』訓『窮』也。

揅經室一集卷五

古戟圖考

《説文》曰：『戈，平頭戟也。』然則戟爲不平頭之戈矣。《説文》解『戟』曰：『有枝兵也。』義亦相成也。《考工記》：『戈廣二寸，内倍之，胡三之，援四[一]之，倨句外博。』『戟廣寸有半寸，内三之，胡四之，援五之，倨句中矩。與刺。』是戟之異于戈者以有刺，且『倨句中矩與刺』，是刺同援長，可省言『刺五之』，但曰『與刺』而已。今世所傳周銅戈甚多，而戟則甚鮮，鄭注又多晦誤，于是古戟制不可知。余于伊墨卿太守秉綬吉金拓本册中見一戟，乃歙程彝齋敦所手拓，其刺直上出于柲端，與旁出之援絜之，正中平矩，且刺與援長相同。爰圖其形于後，以爲《考工》《説文》之證。

[一] 按：四，底本誤作『五』，當是涉下文『援五之』之文而誤，據《周禮·冬官·冶氏》改。

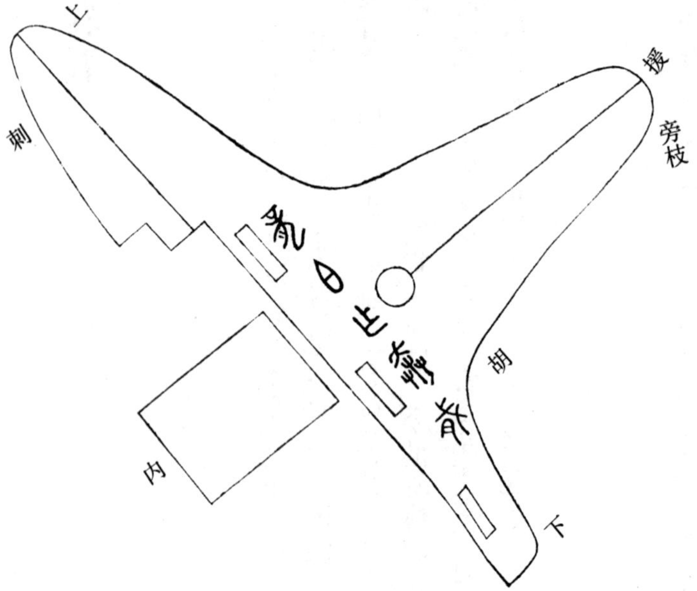
上
刺
援
旁枝
胡
內
下

匕圖考

匕所以載鼎中之牲體者。《易·坎》《詩·大東》匕以棘。《禮記·雜記》匕以桑。《説文》篆作「匕」，亦當象形。然古木匕之形不可見矣。《通俗文》曰：「匕首，劍屬。其頭類匕，故曰匕首，短而便用也。」《文選》鄒陽《獄中上書》注引。然則得見匕首，可知匕形矣。庚午冬，在京師見門下士山西劉師陸所藏古銅匕首。今繪其形于後。其柄上有旁枝，即匕字旁一小枝之所以象形者。古匕以棘、桑爲之，當如此形，特柄長，可以撓于鼎中耳。

銅和考

古銅器中有下半長方形而空其下口以待冒者，上半橢圓，空中如兩輪形，中含銅丸，望之離婁然，摇之，其丸鳴於兩輪中，其聲鶬鶬然。《考古圖》載李氏《録》，云是漢武帝時舞人所執之鐃，遂謂之『漢舞鐃』，誤矣。鐃者，似鈴而無舌，《周禮》所謂以金鐃止鼓，《樂書》所云小者似鈴，執而鳴之以止鼓，大者懸而擊之，象鍾，形薄，旁有二十四銑，非此之謂。此乃古車之和鑾也。『鑾』亦作『鸞』。鄭氏注《戴記》云：『鸞、和，皆鈴也。』又云：『鸞在衡，和在軾。』此據《大戴》而云然，謂鸞在衡之端，和在軾之前。此器近世流傳甚多，其下方空處應即冒車前軾兩柱之耑，故有旁孔以待横貫，使不致脱。《韓詩傳》云：『升車則馬動，馬動則鸞鳴，鸞鳴則和應。』蓋鸞近馬首，乘則馬動而鸞鳴，和乃應之。《左氏傳》云：『錫鸞和鈴，昭其聲也。』《經解》云：『升車則有鸞、和之音。』皆此物也。鑾者謂橢圜之脊形。《爾雅》曰：『巒，山墮。』《詩》曰『棘人欒欒兮』『婉兮孌兮』，皆謂瘦削之形，『執其鸞刀』，亦象其形。或以爲象鸞鳥鳴聲者，此又從其聲而生義，以名鳥也。『和』字乃『桓』字同音假借字，車前軾兩柱如桓楹和門然，若以爲音聲之和，則誤矣。

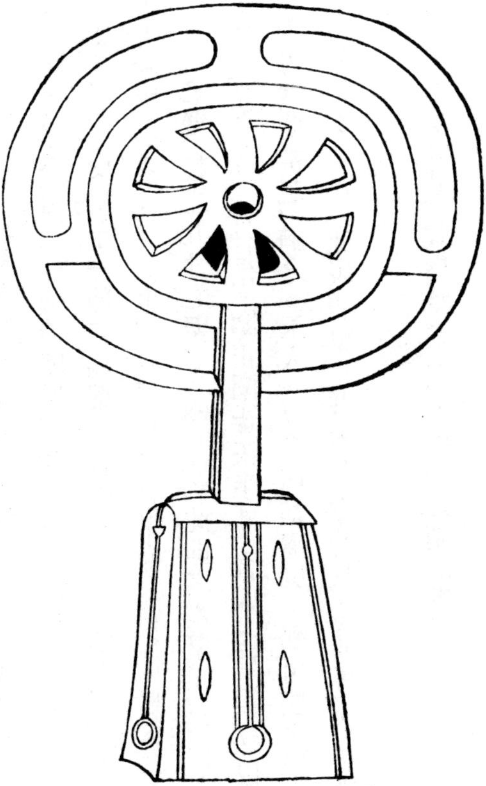

璧羨考

瑑玉石爲周尺徑尺之璧，于《周禮》『璧羨』之説，考之而有得焉。《春官・典瑞》云：『璧羨以起度。』《考工記・玉人》曰：『璧羨度尺，好三寸，以爲度。』《爾雅・釋器》曰：『肉倍好謂之璧。』按：《爾雅》之説，肉倍于好即名爲璧。若中好三寸，則上下之肉各三寸，共成九寸。此璧之常制，故《玉人》曰『璧琮九寸』也。若謂上下肉各倍于好，則好得肉四分之一，九寸之璧，好一寸八分，畸零不成度數矣。別有盈尺之璧，較之九寸之璧，羨餘一寸，此即名爲璧羨，猶曰羨璧也。此璧于上下肉三寸之外各羨半寸，合成一寸，且是周圍正圜皆羨半寸，合成一寸也。『以起度』者，以此璧即命爲一尺，凡度、量皆可從此推起，猶之《玉人》以鼻琮爲權也。鄭司農之説本不誤，鄭氏康成以羨爲不圜之貌，廣徑八寸，袤一尺，此説非也。璧未有不圜者，若如鄭説，是橢圜形矣，非《周禮》《爾雅》本義也。

《玉人》云：『璧琮九寸。』《爾雅》云：『肉倍好謂之璧。』

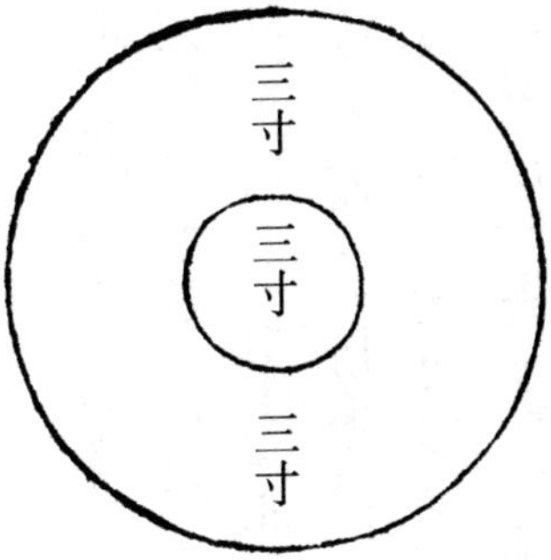

《玉人》云：「璧羡度尺，好三寸，以爲度。」《典瑞》云：「璧羡以起度。」

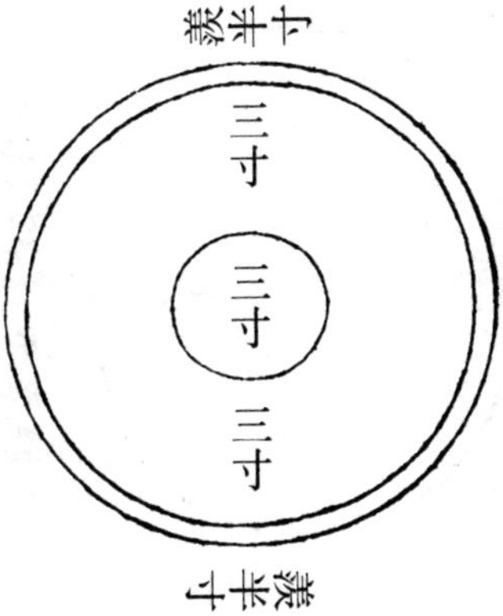

後鄭訓「羡」爲「延」，成橢圜形。

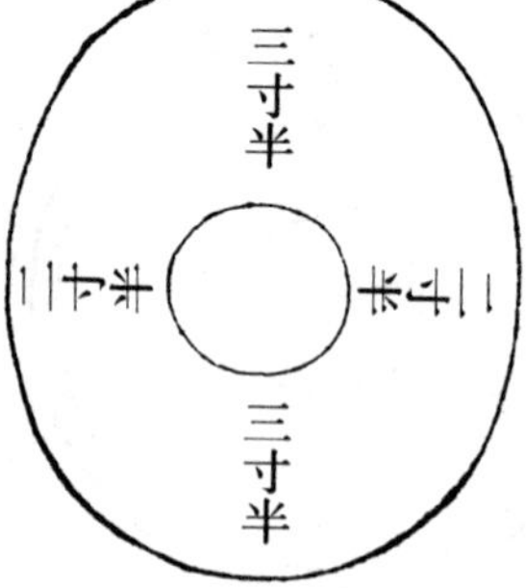

棟梁考

屋材之大者曰棟、曰梁。以今考之，棟者，五架屋由東至西最高中脊下横木之名也。今俗名中梁。梁者，屋中四柱前二柱曰楹。由北至南縱架柱上之木名也。今俗名駝梁。是以棟宜三，而梁宜二。梁木上受短柱以載棟楣，下架于南北兩楹之上，而更出乎南楹之南、北楹之北，以載南北兩檐霤。自傳、注或以楣冒梁，而今人俗稱或以梁冒棟，於是始相淆矣。今以諸經義考之。

《爾雅・釋宫》曰：「杗霤謂之梁。」《説文》：「杗，棟也。」《釋名》：「霤，即廇字。流也。」《楚辭・大招》注：「霤，屋宇也。」據此，知通乎棟與霤之大材始得曰梁矣。棟在南北之中，霤爲南北兩檐，然則架乎其間者，是南北之縱，非東西之橫者矣。今人俗名梁曰大駝梁，《爾雅》于『宊霤謂之梁』下，即繼之曰『其上楹謂之棁』。『其』字指梁而言，惟梁之上方可架上楹。上楹即短柱，若楣與棟，安能再加上楹乎？且上楹對下楹而言，下楹即屋中四柱，梁之所加也。古者大梁或作曲形，今江南屋或尚曲之。橋梁之梁、罶梁之梁、梁輈之梁，皆是上曲之形。《說文》以『橋梁』爲本訓，『棟梁』之『梁』無訓。故《西京賦》曰：『亘雄虹之長梁，結棼橑以相接。』《西都賦》曰：『因瓌材而究奇，抗應龍之虹梁。』皆明乎其如虹之曲長也。《列子》曰：『韓娥鬻歌，餘音繞梁。』惟其梁有空虛相架之處，故可云『繞』。《長門賦》曰：『委差參以槺梁。』槺，虛也。《爾雅》自『柣謂之閾』至『落時謂之戹』，皆專釋門户之名，其間『楣謂之梁』一語，乃專指一門一户上之小橫木，亦借梁楣以爲名，所謂門楣非屋楣，不可以此與『宊霤謂之梁』之大梁相混也。古屋五架，正中曰棟，再南一架則稱楣。故《儀禮·鄉射禮·記》曰：『序則物當棟，堂則物當楣。』鄭注曰『正中曰棟，次曰楣，前曰庪』是也。《聘禮》：『公當楣再拜。』《公食大夫禮》：『當楣北鄉。』注此者但當云兩楹之上橫木曰楣，即明矣。今鄭氏乃兩引《爾雅》『楣謂之梁』一語，遂致學者久惑。不知《爾雅》『楣謂之梁』乃專指門户之上而言，不但梁非正梁，即楣亦非正楣，與《儀禮》『當楣』之楣迥别，不然，曷重釋梁也？《說文》曰：『椙，門樞之橫梁。從木，冒聲。』《爾雅》：『楣謂之梁。』《釋文》：『楣，亡悲反。或作椙，亡報反。』是陸德明本作『楣』，而或本作『椙』也。許氏則『椙』爲『門樞之橫梁』，與『秦名屋櫋聯』爲『楣』兩物兩名。然鄭氏所見《爾雅》漢本則作『楣』。曷由知梁架楹上更出楹南也？五架之屋，棟次曰楣，楣前曰庪。庪者，懸而出之之名。《爾雅》曰：『祭山曰庪縣。』《儀禮·鄉[一]射禮》但曰『鉤楹內』『由楹外』而已，不聞兩楹前更有兩柱，如今人之屋有檐柱也。既無檐柱，則前霤檐宇何所支庪？是必梁之曲而下者，更出乎兩楹之南，横檐一木，以爲檐霤矣。

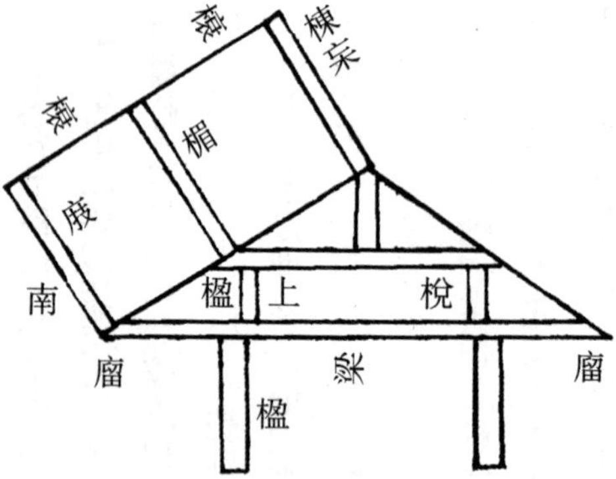

[一] 按：鄉，底本誤作『飲』，據《儀禮》改。

古劍鐔䪐圖考

古劍鐔、䪐之名之制及古劍之存于今者，已見之歙程氏《通藝録》矣。予在京師又得一古劍，其劍首鐔與《通藝録》同，不過如今胡桃之半殼而已，吹之殊無大聲，《莊子》所謂『吹劍首者，吷而已矣』，尚未合也。余門生錢塘陳均自秦中歸，得古劍柄，其首之鐔乃隆起，空中，旁有一孔如人鼻孔。大吹之，其聲噭然清高，聞于百步之外。又其莖上之䪐作四出長鬣形，如今梔子花蒂。莖上小銅釘周滿，留手不滑，亦不刺手，不必緱纏。特其䪐以上之劍身折去耳。必如此，則䪐之所以名䪐，獵獵然如長鬣者，乃可見也。今程氏及余所藏之劍，其鐔、䪐皆僅具其名而簡其形制者也。陳氏劍柄乃《考工》之本制本形也。《莊子》書所謂『劍夾』，即䪐也，以其夾劍身也。《戰國策》馮煖所彈之長鋏，即夾也、䪐也。《左傳》所謂『長鬣者相』，即其義也。爰考之，并圖其形。

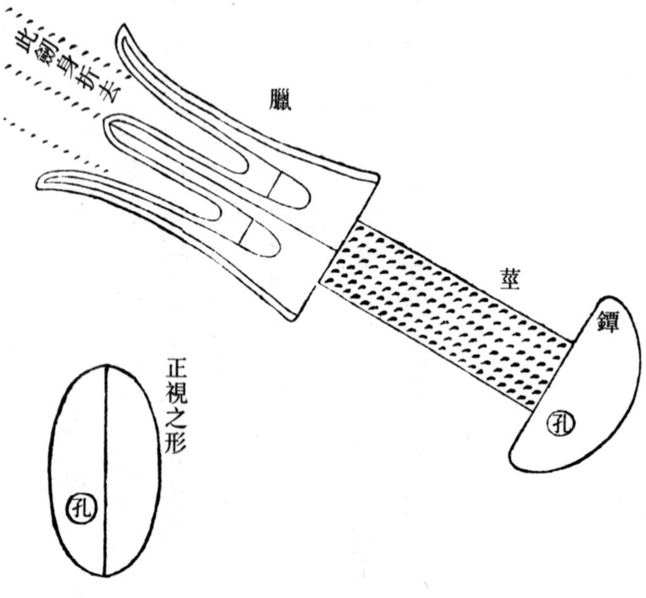
此劍身折去
臘
莖
鐔
孔
正視之形
孔

此程氏《通藝録》所載及予所藏之古銅劍形，蓋僅具鐔、臘之名而簡其制，非《考工》鐔、臘命名之本制本形也。

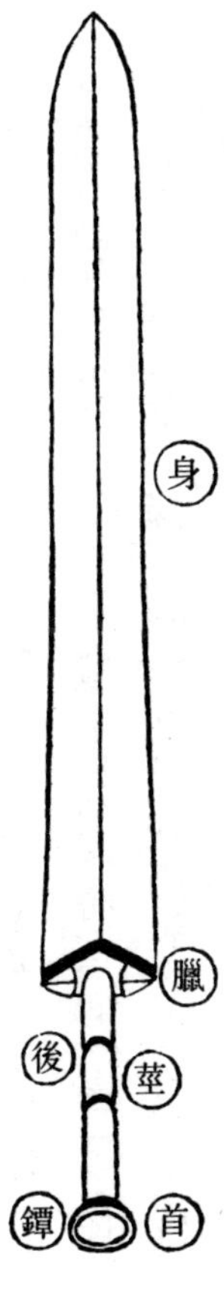

鐘枚説

予所見古鐘甚多，大小不一，而皆有乳。乳即《考工記》之所謂『枚』也。其枚或長而鋭，或短而鈍，或且甚平漫。鐘不一形，竊思古人製器，必有所因，此枚之設，將爲觀美耶？未足觀也。然則欲此纍纍者何用乎？乙丑春，余在杭州鑄學宫之樂鐘，與程氏瑶田、李氏鋭共算其律，以定其范。將爲黄鐘者，及鑄成，則失之爲夾鐘矣。鑄工曰：『若不合者，當用銅錫傅其内，可改其音。』余乃令其别擇一鐘，挫其乳之鋭者，乳鈍而音改矣。夫乃知《考工》但著摩磬之法，而不著摩鐘之法者，爲其枚之易摩，人所共知，不必著於書也。

⿲丰山丰字瓦拓本跋

嘉定錢君既勤得古瓦作『⿲丰山丰』字，上下左右作四神形，甚奇古可愛，並爲之考曰：『周豐宮之瓦，⿲丰山丰即聲。』引鄭康成《大射儀》注證之。斯言諒矣。元謂《説文》此卷『豐』『豐』二字注皆被後人删改，其義久晦。《説文》曰：『豐，豆之豐滿者也。从豆，象形。』此誤矣。當云：『豐，豆之豐滿者也。从豆、山，象形，⿰丰丰聲。』《説文》曰：『豐，行禮之器也。从豆，象形。』此亦誤矣。當云：『豐，行禮之器也。从豆、凵，象形，⿻丰丰聲。』二徐尚不知『⿰丰丰』之爲聲，宜更不知『⿻丰丰』之爲聲，因而删改耳。鄭君《大射儀》注云：『豐字从豆，曲聲。』此正鄭君精于六書之驗。鄭注《三禮》多用《説文》，此當許君舊説，鄭引之也。何以明⿲丰山丰之爲聲也？『丰』字古拜切，古音與『豐』字同一部，古音平聲脂、微、齊、皆、灰，上聲旨、尾、薺、駭、賄，去聲至、未、霽、祭、泰、快、夬、隊、廢，入聲術、物、迄、月、没、曷、末、黠、鎋、薛，皆同爲一部。《詩》三百篇古韻朗然可按。『丰』字雖未見於《詩》，而『害』字從『丰』得聲，如《泉水》三章、《二子乘舟》二章、《蕩》八章、《閟[一]宫》五章，其用韻之處皆與上聲禮、體、澧、鱧最近，則『豐』字之从『丰』得聲也明矣。

[一] 按：閟，底本誤作『悶』，據《毛詩正義》改。

不特此也，《耒部》次于《丯部》，許云『从木推丯』，元謂此下亦當有『丯亦聲』三字，徐氏不知而删之耳。耒與豐亦同部相近也。从丯得聲者尚有夆、㓞二字，從㓞得聲者有齧、挈、契、𢼊、絜、恝六字，皆與『豊』字同部。『豊』『豐』从豆，丯、𡴀皆聲，凵、𠙴爲象形。凵、𠙴與丯、𡴀，原可不相聯屬，故古文『豐』字無『凵』，明可省去。又《説文》『豐』字，上六畫皆當左低右高作『丯』形，今本作『丰』平畫者，訛俗無以下筆。舉此數證，質之既勤審定之，庶無蔡中郎不分豐、豊之誚乎！

與程易疇孝廉方正論磬直縣書

《通藝録》論《考工記》磬直縣于鼓上及鼓右之際設孔已明白，大著于儒林無疑義矣。今又得讀汪君孝嬰萊推算所以中縣之數，以孔爲衡樞而平其衡、直其繩，其理益明。元竊謂磬縣重法如等子法，以遠勝近也。蓋股之所積少而鼓之所積多，以少稱多而縣能直者，鼓下垂而近，股外揚而遠，股如等錘，鼓如等盤與五金，孔其等繫也。磬直縣已見之《通藝録·六證記》矣，元又謂《考工記·磬氏》經文本明言直縣。曷言經文本直縣也？《磬氏》曰：『已上則摩其旁，已下則摩其耑。』所謂『摩其耑』者，股之上角向天，如圭之耑者也。圭有耑，故曰瑞。瑞者，上鋭之形也。所謂『摩其旁』者，鼓之外邊，所以曰旁也。若非直縣，曷曰耑也？『耑』之一字，直縣之確證也。

製磬之工于既設孔之後，即不能再改孔矣，于是縣之，而股或昂而上，是鼓少重也，乃摩其鼓之旁；抑股或墜而下，是股少重也，乃摩其股之耑，如此則輕重相稱而縣直矣。二鄭注謂上、下爲聲之清濁，似誤矣。經所謂『旁』者，乃鼓厚一寸之處。若摩厚爲薄，是摩廣三寸之面，不得云『旁』矣。且若摩其耑之兩面，則股必減輕，縣者不直矣。

王伯申經義述聞序

昔郢人遺燕相書，夜書，曰『舉燭』，因而過書『舉燭』。燕相受書，説之，曰：『舉燭者，尚明也。尚明者，舉賢也。』國以治。治則治矣，非書意也。鄭人謂玉未理者璞，周人謂鼠未腊者璞。周人曰：『欲買璞乎？』鄭賈曰：『欲之。』出其璞，乃鼠也。夫誤會『舉燭』之義，幸而治；誤解鼠、璞，則大謬。由是言之，凡誤解古書者，皆『舉燭』『鼠璞』之類也。古書之最重者，莫逾於經。

經自漢、晉以及唐、宋，固全賴古儒解注之力，然其間未發明而沿舊誤者尚多，皆由於聲音、文字、假借、轉注未能通徹之故。

我朝小學訓詁遠邁前代，至乾隆間，惠氏定宇、戴氏東原大明之。高郵王文肅公，以清正立朝，以經義教子，故哲嗣懷祖先生家學特爲精博，又過於惠、戴二家。先生經義之外，兼覈諸古子史。哲嗣伯申繼祖又居鼎甲，幼奉庭訓，引而申之，所解益多。著《經義述聞》一書，凡古儒所誤解者，無不旁徵曲喻，而得其本義之所在。使古聖賢見之，必解頤曰：『吾言固如是。數千年誤解之，今得明矣。』嘉慶二十年，南昌盧氏宣旬讀其書而慕之，既而伯申又從京師以手訂全帙寄余，余授之盧氏。盧氏於刻《十三經注疏》之暇，付之刻工。伯申亦請余言序之。昔余初入京師，嘗問字於懷祖先生，先生頗有所授，既而伯申及余門。余平日説經之意，與王氏喬梓投合無間。是編之出，學者當曉然於古書之本義，庶不至爲成見舊習所膠固矣。雖然，使非究心於聲音文字以通訓詁之本原者，恐終以燕説爲大寶而嚇其腐鼠也。

王伯申經傳釋詞序

經傳中實字易訓，虚詞難釋。《顏氏家訓》雖有《音辭》篇，于古訓罕有發明，所賴《爾雅》

《説文》二書，解説古聖賢經傳之詞氣最爲近古。然《説文》惟解特造之字，如亏[一]、曰[二]。而不及假借之字。如而、雖。《爾雅》所釋未全，讀者多誤。是以但知『攸』訓『所』，而不知同『迪』。『攸』與『由』同，『由』『迪』古音相轉，『迪』音當如『滌』。『滌』之从攸，『笛』之从由，皆是轉音，故『迪』『攸』音近也。《釋名》曰：『笛，滌也。』但見『言』訓『我』，而忘其訓『間』。《爾雅》：『言，間也。』即詞之間也。雖以毛、鄭之精，猶多誤解，何況其餘？高郵王氏喬梓，貫通經訓，兼及詞氣。昔聆其『終風』諸説，每爲解頤，乃勸伯申勒成一書。今二十年，伯申侍郎始刻成《釋詞》十卷。元讀之，恨不能起毛、孔、鄭諸儒而共證此快論也。元昔教浙士解經，曾謂《爾雅》『坎、律，銓也』爲『欥、聿，詮也』字之訛。辛楣先生韙之。又謂《詩》『鮮民之生』，《書》『惠鮮鰥寡』，『鮮』皆『斯』之假借字。《詩》『綢直如髮』，『如』當解爲『而』，『髮』乃實指其髮，與『笠』同，非比語。傳、箋並誤。《老子》『夫佳兵者，不祥之器』，『佳』爲『隹』同『惟』。之訛。《老子》『夫佳』二字相連爲辭者甚多，若以爲『佳』，則當云不祥之事，不當云器。若此之疇，學者執是書以求之，當不悖謬於經傳矣。《論語》曰：『出辭氣，斯遠鄙倍。』可見古人甚重詞氣，何況絶代語釋乎？

[一] 按：底本作『亏』，實爲依小篆之形楷化，即後世『于』字。

[二] 曰，甲戌續刊本作『由』，誤。

焦氏雕菰樓易學序

《周易》爲羣經之首，古今治此學者獨多，有列國人之《易》，有漢人之《易》，有晉、唐人之《易》，有宋人之《易》。荀、虞之《易》，漢學也，所存古法尚多。自王輔嗣以老、莊言《易》，《易》全空矣。静而思之，推而論之，聖人之造《易》也，象因卦生，辭因象著，大之天地山川，小之井鮒車鬼，豈如詞人屬文隨意掞藻乎？是必有一定不易之辭與字存其中焉。《易》有爻有位，豈如今人并互體亦不論乎？是必有錯綜經緯、千變萬化、極變易之道存其中焉。《易》有吉、凶、悔、吝，豈如今人三錢占筮者能之乎？是必有不盡之言與意，隨所遇之而取決焉。乃今求之晉以後之《易》，皆不能使《易》之經文語語有因、字字有據，然則空論而已。古聖人造《易》，必不若是。

江都焦氏，居北湖之濱，下帷十餘年，足不入城市，尤善於《易》。取《易》之經文與卦爻反覆實測之，得所謂『旁通』者，得所謂『相錯』者，得所謂『時行』者。畢六十四卦三百八十四爻，盡驗其往來之迹于經文之中，而知其所以然。蓋深明乎九數之正負比例，六書之假借、轉注，而後使聖人執筆著書之本義，豁然大明於數千年後。聞所未聞者驚其奇，見所未見者服其正，卓然獨闢，確然不磨，雖使《義海》以下諸賢，衆咻之而不能折其説。此我大清文治之所以軼乎前也，豈焦君一人之所通哉！

焦君之《易》之爲書也，曰《章句》十二卷，曰《通釋》二十卷，《易圖略》八卷，其大旨見於《圖略》，而旁通三十證尤爲顯據，可例其餘。或曰：『比例爲圖，因其末之同而遡其本，如此，則所通不幾多乎？』元曰：此正可見聖人之《易》錯綜參伍，化裁推行，聖人不能一一悉舉之，特各于相通處偶舉一隅，以示其例而賅其餘。若其因事而揲筮，因卦而求象，必有一定之法，亦必有無盡之言，使各象變適于各事以決吉凶。是以《左傳》筮辭更出于今《易》辭之外。藉曰非也，何以折其三十證之所説哉？或曰：『《通釋》多因假借而引申之，不幾鑿乎？』元曰：古未有字，先有言有意，言與意立乎諸字未造以前。伏羲畫☰、☷而定其言與意，至倉頡始造『乾』『坤』之字，故徒言『遯』，而『遯』與『豚』同意，徒言『疾』，而『疾』與『蒺』同意。《傳》謂『書不盡言，言不盡意』，即此道也。若立乎其後而分執之，蓋未知聲音文字之本矣。藉曰非也，虞翻何以『豚魚』爲『遯魚』，《韓詩外傳》何以『蒺藜』爲『據疾』哉？

元與焦君少同遊，長同學，元以服官，愧荒所學，焦君乃獨致其心與力于學。其初治《易》也，亦不圖至斯，久之，如有所牖，而此學竟成。元于嘉慶十九年夏速郵過北湖里中，見君問《易》法，君匆匆于終食間舉三十證語元，元即有聞道之喜。及至江西，時時趣其寫定寄讀，讀竟而敘其本末如此。《傳》曰：『君子居則觀其象而玩其辭，動則觀其變而玩其占。自天祐之，吉無不利。』其是學之謂乎！嘉慶二十一年夏四月。

與郝蘭皋户部論爾雅書

古人字從音出，喉舌之間，音之所通者簡；天下之大，言之所異者繁。爾雅者，近正也。正者，虞、夏、商、周建都之地之正言也。近正者，各國近于王都之正言也。予姻家劉端臨台拱之言曰：『「子所雅言，《詩》《書》、執禮。」雅言者，誦《詩》讀《書》，從周之正言，不爲魯之方言也。執禮者，詔相禮儀，亦以周音説禮儀也。《小雅》《大雅》，皆周詩之正言也。』劉氏此説，足發千古之蒙矣。然則《爾雅》一書，皆引古今天下之異言以近于正言。夫曰近者，明乎其有異也。正言者，猶今官話也。近正者，各省土音近于官話者也。揚雄《方言》，自署曰《輶軒使者絶代語釋别國方言》。夫絶代、别國尚釋之，況本近正者乎？言由音聯，音在字前，聯音以爲言，造字以赴音。音簡而字繁，得其簡者以通之，此聲韻、文字、訓詁之要也。《大戴記·小辨》一篇，足明爾雅之學。小辨者，一知半解之俗學也。魯國當時或有此學，猶漢《急就章》、宋王安石《字説》之類，然不可考矣。小辨之學易，爾雅之學難。故孔子曰：『社稷之主愛日。』又曰：『士學順，辨言以遂志。』『順』與『訓』通借，即『訓詁』之『訓』。遂志者，通其意也。不學其訓，則言不辨、意不通矣。又曰：『小辨破言，小言破義，小義破道。道小不通，通道必簡。』『爾雅以觀于古，足以辨言矣。傳言以象，反舌皆至，可謂簡矣。』『夫亦固十變之稘[一]，由不可既也，而況天下之言乎？』孔子此數言，述爾雅之學甚明，何後儒之昧昧也！訓詁錯則言語錯。執古聖之書，以小辨破其言而斷斷論之，道義皆錯矣。使古聖人見後人如此錯解之也，必啞然笑曰：『吾所言本不若是也。』是以不明爾雅之學，則《五經》《四書》皆鼠璞矣。今子爲爾雅之學，以聲音爲主，而通其訓詁，余亟許之，以爲得其簡矣。以簡通繁，古今天下之言皆有部居而不越乎喉舌之地。孔子曰：『辨言之樂不下席。』余與子接席而辨之，其樂何如！

與高郵宋定之論爾雅書

定之足下：蒙問《爾雅》注義，欲撰《爾雅集注》一書，誠説經之盛心也。元昔亦嘗有志于此，徒以宦轍鮮暇，力有未逮耳。竊謂注《爾雅》者，非若足下之湥通乎聲音、文字之本原不能。何也？爲其轉注、假借本有大經大緯之部居，而『初、哉、首、基』，其偶見之蹟也。《山》《水》《器》

［一］按：『十變之稘』四字，據《大戴禮記解詁》當作『十稘之變』。《大戴禮記》『稘』字各本有不同，或作『棋』，或作『祺』。然此書底本既作『十變之稘』，則阮元所用所見之本應作『十稘之變』，僅刻集時出現兩字誤倒情況而已。

《樂》《草》《木》《蟲》《魚》諸篇，亦無不以聲音爲本，特後人不盡知耳。如『巒，山墮』，義與《考工·梟氏》『兩欒』、《毛詩》『棘人欒欒』義同。『氿泉』，義與《考工》『車軌出兩轂中』義同。『槮』『涔』同音假借，『鬵』『鬵』從高得聲得義。『虋，赤苗』之與『毳衣如璊』之『璊』，『立死，椔』之與『輪菑』『接菑』，『蜆，縊女』之與『磬天』『絸羽』，『蜠[一]，大而險』之與《典同》『險聲』，音義皆相通證。故以聲音、文字爲注《爾雅》之本，則《爾雅》明矣。其引『生明生魄』以證『哉』，引『夏屋』、逸《書》以證『權輿』，多寡有無，無關輕重也。懷祖先生之於《廣雅》，若膺先生之於《説文》，皆注《爾雅》之矩矱。此事足下識超而年富，正宜及早爲之。古注之善者采之，淺者、誤者棄之，其有新義即下己意，不拘郭氏一家之學，兼采友人精確之説。要當以精義古音貫串證發，多其辭説爲第一義，引經傳以證釋爲第二義也。

[一] 按：蜠，底本誤作『蜠』，阮刻本《爾雅注疏》經文亦誤作『蜠』，然疏文中刻作『蜠』。且據《釋文》云此字『郭求隕反，又丘筠反』，可知應作『蜠』。

揅經室一集卷六

考工記車制圖解上

作車以行陸，聖人之事也。至周人上輿，一器而工聚者，車爲多。《考工記》注，解釋尚疏，唐以後學者又專守傳、注，罕貫經文。元以《考工》之事，今之二三君子既宣之矣，于車工之事猶闕焉，因玩辭步算，率憑陋識，訂證牙圍、捎藪、輪綆、車耳、陰軓、輈深、任木、衡軶等十餘事，作《輪解》弟一，《輿解》弟二，《輈解》弟三，《革解》弟四，《金解》弟五，《推求車度次弟解》弟六。解所未明，圖以顯之，作《輪圖》弟一，《輿圖》弟二，《輈圖》弟三。

輪解弟一

察車自輪始。所以運車，謂之輪。

車者，輪、輿、輈之總名，故《老子》曰：『致數車無車。』車雖有輪、輿、輈之分，而其用莫先于輪，故《考工記》曰：『凡察車之道，必自載于地者始也。是故察車自輪始。』《說文解字》曰：『有輻曰輪，無輻曰輇。』是輪又爲牙、輻、轂之總名矣。《考工記》曰：『兵車之輪，六尺有六寸。乘車之輪，六尺有六寸。田車之輪，六尺有三寸。』今就兵車、乘車爲解。

輪輞[一]謂之牙。

《考工記》曰：『牙也者，以爲固抱也。』司農云：『牙，讀如「跛者訝跛者」之「訝」。』蓋輞非一木，其曲須揉，《易·說卦》：『坎爲矯揉，爲弓輪。』《急就篇》有『輮』字。或合五而成規，或合六而成規，經無明文。其合抱之處必有牡齒以相交固，爲其象牙，故謂之牙。《說文》曰：『牙，牡齒。象上下相錯之形。』于『車牙』『牙』字則加『木』作『枒』，解曰：『車輞會也。』蓋枒本車輞會合處之名，本義也。因而車輞通謂之枒，此餘義也。《考工記》曰：『察其菑蚤不齵。』《說文》作：『齵，齒蠹也。』此益可證名牙之義。又《春秋左氏傳》曰：『輔車相依。』杜預曰：『車，牙車也。』車牙與輔車互發其義也。若夫牙寬、牙厚之度，則有《記》文可求。《記》曰：『六分其輪崇，以其一爲之牙圍。』是牙圍一尺一寸。所謂牙圍者，乃輞牙周帀之大圜圍。凡物圜者乃謂之圍。牙圍一尺一寸，即牙大圜面寬一尺一寸也。牙寬同輪崇、椁漆內之例，就其身平度之。《記》又

[一] 按：輞，底本原作『網』，據下文意改。

曰：『參分其牙圍而漆其二。』是漆其近輻之二分，寬七寸三分三釐三豪，古命分法當云『參分寸之一』，今概用分秒法，寸下設分、釐、豪三位以析之，庶比量明晰，可以閉門而造。不漆其近地之一分，寬三寸六分六釐六豪也。此《記》文本自明確無疑義，再由椁其漆内等度推之，亦無不合。又《車人》大車輪崇三柯，六分輪崇，一爲牙圍，亦如此法，可以互證。自鄭康成氏誤註牙圍及漆牙之度，即爲言車制者首加一蔽。注曰：『不漆其踐地者也。漆者七寸參分寸之一，不漆者三寸參分寸之二。令牙厚一寸參分寸之二，則内外面不漆者各一寸也。』繹鄭氏此義，蓋以牙圍一尺一寸爲牙内外二面及建輻一邊、踐地一邊共四面之圍。然上下牙邊之厚及内外牙面之寬，雖同在此一尺一寸之中，而寬厚之數尚無由定，乃令牙厚一寸六分六釐六豪，兩邊得三寸三分三釐三豪，餘七寸六分六釐六豪，内外兩面分之，以爲牙寬之數，是牙寬三寸八分六釐六豪[一]也。復以踐地之邊厚及牙面近地之一寸不漆，是不漆者三寸六分六釐六豪，爲一尺一寸之參分之一也。餘參分之二爲建輻邊厚及近輻之牙面漆也。由今論之，此説不合者有五：

《考工記》凡言『圍』皆指圜者言之，所謂牙圍，實指輪輞大圜而言，平度之得數，不必定

[一] 按：經計算，牙寬實爲『三寸八分三釐三毫』，非所言『三寸八分六釐六毫』。

即其身而規之也。使必即其身而規之，則牙内外面及上下邊實長方形，不得曰圍。其不合一也。《輪人》以牙在輪外踐地而行，必須堅固，故使之寬一尺一寸，乃不匡㪡。若以《記》文牙圍一面之一尺一寸爲兩面兩邊之數，則牙寬祇三寸許，太柞，無此理。其不合二也。小車綆參分寸之二，是牙厚二寸，《記》有互文，詳《綆解》條下。今乃令牙厚一寸六分六釐六豪，是以意命之也。豈知《記》於牙寬已明言之，牙厚則存于綆數之中，不啻明言之，寧待後人以意命之曰令牙厚幾許乎？且牙厚一寸許，毋乃太薄。其不合三也。不漆踐地一寸，椁其漆内得六尺四寸，中詘之，三尺二寸爲轂長，轂太長，應門不能容。詳《推求車度次弟解》『軸長』條下。其不合四也。《車人》言大車轂徑一尺五寸，合兩輻長四尺五寸，兩牙圍三尺，共九尺，爲輪崇，與《輪人》相證，其制益明。若以一尺一寸爲牙四面之數，則《車人》所謂『六分其輪崇，一爲牙圍』又將何説？其不合五也。

大車之牙謂之渠。

《考工記·車人》曰：『渠三柯者三。』鄭司農注云：『渠謂車輮，所謂牙。』《尚書大傳》曰：『散宜生之江淮之浦，取大貝，大如大車之渠。』鄭氏注曰：『渠，車輞也。』是『渠』即『牙』也。

又案：《車人》大車雖以柯起度，制實相同。今釋其文，竝附《輪圖》於後，以資牙圍、綆數之互證也。《車人》曰：『柯長三尺。』又曰：『輪崇三柯。』九尺。又曰：『六分其輪崇，以其一爲之牙圍。』牙寬一尺五寸，兩牙共三尺。又曰：『轂長半柯，一尺五寸。其圍一柯有半。』四尺五寸，徑一尺五寸。又曰：『輻長一柯有半。』四尺五寸，兩輻長也。每輻二尺二寸五分。又曰：『其博三寸，厚三之一。』一寸。又曰：『綆寸。』又曰：『渠三柯者三。』輪牙外周二丈七尺也。大車制㸰，故轂徑、輪周並用徑一圍三之法，不似《輈人》皆密率也。

轂者輻所湊也。轂中空謂之藪。

《考工記》曰：『椁其漆内而中詘之，以爲轂長。』椁者，横充物内而度之之名也。『椁』與『光』『廣』二聲同轉。《書·堯典》：『光被四表。』《漢書·王莽傳》及《後漢書·馮異傳》並讀爲『横被四表』。《爾雅》：『桄，充也。』『桄』即與『横』同義，『光』『黄』聲相近也。『光』轉聲爲『廣』，『廣』從『黄』得聲，亦即有『横』義。故《爾雅》曰：『緇廣充幅。』《方言》曰：『幅廣爲充。』此即横充而度物之義。『光』『廣』聲再轉即爲『廓』。《方言》曰：『張小使大謂之廓。』《淮南子》曰：『下揆三泉，上尋九天，横廓六合。』並同斯義。『廓』與『擴』聲亦相近。《孟子》曰：『知皆擴而充之矣。』趙岐註曰：『擴，廓也。』然則《考工記》『椁其漆内』之『椁』，即與『光』『廣』一聲之轉，知其爲横充物内而度之之名矣。今案：六尺有六寸之輪，除去牙上下兩面不漆之三寸六分六釐六豪，椁之得五尺八寸六分六釐六豪，又中詘之，即爲轂長。是轂長二尺九寸三分三釐三豪。此兵車之轂，至長者也。故《司馬灋》曰：『成方十里，出長轂一乘。』

《詩・小戎》曰：『文茵暢轂。』毛傳曰：『暢轂，長轂也。』《記》又曰：『以其長爲之圍。』是轂長即轂圍也。《淮南子》曰：『郢人有買棟者，求大三圍之木，而人予車轂。跪而度之，巨雖可，而長不足。』考《儀禮》註『中人扼圍九寸』，三圍二尺七寸，今轂巨，圍二尺九寸三分三釐三豪，故曰可也。若其轂中空處所以貫軸者，則名曰藪。藪，《說文》作『橾』，解曰：『車轂中空也。』《急就篇》作『⿰車桑』。『藪』『橾』『⿰車桑』，聲之轉也。藪爲中空之物，故量亦名之。《儀禮・聘禮・記》『十六斗曰藪』是也。觀《記》曰『量其藪以黍』，是轂藪雖不必定如十六斗之多，而要爲物中空受物者之名可知。先、後鄭氏亦並以藪爲轂中空，但司農讀『藪』爲『蜂藪』之『藪』，康成氏訓爲『衆輻所趨』，皆指轂外建輻之鑿爲言，非轂中空之謂矣。《記》又曰：『以其圍之防捎其藪。』鄭康成氏註訓『防』爲『參分之一』，此以圍防爲藪圍，誤以[一]。

藪爲轂中空處，實大穿、小穿之通名。大穿曰賢，小穿曰軹，其圍度則《記》所謂『五分轂長，去一以爲賢，去三以爲軹』者也。是賢、軹之圍即藪圍，安得別出藪圍，大於軹而小於賢乎？且『防』從阜，力聲，《說文》解爲『地理』。若《易・繫辭》之『扐』、《王制》之『仂』，並

[一] 以，句末助辭，通『矣』。

當訓『餘』，未嘗有『參分之一』之訓也。使果參分之一爲藪圍，《記》何不曰『參分轂圍，以其一爲藪圍』，而必變其文曰『以其圍之防捎其藪』乎？元案：『防』當依《說文》作『朸』，木理也。今從『阜』作『防』，字相假借。『理』『防』一聲之轉，物皆有理，木亦宜然。《輪人》曰『積理而堅』『疏理而柔』，此車工之木必須順理之明證。《記》曰『以其圍之防捎其藪』者，此言順轂木中直理，除去轂中心木而爲藪，非言其圍也。鄭康成氏注：『捎，除也。』『捎』有『除去』之義。《史記·龜策列傳》『捎菟絲而去之』是也。元案：捎其藪者，乃抽拔去轂木中心以爲藪也。《輪人》『捎藪』，《匠人》『梢溝』，《上林賦》『捎鳳皇』，《甘泉賦》『梢夔魖』，『捎』『梢』同義。《爾雅·釋木》曰：『梢，梢櫂。』《方言》曰：『櫂，拔也。』《文選》註引《蒼頡篇》曰：『櫂，抽也。』『捎藪』之『捎』當訓爲『櫂』也。何以明之？《匠人》：『爲溝洫，凡溝逆地防，地理也。謂之不行。水屬不理孫，謂之不行。梢溝三十里而廣倍。』此文正與《輪人》文一例。《匠人》言爲溝必順地理，除去其土而爲之，猶《輪人》言爲藪必順木理，除去其木而爲之也。《考工記》出一人之手，其文既已相同，其說安可以互異？且細繹經文，其曰『以其長爲之圍』，此由直理而言及橫理也。曰『以其圍之防捎其藪』，此又由橫理而言及直理也。曰『五分其轂之長，去一以爲賢，去三以爲軹』，此又由直理而言及橫理也。展轉相因，益知古人修辭之妙。若下文明言賢、軹之圍，而先又別出藪圍，古人斷不若是謬戾。惟後人誤解其義，故於文體、訓詁、度數三者皆不合也。

緐輻以内爲大穿，緐輻以外爲小穿，大穿賢，小穿軹。

穿者，軸所貫也。大穿者，在輻内近輿之藪名。小穿者，在輻外近轄之藪名。大穿圍大，小穿圍小。蓋輻内之軸任重，故不可殺，使其穿大而轂弱。輻外之軸任輕，可以殺，使其穿小而轂强。且殺軸亦所以限轂，使不致内侵也。《記》曰：『五分其轂之長，去一以爲賢，去三以爲軹。』賢，大穿，金釭。軹，小穿，金釭。詳見《金解》。是賢圍當二尺三寸三分零七豪也。此轂太薄，穿太大，無此理。故鄭康成氏曰：『大穿甚大，佀誤矣。大穿實五分轂長去二也。』反覆此説，實爲可據。蓋五分去二，其圍一尺七寸六分也。此圍不過大，轂厚亦不易破矣。軸圍一尺三寸二分，小於賢圍，數不相當者，其中爲鐧厚也。其謂『去二』爲『去一』者，蓋《記》文偶有缺筆耳，理無可疑，故從鄭説。但鄭氏知『一』爲『二』之誤矣，而既以防圍爲藪圍，因又有賢、軹之圍，毋乃岐錯，因遷就爲『金厚一寸』之説，蓋非。豈知賢、軹之金不滿穿中，剡藪兩末以容金厚，而金釭之圍與大小穿之圍同徑，其中相平乎？

又案：小穿之軹，即《周禮·大馭》『祭兩軹』之『軹』，不嫌與輿内之『軹』同名。戴君東原《考工記圖》據司農『大馭』注曰『故書「軹」爲「軒」』，謂《考工記》『軹』字當依此改爲『軒』字，爲其與輿内之『軹』溷淆。元案：『軹』名有二，在輿、在轂本殊，《大馭》之『軹』故書作『軒』，杜子春云『「軒」當爲「軹」』，已正其誤，似未可以故書一『軒』字略爲新奇，而遽改《周禮》、《大馭》：「祭兩軹。」《考工記》《記》曰：「軹崇三尺有三寸。」又曰：「去三以爲軹。」三處之明文也。若以爲與輿内之軹溷淆，試思輪輻名「轑」，蓋弓亦名「轑」，輻有「菑」「蚤」，蓋弓亦有「菑」「蚤」，車徹名「軌」，轛頭亦名「軌」，車轖木名「軨」，車轄亦名「軨」，皆是一名兩處，無慮溷淆也。綜貫諸義，似以作「軹」爲安。

輪轑謂之輻。

《考工記》曰：「輻也者，以爲直指也。」古者一輪三十輻。《老子》曰：「三十輻，共一轂。」《淮南・泰族訓》曰：「輪不運而三十輻各以其力。」《大戴禮・保傅》篇曰：「三十輻以象月。」說竝與《考工記》同。《記》曰：「輪輻三十以象日月。」日月三十日合朔還一舍，輪周三十輻在地還一寓，似之。

輻入轂謂之菑，入牙謂之蚤。

何以謂之菑、蚤也？菑、蚤皆指名也。《公羊傳》曰：文十四年。「如以指，則接菑也四。」接菑即駢指也。《儀禮[一]》：「巾柶鬠蚤。」蚤即爪也。古人命物多就人身體名之也。如牙、股、骹、胡、頸、踵、輹等皆是。菑又謂之弱者，菑藏不見，有似蒲在水中之弱，故鄭氏曰：「今人謂

[一] 按：「儀禮」二字，底本原誤作「禮儀」，「巾柶鬠蚤」爲《儀禮・士喪禮》文。今據改。

蒲本在水中者爲弱也。」輻廣當與牙廣同。見《綆解》下。若其厚則六分六釐六豪。何以明之？大車輻博三寸，厚三之一，是小車之輻博二寸，厚當參分寸之二矣。三十輻共厚一尺九寸九分九釐九豪，周遭建於轂圍，其兩輻之閒不寬不柞也。若入轂之菑自當更薄，而菑末又當削鋭之。蓋以三十輻共趨藪心，若菑厚而豐末，轂心不堅而鑿亦相通。故《淮南·説山訓》曰：「轂强必以弱輻，兩强不能相服。」又《説林訓》曰：「輻之入轂各值其鑿，不得相通。」《荀子》引《詩》曰：「轂既破碎，乃大其輻。」此皆强有餘而固不足也。

輻近轂謂之股，近牙謂之骹。

《説文》曰：「股，髀也。骹，脛也。」《考工記》曰：「參分其股圍，去一以爲骹圍。」司農云：「言股以喻其豐，言骹以喻其細。」《記》又曰：「參分輻長而殺其一。」蓋人股本豐，自膝以下則向内削而細，今輻形正似之也。參分輻長，股不殺者二分，骹殺者一分也。但所殺之圍，祇參分輻博殺其向外之一分，非周圍殺之也。此在外所殺參分之一即綆也。所以殺之，爲溓泥也。

輻骹不滿牙曰綆。

《考工記》曰：「眡其綆，欲其蚤之正也。」又曰：「六尺有六寸之輪，綆參分寸之二，謂之輪之固。」鄭康成氏注此謂綆爲出於輻股鑿之數也。又每計徹廣必加綆數。賈公彦鑿孔外侵之説誤，不足辯。近江君愼修目驗今時不殺之輻，繹鄭義以爲牙上之鑿不偏，但輻用偏，蚤入正鑿向内，則輻乃外出參分寸之二，所以計徹廣必加綆數。元案：鄭氏此説非是。《記》曰『綆參分寸之二謂之輪之固』者，其意以爲綆參分寸之二，則牙厚二寸，輪乃固，少薄即不固矣。牙厚二寸，試三分分之，每分得六分六釐六豪，内一分與輻蚤曲剡處相齊，中一分爲蚤鑿，外一分當輻骹殺處，是曰綆也。綆寬六分六釐六豪也。輻所殺之骹既與牙邊不相當，似乎牙向外出，其實合股之不殺者，視之正與牙平，竝不外出也。且所以必殺爲綆者，不過爲溓泥之故，《記》曰：『參分其輻之長而殺其一，則雖有深泥，亦弗之溓也。』竝無別事謬巧。而戴君東原又繹鄭氏輪箅不掉之義，以爲輪不綆必左右仡摇，綆則重勢注於内，無傾掉之患，此益非《記》者之本意。大凡轂長穿軸相得者則安，轂短而穿軸内寬者則掉，若令牙厚出輪外，絶無關於掉不掉也。再案：大車、小車皆輻廣同牙厚，綆數居牙厚參分之一。何以明之？《車人》曰『輻博三寸』，此則大車牙厚三寸可知。又曰『綆寸』，則綆居牙厚參分之一可知。今《輪人》惟舉綆數，不言牙厚，以有《車人》之例可互見也。且以此制人人皆知，可以省文，初不料後人如是誤解之也。故不細繹《車人》牙綆之義及《輪人》輻骹外殺之制，則輪綆之説不明，而牙厚亦無從起度矣。鄭司農讀『綆』爲關東言餅之『餅』，謂輪箅也。蓋漢人呼『綆』如『箅』，故鄭司農假借『箅』字以定其聲。若《説文》『甑箅』之義，迥不相涉也。

車徹謂之軌。

古者經涂九軌，軌廣八尺，《匠人》以爲度。軌自爲徹迹之名。《説文》曰：『軌，車徹也。从車，九聲。』蓋乘車、兵車、田車等崇卑雖不同，而兩輪則同廣八尺，不如此，出門不合徹，故《禮記·中庸》曰『今天下車同軌』是也。《孟子》曰：『城門之軌。』《莊子》曰：『車徹中有鮒魚焉。』亦竝指車迹。軌寬八尺，比輿兩旁各寬七寸者，輪必少遠于輢，且以爲輢外設扃建兵地也。輻内大穿之轂長九寸一分一釐一豪，除去在外七寸，餘二寸許藏入輿底。鄭氏以輻内二寸半、輻廣三寸半、綆參分寸之二湊足其數，非也。小穿轂厚二寸八分，若竑其輻廣以爲之弱，弱長三寸，有是事乎？又兩轊頭亦名軌，詳見《軸解》條下。

又案：『輪人爲蓋』，其部、斗、枚、鑿、宇、曲、句、股，舊説皆不誤，故不爲蓋立圖解。

輪圖

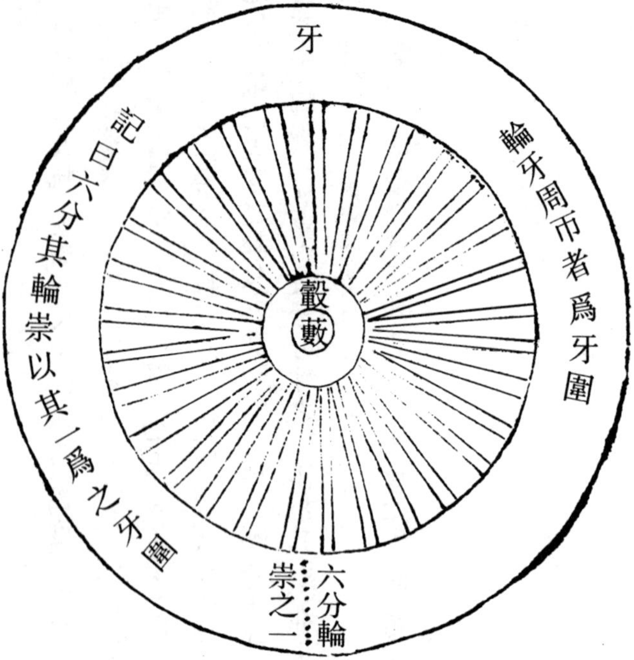
牙
輪牙周帀者爲牙圍
記曰六分其輪崇以其一爲之牙圍
轂
藪
六分輪崇之一

漆輪牙椁漆内圖

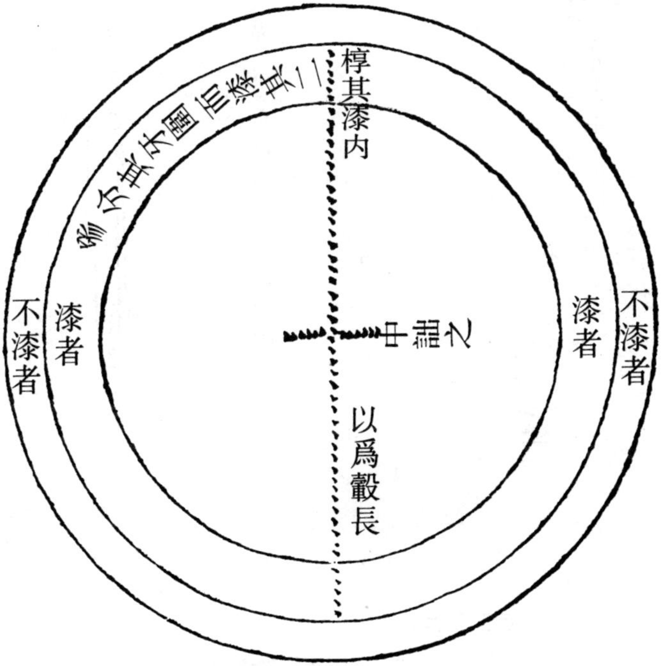

輻圖

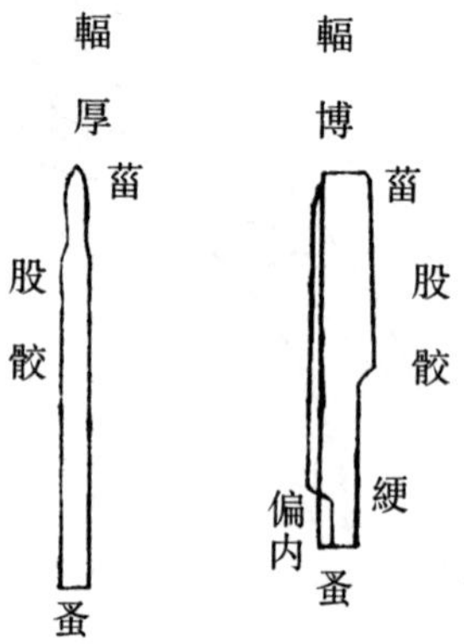
輻博
菑
股
骹
綆
偏內
蚤
輻厚
菑
股
骹
蚤

綆圖

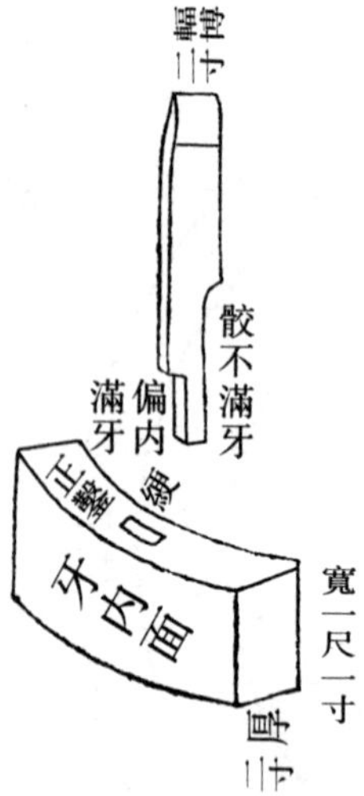
骹不滿牙
偏內滿牙
正鑿
綆
牙內面
寬一尺一寸

轂圖

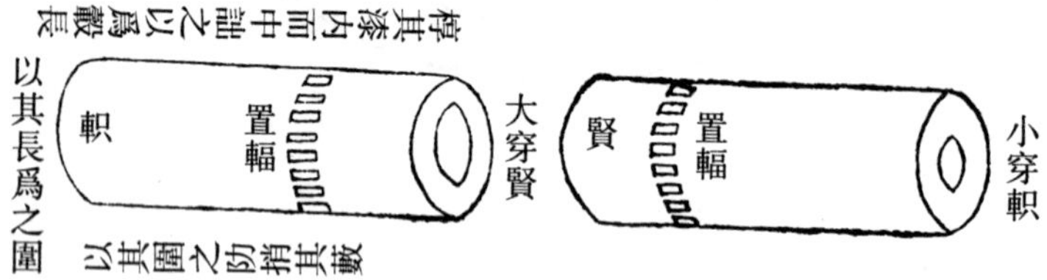
小穿軹
置輻
賢
大穿賢
置輻
軹
椁其漆內而中詘之以爲轂長
以其長爲之圍
以其圍之阞捎其藪

鄭注牙圍漆牙椁漆内圖

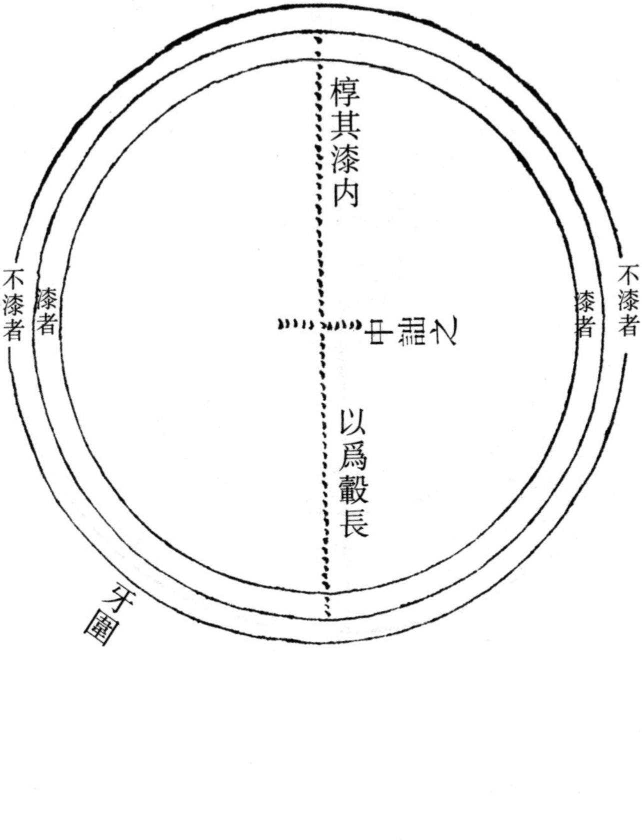

大車輪圖

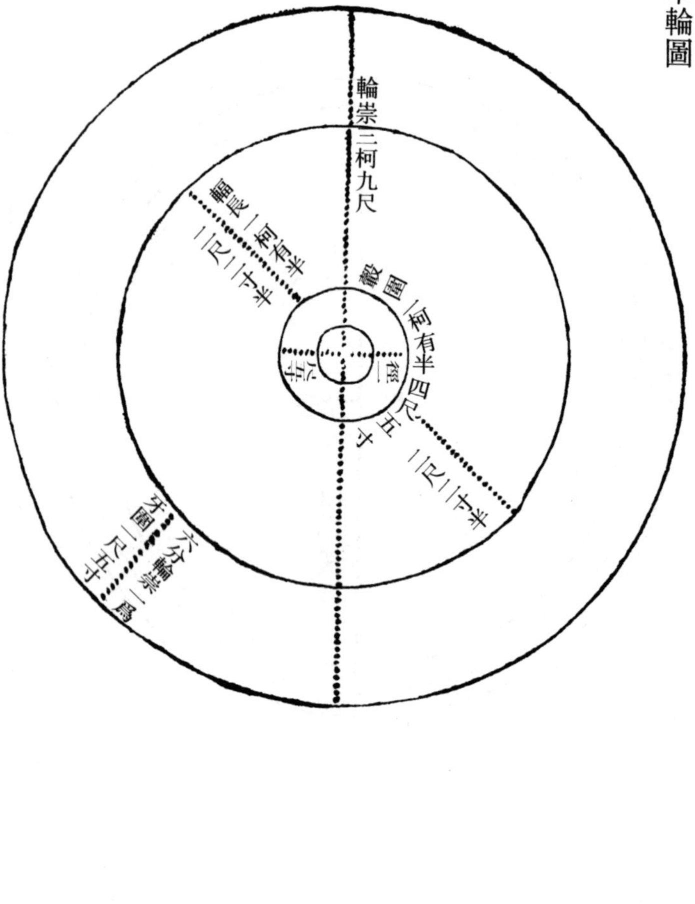

輿解弟二

車上受物曰輿。

《説文》曰：『輿，車底也。』《續漢書・輿服志》曰：『上古聖人觀轉蓬爲輪，行不可載，因物生智，後爲之輿。』故輿後于輪。輿者，軫、輢、軹、轛之總名。專謂較式内爲輿者，非。《考工記》曰：『輿人爲車，輪崇、車廣、衡長，參如一。』是輿廣六尺六寸也。又曰：『參分車廣，去一以爲隧。』是隧深四尺四寸也。謂之隧者，康成氏以爲深如隧宇也。車廣横而兩輪縱，故廣輪爲横縱之名。《儀禮・既夕[一]禮・記》『掘坎廣尺，輪二尺』，《周禮・大司徒》『周知九州之地域廣輪之數』，《禮記・檀弓》『廣輪揜坎』，皆此義也。

輿下四面材謂之軫，軫謂之收。

輿下四面木材爲軫，是説戴侗《六書故》首正之，其説曰：『軫，輿下[二]四面木匡合成輿者也。《考工記》曰：「軫之方也，㠯象地也。」』元案：《大戴禮・保傅》篇説同。又曰：「六尺有[三]

[一] 按：既夕，底本誤作『士喪』，據《儀禮注疏》改。
[二] 《六書故》無『下』字。
[三] 《六書故》無『有』字。

六寸之輪，軹崇三尺有三寸，加軫與轐焉，四尺也。」又曰：「輪人爲蓋，弓四尺謂之庇軫。」又曰：『五分其軫間，以其一爲之軸圍。』按：軫乃[一]四面木，獨以爲輿後横木者，非[二]也。使軫獨爲輿後横木，則不得言「方㠯象地」。且軫之兩旁木加于軸[三]，故曰「加軫與轐爲四尺」。若輿後横木，安能加轐軸之上乎？且庇軫、庇輿、庇軹皆指左右兩旁而言，非指輿後明矣。況《記》言「五分其軫間，以其一爲之軸圍」，若獨爲輿後横木，則不得言間矣。康成於「軫圍」既謂「輿[四]後横木」，于「加軫與轐」則又通謂之輿，未免自變其説。蓋由不察任正、衡任之名，以任正爲輿下三面材持車正者，故獨以軫爲輿後横木也。』戴氏此説極確，實發漢、唐以來之蒙蔽。元又案：《史記・天官書》曰：『軫爲車，主風。』索隱引宋均説：『軫四星居中，又有二星爲左右轄，車之象也。』此亦四面爲軫之明證。軫木最大，輿底木板、兩輢板皆賴軫相收以爲固，而輢、較、軹亦將就軫爲鑿以樹之也。蓋軫所以收衆材者，故又謂之收。《詩・秦風・小戎》『俴收』，傳曰：『俴收，淺軫也。』《中庸》『振河海而不洩』，注：『振，收也。』『軫』

[一]《六書故》「乃」字下有「輿」字。
[二]非，《六書故》作「誤」。
[三]加于軸，《六書故》作「加於轐，轐加于軸」。
[四]輿，《六書故》作「車」。

『振』音義同。《晏子春秋》曰：『棧軫之車而牝馬。』即《小戎》義也。又案：車後橫木曰任正，自漢以後冒軫之名，二物溷淆，詳辯《輈解》。

輿前衡木謂之式，左右板謂之輢。

《釋名》曰：『軾，式也。所伏以式敬者也。』《考工記》曰：『三分其隧，一在前，二在後，以揉其式。』又曰：『以其廣之半爲之式崇。』是式長與輿廣等，崇于軫三尺三寸。其兩旁居輢板上，則須揉治而詘之，一在前，即式深，二在後，則輢深也。《說文》曰：『輢，車旁也。』《毛詩》作『猗』。蓋輿左右木板通謂之輢。式下板亦名輢。參分輢隧，一在前，二在後，後高出于前式二尺二寸，《記》曰『以車隧之半爲較崇』是也。輢通高五尺五寸也。

輢上反出謂之輒，輢立木達輒謂之較。

言車制者皆以爲直輢，由不解車之有耳也。《說文》曰：『較，即『較』字。車輢上曲鉤也。』鉤，今本訛作『銅』。《文選·西京賦》《七啟》注兩引竝作『鉤』。又曰：『輒，車兩輢也。从車，耴聲。』又曰：『耴，耳下垂也。象形。《春秋傳》曰秦公子耴者，其耳下垂，故以爲名。』又曰：『輙，車耳反出也。』合此四者，可知車耳之反出矣。蓋車輢板通高五尺五寸，其下三尺三寸直立軫上，軫上之輪崇三尺三寸，與直輢前式同高。若過此三尺三寸之上，則漸向外曲，勢反出乎輪之上，象耳之耴，故謂之輒。以其反出，又謂之輙。至其直立軫上，上曲如兩角之木，則謂之較。

重出式上，故名『重較』。崔豹《古今注》曰：『車較，重耳也。在車轝上，重起如兩角然。』『角』『較』通借。此固謂車耳重出式上，如兩角之觭勢也。重耳即垂耴之義，秦公子名耴，衛公子名輒，晉公子名重耳，魯叔孫名輒字子張，鄭公孫輒字子耳，皆此義也。《詩》曰：『寬兮綽兮，猗重較兮。』『重較』即重耳之義，以喻武公之開張寬廣也。《記·輿人》曰：『棧車欲弇，飾車欲侈。』『侈』即兩耳侈張，古制可尋。若此輒所以必反出者，應劭《漢書注》曰：『車耳反出，屏翳塵泥。』蓋輪在輢外，車驅疾則塵隨而上，有輒屏之，則塵不及人。又考建兵之扃在輢外，五兵本可直建，因有輒，所以迤建。《記》曰：『戈柲[一]六尺有六寸，既建而迤，崇于軫四尺。』則迤而適出于車耳之外矣，故曰輒爲車耳，較爲兩車耳立木也。大約古人重較，惟卿大夫之車有之，至漢猶然。《禮》：『士乘棧車。』棧車者，木立軫上不曲如棧也。若大夫墨車、卿夏縵以上，則竝名軒，有車耳。《說文》：『軒，曲輈轓車。』《左傳》：『鶴有乘軒者。』三代法物，以別等衰，端在乎此，豈容鶻突。毛傳以重較爲卿士之車，此實當時禮制。戴君東原譏其傅會者，非也。錢氏坫《車制考》曰：『輒上縮謂之較。』此似猶沿舊說。至所引《漢官儀》曰：『孝景帝六年，令千石、六百石朱轓。』『轓』即『輒』。《太(元)〔玄〕·積首》：『君子積善，至于車耳。』《測》曰：『至于轓也。』此皆可爲『輒』字加證。元又案：

[一] 柲，底本原作『秘』，據甲戌續刊本及《考工記》改。

『蕃』與『藩』同，乃車前後之有蔽者，如《爾雅》之『竹前簟』、《詩》之『簟茀』是也。此字與車耳之『轓』迥別，俗書多誤。今《太(元)〔玄〕》『轓』字實當作『轓』，俗本有誤作『蕃』者。又案：漢《仙人唐公房碑》『鼠齧軬車被具』，『轓』猶作『軬』。

車轖謂之軨。轛，橫軨也。軹，直軨也。

《説文》曰：『轖，車籍交錯也。』『軨，車轖間橫木。司馬相如説：軨，或從霝。』蓋輢内轖木縱橫相結如轜也。軨如窗欞。《左傳》：『陽虎載蔥靈以逃。』賈逵注曰：『蔥靈，衣車也。有蔥有靈。』軨所以固輢，亦交于較。《楚辭·九辯》曰：『倚結軨兮長太息，涕潺湲兮下霑軾。』揚雄《甘泉賦》曰：『據軨軒而周流兮。』皆謂此也。又轛末亦名軨，詳《軥解》。蓋軨爲軹、轛之總名。軹，枝也，如枝相交也。轛者，對也，對于人也。轛橫交於軹，故《説文》曰：『轛，車橫軨也。』轛爲橫軨，軹直軨可知。

輿下鉤軸者爲轐，轐謂之輹，輹謂之伏兔。

轐在輿底而銜于軸上，其居軸上之高當與軥圜徑同。至其兩旁，則作半規形，與軸相合，而更有二長足少鍥其軸而夾鉤之，使軸不轉，鉤軸後又有革以固之。見《革解》。輿底有轐，則不致與軸説離矣。《易》曰：『輿説腹。』俗訛作『輻』。虞翻曰：『腹，或作輹。』盧氏曰：『輹，車之鉤心夾軸之物。』是輹即轐也。或謂之伏兔者，以伏於軸上似之也。又謂之屐，象屐之形。

當式下圍輈者曰軓。

軓之爲物，蓋在輿之前軫下正中，略如伏兔，爲半規形，以圍輈身。輈與輿之力在後軫則有任正以持之，在前軫則有軓以銜之，故左右轉戾不致敗折。漢制輿底有維車索，《方言》亦名『畢』、名『綦』。古車制成器堅固，無須乎此。軓從車，凡聲，與『笵』『範』字通借。《易·繫辭》曰：『範圍天地而不過。』《禮運》曰：『范金合土。』《法言》曰：『模不模，範不範。』《通俗文》曰：『規模曰範。』《廣韻》曰：『範，模也。』繹此諸義，自是半規而可模範物使不過者之名。軓在前軫下，所以範圍輈身使不過也，故《記》曰：『環灂，自伏兔不至軓七寸。』考伏兔至軫一尺四寸許，環灂七寸居其半，餘七寸始至軫。軓當與軫寬等，三寸許，與環灂尚離三寸許，故曰『不至軓』。此由内而數至外也。《記》又曰：『軓中有灂，謂之國輈。』案：軓在輿前，人目及見，若環灂則在輿底，目不及見，故須察之。此由外以觀其内也。合此二者，其地確不可易如此。《記》又曰：『軓前十尺，而策半之。』此正爲輈身起度。試略移其處，亦即不合。此經文之可參考而知者。至傳説家若鄭司農、杜子春、許叔重並曰『軓，車式前也』，其意謂軓當式前下耳，非式上之前别有軓也。特以訓辭少晦，軓之爲物亦將與任正之木同歸湮失，而車不可行矣。又《周禮·夏官·大馭》：『祭兩軹。祭軌。』杜子春云：『軌當爲軓。』《少儀》：『祭左右軌范。』注：『范與軓聲同。』軓之物小而必祭之者，因輈身不掉全恃乎此，與軹共爲關要，故孔穎達曰：『祭之，爲其神助己，不使傾危也。』使渾稱軓爲車式，前並無其物，則將祭于式上乎？抑輿下乎？抑輈上乎？斯不然矣。

又案：記者于車工之木中乎度數有定法者必詳言之，若轐、軓及輢板、輿底横木、陰板、軶等，工人皆可以意爲之，惟取堅固，故不言其制，非無其物也。

所以揜軓謂之陰。

陰者，輿前式下板也。《詩·小戎》曰：『陰靷鋈續。』毛傳曰：『陰，揜軓也。』箋曰：『揜軓在式前垂輈上。』《釋名》亦曰：『陰，蔭也。横側車前所以蔭笭也。』蓋輿前後皆空，又前軫下有軓以銜輈身，此陰板揜乎輈前，空虚下垂至輈上，并軓亦揜之，使不見，故陰即名揜軓，且爲輿前容飾也。或直命揜軓爲軓者，誤矣。

輿圖一

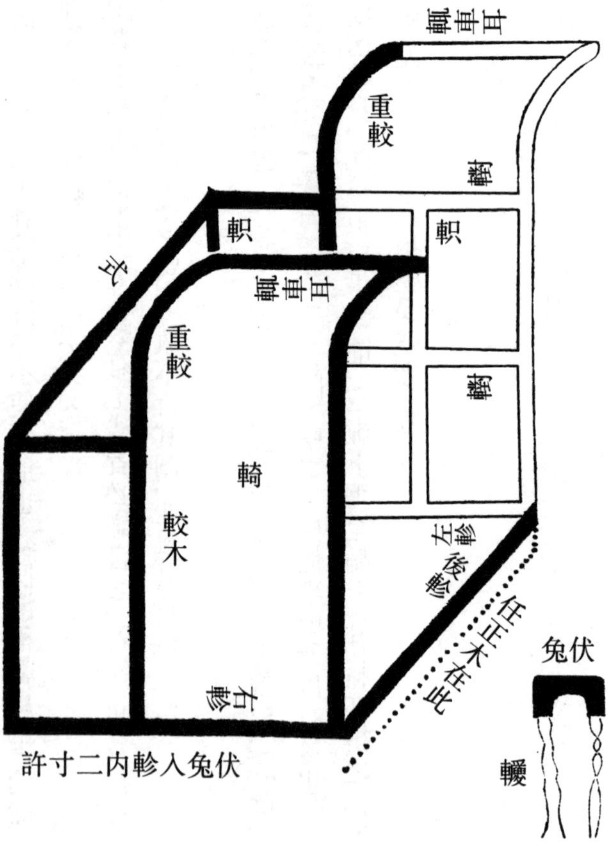

輿圖二

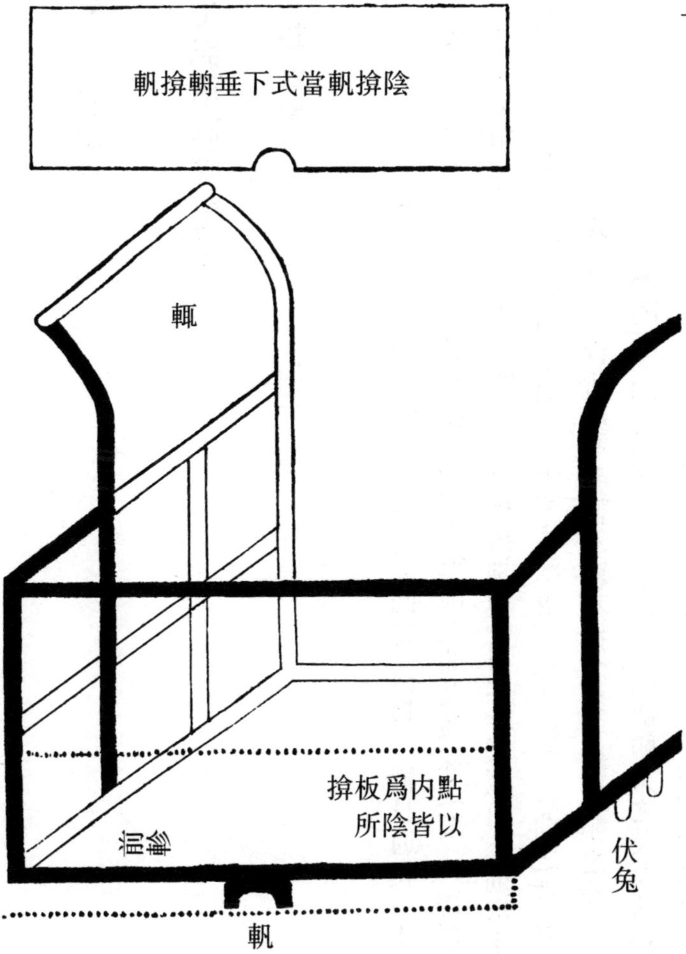

揅經室一集卷七

考工記車制圖解下

輈解弟三

曲轅輈。

輈者，曲轅駕馬者也。以其形曲，故與「舟」同聲，曰輈。輈身通長一丈九尺餘，車之材莫大于此。木之中輈者少，故必須揉治，乃中軓前上曲及弧深之度。《禮運》曰：「山出器車。」《禮斗威儀》曰：「山車垂句。」《孝經援神契》曰：「德至山陵則出木根車。」皆言瑞運之應，山木自生垂鉤之形，中乎輈度，不須揉治也。輈所以必撓曲之者，爲登降均馬力也。《輈人》言直轅無撓之弊者三，皆所以發明輈不可不撓之義。觀直轅之弊，可知曲輈之和矣。輈身在輿下者正平，長與輿隧等，四尺四寸。若夫出軓以前輈身之長及所撓深淺等度，則舊說甚多蒙蔽。輈身者，任正、當兔等圜所據以起度者也。《考工記》雖無明文，必有互文見義之處。且軓前至輈端之長不定，則輿前駕馬之地長短無憑。揉輈深淺之度不定，則又有深則折、淺則負之弊。記者安得不示人以定法乎？要知《記》文本自簡明可據，自鄭康成氏失解之，而其度不可求矣。今且依鄭注述之，其誤可見。

《記》曰：『國馬之輈，深四尺有七寸。』鄭注曰：『衡高八尺七寸，除馬之高，八尺。則餘七寸，爲衡頸間也。』《記》又曰：『軓前十尺，而策半之。』鄭注曰：『謂輈軓以前之長也。』據此，則鄭意以輈深四尺七寸，爲輈端直垂下至與軓平處之高，得四尺七寸，除輪半崇及加軫與轐之四尺不入筭也，且以軓前十尺爲輈身之長也。後當兔[一]諸圍，鄭皆以爲一尺。夫使軓前十尺爲輈身，則輈身不能無撓，其撓之數，經無明文，于是又意爲解曰：『凡弓引之中參，揉輈之倨句中二可也。』『中二』則參分損一耳，即十尺之曲輈，參分損一，得六尺六寸六分之直弦，再以輈深之四尺七寸爲句，以求其股，則股長四尺三寸三分有奇。即使服馬尾近著陰板之前，而輈端之衡已近居馬脊中矣，有是理乎？且國馬高八尺，亦就昂首者言之耳。中人皆長八尺，若馬頸壓衡處高八尺，是與人頂同高，馬再昂首，高一丈餘矣。古馬猶今馬，安有如此高者？馬頸至高不過六尺，與人胸齊。且《記》明言輈深，今解爲輈高，于字

[一] 按：兔，底本誤作『免』，據下文意改。

義亦遠失之。又案：鄭注曰：『輈前十尺，「十」或作「七」。令七爲弦，四尺七寸爲句以求股，股則短矣，「七」非也。』鄭此注亦自知股太短，不足容服馬，訂『七』爲訛字。但以七尺之弦爲非，固以十尺之弦爲是矣。若以十尺爲弦，則輈身絶無撓矣。且即以十爲弦，四尺七寸爲句，得八尺零八分有奇之股，亦尚不足爲驂馬地也。由前之説，則輿前短縮，衡亦太高；由後之説，則輿前略寬，輈又無撓。舛誤至此，皆由誤解《記》文之故。然則《記》文果何解耶？

元案：《記》曰『輈前十尺』，此自軓前直引至輈端長十尺也。《記》曰：『國馬之輈，深四尺有七寸。』鄭司農注云：『深，謂輈曲中。』此解極精確不刊。觀《記》文一曰『凡楺輈，欲其孫而無弧深』，再曰『輈深則折，淺則負』。『深』字皆指曲中者爲言。是所謂深四尺有七寸者，乃曲中之度，必非輈端下垂之高，明矣。今以通徑求外周，以定輈身中心之長。考輈身有圍即有徑，求記者之意，其輈身當以徑三寸入筭。何也？蓋以此三寸合之四尺七寸，共深五尺爲半徑，合通徑十尺，適得平圜之半圜形，不差分釐也。又輈身既有圍徑之三寸，則當有朒有羸。今以軓前十尺内減兩端輈身徑共六寸，餘九尺四寸之通徑，合四尺七寸之半徑，求平圜半周，得十四尺七寸六分五釐四豪。此輈身朒數也。若竝輈兩端身徑在内，爲軓前十尺之通徑，合輈身三寸于深四尺七寸，爲五尺半徑，求平圜半周，得十五尺七寸零七釐九豪。

此輈身外背之贏數也。既得贏、朒二數，再以二數通徑相減，爲九尺七寸之通徑，合四尺八寸五分之半徑，適當輈圜徑中心。得平圜半周一丈五尺二寸三分六釐六毫。此輈身中心之長也。據今所推，則輈身之長，實定于『輈深四尺七寸』及『軓前十尺』二語之中。《記》文本自簡明可據，鄭司農説亦不誤。今密推之，亦適得平圜中規如此。不知康成氏何以必變其説，致一往皆謬也。

又案：《考工記·車人》曰：『凡爲轅，三其輪崇。』此雖爲大車直轅起度，而小車曲輈亦同此法。『凡』字所括正多也。特以《輈人》既有明文，本不必遠據《車人》之文以爲典要，然恐輈深、軓前等所推之數未足深據，則試再以《車人》之文證之，乃益知記者省文互義，無不密合也。《記》曰兵車、乘車，輪崇六尺有六寸，三其輪崇，得一丈九尺八寸。今以所得輈心長一丈五尺二寸三分六釐六毫，加輿下輈身四尺四寸，共長一丈九尺六寸三分六釐六毫。兩數比例，差一寸六分三釐四豪，但輈身朒數與軓底曲處相齊，若輈中心則已占人輿下輈身一寸五分，是所差實一分三釐四豪耳。制作之密至于如此，古人精心，非後人可及也。至于輈身之衡去地之高，則約六尺。何以明之？國馬高八尺，就昂首者言之耳。若其頸脊之間服軛之處，至高不過六尺，中人皆長八尺，此與人胸相齊。今試擇馬之至高者驗之，皆如此也。《漢書·景帝紀》：『衛綰奏：「馬高五尺九寸，齒未平，馬正壯也。馬十歲外齒平。不得出關。」』此實就頸脊之間高者言之，故五尺九寸爲極高。西漢初較周尺已差大，若建初慮俿銅尺，則比周尺又大矣。

又案：《記》曰：『田馬之輈，深四尺。』『田車之輪，六尺有三寸。』此爲半橢圜形，與國馬之輈爲正圜者不同，故恐『輈長三其輪崇』或有不合，試再推之。以軓前爲通徑，輈深爲小半徑，求橢圜積，得橢圜半周羸、朒二數，相減得田馬輈心長一丈四尺三寸四分四釐一豪，法詳《推求車度次弟解》。再加輿下四尺四寸，共長一丈八尺七寸四分四釐一豪，三其輪崇，得一丈八尺九寸，差一寸五分五釐九豪，復除輈中心占入輿底輈一寸五分，亦僅差五釐九豪耳。是田馬之輈亦密合也。又《記》曰：『駑馬之輈，深三尺有三寸。』《記》不言駑馬輪[一]崇，然輈深既以七寸遞減，輪數亦必以三寸遞減。田車輪崇減于兵車三寸。竊訂駑馬輪崇當六尺也，今亦以軓前爲通徑，輈深爲小半徑，求橢圜積，得橢圜半周羸、朒二數，相減得駑馬輈心長一丈二尺八寸零零一豪，再加輿下四尺四寸，共長一丈七尺二寸零零一豪，三其輪崇，得一丈八尺，差二寸零零一豪，再除輈心占入輿底輈一寸五分，所差亦僅五分零一豪耳。是駑馬之輈亦密合也。

[一] 輪，底本誤作『輸』，據甲戌續刊本改。

由此數者求之，可益證軓前、輈深之説之非誤，而訂駕馬之輪崇六尺，得數于《記》文所未及者，亦不爲無據矣。

又案：漢石刻《武梁祠像》及《孔子見老子畫像》搨本皆有二馬車，石雖殘闕，形尚可辨，其車輈出輿下平，至馬尾始昂而上，與古輮輈法已不能盡合矣。

輈踰軓以上爲疾，疾謂之頸。

《秋官·大行人》：『立當前疾。』司農云：『疾，轅前胡，下垂拄地。』惠君定宇曰：「『疾』乃『疾』之譌，《唐石經》已然。《禮説》曰『疾伯立當前疾』，《論語》疏、《小雅·蓼蕭》疏引作『疾』，尚不誤。」元案：惠説是也。『胡』『疾』一聲之轉。凡物下垂如人喉者皆曰胡，故戈援之下亦名胡也。疾謂之頸者，《秋官》之『疾』即《考工》之『頸』，同處異名，亦異名同實，蓋輈踰疾以上其圍漸殺矣。

輈後投任正謂之踵，當伏兔者爲當兔。

踵者，投任正之中者也。《記》言『十分輈長，以一爲當兔之圍』，是當兔圍最大，與任正同。《記》又言『五分頸圍，去一爲踵圍』者，以踵投任正鑿中，故殺之也。

輈兩端木爲任木，前端駕馬爲衡任，後端持輿爲任正。

《考工記》于《輈人》特出任木之名，又言衡任、任正之制，漢以來説者多誤。鄭康成氏以任正爲輿下三面材，戴侗已辨其爲軫矣，而任正之制尚然未覩。元案：任木者，輈兩端木名。衡任者，即輈前端之衡，駕馬者也。任正者，輈後端之横木，當車後持輿之後軫底者也。任木最關重要，故《考工記》于《輈人》特曰：『凡任木：『凡』字意括兩端而言。任正者，十分其輈之長，以其一爲之圍；衡任者，五分其長，以其一爲之圍。』又恐拙工之鑿小之，故終警之曰：『小于度，謂之無任。』此聖人制作之精意也。《匠人》：『凡任，索約大汲其版，謂之無任。』文意同此。任正木最大，長應與輿廣等，横安車後，與輈踵爲内鑿之投作『丅』形，因而加輈于軸作『卄』形，又加輿于輈軸上作『申』形。輿後軫與任正交固若一，前軫下之軓規定輈身，是輿已安置輈上不傾仄矣。而輿底與軸猶相離也，于是左右軫内有伏兔者下鉤乎軸，是輿又得左右銜制之力，不動掉傾脱矣。故輈與輿、軸三物合一，堅固不離，全賴此任正之力。試以馬引輈，輈與任正并力載輿以行，而輿下伏兔又夾軸以行，輿下之輈欲左右動移，而輿底伏兔及軓之力制之，軓上輈身欲反側紐戾，而輿與任正相合之力又制之，此任正之所以爲正也。自解者不識車後有任正之木，而《記》又明有任正之名，遂以任正歸之軫。試思輈别爲一直木，軸别爲一直木，縱横交處非有内鑿之投、金革之固也，因而加輿于輈、加轐于軸，無論輈身與轐不足以安輿，即輈在輿之下、軸之上，兩無關繫，直可抽出矣，縱令有金革以固之，百步之中未有不敗折者也。以有任正之堅固如彼，無任正之舛謬若此，究其名物致誤之由，總由于『輿後横木爲軫」之一訓也。《考工記》「軫」屬于《輿人》，「任正」屬《輈人》，本不相涉，特以加輿于輈，其後軫與任正相合若一，又以輿左、右、前三面皆有板，人所不常指名，所指名爲軫者惟輿後耳。故《左》昭二十一年：「張匄抽殳而下，子城[一]射之，折股，匄扶服而擊之，折軫。」襄二十四年：「踞轉而鼓琴。」服虔曰：「轉，軫也。」此皆獨指輿後之軫爲言，世因有「車後横木爲軫」之訓，遷軫之名于任正矣。但考《方言》曰：「軫謂之枕。」郭璞注：「車後横木。」《説文》曰：「軫，車後横木也。」《釋名》曰：「軫，枕車前，若卧牀之有枕。」就「枕」生義，故變「車後」言「車前」。是揚、許、劉三君雖以「任正」冒「軫」之名，而任正之木尚在，故或曰「車後横木」，或曰「如牀有枕」，皆見其物指其處，且象其形也。至鄭氏注《周禮》，知軫屬輿不屬輈，因舉而歸之輿後，而于所謂「任正」者，竟以輿下前三面材當之，于是車後絶無此任正之横木矣。總之，漢以前任正因近軫而冒軫之名，漢以後歸軫于輿而失任正之木，誤之又誤，鮮辯久矣。

又案：近戴君東原謂任正爲輈，衡任爲衡與軸，《考工記》「凡任木」以下三十八字先發下文之意，下文乃舉其制，故重言衡與當兔之圍。此説亦誤。以今考之，其不合者有四。

[一] 城，甲戌續刊本作「成」，誤。

《考工記》屬文最省，至車工之事尤爲簡潔，容有事當明言而省文互見者，斷未有先已明言其圍，後又重複言之者，細檢《記》中，無此文體。其不合一也。《記》以衡圍即起于衡長，故惟曰：『衡任者，五分其長，以其一爲之圍。』『其』字下不必加『衡』字。而任正之圍則起度于輈，故曰：『十分其輈之長，以其一爲之圍。』於『其』字下特著『輈』字以別之。若任正即輈身，則『其』下『輈』字爲贅疣矣。其不合二也。設使任正爲輈，衡任爲衡與軸，先言其圍，下文不妨再言，何以下文惟言軸圍及輈當兔圍，獨置衡圍於不論乎？其不合三也。軸之通長一丈二尺，斷不得以當輿下之六尺六寸指名爲軸，其兩端之長置不入筭，果軸爲五分其長之一，則圍當二尺有餘，即與下『五分軫間，一爲軸圍』大相矛盾。其不合四也。

小車衡，大車鬲。所以鍵衡謂之軏。所以鍵鬲謂之輗。

衡即衡任也。鬲者，大車衡名。《説文》曰：『輗，大車轅端持衡者。』『軏，車轅端持衡者。』《論語》曰：『大車無輗，小車無軏。』包咸注：『輗者，轅端横木以縛軛。軏者，轅端上曲鉤衡。』其説非是。戴侗《六書故》曰：『轅端横木即衡也。輗乃持衡者。』此已足正舊説之謬。戴君東原又爲之證曰：『《韓非子·外儲説》：墨子曰：「吾不如爲車輗者巧也，用咫尺之木，不費一朝之事，而引三十石之任。」元案：《墨子·魯問[一]》篇曰：「子之爲䨽，不如翟之爲車轄，須臾斲三寸之木，而引三十石之任。」」與《韓非子》所引不同。按：大車鬲以駕牛，小車衡以駕馬，其關鍵則名輗、軏。轅所以引車，必施輗、軏然後行。伸之在人，亦交接相持之關鍵，故以輗、軏喻伸。包氏以踰丈之輈、六尺之鬲，而當咫尺之輗、軏，疏矣。』據戴氏説，則包説謬矣。元又案：皇侃《論語疏》引鄭康成氏注曰：『輗，穿轅端著之；軏，因轅端著之。』鄭氏説本不誤，《集解》棄鄭取包，可謂無識。揚雄《太(元)〔玄〕經》曰：『閑，次三，關無鍵，盜入門也。拔我輗、軏，貴以伸也。』此即子雲用《論語》之義。其曰『拔』，則爲衡上之鍵可知，且與上『關鍵』同一義也。此皆輗、軏爲衡、鬲鍵之證也。

衡鬲下扼馬牛者軶，軶謂之烏啄，衡下兩軶曰兩軥。

衡與車廣等，長六尺六寸，平橫輈端直木也。《車人》曰：『鬲長六尺。』亦直木也。若其壓馬牛頸處，則別有曲木縛於衡、鬲之下，以下扼馬牛之頸。包咸《論語注》曰：『輗者，轅端橫木以縛軶。』此雖誤解輗爲鬲，而其言軶縛於橫木之下，則漢時目驗猶然。皇侃疏曰：『古作牛車二轅，不異即時車，但轅頭安枙與今異也。即時車枙用曲木，駕於牛脰，仍縛枙兩

[一] 問，底本誤作『間』，據《墨子》改。

頭著兩轅。古時則先取一横木縛著兩轅頭，又别取曲木爲梔，縛著横木，以駕牛脰也。即時一馬牽車，猶[一]如此也。』據皇氏説，則梔别爲衡鬲下曲木甚明。至梁時此制尚存，故得以目驗而知。由此説驗之諸書，無不合者。《急就篇》既言『軜衡』，又言『軶縛』。《莊子·馬蹄》篇曰：『加之以衡、梔。』衡、軶爲二物甚明。《儀禮·既夕》曰：『楔貌如軶上兩末。』楔乃未含飯置尸口中者，爲半規形，末向上。據此，可知軶曲半規，特末向下耳。軶又名『烏啄』者，『烏啄』合聲爲『握』，凡以手扼物曰『握』，『握』『扼』聲轉，皆半規曲形之名，故《詩·韓奕》曰：『鞗革金厄。』『厄』即『軶』，毛傳訓爲『烏蠋也』。鄭箋説非。《爾雅》：『蚅，烏蠋。』即《詩》所謂『蜎蜎者蠋』。蟲行屈中即名厄也。蜎蜎，蠋曲貌。《考工記·盧人》『刺兵欲無蜎』，亦此義也。《釋名》曰：『烏啄，向下叉馬頸，似烏開口向下啄物時也。』此象形則得矣，釋義則甚謬也。鬲下駕牛祇用一軶，若衡下駕馬，則用兩軶，故兩軶又名兩軥。軥亦以其曲句名之也。《左》襄十四年：『射兩軥而還。』昭二十六年：『中楯瓦，繇朐汰輈。』服虔曰：『軥，車軶，兩邊叉馬頸者。』

所以貫轂謂之軸。軸末謂之軎，軎謂之軏，軏謂之軹。軎上鍵謂之轄，轄謂之軨。

[一]《論語義疏》『猶』上有『梔』字。

《釋名》曰：『軸，抽也。入轂可抽出也。』《説文》曰：『軸，持輪也。』《史記·淳于髡傳》曰：『豨膏棘軸，所以爲滑也。然而不能運方穿。』蓋軸横輿底穿兩輪，運於穿中，膏之乃滑也。謂軸末出轂外爲軎者，《説文》曰：『軎，車軸耑。象形。或從彗作轊。』軎長而細，又在轂外，最易相鼓，故『鼓』從『軎』。《晏子春秋》曰：『齊人好鼓轂相犯以爲樂。』《史記》：『齊田單宗人盡斷其車軸末而傅鐵籠。』皆謂此也。軎又爲軌、爲軹者，王先生懷祖曰：『《詩》「濟盈不濡軌」，此「軌」字與《少儀》同。《少儀》曰「祭左右軌」，鄭氏注曰：「軌與軹於事同，謂轊頭也。」今本「事」訛「車」，據《正義》較改。讀「事同」爲句。《周禮·大馭》「祭兩軹」與《少儀》「兩軌」同處，是「軌」即「軹」也。輪半崇三尺三寸當軌，《詩》曰「不濡軌」，言其淺也。』

王給諫云：『毛傳「谿軓以上爲軌」，「上」乃「下」之訛。孔穎達等改「軌」爲「軓」，即惑于「上」字也。此詩「有」「瀰」「鷕」、「濟」「雉」、「盈」「鳴」、「不」「求」、「濡」「其」、「軌」「牡」，皆字字相對，爲韻極密。若改「軌」爲「軓」爲合韻，則求聲太遠矣。』

元又案：《曲禮》曰：『國中以策彗卹勿驅，塵不出軌。』此言國中不疾馳，塵高不過三尺以上。若道上之軌即塵也，安得不出乎？《爾雅》曰：『氿泉穴出。穴出，仄出也。』李巡注：『水從旁出爲氿。』此甚肖車兩軌之形，故名同矣。《晏子春秋》：『景公爲西曲潢，其深滅軌。』軹本轂末之名，今軸末亦名軹者，二物相近，名即相移。《釋名》曰：『軹，指也。如指而見於轂頭。』即謂此也。謂『害鍵爲舝』者，《説文》曰：『舝，車軸耑鍵也。象兩穿相背，从舛、萬省聲。』又『轄，从車，害聲』，同『舝』。《詩》曰『間關車之舝兮』是也。間關，設舝也，非聲。詩人從不以雙聲疊韻象聲，故『睍睆』『緜蠻』皆非聲。舝之長，三寸四寸惟所便。故《淮南子》曰：『夫車之能轉千里所者，其要在三寸轄。』《尸子》曰：『文軒六駃題，無四寸之舝，則車不行。』是其證也。舝又爲軨者，《曲禮》曰『僕展軨効駕』是也。桐城馬宗璉曰：『禮先言「展軨」，次言「奮衣由右上」，則軨爲害末之軨，非輿中之軨可知。《曲禮》疏引盧植注曰「軨謂轊頭也」，不誤；《釋文》引盧植注曰「謂轄頭靼」，則誤矣。』

鄭注輈人二說圖

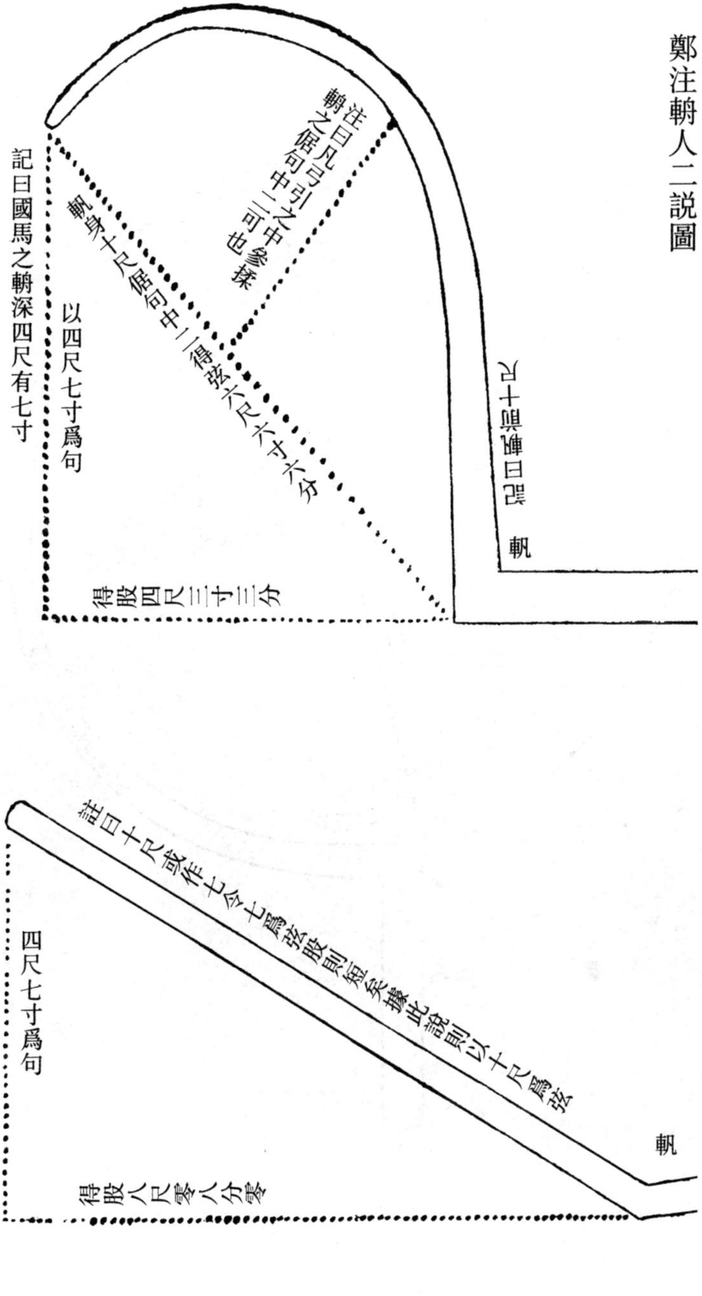
注曰凡弓引之中參揉
輈之倨句中三可也
輈身十尺倨句中三得弦六尺六寸六分
記曰軓前十尺
軓
記曰國馬之輈深四尺有七寸
以四尺七寸爲句
得股四尺三寸三分
注曰十尺或作七今七爲弦股則短矣據此說則以十尺爲弦
軓
四尺七寸爲句
得股八尺零八分零

輈圖

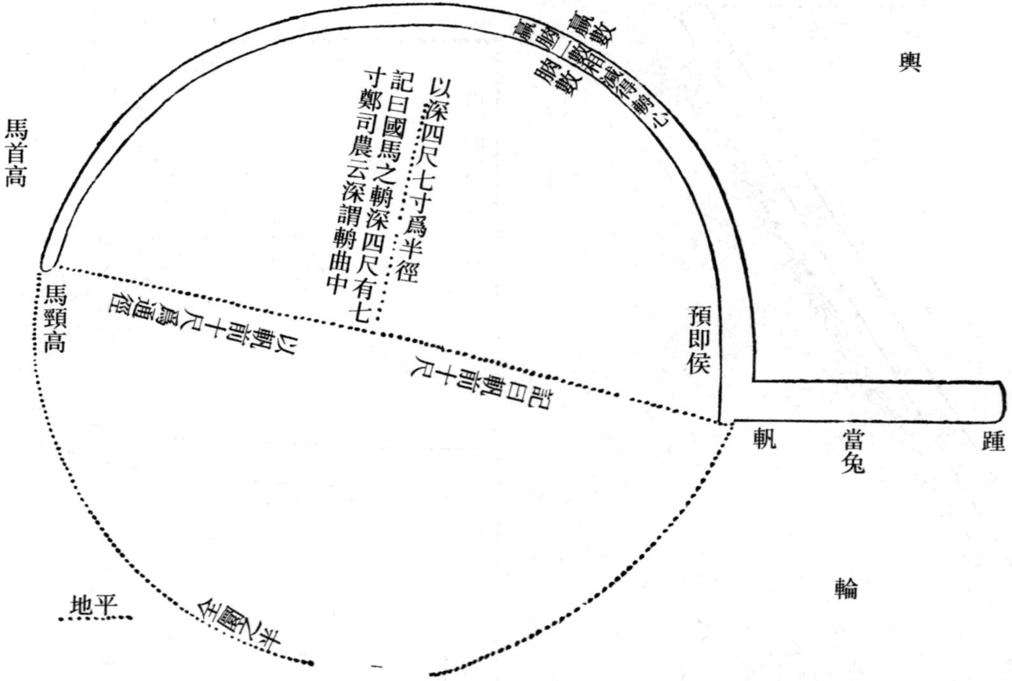
馬首高
馬頸高
以深四尺七寸爲半徑
記曰國馬之輈深四尺有七寸鄭司農云深謂輈曲中
以軓前十尺爲通徑
記曰軓前十尺
輈數
輈數相減得輈心
輈數
預即侯
輿
軓
當兔
踵
輪
地平
半之圓全

田馬輈圖

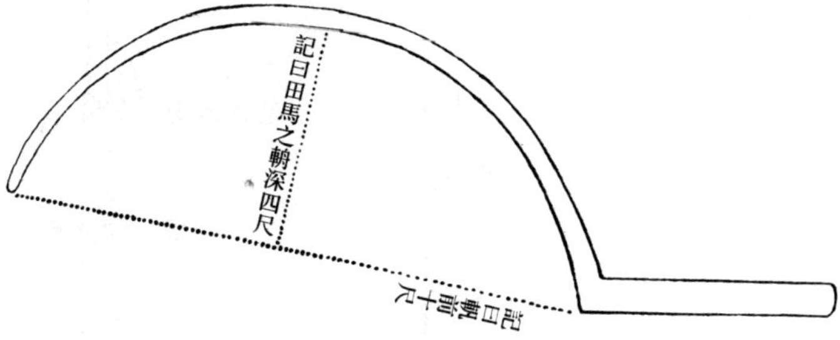

駑馬輈圖

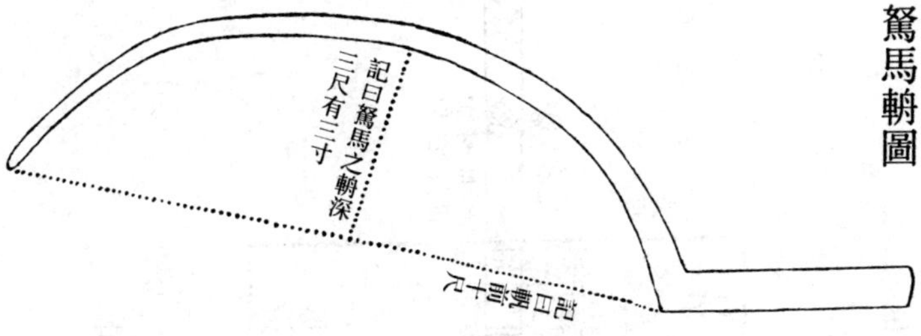

任木軸圖

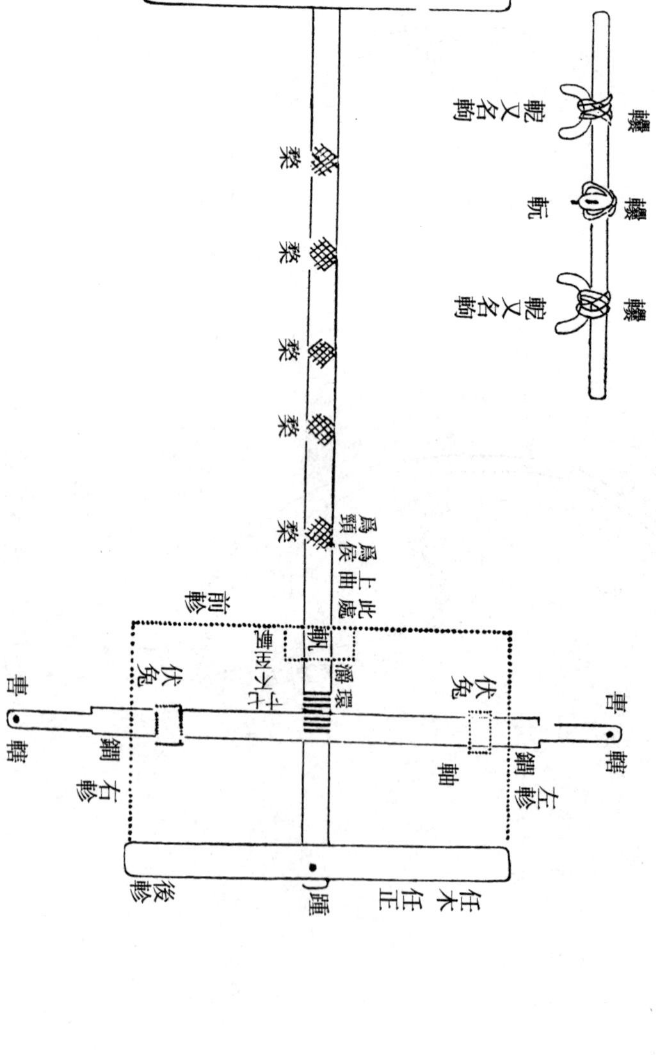
轐
轐
轐
軛又名軥
軏
軛又名軥
任木衡任
軏
楘
楘
楘
楘
楘
此處上曲爲侯爲頸
前軫
軓
任木軓
灂環
伏兔
伏兔
軎
軎
轄
轄
鐗
鐗
軸
左軫
右軫
任木任正
踵
後軫

革解弟四

革漆在轂謂之幬。幬謂之縵。縵上篆謂之約軝。漆在當兔爲環灂。輿革前謂之報，後謂之第。革在式謂之(鞑)〔鞃〕，在輹謂之轐，在軥謂之棨，衡束謂之鞻，鬲縛謂之鞙。

謂『革漆在轂謂之幬』者，《考工記》曰：『進而眡之，欲其幬之廉也。』後鄭注曰：『幬，縵轂之革也。革急則裹木廉隅見。』蓋轂外有急革裹之以爲固也。謂『幬謂之縵』者，《周禮·春官·巾車》曰『卿乘夏幔』是也。謂『幔上篆謂之約軝』者，《巾車》曰『孤乘夏篆』《説文》引作『軔』。是也。車有縵、篆，孤、卿又爲夏采也。《詩·小雅》曰：『約軝錯衡。』『約軝』即『篆』也。謂『在當兔爲環灂』者，《記》曰：『良輈環灂，自伏兔[一]不至軓七寸。軓中有灂，謂之國輈。』案：自伏兔不至軓七寸，是漆伏兔至軓，輈身之半也。司農讀爲『灂酒』之『灂』，『環灂謂漆沂鄂如環』。《弓人》曰：『寒奠體，冰析灂。冰析灂則審環。』又曰：『角環灂。』據此，則環灂者膠漆周裹如積環矣。謂『輿革前報後爲茀』《集韻》作『鞴』。者，《爾雅·釋器》文，郭璞曰『報以韋鞔車式，第以韋鞔車後』也。《詩·韓奕》：『鞹(鞑)〔鞃〕淺幭。』毛傳：『鞹，

[一] 按：伏兔，底本誤作『環灂』，據下文及《周禮注疏》改。

革也。(鞃)〔鞃〕,式中也。』是『(鞃)〔鞃〕』即『䩕』也。淺幭乃以淺毛虎皮覆式,與鞔式之鞹不同。謂『在輹謂之轐』者,《説文》曰:『轐者,伏兔下革也。讀若閔。』蓋加輹軸上,又以革縛之使不脱也。謂『在輈爲棨』者,《詩·小戎》曰:『五棨梁輈。』毛傳曰:『一輈五束。棨,歷碌也。』《説文》曰:『歷碌,束交也。』謂『衡束爲轙、鬲縛爲鞙』者,《説文》曰:『轙,衡三束也。或作『轙』。鞙,大車縛軛也。』

金解弟五

金在輪轞謂之鍚,在穿曰釭。大穿釭賢,小穿釭軹。軹謂之錧,錧謂之軑。在軸閒釭謂之鐗,在軎鍵輪謂之轄,車環謂之捐,衡上環謂之轙。

謂『在輪轞謂之鍚』者,《説文》曰:『鍚,鍱車輪鐵也。』蓋輪轞雖是堅木,終易敝于沙石,故有金以傅其外。鍚讀如『朱干設鍚』之『鍚』。大抵金之緣物而傅其外者,皆謂之鍚。《郊特牲》『朱干設鍚』,謂以金傅干背。《詩·韓奕》『鉤膺鏤鍚』,謂金傅馬當盧也。謂『在穿釭、大穿釭賢、小穿釭軹』者,《説文》曰:『釭,車轂口鐵也。』今『口』訛作『中』。《衆經音義》兩引並作『口』。《釋名》曰:『釭,空也。其中空也。』釭又爲賢、軹之總名。謂之賢者,《説文》曰:『臤,堅也。讀如鏗鏘之鏗。古文以爲「賢」字。』是『賢』有『堅』義也。《公羊》成四年

「伯臤卒」,《左氏》作「堅」,《穀梁》作「賢」。又《漢校官袁良碑》「賢」皆作「臤」。《羣經音辨》引鄭衆音,讀「賢」爲「胡甸切」。謂「軹即輨、輨即軑」者,《説文》曰:「輨,轂端沓也。」顔師古《急就篇》注曰:「錧,轂耑之鐵也。」趙岐《孟子題辭》亦曰:「五經之輨轄。」《説文》曰:「軑,車錧也。」《方言》曰:「關之東西曰輨,南楚曰軑。」《離騷》曰:「齊玉軑而竝馳。」《漢書·揚雄傳》曰:「肆玉軑而下馳。」並謂此也。古車轂中軹以金爲之,其形内外周皆圜而薄,其長不過四寸許,至周末以後,乃有以玉爲之者,《離騷》《漢書》之「玉軑」是也。玉雖堅而易碎,如金之内外皆圜則薄矣,故琢玉爲外方内圜形,今時舊玉中每每有此物,俗即稱爲釭頭也。戴東原氏謂輨、軑爲約轂外端者,非。謂「在軸爲鐧」者,《説文》曰:「鐧,車軸鐵也。」《釋名》曰:「鐧,間也。間釭軸之間,使不相摩也。」《吴子兵法》曰:「膏鐧有餘,則車輕人。」《方言》曰:「錧、軑,鍊鏅也。」《廣雅》同。《太平御覽》引《釋名》「鐧」作「鍊」。元案:鍊,《説文》曰:「冶金也。」「鏅」爲「鈐鏅」,耕器。皆非車上之金。蓋「鍊」即「鐧」字,「鏅」即「軑」字,音同而俗相假耳。據此,則鏅、軑、輨一物,穿内金也。鐧、鍊一物,軸上金也。《方言》以「鍊鏅」訓「錧」「軑」,隨俗相假也。謂「在害謂之轄」者,《儀禮·既夕·記》曰:「犬服,木錧。」錧,今文爲「轄」。喪用木轄,平日用金可知。謂「車環爲捐」者,《爾雅·釋器》曰:「環謂之捐。」郭璞注曰:「著車衆環。」謂「衡上環爲轙」者,《爾雅·釋器》曰:「載轡謂之轙。」郭璞注曰:「車軶上環轡所貫也。」《説文》亦曰:「轙,車衡載轡者。」高誘《淮南子》注曰：『轙所以縛衡。』義未確。元案：金革之事，《考工》不詳，而轙、桼、鍚、捐等並爲至要，故詳解之。

推求車度次弟解弟六

案：《考工記》車工之事，文省事該，其言度數，每建首一物，明言其度，其後或多或少，分析推之，或略或闕，交互求之，加減比例豪釐不差。元既因其度數之關于大體者，考于《解》中矣，復類其次弟相求之故及未推之事，步算如左。

《記》曰：兵車、乘車之輪崇六尺六寸。得：

輪崇六尺六寸。

《記》不言輪周，然以輪徑求輪周，其數可得。古法徑一圍三，皆是疏率。徑一圍三，乃六等邊形，每弦與圍半徑相等者。《考工》于大車則用疏率約計之，觀《車人》『渠三柯者三』可見。《輪人》不言牙周，密率故也。《隋志》載祖沖之所開密率，實得古法。觀輈弦矢求弧背，得數與『三其輪崇』説合，知古人本有密率，後人失之耳。其率徑一者，圍三一四一五九二七。今用此求得：

輪周二丈零七寸三分四釐零。

《記》曰：『六分輪崇，以其一爲之牙圍。』今推得：

牙面寬一尺一寸。

《記》曰：『參分其牙圍而漆其二。』推得：

牙面漆者七寸三分三釐三豪。

不漆者三寸六分六釐六豪。

《記》不言牙厚，今以《車人》文互校，求得：

牙厚二寸。

《記》曰：『椁其漆内而中詘之，以爲轂長。』推得：

轂長二尺九寸三分三釐三豪。

《記》曰：『以其長爲之圍。』推得：

轂圍二尺九寸三分三釐三豪。

《記》不言轂徑，蓋有圍即有徑也。密率圍周一零零零零零零，其徑當零三一八三零，今用此求得：

轂徑九寸三分三釐七豪。

《記》曰：『五分其轂長，去一以爲賢，去三以爲軹。』今依鄭注訂『去一』爲『去二』推得：

賢圍一尺七寸六分。

軹圍一尺一寸七分三釐三豪。

《記》不言賢、軹徑，今以密率求得：

賢徑五寸七分零四豪。

軹徑三寸七分三釐四豪。

《記》曰：『參分轂長，二在外，一在內，置其輻。』「置」讀如「植」，立之也。置、植古同。《詩·商頌》：『置我鞉鼓。』箋曰：『置，讀曰「⿰木置」。』《論語》『植其杖而耘』，《漢石經》作『置其杖而耘』。輻博同牙厚二寸，除輻博，推得：

小穿長一尺八寸二分二釐二豪。『二在外』即軹。

大穿長九寸一分一釐一豪。『一在內』即賢。

《記》不言輻長，今以輪半崇除去牙面寬及減轂半徑，求得：

輻長一尺七寸三分三釐一豪。菑、蚤未入筭。

《記》不言輻博、輻厚，今以《車人》校之，求得：

輻博二寸。

輻厚六分六釐六豪。

《記》曰：『參分輻長，殺其一。』『其一』即骹也。推得：

輻股長一尺一寸八分八釐[一]四豪。

輻骹長五寸七分七釐七豪。

《記》曰：『參分其股圍，去一以爲骹圍。』今以股博、股厚二數推得橢圜圍：

股圍五寸一分四釐一豪。

骹圍三寸四分二釐六[二]豪。

《記》曰：『綆參分寸之二。』今所殺輻博外三分寸之二爲骹不滿牙，外邊即綆也，推得：

綆六分六釐六豪。

《記》曰：『竑其輻廣以爲之弱。』推得：

弱長三寸。

《記》不言蚤長，今求蚤長約與菑等，得：

蚤長三寸。舊説蚤長同牙面寬，蚤穿牙外出之，加槷，非是。槷乃横貫牙面制蚤使不脱者，若以『有槷必足見』『足』字解爲『牙足』之『足』，則大謬矣。

[一] 八分八釐，甲戌續刊本作『五分五釐』。按：據上文輻長推算，當以『五分五釐』爲是。

[二] 六，甲戌續刊本作『七』。

右輪。

《記》曰：『輿崇、車廣如一。』推得：

輿廣六尺六寸。

《記》曰：『參分車廣，去一以爲隧。』推得：

隧深四尺四寸。

《記》曰：『參分其隧，一在前，二在後，揉其式。』推得：

式深一尺四寸六分六釐六豪。

《記》不言輢較深，今除去式深，求得：

輢較深二尺九寸三分三釐三豪。

《記》不言式長，今求式長與輿廣等，得：

式長六尺六寸。

《記》曰：『以車廣半爲式崇。』推得：

式崇三尺三寸。

《記》曰：『以隧半爲較崇。』推得：

較崇于式二尺二寸。較通高五尺五寸。

《記》曰：『六分車廣，以一爲軫圍。』推得：
四軫圍一尺一寸。
《記》曰：『參分軫圍，去一爲式圍。』推得：
式圍七寸三分三釐三豪。
《記》曰：『參分式圍，去一爲較圍。』推得：
較圍四寸八分八釐八豪。
《記》曰：『參分較圍，去一爲軹圍。』推得：
軹圍三寸二分五釐九[一]豪。
《記》曰：『參分軹圍，去一爲轛圍。』推得：
轛圍二寸一分七釐二豪。
右輿。
《記》不言國馬輈長。案：《記》曰：『軓前十尺。輈深四尺有七寸。』由此求正圜半周
爲輈身，得：

[一] 九，甲戌續刊本作『八』。

輈身中心長一丈五尺二寸三分六釐六豪。朒十四尺七寸六分五釐四豪，贏十五尺七寸零七釐九豪。

《記》不言田馬輈長。案：《記》曰：『田馬之輈，深四尺。』今以軓前十尺内減輈身兩端六寸，餘九尺四寸爲大通徑，輈深四尺爲小半徑，爲半橢圜形，求其積，當二十九尺五十三寸九分七十釐八十一豪，半橢圜周十三尺六寸二分一釐三豪，此朒數也。再以軓前十尺爲大通徑，加輈身徑三寸于四尺共深四尺三寸爲小半徑，爲半橢圜形，求其積，當三十三尺七十七寸二十一分二十釐八十八豪，半橢圜周十四尺五寸六分六釐九豪，此贏數也。以贏、朒二數相減，得：

田馬輈身中心長一丈四尺三寸四分四釐一豪。

《記》不言駑馬輈長。案：《記》曰：『駑馬之輈，深三尺有三寸。』今以軓前十尺内減輈深兩端六寸，餘九尺四寸爲大通徑，輈深三尺三寸爲小半徑，爲半橢圜形，求其積，當二十四尺三十六寸三十分五十釐九十二豪，半橢圜周十二尺三寸七分二釐二豪，此朒數也。再以軓前十尺爲大通徑，加輈身徑三寸于三尺三寸共深三尺六寸爲小半徑，爲半橢圜形，求其積，當二十八尺二十七寸四十三分三十三釐七十六豪，半橢圜周十三尺三寸二分八釐五豪，此贏數也。以贏、朒二數相減，得：

駑馬輈身中心長一丈二尺八寸零零一豪。

《記》曰：『十分其輈國馬之輈。之長，以一爲當兔之圍。』推得：

當兔圍一尺五寸二分三釐六豪。

《記》曰：『參分兔圍，去一以爲頸圍。』推得：

頸圍一尺零一分五釐零。

《記》曰：『五分頸圍，去一以爲踵圍。』推得：

踵圍八寸一分二釐零。

《記》曰：『衡長、車廣如一。』推得：

衡長六尺六寸。

《記》曰：『衡任者，五分其長，以其一爲之圍。』推得：

衡圍一尺三寸二分。

《記》不言任正長，今求任正長與輿廣等，得：

任正長六尺六寸。

《記》曰：『任正者，十分其輈之長，以其一爲之圍。』推得：

任正圍一尺五寸二分三釐六豪。

《記》不言軸長，今求兩輪相去八尺爲軌，兩輪加小穿各長一尺八寸二分二釐二豪，再約以一寸六分一釐一豪爲出轂設䡅之地，求得：

軸長一丈二尺。《匠人》：『應門二徹參个。』注曰：『二徹之内八尺，三个二丈四尺。』半之爲一丈二尺，與今所求相合，蓋應門容二車也。依鄭氏湊輪法，則徹廣八尺外，小穿各長二尺六寸，軸通長一丈三尺四寸，應門棖臬間不能容車矣。

《記》曰：『五分其軫間，以其一爲之軸圍。』推得：

軸圍一尺三寸二分。

軸徑與大穿徑不相當，其中爲鐧厚也。今以兩徑數相減，求得：

鐧金厚七分四釐九毫[一]。

右輈。

右《車制圖解》，元二十四歲寓京師時所撰。撰成即栞之。其間重較、軓前十尺、後軫諸義，實可辯正鄭注，爲江慎修、戴東原諸家所未發。且以此立法，實可閉門而造，駕而行之。此後金輔之、程易田兩先生亦言車制，書出元後，其于任木、梢藪等義，頗與鄙説不同，其説亦有是者。元之説亦姑與江、戴諸説竝存之，以待學者精益求精焉。嘉慶八年阮元識於浙江節院，時年四十。

[一] 四釐九毫，甲戌續刊本作『五釐一毫』。

揅經室一集卷八

論語論仁論

孔子爲百世師，孔子之言，著於《論語》爲多。《論語》言五常之事詳矣，惟論『仁』者凡五十有八章，『仁』字之見於《論語》者凡百有五，爲尤詳。若於聖門最詳切之事，論之尚不得其傳而失其旨，又何暇别取《論語》所無之字標而論之邪？今綜論《論語》論『仁』諸章，而分證其説於後。謹先爲之發其凡曰：元竊謂詮解『仁』字，不必煩稱遠引，但舉《曾子制言》篇『人之相與也，譬如舟車然，相濟達也。人非人不濟，馬非馬不走，水非水不流』及《中庸》篇『仁者，人也』鄭康成注『讀如相人偶之人』數語，足㠯明之矣。春秋時，孔門所謂仁也者，㠯此一人與彼一人相人偶，而盡其敬禮忠恕等事之謂也。相人偶者，謂人之偶之也。凡仁必於身所行者驗之而始見，亦必有二人而仁乃見。若一人閉户齊居，瞑目静坐，雖有德理在心，終不得指爲聖門所謂之仁矣。蓋士、庶人之仁，見於宗族鄉黨；天子、諸侯、卿大夫之仁，見於國家臣民。同一相人偶之道，是必人與人相偶而仁乃見也。鄭君『相人偶』之注，即《曾子》『人非人不濟』、《中庸》『仁者，人也』、《論語》『己立立人，己達達人』之旨。『能近取譬』，即『馬走』『水流』之意。曰『近取』者，即子夏『切問近思』之説也。蓋孔門諸賢已有『未仁』『難竝』之論。慮及後世言仁之務爲高遠矣。孔子答司馬牛曰：『仁者，其言也訒。』夫言訒於仁何涉？不知浮薄之人，語易侵暴，侵暴則不能與人相人偶，是不訒，即不仁矣。所以『木訥近仁』也。仲弓問仁，孔子答曰『見大賓，承大祭』諸語，但言敬恕之道，於仁無涉。不知天子、諸侯不體羣臣，不卹民時，則爲政不仁；極之，視臣草芥，使民糜爛，家國怨而畔之，亦不過不能與人相人偶而已，秦、隋是也。其餘聖門論仁，以類推之，五十八章之旨，有相合而無相戾者。即推之諸經之旨，亦莫不相合而無相戾者。自『博愛謂仁』立説目來，歧中歧矣。吾固曰：孔子之道，當於實者、近者、庸者論之，則春秋時學問之道，顯然大明於世而不入於二氏之塗。吾但舉其是者，而非者自見，不必多其辭説也。

子貢曰：『如有博施於民而能濟衆，何如？可謂仁乎？』子曰：『何事於仁，必也聖乎！堯、舜其猶病諸！夫仁者，己欲立而立人，己欲達而達人。能近取譬，可謂仁之方也已。』

子曰：『若聖與仁，則吾豈敢？抑爲之不厭，誨人不倦，則可謂云爾已矣。』公西華曰：『正唯弟子不能學也。』

元謂：孔子論人，目聖爲第一，仁即次之，仁固甚難能矣！『聖』『仁』二字，孔子皆謙不敢當。子貢視仁過高，誤入聖域，故孔子分别『聖』字，將『仁』字降一等論之曰：所謂仁者，己之身欲立則亦立人，己之身欲達則亦達人。所以必兩人相人偶而仁始見也。即如己欲立孝道，亦必使人立孝道，所謂『不匱』『錫類』也；己欲達德行，亦必使人達德行，所謂『愛人以德』也。《曾子》所謂『人非人不濟』正是立人、達人之道也，亦即『近取譬』之道也。此皆不視仁太高，誤入『聖』字也。『爲之不厭』，己立、己達也；『誨人不倦』，立人、達人也。立者如『三十而立』之『立』，達者如『在邦必達，在家必達』之『達』。

元又謂：《孟子》：『仁，人心也。義，人路也。』此謂仁猶人之所以爲心，義猶人之所以爲路，非謂即心即仁也。若云此仁即眞是心，斷不可云此義即眞是路也。總之，聖賢之仁，必偶於人而始可見。故孔子之仁，必待老少始見安懷。若心無所著，便可言仁，是老僧面壁多年，但有一片慈悲心，便可畢仁之事，有是道乎？

許叔重《説文解字》：『仁，親也。从人、二。』段若膺大令注曰：『《見部》曰：「親者，密至也。」會意。《中庸》曰：「仁者，人也。」注：「人也，讀如相人偶之人。」以人意相存問之言。《大射儀》「揖曰耦」，注：「言曰者，耦之事成於此，意相人耦也。」《聘禮》「每曲揖」，注：「曰人相人耦爲敬也。」《公食大夫禮》「賓入三揖」，注：「相人耦。」《詩·匪風》箋云：「人偶能烹魚者。人偶能輔周道治民者。」』元謂賈誼《新書·匈奴》篇曰：『胡嬰兒得近侍側，胡貴人更進得佐酒前，上時人偶之。』以上諸義，是古所謂人耦，猶言爾我親愛之辭。獨則無耦，耦則相親，故其字从人、二。《孟子》曰：『仁也者，人也。』謂仁之意即人之也。元案：《論語》：『問管仲，曰：「人也。」』《詩·匪風》疏引鄭氏注曰：『人偶，同位之辭。』此乃直以『人也』爲『仁也』，意更顯矣。

又案：『仁』字不見於虞、夏、商《書》及《詩》三《頌》、《易》卦爻辭之內，似周初有此言而尚無此字。其見于《毛詩》者，則始自《詩·國風》『洵美且仁』。再溯而上，則《小雅·四月》『先祖匪人，胡寧忍予』。此『匪人』『人』字實是『仁』字，即『人偶』之意，與《論語》『人也，奪伯氏邑』相同。蓋周初但寫『人』字，《周官》禮後始造『仁』字也。鄭箋解『匪人』爲『非人』，孔疏疑其言之悖慢，皆不知『人』即『仁』也。

陽貨謂孔子曰：『懷其寶而迷其邦，可謂仁乎？』曰：『不可。』『好從事而亟失時，可謂知乎？』曰：『不可。』『日月逝矣，歲不我與。』孔子曰：『諾，吾將仕矣。』

元謂：魯國時人之論已皆以聖、仁尊孔子，故孔子曰：『則吾豈敢。』陽貨之言亦因時論而難之也。又智者，仁之次。《漢書·古今人表》敘論九等，列智人於仁人下。子張以仁推令尹子文及陳文子，孔子皆答以『未智，焉得仁』，明乎必先智而後能仁也。故陽貨諷孔子仁、智竝稱，孔子謙不敢當，非特不居仁，且不居智。孔子又言『仁者安仁，智者利仁』，此可驗聖、仁、智三者之次矣。

子夏曰：『博學而篤志，切問而近思，仁在其中矣。』

子游曰：『吾友張也，爲難能也，然而未仁。』

曾子曰：『堂堂乎張也，難與並爲仁矣。』

元謂：㠯上三章，孔門論仁，近譬之道。子夏恐學者視仁過高，將流爲虛悟遠求也，故曰：勿謂仁不易知，但博學篤志，切問近思，仁道即可近譬而知。此數語將晉、宋㠯後一切異端空虛(元)〔玄〕妙之學、晉人玄學最重清遠。遠與近譬、近思相反。儒家學案標新競勝之派皆預爲括定。曾子、子游慮子張於人無所不容，過於高大，不能就切近之事與人爲仁，亦同此說也。其曰『爲仁』，可見仁必須爲，非端坐静觀即可曰仁也。曰『竝爲』，『竝』即『相人偶』之說也。

顔淵問仁。子曰：『克己復禮爲仁。一日克己復禮，天下歸仁焉。爲仁由己，而由人乎哉？』顔淵曰：『請問其目。』子曰：『非禮勿視，非禮勿聽，非禮勿言，非禮勿動。』顔淵曰：『回雖不敏，請事斯語矣。』

仲弓問仁，子曰：『出門如見大賓，使民如承大祭。己所不欲，勿施於人。在邦無怨，在家無怨。』仲弓曰：『雍雖不敏，請事斯語矣。』

樊遲問仁。子曰：『愛人。』問知。子曰：『知人。』樊遲未達。子曰：『舉直錯諸枉，能使枉者直。』樊遲退，見子夏，曰：『鄉也吾見於夫子而問知，子曰「舉直錯諸枉，能使枉者直」，何謂也？』子夏曰：『富哉言乎！舜有天下，選於衆，舉皋陶，不仁者遠矣。湯有天下，選於衆，舉伊尹，不仁者遠矣。』

元謂：右三章皆言王者以仁治天下之道。顏子克己，『己』字即『自己』之『己』，與下『爲仁由己』相同。言能克己復禮，即可竝人爲仁，一日克己復禮，而天下歸仁。此即『己欲立而立人，己欲達而達人』之道。仁雖由人而成，其實當自己始。若但知有己，不知有人，即不仁矣。孔子曰：勿謂仁者人也，必待人而後竝爲仁，爲仁當由克己始。且即繼上二『克己』字疊而申之曰：爲仁由己，而由人乎哉？亦可謂大聲疾呼，明白曉暢矣。若以『克己』字解爲私欲，則下文『爲仁由己』之『己』，斷不能再解爲私，而由己不由人，反詰辭氣與上文不相屬矣。顏子請問其目，孔子答以『四勿』。『勿』即『克』之謂也。視、聽、言、動，專就己身而言，若克己而能非禮勿視、勿聽、勿言、勿動，斷無不愛人，斷無與人不相人偶者，人必與己竝爲仁矣。俚言之，若曰：我先自己好，自然要人好；我要人好，人自與我同作好人也。一介之士處世、天子治天下，胥是道也。視、聽、言、動，不涉家、國、天下一字，而齊、治、平之道具在。孔子恐學者爲仁，專待人而後並爲之，故收向内言。孟子曰『仁，内也』，即此説也。然收至視、聽、言、動，亦内之至矣。一部《論語》，孔子絶未嘗於不視、不聽、不言、不動處言仁也。顔子三月不違仁，而孔子向内指之曰『其心不違』，可見心與仁，究不能使之渾而爲一，曰即仁即心也，此儒與釋之分也。又《左傳》昭公十二年，楚靈王聞右尹子革諷《祈招》之詩，而不能自克，以及於難。仲尼曰：『古也有志：「克己復禮，仁也。」楚靈王若能如是，豈其辱於乾谿？』據此，可見『克己復禮』本是古語，而孔子嘗引之。且觀楚靈王之事，可知克己復禮，則家國必仁；不能克己復禮，則國破身亡。夫求鼎、詬天，豈止不能克己，究其始，亦不過因不能克己，充之至於如此耳。

毛西河檢討《四書改錯》曰：『馬融以約身爲克己，從來説如此。惟劉炫曰：「克者，勝也。」此本揚子雲「勝己之私之謂克」語。然「己」不是私，必從「己」字下添「之私」二字，原是不安。至程氏直以「己」爲私，稱曰「己私」，致《集注》謂「身之私欲」，别以「己」上添「身」字，而專以「己」字屬私欲。於是宋後字書皆注「己」作「私」，引《論語》「克己復禮」爲證，則誣甚矣。毋論字義無此，即以本文言，現有「爲仁由己」，「己」字在下，而一作「身」解，一作「私」解，其可通乎？且克己不是勝己私也。「克己復禮」本是成語。《春秋》昭十二年楚靈王聞《祈招》之詩，不能自克，以及於難，夫子聞之，歎曰：「古也有志：『克己復禮，仁也。』楚靈王若能如是，豈其辱於乾谿？」是夫子既引此語以歎楚靈，今又引以告顔子。雖此間無解，而在《左傳》則明有「不能自克」作「克己」對解。克者，約也，抑也。己者，自也。

何嘗有己身私欲重煩戰勝之説？故《春秋》莊八年書「師還」，杜預以爲「善公克己復禮」。而後漢元和五年平望侯劉毅上書云「克己引愆，顯揚側陋」，謂能抑己以用人。即《北史》稱馮元興「卑身克己，人無恨者」，唐韓愈與馮宿書「故至此㠯來，克己自下」，直作卑身自下解。若後漢陳仲弓誨盜曰：「觀君狀貌，不佀惡人。宜深剋己反善。」别以「克」字作「剋」字，正以掊剋損削皆深自貶抑之義，故云。則是約己自剋，不必戰勝，況可詁「私」字也？』

凌次仲教授曰：『即以《論語》「克己」章而論，下文云「爲仁由己，而由人乎哉」，「人」「己」對稱，正是鄭氏「相人偶」之説。若如《集注》所云，豈可曰「爲仁由私欲乎」？再以《論語》全書而論，如「不患人之不己知」，見《學而》及《憲問》篇。又《里仁》作『不患莫己知』，《衛靈公》作『不病人之不己知』。「夫仁者，己欲立而立人，己欲達而達人」「己所不欲，勿施於人」，『仲弓問仁』『子貢問一言』章皆有此語。「古之學者爲己，今之學者爲人」「修己以安人」「君子求諸己，小人求諸人」，皆「人」「己」對稱。此外之「己」字，如「無友不如己者」「人潔己以進」「仁以爲己任」「行己有恥」「莫己知也」「恭己正南面」「以爲厲己」「以爲謗己」，若作「私欲」解，則舉不可通矣。』『馬注以「克己」爲「約身」，最得經意。邢叔明忽援劉光伯之言，謂嗜欲與禮義交戰，蓋剽襲《春秋正義》所述者。不知劉氏因上文有楚靈王「不能自克」之語，故望文生義耳，與《論語》何涉？』『竊以馬注申之：克己[一]，即修身也。故「修己以敬」「修己以安人」「修己以安百姓」，直云「修」，不云「克」。《中庸》云：「非禮不動，所以修身。」「動」實兼視、聽、言三者，與下文答顏淵「請問其目」正相合，辭意尤明顯也。』

臧用中太學曰：『桉：《左氏》「克己復禮，仁也」，即《論語》「克己復禮爲仁」。古志本有是語，孔子嘗稱之。《左氏》引以論楚子，《論語》引以答顏淵。注疏家各望文生義，《爾雅·釋詁》「克，勝也」，又「勝，克也」，展轉相訓，杜元凱本之。楚靈王誇功伐，多嗜慾，不能修身自勝以歸於禮，故劉光伯疏有「嗜慾與禮義交戰」之説。此以釋《左氏》，而非以釋《論語》也。馬季長以「克己」爲「約身」者，能修己自勝，約儉其身，即下文「非禮勿動」四者。是范武子訓「克」爲「責」，責己失禮而復之，與下文四「勿」義亦通。馬氏「約身」之訓，即《論語》「以約失之者鮮矣」之「約」，約身則非禮勿視、聽、言、動，故「克己復禮」連文。《左傳》、《論語》、馬、杜、范、劉等説，義本互通，惟劉光伯「嗜慾」之言意主楚靈王，而邢叔明襲之以釋《論語》，遂開《集注》訓「己」爲「私欲」之端，與全部《論語》「人」「己」對舉之文，方鑿員枘之不合矣。』

元謂：仲弓問仁，孔子告以『如見大賓』諸語，似敬恕之道，與仁無涉。不知古天子、諸

［一］按：克己，底本原作『克己己』，據《校禮堂文集》卷二十五《與阮中丞論克己書》删下『己』字。

侯之不仁者，始於不敬大臣、不體羣臣、使民不以時，漸至離心離德，甚至視臣如草芥，糜爛其民而戰之。若秦、隋之殺害羣臣，酷虐百姓，行不順，施不惠，家邦皆怨，是不仁之至也。究其始，不過由不敬不恕，充之以至於此。淺而言之，不愛人，不人偶人而已。若有見大賓、承大祭之心，行恕而帥天下以仁者，豈肯少爲輕忽哉？此所以爲孔門之仁也。又子夏論舉皋陶、伊尹而不仁者遠，此亦爲邦之道。不仁者遠，『能使枉者直』。此即『己立立人』『己達達人』之道，亦即『天下歸仁』之道也。

又案：孔子惟與顏子、仲弓論南面爲邦之道。此章『大賓』『大祭』專指天子而言，《周禮》凡言『大賓客』，皆諸侯朝覲之禮。《爾雅》曰：『禘，大祭也。』可見非朝覲、非禘祫，不得稱『大賓』『大祭』，此與『夏時』『殷輅』之例同。

又案：僖三十三年《左傳》晉臼季之言曰：『臣聞之：「出門如賓，承事如祭，仁之則也。」』孔子語本此。孔門師弟所述，半爲古人之恒言，故《孝經》中語每見於《左傳》。世人以其出於孔子則重之，出於子革、胥臣則忽之，豈知此皆夏、商以來相傳之言，孔子且奉爲準繩，所以春秋時學行爲至中庸也。顏子、仲弓所謂『請事斯語』，乃有事於孔子所舉之古語也。

子曰：『仁遠乎哉？我欲仁，斯仁至矣。』

元謂：此章即『一日克己復禮，天下歸仁』之說。

子張問仁於孔子。孔子曰：『能行五者於天下，爲仁矣。』請問之。曰：『恭、寬、信、敏、惠。恭則不侮，寬則得衆，信則人任焉，敏則有功，惠則足以使人。』

元謂：兼五者之長，行之天下，始可謂仁。必如此，始能愛及天下臣民也，又何疑於敬恕之非仁乎！大約『聖』『仁』二字所包甚廣。

子曰：『知及之，仁不能守之，雖得之，必失之。知及之，仁能守之。不莊以涖之，則民不敬。知及之，仁能守之，莊以涖之，動之不以禮，未善也。』

元謂：此章亦論治天下國家之道。『動之不以禮』，謂不動民以禮也。

子曰：『如有王者，必世而後仁。』

元謂：此章論王者化民成俗，使天下不仁者盡改而爲仁，非三十年之久不可，所謂『先難而後獲』也。

孟武伯問：『子路仁乎？』子曰：『不知也。』又問。子曰：『由也，千乘之國，可使治其賦也，不知其仁也。』『求也何如？』子曰：『求也，千室之邑，百乘之家，可使爲之宰也，不知其仁也。』『赤也何如？』子曰：『赤也，束帶立於朝，可使與賓客言也，不知其仁也。』

子張問曰：『令尹子文三仕爲令尹，無喜色；三已之，無愠色。舊令尹之政，必以告新令尹。何如？』子曰：『忠矣。』曰：『仁矣乎？』曰：『未知，焉得仁？』『崔子弑齊君，陳文子有馬十乘，棄而違之。至於他邦，則曰：「猶吾大夫崔子也。」違之。之一邦，則又曰：「猶吾大夫崔子也。」違之。何如？』子曰：『清矣。』曰：『仁矣乎？』曰：『未知，焉得仁？』

元謂：仁之有益於人民者甚大，孔子尚不敢當，故但以治賦、爲宰、與賓客言、忠、清許人，而不許以仁。子貢視仁過高遠，故孔子近而易之。孟武伯、子張視仁太易，故孔子難之。

憲問恥。子曰：『邦有道，穀；邦無道，穀，恥也。』『克、伐、怨、欲不行焉，可以爲仁矣？』子曰：『可以爲難矣，仁則吾不知也。』臧庸案：皇侃《義疏》、邢昺《正義》皆一章。《集注》本自『克伐怨欲』以下分别章，誤。

元謂：此但能無損於人，不能有益於人，未能立人、達人，所以孔子不許爲仁。

有子曰：『其爲人也孝弟，而好犯上者，鮮矣；不好犯上，而好作亂者，未之有也。君子務本，本立而道生。孝弟也者，其爲仁之本與！』

宰我問：『三年之喪，期已久矣。君子三年不爲禮，禮必壞；三年不爲樂，樂必崩。舊穀既没，新穀既升，鑽燧改火，期已可矣。』子曰：『食夫稻，衣夫錦，於女安乎？』曰：『安。』『女安則爲之！夫君子之居喪，食旨不甘，聞樂不樂，居處不安，故不爲也。今女安，則爲之！』宰我出。子曰：『予之不仁也！子生三年，然後免於父母之懷。夫三年之喪，天下之通喪也。予也有三年之愛於其父母乎？』

子曰：『君子篤於親，則民興於仁；故舊不遺，則民不偷。』

元謂：右三章可見『親親而仁民，仁民而愛物』之序。孝弟爲仁之本，即孟子所謂『未有仁而遺其親者也』。所以《堯典》必由『親九族』而推至『民雍』也。博愛平等之説，不必辯而知其誤矣。爲仁爲孝弟之本，故孔子謂宰我欲短喪爲『不仁』也。

微子去之，箕子爲之奴，比干諫而死。孔子曰：『殷有三仁焉。』

元謂：三人之行不同，而孔子皆以仁許之，愛人之道也。愛人尚謂之仁，況愛君至於如是乎！

冉有曰：『夫子爲衛君乎？』子貢曰：『諾。吾將問之。』入，曰：『伯夷、叔齊何人也？』曰：『古之賢人也。』曰：『怨乎？』曰：『求仁而得仁，又何怨？』出，曰：『夫子不爲也。』

元謂：夷、齊讓國，相偶而爲仁，正是己立立人、己達達人之道。諫而餓死，與比干同，愛君之至也。衛君反是，不仁可知。

子曰：『志士仁人，無求生以害仁，有殺身以成仁。』

曾子曰：『士不可以不(宏)〔弘〕毅，任重而道遠。仁以爲己任，不亦重乎？死而後已，不亦遠乎？』

子曰：『富與貴，是人之所欲也，不以其道得之，不處也；貧與賤，是人之所惡也，不以其道得之，不去也。君子去仁，惡乎成名？君子無終食之閒違仁，造次必於是，顛沛必於是。』

子張問於孔子曰：『何如斯可以從政矣？』子曰：『君子惠而不費，勞而不怨，欲而不貪，泰而不驕，威而不猛。』子張曰：『何謂惠而不費？』子曰：『因民之所利而利之，斯不亦惠而不費乎？擇可勞而勞之，又誰怨？欲仁而得仁，又焉貪？君子無衆寡，無小大，無敢慢，斯不亦泰而不驕乎？君子正其衣冠，尊其瞻視，儼然人望而畏之，斯不亦威而不猛乎？』

元謂：以上四章，以比干、夷、齊證之，其説更明。聖門論仁，爲富貴、生死所不能奪，所以聖人之言，反正經權，行之百世而無弊。

子貢曰：『管仲非仁者與？桓公殺公子糾，不能死，又相之。』子曰：『管仲相桓公，霸諸侯，一匡天下，民到於今受其賜。微管仲，吾其被髮左衽矣。豈若匹夫匹婦之爲諒也，自經於溝瀆而莫之知也。』

子路曰：『桓公殺公子糾，召忽死之，管仲不死。』曰：『未仁乎？』子曰：『桓公九合諸侯，不以兵車，管仲之力也。如其仁！如其仁！』

元謂：此二章論管仲不必以死子糾爲仁，而以匡天下爲仁。蓋管仲不以兵車會諸侯，使天下之民無兵革之災，保全生民性命極多。仁道以愛人爲主，若能保全千萬生民，其仁大矣！故孔子極許管仲之仁，而略其不死公子糾之小節也。

司馬牛問仁。子曰：『仁者，其言也訒。』曰：『其言也訒，斯謂之仁矣乎？』子曰：『爲之難，言之得無訒乎？』

或曰：『雍也仁而不佞。』子曰：『焉用佞？禦人以口給，屢憎於人。不知其仁，焉用佞？』

元謂：未有佞人禦人以口給，而能愛人與人相人偶者。所以仁道貴訒訥也。

子曰：『剛毅木訥近仁。』

子曰：『知者不惑，仁者不憂，勇者不懼。』

子曰：『君子道者三，我無能焉：仁者不憂，知者不惑，勇者不懼。』子貢曰：『夫子自道也。』

子曰：『民之於仁也，甚於水火。水火，吾見蹈而死者矣，未見蹈仁而死者也。』

子曰：『有德者必有言，有言者不必有德；仁者必有勇，勇者不必有仁。』

樊遲問仁。子曰：『居處恭，執事敬，與人忠，雖之夷狄，不可棄也。』

元謂：以上六章，由司馬牛問君子及憂無兄弟推之，可見爲仁須訥言、修行、恭敬、忠勇，自然四海之人各以仁應，雖之絶域而不可棄，無兄弟亦無害也。亦即顔子『天下歸仁』之道也。

子曰：『當仁，不讓於師。』

子曰：『苟志於仁矣，無惡也。』

元謂：以上二章，可見爲仁須剛勇也。

子張問：『士何如斯可謂之達矣？』子曰：『何哉爾所謂達者？』子張對曰：『在邦必聞，在家必聞。』子曰：『是聞也，非達也。夫達也者，質直而好義，察言而觀色，慮以下人，在邦必達，在家必達。夫聞也者，色取仁而行違，居之不疑。在邦必聞，在家必聞。』

子曰：『巧言令色，鮮矣仁。』

元謂：上二章所言，乃『剛毅木訥』之反。

子曰：『弟子入則孝，出則弟，謹而信，汎愛衆，而親仁。行有餘力，則以學文。』

子貢問爲仁。子曰：『工欲善其事，必先利其器。居是邦也，事其大夫之賢者，友其士之仁者。』

曾子曰：『君子以文會友，以友輔仁。』

樊遲問知。子曰：『務民之義，敬鬼神而遠之，可謂知矣。』問仁。曰：『仁者，先難而後獲，可謂仁矣。』

周有大賚，善人是富。雖有周親，不如仁人。

子曰：『里仁爲美，擇不處仁，焉得知？』

元謂：以上六章，皆言爲仁須擇仁人與我相助。觀此，則『相人偶』之説益明矣。

子曰：『人而不仁，如禮何？人而不仁，如樂何？』

子曰：『君子而不仁者有矣夫，未有小人而仁者也。』

子曰：『我未見好仁者，惡不仁者。好仁者，無以尚之；惡不仁者，其爲仁矣，不使不仁者加乎其身。有能一日用其力於仁矣乎？我未見力不足者。蓋有之矣，我未之見也。』

子曰：『好勇疾貧，亂也。人而不仁，疾之已甚，亂也。』

子曰：『惟仁者能好人，能惡人。』

元謂：以上五章，言不仁之人當惡之，若不能分別之，必自己爲仁之道有未至也。不仁雖當疾惡之，然已甚則足以召亂，故曰：『惟仁者能惡人。』『不使不仁者加身。』此剛毅之至，不與不仁者相偶也。一日用力無不足，即『一日克己復禮』之説。又：禮樂亦惟仁者始能行之，如春秋之世，列國尚行禮樂，覲、饗、朝、會，皆禮樂也。若觀兵滅國，仇殺相尋，何必揖讓於《陔》《肆》間哉？

子曰：『好仁不好學，其蔽也愚。』

宰我問曰：『仁者，雖告之曰：「井有仁焉。」其從之也？』子曰：『何爲其然也？君子可逝也，不可陷也；可欺也，不可罔也。』

子曰：『人之過也，各於其黨。觀過，斯知仁矣。』

元謂：右三章可見爲仁之道，若不明其過，必失之愚。有此不可陷及惡不仁兩事，始見孔子論仁之全道，不應更有一豪流弊。其有弊者，因不能證明聖言，而失其本旨也。

子曰：『回也，其心三月不違仁。其餘則日月至焉而已矣。』

子曰：『不仁者不可以久處約，不可以長處樂。仁者安仁，知者利仁。』

子曰：『志於道，據於德，依於仁，游於藝。』

子曰：『知者樂水，仁者樂山。知者動，仁者静。知者樂，仁者壽。』

元謂：以上四章，言爲仁之道在於悠久。顔子但許三月不違，可見爲仁之難。心與仁不違，可見仁與人心究不能渾而爲一。若直號仁爲本心之德，則是渾成之物，無庸用力爲之矣。

子罕言利與命與仁。

元謂：孔子言仁者詳矣，曷爲曰『罕言』也？所謂『罕言』者，孔子每謙不敢自居於仁，亦不輕以仁許人也。

又案：元此論乃由漢鄭氏『相人偶』之説序入，學者或致新僻之疑，不知『仁』字之訓爲人也，乃周、秦以來相傳未失之故訓，東漢之末，猶人人皆知，並無異説。康成氏所舉『相人偶』之言，亦是秦、漢以來民間恒言，人人在口，是以舉以爲訓。初不料晉以後此語失傳也。大約晉以後異説紛岐，狂禪迷惑，實非漢人所能預料。使其預料及此，鄭氏等必詳爲之説，不僅以『相人偶』一言以爲能近取譬而已。

揅經室一集卷九

孟子論仁論

孟子之學，純於孔子、堯、舜之道，漢、唐、宋以來儒者無間言也。今七篇之文具在，試總而論之。孟子於孔子、堯、舜之道，至極推尊、反覆論説者，仁也。元於《論語》之仁，已著論矣。由是再論孟子之論仁。孟子論仁無二道，君治天下之仁，士充本心之仁，無異也。治天下非仁不可，故述孔子之言曰：『道二：仁與不仁而已矣。』又曰：『君不行仁政而富之，皆棄於孔子者也。』又曰：『齊人無以仁義與王言者，我非堯、舜之道不敢以陳於王前。』蓋孟子時各國皆爭戰不愛民，專欲以利得天下，孟子反之，一則曰『仁者無敵』，再則曰『國君好仁，天下無敵』，反覆於愛民、行仁政、不尚利，以勉齊、梁之君。且曰：『三代之得天下也以仁，其失天下也以不仁。』此後韓非、李斯之徒，專欲以不仁利其國，而秦之亡不旋踵矣。孟子論仁至顯明、至誠實，未嘗有一豪流弊貽誤後人也。一介之士，仁具於心。然具心者，仁之端也。必擴而充之，著於行事，始可稱仁。孟子雖以『惻隱』爲仁，然所謂『惻隱之心』，乃『仁之端』，非謂仁之實事也。孟子又曰：『仁之實，事親是也。』是充此心，始足以事親、保四海也。若齊王但以羊易牛而不推恩，孝子但顙有泚而不掩父母，乍見孺子將入井而不拯救，是皆失其仁之本心，不能充仁之實事，不得謂之爲仁也。孟子論良能、良知，良知即心端也，良能實事也。舍事實而專言心，非孟子本指也。孟子論仁至顯明、至誠實，亦未嘗舉心性而空之，迷惑後人也。然而君治天下之仁，有韓非之徒亂之；士充本心之仁，有釋氏之徒亂之。韓非之説，其謬顯；釋氏之説，其迷深。尋其源，皆出於老子[一]之説，韓非託之而遽至於大壞，釋氏襲之而昧其所從來，是不可以不論。爰綜《孟子》各章，以類相從，以次相序，仿臺卿《章指》之意，各加按語，可見孟子之仁與孔子、堯、舜之仁無少差異，分之則習而不察，合之則章指並明。聖賢大道，朗然若日月之明，浩然若江河之行，判別若水火，而堅實如金石。刻薄寡恩之士，靈明太過之人，皆棄於孟子者也。

孟子曰：『規矩，方員之至也至在夏后之世。此之謂也。』

按：此章專論仁爲堯、舜之道，君臣當法堯、舜。孔子曰：『仁與不仁而已矣。』可見治民者必以仁，暴民者必致亡，爲七篇之綱領。下二章亦同此指。此孟子傳孔子、堯、舜之

[一] 子，甲戌續刊本作『耼』。

道之據也。

孟子見梁惠王至何必曰利？

按：此章仁義，即所謂堯、舜之道，陳於王前，即所謂格君心之非。

宋牼將之楚至然而不王者，未之有也。何必曰利？

按：此章言懷仁義必王，懷利必亡，利與仁義相反，君臣、父子、兄弟非仁不行，與前章指同。

又按：『利』爲《周易》四德之一，故曰『義之和』。然《周易》之『利』專言利物，梁惠王時之言利者，則專言利己，故矢口曰『利吾國』，而孟子所闢之『利』皆『利己』之『利』也。

孟子將朝王至以慢其二哉？

孟子曰：『欲貴者，人之同心也至所以不願人之文繡也。』

孟子曰：『有天爵者，有人爵者至終亦必亡而已矣。』

按：以上三章，言仁義爲堯、舜之道，非此不陳於王前。在國君當專以此行政，士人亦以仁義爲天爵，不可貶道而要人爵。

孟子曰：『人不足與適也至一正君而國定矣。』

按：此章言君仁莫不仁，與『非堯、舜之道不陳』相發明。

孟子曰：『不仁而得國者有之矣，不仁而得天下，未之有也。』

孟子曰：『以力假仁者霸至無思不服，此之謂也。』

按：以上二章，決言不仁不得天下，而秦旋以不仁得之。然孟子曰：『以力服人者，非心服也。』又曰：『得其民者，得其心也。』不得心不可云得民，不得民不可云得天下，是以二世即亡也，故孟子曰：『雖與之天下，不能一朝居也。』

孟子曰：『三代之得天下也以仁，其失天下也以不仁至是猶惡醉而强酒。』

按：此章言仁得天下，不仁失天下。自天子及士、庶人皆以仁保之，與孔子《孝經》相發明。

孟子曰：『仁則榮，不仁則辱至自作孽，不可活。此之謂也。』

公孫丑問曰：夫子當路於齊至惟此時爲然。

孟子曰：『仁言不如至得民心。』

滕文公問爲國。孟子曰：民事不可緩也至若夫潤澤之，則在君與子矣。

孟子曰：『易其田疇，薄其税歛至不仁者乎？』

孟子曰：『離婁之明至吾君不能，謂之賊。』

按：以上六章，言爲政者必以仁。仁者，三代先王之道。正經界，薄税歛，不罔民，久行而待時，民之受虐政者必歸之，莫之能禦，是以大國畏之。與急功近利之術全相反，蓋大指全在仁也。

孟子曰：『盡信書，則不如無書至而何其血之流杵也？』

孟子曰：『仁之勝不仁也，猶水勝火至亦終必亡而已矣。』

齊宣王問曰：湯放桀，武王伐紂至未聞弒君也。

梁惠王曰：晉國天下莫强焉至故曰『仁者無敵』。王請勿疑。

孟子曰：『有人曰：「我善爲陳，我善爲戰。」大罪也至各欲正己也，焉用戰？』

按：以上五章，皆言以仁伐不仁必無敵，不可以善戰爲無敵。

齊宣王問曰：交鄰國有道乎至民惟恐王之不好勇也。

滕文公問曰：滕，小國也，竭力以事大國至君請擇於斯二者。

孟子曰：『天下有道，小德役大德至逝不以濯。』

按：以上三章，皆言以小國事大國，乃保國愛民之道，不可窮兵求勝以害民，皆仁道也。

孟子曰：『不仁哉，梁惠王也至及其所愛也。』

孟子曰：『今之事君者曰：我能爲君辟土地至不能一朝居也。』

孟子曰：『求也爲季氏宰至辟草萊、任土地者次之。』

孟子曰：『桀、紂之失天下也，失其民也至載胥及溺，此之謂也。』

鄒與魯閧至君行仁政，斯民親其上，死其長矣。

孟子曰：『不仁者可與言哉至自作孽，不可活。』

按：以上六章，皆言不仁之君重賦斂，好戰陳，糜爛其民，凶年不救民，不得民心，必致菑危憂辱，陷於死亡。六國、亡秦，皆不逃乎此言。可見堯、舜、孔子三代之仁政，『百世以俟聖人而不惑』。

又按：司馬遷以老子、韓非同傳，誠有見其清靜流爲法術也。《老子》曰：『失道而後德，失德而後仁，失仁而後義，失義而後禮。夫禮者，忠信之薄，而亂之首也。』《韓非子·解老》篇解之曰：『失道而後失德，失德而後失仁，失仁而後失義，失義而後失禮。禮爲情貌者也。禮繁者，實心衰也。今爲禮者能無争乎？有争則亂。故曰：夫禮者，忠信之薄也，而亂之首乎！』按：此乃老、韓之原委也。故韓非曰：『今世皆曰「尊主安國者必以仁義智能」，而不知卑主危國者必以仁義智能也。故有道之主，遠仁義、去智能，服之以法，是以譽廣而國威，民治而國安。凡術也者，主之所以執也。法也者，官之所以師也。』又曰：『仁暴者，皆亡國者也。』又引『成驩曰：「齊王太仁，太不忍人。」則政亂於内，兵弱於外，此亡國之本也』。按：《老子》謂清静而天下自正，究之天下必不能自正於清静，故韓非等欲以法術治之。韓非謂仁暴皆亡國，而不知法術之即暴也。孔、孟之後，惟韓非全反仁義之説。秦李斯殺韓非而用其説，不旋踵而秦以暴亡矣。然老子之流爲『五蠹」，人知之；老子之流爲蓮社，則人不知也。

孟子曰：「仁也者，人也。合而言之，道也。」

孟子曰：「人皆有不忍人之心至苟不充之，不足以事父母。」

齊宣王問曰：齊桓、晉文之事，可得聞乎至然而不王者，未之有也。

按：以上三章，大指相同。仁之篆體从人、二，訓爲「相人偶」，《論語》中已備論之矣。孟子曰：「仁也者，人也。」此孟子學於子思，得《中庸》之傳也。《中庸》曰：「仁者，人也。」鄭康成氏以「相人偶」注之。《孟子》此章「人也」「人」字亦當讀如「相人偶」之「人」。「合而言之」，謂合人與仁言之，即聖人之大道也。孟子曰：「人皆有不忍人之心。」以此一人不忍彼一人，即二人相人偶之實據也。今人見孺子尚不忍，王見牛尚不忍，況相竝之二人哉！前章謂惻隱之心仁之端，有仁之端而自謂不能充，謂其君不能充，此兩「能」字即後章「折枝，是不爲，非不能」之「能」。後章推愛牛之恩，即前章充見孺子之心。苟能充之、推之，足以保四海；苟不能充之、推之，不足以事父母、保妻子。相合而觀之，更深切著明矣。後儒謂孟子竝重仁、義，不知孟子大指以仁爲重，義、禮、智但因「四端」而並言之。即如此章言「四端」，皆因不忍人之心而發也。

公都子曰：告子曰：性無善無不善也至故好是懿德。

按：此章言性善，惟其性善，所以仁爲人心也。仁之端於乍見孺子將入井時覘之，皆有怵惕惻隱之心，盡人所同，而物所無也。此孟子所舉性善最確實之據。象、紂、幽、厲，縱習爲惡，但於乍見之時，未必無此心。是以孟子決其爲善者，全以『乍』字爲馮。仁非外鑠，求之則得，況《蒸民》之詩，足爲先聖相傳仁道之實證哉！

孟子曰：『五穀者，種之美者也至亦在乎熟之而已矣。』

按：此章言仁具於人心性，猶五穀之種。穀種須種之方熟，仁須爲之方成。『乍見』即穀初生也。穀乃美種，可比人之性善，荑稗則牛羊之比矣。

孟子曰：『人之所不學而能者，其良能也至達之天下也。』

按：『良能』『良知』『良』字，與『趙孟之所貴，非良貴也』『良』字同。良，實也，見《漢書》注。無奧旨也。此『良知』二字，不過孟子偶然及之，與『良貴』相同，殊非七篇中最關緊要之言。且即爲要言，亦應『良能』二字重於『良知』，方是充仁推恩之道。不解王文成何所取，而以爲聖賢傳心之秘也？陽明謂學不資於外求，但當反觀内省，聖人致知之功，至誠無息，其良知之體，皦如明鏡，妍媸之來，隨物見形，而明鏡曾無留染，所謂情順萬事而無情也。無所住以生其心，佛氏曾有是言，未爲非也。明鏡之應，一照皆眞，是生其心處，妍者妍，媸者媸，一過而不留，即無所住處。陽明之言如此。學者試舉以求之《孟子》

七篇中，有此境否？此境可以論孩提愛親之仁否？陽明直以爲佛氏之言而不之諱，且此儒、佛相附亦不始於陽明，本可不深辯。但此命意造語之超妙，尚非全是佛氏之言，此乃晉、宋間談老、莊者無可再談之時，亦雷次宗一流人講禮厭繁之後，慧遠、次宗精講喪服諸禮。乃走老聃厭棄周禮，據《曾子問》，博習周禮者，莫如老子。據《道德經》，厭棄周禮者，莫如老子。而歸於(元)〔玄〕妙之故轍，復擇取清言中自然神理最清遠超妙者，與白蓮社諸人，合西僧之説相近相似者，傅會之，慫縱之，譯爲釋言而昧所從來。由此傳流南北，遂成風尚。再成禪學，其風愈狂。蓋老、莊之書具在，止於此而已，不能以其本無者託之。至於釋氏梵書，則非譯不明。慧業文人，縱筆所之，無所不可，無從驗證。故晉會稽王道子傳曰：『佛者，清遠无虚之神。』夫清遠无虚，非老、莊清言而何？陽明宗旨直是禪學，尚非釋學也。

又按：佛經大指，具見漢《四十二章》《遺教》等經，不過如此，無大玄妙。自晉常山衛道安以彌天俊辯之高才，獨坐静室十二年，構精神悟，始謂舊經爲舛。道安乃第一次静坐，達磨爲第二次静坐。此以晉人玄學入釋學之始。蓋舊經本非舛，然必以爲舛，方能以玄學羼入變易之也。故蓮社魏道生曰：『自經典東流，譯人重阻，多滯權文，鮮[一]通圓義。若

〔一〕鮮，底本作『解』，據《佛祖統紀》卷二十七改。

忘筌得魚，始可言道矣。舊學僧徒以爲背經。』據此，可見晉、宋人以老、莊玄學改增佛説之實據。舊學僧徒拙守本經者，見其相背矣。道安既與佛圖澄合，互相標榜，符會如一。復令玄宗流布，分遣弟子四出，道安與慧遠入襄陽。慧遠又入廬山，與雷次宗、周續[一]之、宗炳等合。雷次宗、周續之、宗炳與賈慧遠本皆通儒才士。慧遠少隨舅令狐氏遊學許、洛，博綜六經，尤善莊、老，從釋道安受業。周續[二]之少從范甯通經，窮研《老》《易》，預蓮社。宗炳富於學識，尤精玄理，入蓮社。雷次宗博學明《詩》《禮》，入蓮社。以上見《宋書》《北魏書》及《蓮社高賢傳》，此《傳》宋以前名《蓮社十八賢行狀》。周續[三]之、雷次宗又同受《詩》義於慧遠法師。見陸德明《毛詩音義》。謝靈運亦慧業文人。故晉、宋以後，西僧如佛圖澄、鳩摩羅什等，多以神驗見異於世。至於翻經著論，非藉名儒文人之筆不能。踵事變本，引人喜入彼道如此。此以玄學入釋學，而昧所從來之蹤跡也。至于梁達磨，直指本心，不立文字，大興禪宗，則是西域人來中土，不耐經卷，不如全埽一切，更爲直捷。此又遠不及慧遠翻經之時，在彼教中又下一等矣。達磨入中土，言語難通，亦慧能等傅會而成

[一] 續，甲戌續刊本誤作『績』。
[二] 續，底本誤刻作『績』，據上下文改。
[三] 續，甲戌續刊本誤作『績』。

也。故由儒而玄，由玄而釋，其樞紐總在道安、慧遠之間。由釋而禪，其樞紐又在達磨、慧能之間。後儒不溯而察之，所以象山、陽明、白沙受蓮社、少林之紿而不悟矣。

孟子曰：『仁，人心也至求其放心而已矣。』

孟子曰：『自暴者，不可與有言也至哀哉！』

孟子曰：『人皆有所不忍至勝用也。』

王子墊問曰：士何事至備矣[一]。

按：以上四章，皆本孔子之言，爲居仁由義之訓。不忍人、不害人、不殺一無罪，仁之至也。

孟子[二]曰：『牛山之木嘗美矣至惟心之謂與？』

按：此章即上章求放心之道，大指謂仁義爲本心，故曰：『仁，人心也。』若失其本心，害人、忍人、無恥、無禮，則不成爲人，與禽獸無異，與『仁，人也』之説不合矣。所以言及於操心與存夜氣者，仍是責之以仁，非令其於空寂處觀本來面目，如釋氏之明心見性也。凡下章言賢者勿喪心在甚於生死之事，失其本心在身死不受之事，皆非事物未來處也。

[一] 備矣，甲戌續刊本作『是皆穿窬之類也』。

[二] 孟子，底本原作『萬章』，據《孟子注疏》卷十一下改。

此，皆以仁義禮智求於心，不使放失。故離仁義禮智，以明心於寂然不動之初，《孟子》七篇中無此説也。

孟子曰：「君子之於物也至仁民而愛物。」

孟子曰：「知者無不知也至是之謂不知務。」

孟子曰：「人之所以異於禽獸者幾希至由仁義行，非行仁義也。」

按：孟子言仁，上承堯、舜，其淵源在此三章。《虞書》曰：「克明峻德，以親九族。九族既睦，平章百姓。百姓昭明，協和萬邦。黎民於變時雍。」此即全是仁道。孟子所言親親、仁民、愛物、急先務、明庶物、察人倫，是皆推己及物，由近及遠。聖賢言仁，既非楊氏之爲我，亦非墨氏之兼愛，亦非釋氏之慈悲。

又按：夏、商以前無「仁」字。《虞書》「德」字、「惠」字即包「仁」字在内。《虞書》「克明峻德」，即與《孟子》「仁」字無異，故「仁」字不見於《尚書》虞、夏、商《書》、《仲虺之誥》「克寬克仁」，《太甲》「懷於有仁」，皆《古文尚書》。《詩·雅》《頌》、《易》卦爻辭之中，此字明是周人始因「相人偶」之恒言而造爲「仁」字。孔子《易·文言》曰：「君子體仁，足以長人。」《論語》曰：「雖有周親，不如仁人。」著於經矣。然非始於孔子也。「元者，善之長也」一節，《春秋左傳》以爲穆姜之言。《論語》「周親仁人」，亦《書》之逸文。今在古文《泰誓》。

惟《周禮・大司徒》『六德：知、仁、聖、義、中、和』，爲『仁』字初見最古者。然則『仁』字之行，其在成、康以後乎？而其原，則分於《虞書》之『德』字、『惠』字[一]也。

孟子曰：『仁之實，事親是也至手之舞之。』

按：此章言仁事親而加以『實』字。實者，對『端』字爲言。蓋惻隱爲仁之端，充此端以行仁則孝。孝弟爲仁之本，君子務本爲急。自天子至庶人，莫不以事親爲首務。舜之事親，孔子言孝爲仁本，皆是道也。實者，實事也。聖賢講學不在空言，實而已矣。故孔子曰：『吾道一以貫之。』貫者，行之於實事，非通悟也。通悟則良知之説緣之而起矣。故此『實』字最顯、最重，而歷代儒者忽之。惟漢趙岐見之最顯，故於《孟子》『言無實不祥』特注之曰：『孝子之實，養親是也。』

孟子曰：『口之於味也至有性焉，君子不謂命也。』

按：此章趙岐注最爲詳明質實。漢以前直至三代，所謂性命者，不過如此。若謂性命之道過于精微，是舍質實而蹈虚玄也。《論語》『夫子言性與天道，不可得而聞』，即《孟子》所謂『聖人之於天道也』，此言王者受命等事，故不可得聞。趙注曰：『口之甘美味，目之好美

[一] 甲戌續刊本無『惠字』二字。

色，耳之樂音聲，鼻之喜芬香。臭，香也。《易》曰：「其臭如蘭。」四體謂之四肢。四肢解倦，則思安佚、不勞苦，此皆人性之所欲也。得居此樂者有命禄，人不能如其願也。凡人則觸情從欲而求可樂，君子之道，則以仁義爲先，禮節爲制，不以性欲而苟求之也，故君子不謂性也。仁者得以恩愛施於父子，義者得以義理施於君臣，好禮者得以禮敬施於賓主，知者得以明智知賢達善，聖人得以天道王於天下，此皆命禄，遭遇乃得居而行之，不遇者不得施行。然亦才性有之，故可用也。凡人則歸之命禄，任天而已，不復治性。以君子之道，則修仁行義，修禮學知，庶幾聖人亹亹不倦，不但坐而聽命，故曰君子不謂命也。』又：孟子直謂形色爲天性，殀壽爲天命，更明白矣。如舍此以別求精微，則入於老、釋之趣矣。

又按：仁於父子爲命者，如瞽瞍使舜完廩浚井，此舜之命也。然而舜不謂之命以自諉，必盡心知性以盡事親之道，必至底豫而後已，所以謂之有性也。言性命者，守定《孟子》此章及《蒸民》之詩、《左傳》劉康公之説，則質實可據，不必索奥妙於不可詰之鄉也。

告子曰：性猶杞柳也至率天下之人而禍仁義者，必子之言夫。

按：此章告子專以義爲外，而於仁帶説。孟子闢之之後，知仁爲内矣，猶執義外之説。

告子曰：食色，性也。仁，内也，非外也至然則耆炙亦有外與？

按：《孟子》各章，離之不察，互校便明，今以此章次於上二章之後可見矣。仁之實爲事親，仁必内矣。義之實爲從兄，義亦必内也。味、色、聲、臭、安佚五者，孟子明明斷之曰『性也』。既曰性，則明是内也。安得以爲外？君子不謂性也，不過勉人安命，非眞謂非性。此章告子首曰『食色，性也』，此四字原不錯，其錯在『義，外也，非内也』六字。故孟子但力闢義之非外，使與仁之實爲事親、義之實爲從兄較若畫一。告子『食色，性也』之説，亦與孟子『味、色、聲、臭、安佚，性也』之説較若畫一，未之闢也。孟子以味、色、聲、臭、安佚爲性者，乃聖賢之常道，人世之恒情。聖賢之甘淡泊者，乃是知命。後儒皆以告子食色爲性之説爲非而攻之，其如與《孟子》前章相刺謬何？若必以告子之言無一是，則『仁，内也，非外也』六字亦非耶？況此章章末孟子詰之曰：『然則耆炙亦有外與？』是明明以口之於味爲内，即執告子『食色，性也』四字之矛，以刺『義，外也，非内也』六字之盾，曷嘗謂甘食悦色爲非性哉？趙岐注本未錯也。又孟子曰：『形色，天性也。』形與色尚直謂之性，何況味、色、聲、臭、安佚也。孟子曰：『如使口之於味也，其性與人殊，若犬馬之與我不同類也，則天下何耆易牙之於味也？』此一節更爲明顯，與告子『食色，性也』四字無異也。

孟子曰：『廣土衆民至四體不言而喻。』

按：此章可見仁之根於心，孟子即以爲性，即所謂『有性焉，不謂命也』。

孟子曰：『愛人不親反其仁至自求多福。』

孟子曰：「矢人豈不仁於函人哉至反求諸己而已矣。」

孟子曰：「君子所以異於人者至不患矣。」

孟子曰：「萬物皆備至[一]近焉。」

按：上四章言仁爲人之心術，加一「禮」字爲反求諸己、不怨人之説，實《論語》「克己復禮爲仁」之正傳也。

墨者夷之至夷子憮然爲間，曰：「命之矣！」

孟子曰：「予豈好辯哉至能言距楊墨者，聖人之徒也。」

有爲神農之言者許行至惡能治國家？

按：以上三章，皆孟子闢異端之説充塞仁道也。即農家者流如許行者，尚必置辯。此時韓非、老、莊之説尚未興，釋氏之言更未起，若孟子親見其説之害仁，其闢之更當何如？

公孫丑問曰：夫子加齊之卿相至未有盛於孔子也。

按：此章所言，殺一不辜即不仁也。

又按：古人論上等之人，又分三等，曰聖人、仁人、智人。《論語》曰：「何事於仁，必也

[一] 至，底本原爲空白，據《文選樓叢書》本、甲戌續刊本補。

聖乎！』又曰：『未智，焉得仁？』又曰：『若聖與仁，則吾豈敢！』又陽貨曰：『可謂仁乎？』『可謂智乎？』合之《孟子》此章『仁且智，夫子既聖矣』，則聖、仁、智三等分明之至矣。又孟子曰：『孔子之謂集大成。集大成也者，金聲而玉振之也。金聲也者，始條理也。玉振之也者，終條理也。始條理者，智之事也。終條理者，聖之事也。』此章但言始智終聖，中間尚有仁之一等，孟子雖未言及，而實包舉在内。蓋有仁而未聖者矣，未有未仁而聖者也。此章定是始智、中仁、終聖也。《孝經》曰：『夫孝，始於事親，中於事君，終於立身。』始終之閒，原有中之一層。

淳于髡曰：先名實者，爲人也至衆人固不識也。

按：此節論伯夷、伊尹、柳下惠皆爲仁，孟子又許伯夷、伊尹爲聖，是古者皆以仁爲聖之次也。

公孫丑曰：高子曰：《小弁》至五十而慕。

萬章問曰：象日以殺舜爲事至可謂親愛之乎？

燕人畔至又從而爲之辭。

按：以上三章皆言善處仁道之變，而不失爲仁道。

揅經室一集卷十

性命古訓

性、命之訓，起於後世者，且勿說之，先說其古者。古性、命之訓雖多，而大指相同，試先舉《尚書·召誥》《孟子·盡心》二說以建首，可以明其餘矣。《召誥》曰：『節性，惟日其邁。王敬作所，不可不敬德。』又曰：『若生子，罔不在厥初生，自貽哲命。今天其命哲，命吉凶，命歷年。』又曰：『王其德之用，祈天永命。』按：《召誥〔一〕》所謂命，即天命也。若子初生，即祿命福極也。哲與愚、吉與凶、歷年長短，皆命也。哲愚授於天爲命，受於人爲性，君子祈命而節性，盡性而知命。故《孟子·盡心》亦謂口、目、耳、鼻、四肢爲性也，性中有味、色、聲、臭、安佚之欲，是以必當節之。古人但言節性，不言復性也。『王敬作所，不可不敬德』，即性之所以節也。孟子曰：『口之於味也，目之於色也，耳之於聲也，鼻之於臭也，四肢之於安佚也，性也。有命焉，君子不謂性

〔一〕誥，甲戌續刊本作『公』。

也。仁之於父子也，義之於君臣也，禮之於賓主也，知之於賢者也，聖人之於天道也，命也。有性焉，君子不謂命也。』趙岐注曰：『口之甘美味，目之好美色，耳之樂音聲，鼻之喜芬香，四體謂之四肢，四肢懈倦則思安佚不勞苦，此皆人性之所欲也。得居此樂者有命祿，人不能皆如其願也。凡人則任情從欲而求可樂。君子之道，則以仁義爲先，禮節爲制，不以性欲而苟求之也，故君子不謂之性也。仁者得以恩愛施於父子，義者得以理義施於君臣，好禮者得以禮敬施於賓主，知者得以明智知賢達善，聖人得以天道王於天下，此皆命祿，遭遇乃得居而行之，不遇者不得施行。然亦才性有之，故可用也。凡人則歸之命祿，任天而已，不復治性。以君子之道，則修仁行義，修禮學知，庶幾聖人亹亹不倦，不但坐而聽命，故曰君子不謂命也。』按：《孟子》此章，『性』與『命』相互而爲文，性、命之訓，最爲明顯。趙氏注亦甚質實周密，豪無虚障。若與《召誥》相並而説之，則更明顯。惟其味、色、聲、臭、安佚爲性，所以性必須節，不節則性中之情欲縱矣。惟其仁、義、禮、知、聖爲命，所以命必須敬德。德即仁、義、禮、知、聖也。且知與聖即哲也，天道即吉凶、歷年也。今以此二經之説建首，而次以諸經，再隨諸經古訓，比而説之，可以見漢以前性命之説，未嘗少晦。《詩》曰：『古訓是式，威儀是力。』此之謂也。唐李習之『復性』之説，雜於二氏，不可不辨也。

《尚書·皋陶謨》：皋陶曰：『愼厥身修，思永，惇敘九族。』禹曰：『知人則哲，能官人。安民則惠，黎民懷之。」臯陶曰：「亦行有九德。」「寬而栗，柔而立，愿而恭，亂而敬，擾而毅，直而温，簡而廉，剛而塞，彊而義，彰厥有常，吉哉！」「日宣三德，夙夜浚明有家。日嚴祗敬六德，亮采有邦。」「無教逸欲有邦，兢兢業業，一日二日萬幾。」「天叙有典，勑我五典五惇哉！天秩有禮，自我五禮有庸哉！同寅協恭，和衷哉！天命有德，五服五章哉！天討有罪，五刑五用哉！政事懋哉懋哉！」

按：《尚書》此篇，爲禹、臯之訓，最古。凡商、周經義，皆從此出。「愼修身」者，即「節性」之訓所由來。「思永」者，即「祈天永命」之訓所由來。「知人則哲」者，即「今天其命哲」之訓所由來。「無教逸欲有邦」，即《孟子》「不謂安佚爲性」所由來。「五典」，即《孟子》「仁義禮智」之訓所由來。「能官人」「能安民」，即《孟子》「知之於賢者、聖人於天道」之訓所由來。「天命有德」即「命哲、命吉凶、命歷年」之訓所由來。「日嚴敬德」，即「王敬作所，不可不敬德」之訓所由來。堯、舜、禹、臯陶、文、武、周、召、孔、孟未嘗少有歧異虛高之説出於其間。九德凡十八字，古訓多矣，本無「静」「寂」「覺」「照」等字雜於其間。

《尚書·西伯戡黎》：祖伊曰：「天既訖我殷命。故天棄我，不有康食。不虞天性，不迪率典。」王曰：「嗚呼！我生不有命在天？」祖伊反曰：「嗚呼！乃罪多，參在上，乃能責命于天？」

按：以虞、夏、商、周四代次之，「性」字始見於此。《周易》卦辭、爻辭但有「命」字，無

『性』字，明是『性』字包括於『命』字之内也。此篇『性』字上加以『天』字，明是性受於天，孟子所謂『有性焉，君子不謂命也』。鄭康成注曰：『王逆亂陰陽，不度天性，傲狠明德，不修教法。』鄭氏以『度』訓『虞』，以『修教法』訓『迪率典』，是也。『度性』與『節性』同意，言節度之也。『迪率典』，即《中庸》所説『率性之謂道，修道之謂教』，『典』即《虞書》之『五典』也。紂自恃有天命，逸欲，不修身敬德以祈永命，所以祖伊言：惟王自絶天命也。蓋罪多者，天以永命改爲不永，不能向天責命，此祈命之反也。『性』『命』二字相關，始見於此，質實明顯，曷嘗如李習之『復性』之説？自昌黎、習之，言性道者幾欲自成一子，接跡孔、孟，此則太過。故元但舉《詩》《書》各經古訓，尊而列之，比而讀之，畧加按語，便可共見。擬於諸經之義疏，已爲僭矣。

又按：周以前聖賢之言，皆質實無高妙之旨。『性』之一字，始見於此，次見於《召誥》《詩·卷阿》。宋王應麟以爲言性始於《湯誥》，此由不知『降衷恒性』乃《古文尚書》也。

《尚書·召誥》：召[一]公曰：『節性，惟日其邁。王敬作所，不可不敬德。』『若生子，罔不在厥初生，自貽哲命。今天其命哲，命吉凶，命歷年。』『王其德之用，祈天永命。』

[一] 召，底本作『周』，據甲戌續刊本改。

按：《尚書》之「虞性」「節性」，《毛詩》之「彌性」，言性者所當首舉而尊式之，蓋最古之訓也。學者遠涉二氏，而近忘聖經，何也？《樂記》曰「好惡無節」，《王制》曰「節民性」，皆式《尚書》「節性」之古訓也。哲愚、吉凶、永不永，皆命於天，然敬德修身，可祈永命，不率典者，自棄其命，孟子所謂「命也，有性焉」是也。若諉之命而不可祈，豈周公《金縢》皆作僞哉？

《尚書・洪範》：箕子曰：「九，五福：一曰壽，二曰富，三曰康寧，四曰攸好德，五曰考終命。六極：一曰凶短折，二曰疾，三曰憂，四曰貧，五曰惡，六曰弱。」

按：福、極皆通天下臣民言之，天下人之福、極，皆由君身所致，皆天性、天命也。

《詩・大雅・文王》：「無念爾祖，聿修厥德。永言配命，自求多福。殷之未喪師，克配上帝。宜鑒于殷，駿命不易。」

按：此所謂命，皆《孟子》「聖人之於天道也」之天命。修德，即《召誥》「不可不敬德」之「德」。命雖自天，而修德可求，故《召誥》曰：「王其德之用，祈天永命。」蓋《文王》之詩與《召誥》句句相同，皆反覆於殷、周之天命也。

《詩・大雅・卷阿》：「泮奐爾游矣，優游爾休矣。豈弟君子，俾爾彌爾性，似先公酋矣。爾土宇昄章，亦孔之厚矣。豈弟君子，俾爾彌爾性，百神爾主矣。爾受命長矣，茀禄爾康矣。

豈弟君子，俾爾彌爾性，純嘏爾常矣。』毛傳云：『彌，終也。』鄭箋云：『終女之性命，無困病之憂。』

按：《詩》三百篇，惟此詩三見『性』字，與『命』字相連爲文。且《周易》卦爻全無『性』字，可見周初古人亦不必定於多說『性』字。此詩『俾爾』云云之文法，與『天保定爾』之『俾爾單厚，何福不除』等句相同，雖言性而有命在內，故鄭箋兼性命言之，且但言無困病之憂，即是考終福命。蓋彌性如《洪範》之五福，反之即是六極。此周時人所說之性，非李習之所復之性。如果李習之所說者爲是，何以《三百篇》及《今文尚書》皆絕無其說也？

《詩·大雅》：『抑抑威儀，維德之隅。人亦有言，靡哲不愚。』『訏謨定命，遠猷辰告。敬慎威儀，維民之則。』『慎爾出話，敬爾威儀，無不柔嘉。』『淑慎爾止，不愆于儀。不僭不賊，鮮不爲則。』古人但說威儀，而威儀乃爲性命所關，乃包言行在內，言行即德之所以修也。於此詩可見其概。德在內，而威儀在外，故鄭氏箋云：『賢者道行心平，可外占而知內，如宮室之制，內有繩直則外有廉隅。』『訏謨定命』，即《春秋左氏傳》『以定命也』之『定命』，所以當敬慎威儀也。出話有玷，不輯柔其顏，則愆于威儀矣。不淑慎其行止，即愆于威儀矣。是以威儀如宮室之隅包於外，德命在于內，言行亦即在威儀之內。行止之不愆，在於不僭不賊而可以爲法也。古人說修身之道如此。《尚書》：『禹曰：「愼乃在位。安汝止。」』即『淑愼爾止』『在止於至善』之『止』。

《詩·周頌》：『昊天有成命，二后受之。成王不敢康，夙夜基命宥密。』毛傳云：『宥，寬；密，安也。』

按：此即敬天命之義，寬安非秘密也。

《春秋》成公十三年《左傳》：『成子受脤于社，不敬。劉子曰：「吾聞之：民受天地之中以生，所謂命也。是以有動作、禮義、威儀之則，以定命也。能者養以之福，各本皆誤作『養之以福』，惟《漢書·律志》《五行志》、《漢劉熊碑》皆作『養以之福』。顏氏《漢書注》云：『之，往也，往就福也。』不能者敗以取禍。是故君子勤禮，小人盡力。勤禮莫如致敬，盡力莫如敦篤。敬在養神，篤在守業。國之大事，在祀與戎。祀有執膰，戎有受脤，神之大節也。今成子惰，弃其命矣。其不反乎！」』

按：此『中』乃陰陽剛柔之中，即性也，即所謂命也。『性』字从心，即血氣心知也。有血氣無心知，非性也。有心知無血氣，非性也。血氣心知皆天所命、人所受也。人既有血氣心知之性，即有九德、五典、五禮、七情、十義，故聖人作禮樂以節之，修道以教之，因其動作，以禮義爲威儀。威儀所以定命，『定』如《詩》『天保定爾，亦孔之固』之『定』。能者勤於禮樂、威儀，以就彌性之福祿；不能者惰於禮樂、威儀，以取弃命之禍亂。是以周以前聖經古訓，皆言勤威儀以保定性命，未聞如李習之之説，以寂明通照復性也。威儀者，人之體貌，後人所藐視，爲在外最粗淺之事。然此二字，古人最重之，竊别撰《威儀説》以明之。

威儀説

晉、唐人言性命者，欲推之於身心最先之天；商、周人言性命者，祇範之於容貌最近之地，所謂『威儀』也。《春秋左傳》襄公三十一年：『衛北宫文子見令尹圍之威儀，言於衛侯曰：「令尹似君矣，將有他志。雖獲其志，不能終也。《詩》曰：『靡不有初，鮮克有終。』終之實難，令尹其將不免。」公曰：「子何以知之？」對曰：「《詩》云：『敬慎威儀，維民之則。』令尹無威儀，民無則焉。民所不則，以在民上，不可以終。」公曰：「善哉！何謂威儀？」對曰：「有威而可畏謂之威，有儀而可象謂之儀。君有君之威儀，其臣畏而愛之，則而象之，故能有其國家，令聞長世。臣有臣之威儀，其下畏而愛之，故能守其官職，保族宜家。順是以下皆如是，是以上下能相固也。《衛詩》曰：『威儀棣棣，不可選也。』言君臣上下、父子兄弟、内外大小，皆有威儀也。《周詩》曰：『朋友攸攝，攝以威儀。』言朋友之道，必相教訓以威儀也。《周書》數文王之德曰：『大國畏其力，小國懷其德。』言畏而愛之也。《詩》云：『不識不知，順帝之則。』言則而象之也。紂囚文王七年，諸侯皆從之囚。紂於是乎懼而歸之，可謂愛之。文王伐崇，再駕而降爲臣，蠻夷帥服，可謂畏之。文王之功，天下誦而歌舞之，可謂則之；文王之行，至今爲法，可謂象之，有威儀也。故君子在位可畏，施舍可愛，進退可度，周旋可則，容止可觀，作事可法，德行可象，聲氣可樂，動作有文，言語有章，以臨其下，謂之有威儀也。」』又成公十三年曰：『成子受脤于社，不敬。劉子曰：「吾聞之：民受天地之中以生，所謂命也。是以有動作、禮義、威儀之則，以定命也。能者養以之福，不能者敗以取禍。是故君子勤禮，小人盡力。勤禮莫如致敬，盡力莫如敦篤。敬在養神，篤在守業。國之大事，在祀與戎。祀有執膰，戎有受脤，神之大節也。今成子惰，弃其命矣。其不反乎！」』觀此二節，其言最爲明顯矣。初未嘗求德行、言語、性命於虚静不易思索之境也。或左氏之言，少有浮誇乎？試再稽之《尚書》，《書》言威儀者二。《顧命》：『自亂于威儀。』《酒誥》：『用燕喪威儀。』再稽之《詩》，《詩》三百篇中，言威儀者十有七。『汎彼柏舟』一見，『賓之初筵』四見，『既醉以酒』兩見，『鳧鷖在涇』一見，『民亦勞止』一見，『上帝板板』一見，『抑抑威儀』三見，『天生蒸民』一見，『瞻仰昊天』一見，『時邁其邦』一見，『思樂泮水』一見。朋友相攝以威儀，已見於左氏所引。此外『敬慎威儀，惟民之則』『威儀抑抑，德音秩秩。受福無疆，四方之綱』『抑抑威儀，維德之隅』『敬慎威儀，以近有德』，則皆同乎北宮文子、劉子之説也。威儀者，言行所自出，故曰：『慎爾出話，無不柔嘉。淑慎爾止，不愆于儀。』此謂謹慎言行、柔嘉容色之人，即力威儀也。是以仲山甫之德，則『柔嘉維則，令儀令色。小心翼翼，古訓是式，威儀是力』矣。魯侯之德，則『穆穆敬明，敬慎威儀，維民之則』矣。成王之德，則『有孝有德，四方爲則。永永卬卬，四方爲綱』矣。且百行莫大於孝，孝不可以情貌言也。然《詩》曰『敬慎威儀，維民之則』『靡不有孝，自求伊祜』矣。又言『威儀孔時，君子有孝子』矣。且力於威儀者，可祈天命之福，故威儀抑抑爲四方之綱者，受福無疆也。威儀反反者，降福簡簡，福禄來反也。此能者養以之福也。反是，則威儀不類者，人之云亡矣。威儀卒迷者，喪亂蔑資矣。且定命即所以保性。《卷阿》之詩言性者三，而繼之曰『如圭如璋，令聞令望，四方爲綱』，此亦即《假樂[一]》威儀爲四方綱之義也。凡此，威儀爲德之隅，性命所以各正也。匪特《詩》也，孔子實式威儀定命之古訓矣。故《孝經》曰：『君子言思可道，行思可樂，德義可尊，作事可法，容止可觀，進退可度，以臨其民。是以其民畏而愛之，則而象之，故能成其德教，而行其政令。《詩》云：「淑人君子，其儀不忒。」』《論語》曰：『君子不重則不威，學則不固。』此與《詩》《左傳》之大義無豪釐之差。孔子之言，似未嘗推德行、言語、性命於虛静不易思索之地也。

[一] 假樂，甲戌續刊本作『鳧鷖』。

《春秋》文公十三年《左傳》：「邾子曰：『天生民而樹之君，以利之也。』『命在養民。死之短長，時也。民苟利矣，遷也，吉莫如之。』遂遷於繹。五月，邾文公卒。君子曰：『知命。』」

按：此言知天命在利民爲大，不以一己吉凶之命不利民。

《春秋》莊公元年《穀梁傳》：「人之於天也，以道受命；於人也，以言受命。不若於道者，天絶之也；不若於言者，人絶之也。臣子大受命。」

按：「以道」者，天道也。

《周易·文言》曰：「利貞者，情性也。」

按：情發於性，故《説文》曰：「性，人之陽氣，性善者也；情，人之陰氣，有欲者也。」許氏之説，古訓也。味色聲臭、喜怒哀樂，皆本於性、發於情者也。情括於性，非别有一事與性相分而爲對。故《詩·蒸民》鄭箋曰：「其性有物象，其情有法則。」情法性，陰承陽也。鄭氏解《詩》之「物」「則」，蓋言性而兼括情也。鄭氏之説，亦漢以前古訓也。《易》曰：「旁通情也。」《禮運》曰：「講信脩睦，謂之人利。」《易》曰：「利者，義之和。」故《文言》以「利」屬情，以「貞」屬性也。

《周易·乾》：「彖曰：乾道變化，各正性命。」

按：此即所謂天道也。性命皆由天道而出，出之者天也。王者受天命而正性，臣民庶物亦各正性命也。《周易》於『命』字内加出『性』字，自此彖始。荀悦《申鑒·雜言》篇曰：『《易》稱「乾道變化，各正性命」，是言萬物各有性也。觀其所感，而天地萬物之情可見矣。是言情者應感而動者也。昆蟲草木，皆有性焉，不盡善也。天地聖人，皆稱情焉，不主惡也。』按：荀氏之説，漢以前古訓也。

《周易·萃》：『象曰：用大牲，吉，利有攸往，順天命也。』

按：此即孟子所説聖人之得天道、王天下也。

《周易·繫辭傳》：『樂天知命，故不憂。』

按：此言《易》筮至神，筮者樂天知命，無六極之憂，即孟子所説『性也，有命焉，君子不謂性也』。《論語》孔子曰『五十而知天命』『不知命，無以爲君子也』，與此道同。

《周易·繫辭傳》：『一陰一陽之謂道。繼之者善也，成之者性也。』

按：善即元也。故《尚書》曰：『惇德允元。』『成之者性』，即孟子所説『命也，有性焉，君子不謂命也』。

《周易·繫辭傳》：『成性存存，道義之門。』

按：此言易行乎天地之中，天地能成人與萬物之性，人能自成以性，即所謂『成之者性也』。存存，在在也。如孟子所説『存其心，養其性』也。道義由此而入，故曰門也。此與《老子》『衆妙之門』不同。

《周易·說卦傳》：『窮理盡性，以至於命。』『將以順性命之理。』

按：理即《禮記·樂記》『天理滅矣』之『理』。性、命即《孟子》『性也，有命焉。命也，有性焉』之『性』『命』。聖人作《易》通天道，故窮理盡性以至命也。

《孝經》：『天地之性，人爲貴。人之行，莫大於孝。孝莫大於嚴父，嚴父莫大於配天，則周公其人也。』『父子之道，天性也。』

按：此經言天地之性，可見性必命於天也。言人爲貴，可見人與物同受天性，惟人有德行。行首於孝，所以爲貴，而物則無之也。所以孟子曰：『仁之於父子也，命也。有性焉，君子不謂命也。』《孝經》孔子言性，衹此二『性』字；《論語》孔子言性，衹『性相近也』一『性』字，共三字而已。如果李習之所説『復性』爲是，何以孔子《孝經》《論語》中無此説也？孔子教顏子，惟聞『復禮』，未聞『復性』也。

《論語》：『子曰：「五十而知天命。」「不知命，無以爲君子也。」』

按：孔子最重知天命，知天命無所不包，《孟子》『性也』『命也』兩節，即知命之傳也。孔子所知之天命，即孟子所説之命也。孔子不得位，不能以禮義施於君臣，且不得久居人國，以禮敬施於賓主，能知賢而不能達善，不能得天道，故世無用孔子者，孔子所以不能爲東周。孔子年至五十，知之定矣。

又：《韓詩外傳》曰：『子曰：「不知命，無以爲君子。」言天之所生，皆有仁義禮智順善之心，不知天之所以命生，則無仁義禮智順善之心，謂之小人，故曰「不知命，無以爲君子」。《小雅》曰：「天保定爾，亦孔之固。」言天之所以仁義禮智，保定人之甚固也。《大雅》曰：「天生蒸民，有物有則。民之秉彝，好是懿德。」言民之秉德以則天也。不知所以則天，又焉得爲君子乎？」』按：此亦漢人之説，專言德命，未言禄命，然皆爲《孟子》兩節所包矣。又孔子曰『畏天命』，亦此義也。

《論語》：『子貢曰：「夫子之文章，可得而聞也。夫子之言性與天道，不可得而聞也。」』

按：《史記·世家》作『夫子之言天道與性命，不可得而聞』。所以與今《論語》不同者，非所見本有異，此乃太史公傳眞孔安國之學以説《論語》，加一『命』字，更顯明也。此『性』字連『命』字爲言，更見性命即關乎天道。此天道即孟子所説『聖人之於天道』之『天道』也，即孔子五十所知之天命也。天道非聖人所能逆知，故曰『不可得而聞』。孟子以性命多互説之，其道乃顯。孟子受業於子思，所謂微言大義者，其在斯乎！子貢曰『不可得而聞』，乃歎學者不能盡人而皆得聞之，非子貢亦眞不聞也。

《論語》：『子曰：「性相近也，習相遠也。」子曰：「唯上智與下愚不移。」』

按：性中雖有秉彝，而才性必有智、愚之别。然愚也，非惡也。智者善，愚者亦善也。古人每言才性，即孟子所謂「非才之罪也」。《詩》：「深則厲，淺則揭。」鄭箋云：「以水深淺喻男女之才性。」韓文公《原性》因此孔子之言，爲「三品」之説，雖不似李習之之悖於諸經，然以下愚爲惡，誤矣。或者更欲以性爲至静至明，幾疑孔子下愚之言爲有礙，則更誤矣。《尚書·召誥》曰：「今天其命哲。」此言甚顯，「哲」與「愚」相對，哲即智也。有吉必有凶，有智必有愚。周公曰「既命哲」者，言所命非愚。然則愚亦命之所有，下愚亦命之所有，但今若生子，在厥初生，自貽哲命耳。孔子之言與《召誥[一]》之言無少差謬，學者曷不引以證之？古人言人性之上者，曰哲、曰智，皆與「愚」字相對相反，絶未言及「靈」字。言靈者，道家之説也。《説文》「𩆜」[二]爲「以玉事神」，或从巫，故「靈」爲神靈之稱。在神則是美稱，在人則是惡稱，故曾子曰：「神靈者，品物之本也。」陽之精氣曰神，陰之精氣曰靈。《楚辭》曰「横大江兮揚靈」「夫惟靈修之故也」。《毛詩》之「靈臺」「靈沼」「靈雨」，《禮記》之「四靈」，皆兼神靈之義。《周書·謚法》：「極知鬼神曰靈。」故《莊子·則陽》注曰：「靈即是無道之謚也。」自《莊子·天地》始有「大愚者，終身不靈」之語，使「靈」字與「愚」字相對而相反。晉人談玄者，喜此字虚明妙覺，勝于言哲言智，于是《古文尚書·泰誓》始有「惟人萬物之靈」之語。自有此

[一] 誥，甲戌續刊本作「公」。
[二] 按：𩆜，底本誤作「靈」，據陳昌治刻本《説文解字》第一上及下文意改。

語，學者幼而讀之，長而習之，忘其本矣。是以劉孝標《辨命論》全是玄學，有聖人『言命以窮性靈』之語。不知《莊子》心靈本是玄學，故《莊子·德充符》曰：『不可入于靈府。』《庚桑楚》曰：『不可内于靈臺。』注曰：『靈臺者，心也。』故以心靈爲學者，自《莊子》始，而釋家明鏡心臺之諭，實襲之于《莊子》。釋襲于《莊》，可也；儒轉襲于釋，不可也。又按：韓文公《原性》篇謂孟子性善之説得上而遺下，蓋文公以子魚、楊食我等爲性惡也。然此正是孔子所謂『不移』之『下愚』也，非惡也。如以性善爲非，則《蒸民》之詩『物則』『秉彝』之古訓，不足式矣。況《召誥》所謂『若生子，罔不在厥初生。今天其命哲』，正是孔子上智、下愚之分。有哲即有愚，哲者愚之對，子魚、楊食我等天命下愚，而更習惡也。

《論語》曰：『死生有命，富貴在天。』『不幸短命死矣。』『亡之，命矣夫！』

按：此皆明以生死富貴爲天命。以《孟子》『性也』『命也』兩節合之，則正變各義無不備矣。

《禮記·中庸》：『天命之謂性，率性之謂道，修道之謂教。道也者，不可須臾離也，可離非道也。是故君子戒愼乎其所不覩，恐懼乎其所不聞，莫見乎隱，莫顯乎微。故君子必愼其獨也。喜怒哀樂之未發，謂之中。發而皆中節，謂之和。中也者，天下之大本也。和也者，天下之達道也。致中和，天地位焉，萬物育焉。』

按：『性』與『命』今分兩事、兩字，而《中庸》曰『天命之謂性』，是命即所以爲性，性即所以爲命，與《孟子》所説『不謂性』『不謂命』，若合符節，子思之學傳於孟子，一步不失也。修道之『教』，即《禮運》之『禮』，禮治七情、十義者也。七情乃盡人所有，但須治以禮而已，即《召誥》所謂『節性』也。若以性本光明，受情之昏，必去情而始復性，此李習之惑於釋、老之説也。不覩不聞，即不愧屋漏之説也，非如釋氏寂静，無眼、耳、鼻、舌、身、意也。未發之中，即《禮記・樂記》所謂『人生而静，天之性也』。中即《左傳》所謂『民受天地之中以生』之『中』。中者，有形有質，有血氣心知，特未至喜怒哀樂時耳。發而中節，即『節性』之説也。有禮有樂，所以既節且和也。天地位，萬物育，即《周易》所謂『各正性命』也。

《禮記・中庸》：『自誠明，謂之性。自明誠，謂之教。誠則明矣，明則誠矣。惟天下至誠，爲能盡其性。能盡人之性，則能盡物之性。能盡物之性，則可以贊天地之化育。可以贊天地之化育，則可以與天地參矣。』

按：《中庸》此節『性教』，即申言首節之『性教』也。所謂『至誠』者，祇是由治民、獲上、信朋友、順親以至反身明善而已，所謂『繼之者善也，成之者性也』，非有玄妙静明之道也。所謂『明善』者，則祇自博學、審問、慎思、明辨、篤行五事，事事著力實地而來，一事不實弗措，非虚静而專明心也。雖愚必明，言明善也。『自誠明，謂之性』，言智人率性不待教也，即孟子所謂『有性焉』之命也。『自明誠，謂之教』，言愚人受教，能節性也，即孟子所謂『有命焉』之性也。非如李習之所説『覺照而復性』也。儒、釋之分在乎此。

《禮記·中庸》：『故君子尊德性而道問學。』

按：鄭氏注曰：『德性謂性至誠者。』即孟子所説『有性焉』之性，《召誥》『既哲又節』之性也。『道問學』，即修道之教，即學、問、思、辨、行也。

《禮記·禮運》：『何謂人情？喜、怒、哀、樂、愛、惡、欲，七者弗學而能。何謂人義？父慈、子孝、兄良、弟弟、夫義、婦聽、長惠、幼順、君仁、臣忠，十者謂之人義。講信修睦，謂之人利。争奪相殺，謂之人患。故聖人之所以治人七情，修十義，講信修睦，尚辭讓，去争奪，舍禮何以治之？』『飲食男女，人之大欲存焉。死亡貧苦，人之大惡存焉。故欲惡者，心之大端也。人藏其心，不可測度也。美惡皆在其心，不見其色也。欲一以窮之，舍禮何以哉？』

按：此所謂『七情』，即包在孟子所説『性也』之中。所謂『十義』，即包在孟子所説『命也』之中。而孟子所説『君子不謂性』『不謂命』，即是此篇以禮治之之道。心之大端，治之必以禮，『禮儀三百，威儀三千』，非可以静觀寂守者也。

《禮記·樂記》：『人生而静，天之性也。感於物而動，性之欲也。物至知知，然後好惡形焉。好惡無節於内，知誘於外，不能反躬，天理滅矣。夫物之感人無窮，而人之好惡無節，則是物至而人化物也。人化物也者，滅天理而窮人欲者也。」

按：《樂記》『人生而静，天之性也』二句，就外感未至時言之。樂即外感之至易者也，即孟子所説『耳之於聲也，性也』。孟子所説『有命焉，君子不謂性也』，即《樂記》『反躬』節人欲之説也。欲生於情，在性之内，不能言性内無欲，欲不是善惡之惡。天既生人以血氣心知，則不能無欲。惟佛教始言絶欲，若天下人皆如佛絶欲，則舉世無生人，禽獸繁矣。此孟子所以説味、色、聲、臭、安佚爲性也。欲在有節，不可縱，不可窮。若惟以静明屬之於性，必使説性中本無欲而後快，則此經文明云『性之欲也』，欲固不能離性而自成爲欲也。《記》又曰：『六者非性也，感於物而后動。』此亦言哀、樂、喜、怒、愛、敬，乃樂音之哀、樂、喜、怒、愛、敬，非人性之哀、樂、喜、怒、愛、敬，先王以樂之哀、樂、喜、怒、愛、敬，感人性情之哀、樂、喜、怒、愛、敬也。竊釋氏之言者，必願拒六者於性之外，尊性爲至静、至明、至覺、無情、無欲，其如與《禮記》、孟子之言不合何？又按：《周易·繫辭傳》曰：『易无思也，无爲也，寂然不動，感而遂通天下之故。』此節所言，乃卜筮之鬼神處於无思、无爲、寂然不動之處，因人來卜筮，感而遂通，非言人无思、无爲，寂然不動，物來感之而通也，與《禮記·樂記》『人生而静，感於物而動，性之欲也』爲音樂言之者不相牽涉。而佛書内有言佛以寂静明覺爲主者，晉、唐人樂從其言，返而索之於儒書之中，得《樂記》

斯言及《周易》『寂然不動』之言，以爲相似，遂傅會之以爲孔、孟之道本如此，恐未然也。

又按：《易》此節曰：『寂然不動，感而遂通天下之故。非天下之至神，其孰能與於此？』此言神道在《易》筮之内，寂然不動，凡有人來筮者，能因人感而知天下之故，所以易道爲天下之至神，非説儒者之身心寂然不動，有感遂通也。否則，天下至神，雖周、孔不能，況一介儒士乎？李習之之言性以静而通照，物來皆應，試問：忠孝不能説在性之外，若然，則是臣子但静坐無端倪，君來則我以忠照之，父母來則我以孝照之，而我於忠孝過而曾無留滯，試思九經中，有此説否？

《禮記·樂記》：『則性命不同矣。』

按：此言君臣、貴賤羣類不同，各有性命，即《召誥》所説『罔不在厥初生』，亦即《詩》所謂『實命不同』也。

《禮記·樂記》：『夫民有血氣心知之性，而無喜怒哀樂之常，應感起物而動，然後心術形焉。』

按：此血氣心知，即孟子所謂『性也，有命焉。命也，有性焉』。『應感起物而動』，即《中庸》『喜怒哀樂之既發』也。有血氣無心知，非性也。有心知無血氣，非性也。

《禮記·王制》：『司徒修六禮，以節民性。』

按：此『節性』即《書·召誥》所説之『節性』，亦即《中庸》『修道之謂教』也。

《孟子》：『告子曰：「生之謂性。」孟子曰：「生之謂性也，猶白之謂白與？」』

按：『性』字本從心、從生，先有『生』字，後造『性』字。商、周古人造此字時，即已諧聲，聲亦意也。然則告子『生之謂性』一言，本不爲誤，故孟子不驟闢之，而先以言問之曰：「生之謂性也，猶白之謂白與？」蓋『生之謂性』一句爲古訓，而告子誤解古訓，竟無人物善惡之分，其意中竟欲以禽獸之生與人之生同論，與《孝經》『人爲貴』之言大悖，是以孟子據其答應之『然』字，而以羽、雪至犬、牛、人之性不同闢之。蓋人性雖有智愚，然皆善者也，所謂『有命焉，君子不謂性也』。孟子非闢其『生之謂性』之古說也。釋氏視人性太過，竟欲歸於寂静，告子視人性不及，幾欲儕於蠢動，惟《詩》、《書》、孔、孟之言得其中。

《孟子》：『告子曰：「食色，性也。仁，内也，非外也。義，外也，非内也。」』

按：告子言性，『杞柳』『湍水』，矢口即誤者，因不能得《詩》《書》言性之傳，而但習滑稽之辨也。孟子最深於《詩》《書》，得孔子、子思之教，故言之最質實無差謬也。告子此章『食色，性也』四字本不誤，其誤在以義爲外，故孟子此章惟闢其義外之説，而絶未闢其『食色，性也』之説。若以告子『食色，性也』之説爲非，然則孟子明明自言口之於味、目之於色爲性矣，同在七篇之中，豈自相矛盾乎？

《孟子》：『公都子曰：「告子曰：性無善無不善也。或曰：性可以爲善，可以爲不善，是故文、武興，則民好善；幽、厲興，則民好暴。或曰：有性善，有性不善，是故以堯爲君而有象，以瞽瞍爲父而有舜，以紂爲兄之子且以爲君而有微子啓、王子比干。今曰性善，然則彼皆非與？」孟子曰：「乃若其情，則可以爲善矣，乃所謂善也。若夫爲不善，非才之罪也。惻隱之心，人皆有之；羞惡之心，人皆有之；恭敬之心，人皆有之；是非之心，人皆有之。惻隱之心，仁也；羞惡之心，義也；恭敬之心，禮也；是非之心，智也。仁義禮智，非由外鑠我也，我固有之也，弗思耳矣。故曰：『求則得之，舍則失之。』或相倍蓰而無算者，不能盡其才者也。《詩》曰：『天生蒸民，有物有則。民之秉夷，好是懿德。』孔子曰：『爲此詩者，其知道乎！故有物必有則，民之秉夷也，故好是懿德。』」

按：天生民，有物有則，即『天命之謂性』也。民之秉夷，好是懿德，即性善也。孟子性善之説，以此詩爲據，故如山嶽之不可撼摇。性善之説，始於《詩》，不始于孟子，告子等坐不習《詩》教耳。凡言性命者，舍五經質實之言，而別求高妙，未有不誤者。好是懿德，即《洪範》所説『攸好德』。有物有則，即《春秋左傳》劉子所説『動作禮義威儀之則』。

《孟子》：『孟子曰：「盡其心者，知其性也。存其心，養其性，所以事天也。殀壽不貳，修身以俟之。」』

按：聖賢言天命有一定者，不貳即一定也。然命雖不貳，而可修可祈。修身之説，即《召誥》所説『德之用，祈天永命』也。修身即孟子所説『君子不謂性，不謂命』也。養其性，即《召誥》所説『節性』也。

《孟子》：『孟子曰：「莫非命也，順受其正。是故知命者不立乎巖牆之下。盡其道而死者，正命也。桎梏死者，非正命也。」』

按：《孟子》此節言性命乃聖賢至周密、至質實之道。《易》曰：『各正性命。』天正性命以與人，人必正性命以事天，乃所謂知命，乃所謂盡性。《卷阿》《天保》保定福禄，固正命也。然郲子利民而卒，亦知命、正命也；比干諫而死，伯夷、叔齊餓而死，亦正命也；顏子短命，曾子啓手足，亦正命也，皆盡道者也。《中庸》『天命之謂性，率性之謂道』，即此道也。道以忠孝爲本，比干、夷、齊不死，是不忠；曾子手足有傷，是不孝。盡其道則盡忠孝，秉夷物則之道也。曾子曰：『吾知免夫！』謂免桎梏、巖牆之類也。

《孟子》：『孟子曰：「形色，天性也。惟聖人然後可以踐形。」』

按：此『形色』，趙岐注以體貌言之。《尚書·洪範》『五曰考終命』『五曰惡』。鄭康成亦如此，以『形色』言之[一]，此漢以前經師相傳之舊説也。

《孟子》：『孟子曰：「堯、舜，性之也。湯、武，身之也。五霸，假之也。」』

[一] 以形色言之，甲戌續刊本作『説』。

按：趙岐曰：『性之，性好仁，自然也。』

《孟子》：『孟子曰：「口之於味也，目之於色也，耳之於聲也，鼻之於臭也，四肢之於安佚也，性也，有命焉，君子不謂性也。仁之於父子也，義之於君臣也，禮之於賓主也，智之於賢者也，聖人之於天道也，命也，有性焉，君子不謂命也。」』漢趙岐注曰：『口之甘美味，目之好美色，耳之樂音聲，鼻之喜芬香。四體，謂之四肢。四肢懈倦，則思安佚不勞苦。此皆人性之所欲也。得居此樂者，有命祿，人不能皆如其願也。凡人則任情從欲而求可樂。君子之道，則以仁義爲先，禮節爲制，不以性欲而苟求之也，故君子不謂之性也。仁者得以恩愛施於父子，義者得以理義施於君臣，好禮者得以禮敬施於賓主，知者得以明智知賢達善，聖人得以天道王於天下，此皆命祿，遭遇乃得居而行之，不遇者不得施行。然亦才性有之，故可用也。凡人則歸之命祿，任天而已，不復治性。以君子之道，則修仁行義，修禮學智，庶幾聖人亹亹不倦，不但坐而聽命，故曰君子不謂命也。』

《孟子》：『孟子曰：「動心忍性，增益其所不能。」』[一]

按：此章乃孔子言性與天道之大義，必得此性命兩節相通相互而言之，則《五經》性命

[一]『孟子孟子曰』至『不能』十五字，甲戌續刊本無。

之古訓無不合矣。晉、唐人嫌味、色、聲、臭、安佚爲欲，必欲别之於性之外，此釋氏所謂佛性，非聖經所言天性。梁以後，言禪宗者以爲「不立文字，直指人心」乃見性成佛，明頓了無生。試思以此言性，豈有味、色？此與李習之寂照復性之説又遠，與孟子之言更遠。惟孟子直斷之曰「性也」，且曰「君子不謂性」，則《召誥》之「節性」，《卷阿》之「彌性」，《西伯戡黎》之「虞天性」，《周易》之「盡性」，《禮記·中庸》之「率性」，皆範圍曲成，無不合矣。趙岐謂仁施父子、義施君臣者，如武王、周公爲子，周公、召公爲臣，此命之得以仁義施者也，命也，亦性也。若以舜爲瞽瞍之子，比干爲紂之臣，此處變不得以仁義施者也，亦命也，然有性焉。仁義存乎性，舜必以底豫而修仁，比干必以諫死而行義，舜與比干不諉父頑君虐於命也。禮敬施於賓主，如孔、孟適各國，終無所遇。聖人得天道王天下，如武王滅商，有天下。孔子不得爲東周，衰不夢周公，此各正其道以盡性也，窮理盡性以至於命。正者，正命，即變者，亦正命也，皆所以事天也。忍性者，忍食色等欲也。忍性比節性更爲用力堅苦矣，豈静復乎！〔一〕

按：唐李翺《復性書》曰：「情之動静弗息，則不能復其性而燭天地，爲不極之明。故聖

〔一〕「忍性者」至「復乎」二十五字，甲戌續刊本無。

人者，人之先覺者也。覺則明，否則惑，惑則昏。』『明與昏，性本無有。』『誠者，聖人性之也。寂然不動，廣大清明，照乎天地，感而遂通天下之故。』『弗慮弗思，情則不生。情既不生，乃爲正思。正思者，無慮無思也。《易》曰：「天下何思何慮？」』『寂然不動，邪思自息。惟性明照，情何所生？』『其心寂然，光照天地，是誠之明也。』『誠者，定也，不動也。』『昔之注解《中庸》者與生之言皆不同，何也？曰：彼以事解者也，我以心通者也。』『本性清明，周流六虛，所以謂之能復其性也。』『夫子復生，不廢吾言矣。』

按：商、周人言性命多在事，在事故實，而易於率循。晉、唐人言性命多在心，在心故虛，而易於傅會，習之此書是也。《尚書》《毛詩》無言不實，惟《周易》間有虛高者，然彼因言神明、陰陽、卜筮之事，是以聖人繫辭，不得不就易道以言之。《中庸》一篇，爲子思微言[一]，故言亦或及於幽明高大之處，然無言不由實事而起，與老、釋迥殊。樂於虛者，見《易》《中庸》之内『寂然不動』『誠則明』等語，喜之，遂引之以爲證。又因《禮記》『人生而靜』、《孟子》『先覺』等語，喜之，遂亦引之爲證，不知已入老、釋之域矣。按：《周易》『寂然不動』乃言卦爻未揲之先，非言人之心學也。誠則明者，乃治民、獲上、信友、

[一]『爲子思微言』五字，甲戌續刊本作『與易道相關者多惠氏定宇中庸注全歸入周易』十九字。

順親之事。明善者，乃學、問、思、辨、行之事，亦非言静、寂、覺、照也。人生而静，言尚未感物，非專於静也。先覺覺民，如《詩》之『牖民孔易』，非性光明照也。此不可誣改聖經以飾釋典者也。至於釋典内有云：佛者，何也？蓋窮理盡性大覺之稱也。其道虚玄，固已妙絶常境，心不可以智知，形不可以象測，同萬物之爲，而居不爲之域，處言教之内，而止無言之鄉，寂寞虚曠，强名曰覺。《翻譯大論》。佛蠲嗜欲、習虚静而成通照也。有感斯應，體常湛然，形由感生，體非實有。《魏書·釋老志》。自性本覺，詳見於《實相經》。白居易文。有生皆有情，菩薩乃有情中之覺者耳，佛有覺性而無情。《翻譯名義》。佛者，西天之語，唐言覺，謂人有智慧，覺照爲佛心。《傳鐙録》。以上各釋氏之説，皆李習之『復性』之説所由來，相比而觀，其迹自見。蓋釋氏見性，祇是明心，不但不容味、色、聲、臭、安佚存於性内，即喜、怒、哀、樂亦不容於性内，甚至以不生情爲正覺，性明照則情不生。然而《易·文言》明以『利貞』爲『情性』矣，又言『六爻發揮，旁通情矣』。然則情可絶乎？性待復乎？恐未然矣。

又案：釋氏所説『直指人心，見性成佛』之『性』字，似具虚寂明照浄覺之妙，此在梵書之中，本不知是何稱名、是何字樣。自晉、魏翻譯之人求之儒書文字之内，無一字相合足以當之者，遂拈出『性』字，遷就假借以當之。彼時已在老、莊清言之後。蓋世之視『性』

字者，已近於釋、老而離於儒矣。晉謝靈運詩云：『偃卧任縱誕，得性非外求。』王康琚詩云：『矯性失至理。』六朝人不諱言釋，不陰釋而陽儒。陰釋而陽儒，唐李翺爲始。魏收所云『虚静通照，湛然感應』者，此明説是佛性，不言是孔、孟之性，不必辯也。李翺所言『寂然静明，感照通復』者，此直指爲孔、孟之性，斷斷不然[一]，不得已不辯也。象山、陽明更多染梁以後禪學矣。[二]

福謹案：家大人另有《塔性説》一篇，因其言似近于諧，故不刻入此卷之内。然發明『性』字誤入老、釋之故，則明[三]暢之至，後刻入《續三集》内，近于子部也。[四]

[一]『斷斷不然』四字，甲戌續刊本無。

[二]『禪學矣』下，甲戌續刊本有『又案：寂然静明，感照通復，以此爲事，可以鍊身體，可以生神智，可以爲君子，可以爲高士，可以爲名臣，可以守廉介，可以蠲嗜欲，可以澹榮利，亦有用有益也。然以爲堯、舜、孔、孟相傳之心性，則斷斷不然』七十七字。

[三]『則明』二字，底本誤作『明則』，今據文意改。

[四]『福謹案』至『子部也』五十六字，甲戌續刊本無。

犖經室一集卷十一

詁經精舍策問

兩漢學行醇實，尚近于春秋列國之時。漢末氣節甚高，黨禍横決，激而爲放達，流而爲老莊、爲禪釋。宋儒救之，取學術中最尊者爲性理。至明儒，學案紛紛矣。惟考列國時，孔、曾、游、夏諸聖賢，及各國君、卿、大夫之德行名言，載在三《傳》《國語》《孝經》《論語》者，皆爲處世接物之庸行，非如禪家遁于虛無也。即如仁、義、禮、讓、孝、弟、忠、順等語，與《孝經》各章，事事相通，語語相合。孔子曰：『吾志在《春秋》，行在《孝經》。』此二語實爲聖門微言。蓋春秋時，學行惟《孝經》《春秋》最爲切實正傳。近時學者發明三代書、數等事，遠過古人，于春秋學行尚未大爲發明，本部院拙識所及，首爲提倡，諸生如不鄙其庸近，試發明之，以成精舍學業焉。

石刻孝經論語記

六經皆周、魯所遺古典，而孔子述之，傳於後世。孔子集古帝王聖賢之學之大成，而爲孔子之學。孔子之學，於何書見之最爲醇備歟？則《孝經》《論語》是也。《孝經》《論語》之學，窮極性與天道，而不涉於虛；推極帝王治法，而皆用乎中；詳論子臣弟友之庸行，而皆歸於實。所以周、秦以來，子家各流皆不能及，而爲萬世之極則也。《孝經》《論語》皆孔門弟子所譔，而弟子之首推者，曰顔、曰曾。顔子之學，曰『夫子循循然善誘人，博我以文，約我以禮』，故曰『一日克己復禮，天下歸仁焉』，『非禮勿視，非禮勿聽，非禮勿言，非禮勿動』。禮者何？朝覲聘射，冠昬喪祭，凡子臣弟友之庸行，帝王治法，性與天道，皆在其中。《詩》《書》即文也，禮也。《易》象、《春秋》，亦文也，禮也。其餘言存乎《大學》《中庸》諸篇。《大學》《中庸》所由載入禮經者以此。其事皆歸實踐，非高言頓悟所可掩襲而得者也。曾子之學，孔子曰：『吾道一以貫之。』曾子曰：『夫子之道，忠恕而已矣。』忠恕者，子臣弟友自天子至於庶人之實政實行。故曾子曰：『忠者，其孝之本歟！』《孝經》之學，兼乎君、卿、士、庶，以及天下國家。《曾子》十篇，皆由此出，其實皆盡人所同之庸行，忠恕而已。故孔子曰：『忠恕違道不遠。君子之道四，(某)〔丘〕未能一焉。』所謂一貫者：貫者，行也，事也，言壹是皆身體力行見諸實行實事也。初非有獨傳之心、頓悟之道也。『貫』

之訓「行」「事」，見于《爾雅》《漢書》，與「仍舊貫」無二解也。若謂性道之學，必積久之後而頓悟通之，則孔子十五志學以後，學與年進，未聞有不悟之時，亦未聞有頓悟之日也。顏、曾所學於孔子者如此，其餘諸賢可以類推之。然則集古聖大成之道者，莫如孔子。傳孔子之道最近，而無偏無弊者，莫如諸賢。孔子、諸賢之言所載之書，莫如《孝經》《論語》。然則今之《孝經》《論語》，儒者終身學之不盡。太極之有無，良知之是非，何暇論之！古本《孝經》不可見，惟漢石經《論語》殘字廑有存者。金匱國子監學生錢泳，好學善隸書，敬書《孝經》《論語》二經，刻之石，且博訪通人，定其隸法文字。泳刻將成，欲歸其石於曲阜孔子宅，樹石於壁，以貽後之學者，屬元記之。

惠半農先生禮説序

十三經義疏，《周禮》可謂詳善矣。賈公彥所疏者，半用六朝禮例，于禮樂、軍賦諸大端，皆能引據明贍，所考證者，多在九經、諸緯，而于諸子百家之單詞精義，以及文字之假借，音讀之異同，漢制之存亡，漢注之奥義，皆未能疏證發明之。我朝惠半農先生，家傳漢學，所著《禮説》十四卷，實足補賈氏之所未及。此書雖經鏤板，而行世甚少。余于丁未年在京師厰肆購得一帙，反覆讀之，服其精博無比，後爲友人借去未歸，至今深憶之。戊午夏，吴縣友人江貢廷持一帙見示，則上海彭純甫所新刻本。余喜插架之可備，且一時同學皆得讀之也。因爲序之。余昔有志于撰《周禮義疏》，以補賈所未及。今宦轍鮮暇，惜難卒業。如有好學深思之士，據賈氏爲本，去其謬誤及僞緯書，擇唐、宋人説禮之可從者，加以惠氏此説，兼引近時惠定宇、江愼修、程易田、金輔之、段若膺、任子田諸君子之説，勿拘疏不破注之例，博考而詳辨之，則此書之成，似可勝于賈氏，是所望于起而任之者。彭君家貧，好古多讀書。聞此書之刻貲，皆出館穀，何其賢也！

胡朏明先生易圖明辨序

元幼學《易》，心疑先、後天諸圖之説。庚子，得《毛西河先生全集》中《河圖洛書原舛篇》讀之，豁然得其源委。友人歙凌次仲廷堪謂元曰：『子知西河之辯《易》，未見吴興胡朏明先生《易圖明辨》，尤詳備也。』元識之，求其書不可得。繼在京師，見《四庫館書目》録之曰：『其書一卷辨《河圖》《洛書》，二卷辨五行、九宫，三卷辨《參同契》《先天圖》《太極圖》，四卷辨《龍圖》《易數鈎隱圖》，五卷辨《啟蒙》圖書，六卷、七卷辨先天古《易》，八卷辨後天之學，九卷辨卦變，十卷辨象數流弊，引据經典，原原本本，于《易》學深爲有功。』元向往益切。丙辰，視學至吴興，始求得讀之，蓋距所聞已十六年矣。媿聞道之甚遲，喜斯編之未泯，亟命其家修板刷印，廣爲流傳，以貽學者，因竝識其事于篇首。至其辨圖大畧，則萬季野先生敘言之已盡，兹不贅論。

漢讀考周禮六卷序

稽古之學，必確得古人之義例，執其正，窮其變，而後其説之也不誣。政事之學，必審知利弊之所從生，與後日所終極，而立之法，使其弊不勝利，可持久不變。蓋未有不精於稽古而能精於政事者也。言韻者多矣，顧《詩》三百篇，人人讀之，而能知三百篇之韻者，或未之有也。《説文解字》一書，人人讀之，而許氏全書之例未之知，則許之可疑者多矣。訓詁必宗漢人，漢人之説經傳也，或言『讀爲』『讀曰』，或言『讀如』『讀若』，或言『當爲』，作義疏者一切視之，學者概謂若今之音切而已，其誣古不亦甚哉！聖朝右文，超軼前古，淳氣鬱積。金壇段若膺先生，生於其間，揅摩經籍，甄綜百氏，聰可以辨牛鐸，舌可以别淄澠，巧可以分風擘流，其書有功於天下後世者，可得而言也。其言古音也，别支、佳爲一，脂、微、齊、皆、灰爲一，之、咍爲一；職、德者，『之』之入；術、物、迄、月、没、曷、末、黠、鎋、薛者，『脂』之入；陌、麥、昔、錫者，『支』之入。自唐、虞至陳、隋，有韻之文無不印合；而歌、麻近『支』，文、元、寒、删近『脂』，尤、幽近『之』，古音、今音，皆可得其條貫。此先生之功一也。其言《説文》也，謂《説文》五百四十部，次第以形相聯，每部之中，次第以義相屬，每字之下，兼説其古義、古形、古音。訓釋者，古義也；象某形，從某某聲者，古形也；云某聲，云讀若某者，古音也，三者合而一，篆乃完也。其引經傳，有引以説古義者，以轉注、假借分觀之，如《尚[一]書》曰『至於岱宗，柴』，《詩》曰『祝祭于鬃』，説字[二]之本義也。如《商書》曰『無有作政』，《周書》曰『布重莧席』，説假借此字之義也。有引以説古形者，如《易》曰『百穀艸木麗于地』，説⿱艹麗從艸、麗之意；《易》曰『豐其屋』，説寷從宀、豐之意；《易》曰『突如其來如』，説𠫓從倒子之意；《易》曰『先庚三日』，説庸從庚之意是也。有引以説古音者，如『⿱大歲』讀若《詩》『施罛濊濊』，『⿱大弗』讀若『予違汝弼』是也。學者以其説求之，斯《説文》無不可通之處，《説文》無不可通之處，斯經傳無不可通之處矣。此先生之功二也。至若《漢讀考》敘例謂『讀如』主於説音，『讀爲』主於更字説義，『當爲』主於糾正誤字。『如』者，比方之詞。『爲』者，變化之詞。『當爲』者，糾正之詞。『讀如』不易其字，故下文仍用經之本字。『讀爲』必易其字，故下文乃用所易之字。《説文》者，説字之書，故有『讀如』，無『讀爲』。説經傳之書，則必兼是二者。自先生此言出，學者凡讀漢儒經子、《漢書》之注，如夢得覺，如醉得醒，不至如冥行擿埴。此先生之功

[一] 尚，甲戌續刊本作『商』，誤。《周禮漢讀考》書前序作『虞』。準以後文稱『商書』『周書』之例，此處當以作『虞』爲佳。

[二] 字，底本原作『之』，據《周禮漢讀考》書前序文改。

三也。蓋先生於語言文字剖析如是，則於經傳之大義，必能互勘而得其不易之理可知，其爲政亦必能剖析利弊源流，善爲之法又可知，而一行作吏，即引疾養親，食貧樂道，二十年所矣，其諸所得於己者深歟！先生説經之書，尚有《毛詩訓故傳徵》《毛詩小學》《古文尚書撰異》，皆深識大源，不爲億必之言，行將盡以餉學者云。

任子田侍御弁服釋例序

元居在江淮閒，鄉里先進多治經之儒，若興化顧進士文子九苞、李進士成裕惇、劉廣文端臨台拱、任侍御子田大椿、王黄門石臞念孫、汪明經容甫中，皆耳目所及，或奉手有所受。丁未、戊申閒，元在京師，見任侍御，相問難爲尤多。侍御卒後，所著《弁服釋例》傳之弟子山陽汪祭酒瑟菴廷珍。蕭山王進士畹馨紹蘭，從祭酒手録以歸。其兄進士穀塍宗炎亦邃於經，爲吴會宿儒，乃手校訛舛，寫以付梓，問序于元。元謂侍御早年以詞學名世，繼乃專研經史，與修《四庫書》，書之提要多出其手，所輯吕忱《字林》、《深衣釋例》諸書已付刻。兹袟釋弁服所用之例，以五禮區之，凡百四十餘事。綜覽經疏史志，發微訂訛，燦然經緯畢著矣。侍御吾鄉先進也，瑟菴、畹馨吾友也，今得穀塍校成之，學者傳習不墜，元序之，奚敢辭。

張皋文儀禮圖序

《儀禮圖》六卷，張編修惠言之所述也。編修字皋文，武進人，乾隆丙午中式舉人，嘉慶己未進士，改庶吉士，充實録館纂修官、武英殿協修官。辛酉散館，授翰林院編修，方以學問文章受知于朝，不幸早卒。予舉于鄉，與編修爲同榜，其舉進士，乃予總裁會試所取，予知之也久，故序而論之。編修幼孤，家至貧，母姜孺人撫以成立。及長，修學立行，敦禮自守，性剛而廉，貌若和易而中不可干。其爲人勤于事親，友于弟，睦于族婣，鄉之善士，無勿友也。與人審而後交，交者必端，凡爲其友者，無不稱之敬之。其爲學博而精，旁揆百氏，要歸六經，而尤深《易》《禮》。居母孺人憂，喪祭法《儀禮》，爲時所推。嘗遊京師、大名、杭、歙間，及官京師，弟子先後從受《易》《禮》者以十數。其所著有《周易虞氏義》《虞氏消息》《虞氏易禮》《易事》《易候》《易言》《周易鄭荀義》《易義别録》《易圖條辯》《儀禮圖》《説文諧聲譜》《墨子經解》《握奇經正義》《青囊天玉通解》及《文集》四編、《詞》一編，凡十六種。編修既精治《易》《禮》，所著以《周易虞氏義》《儀禮圖》爲最。《周易虞氏義》《虞氏消息》，予已刊行之。惟《儀禮圖》六卷，今年春始得于武進董君處見其手録本。董君名士錫，編修之高弟子，即編修之女夫也。因屬董君校寫，刻之于板。昔漢儒習《儀禮》者，必爲容，故高堂生傳《禮》十七篇，而徐生善爲頌，禮家爲頌皆宗之。頌，即『容』

也。後儒以進退揖讓爲末節，薄之不講，故言『朝』則昧于三朝、三門，言『廟』則闇于門揖、曲揖，言『寢』則眩于房、室、階、夾，言『堂』則誤于楹閒、階上。辨之不精，儀節皆由之舛錯而不可究，非其蔽歟？宋楊復作《儀禮圖》，雖禮文完具，而位地或淆。編修則以爲治《儀禮》者，當先明宮室，故兼采唐、宋、元及本朝諸儒之義，斷以經注，首述《宮室圖》，而後依圖比事，按而讀之，步武朗然。又詳考吉凶、冠服之制，爲之圖表。又其論喪服，由至親期斷之説，爲六服加降表，貫穿禮經，尤爲明著。予嘗以爲讀《禮》者當先爲頌，昔叔孫通爲綿蕝以習儀，他日亦欲使家塾子弟畫地以肄禮，庶于治經之道，事半而功倍也。然則編修之書，非即徐生之頌乎？

王實齋大戴禮記解詁序

南城王君實齋聘珍，著《大戴禮記解詁》十三卷，《目録》一卷，其言曰：『大戴與小戴同受業于后倉，各取孔壁古文《記》，非小戴删大戴，馬融足小戴也。《禮察》《保傅》語及秦亡，乃孔襄等所合藏，是賈誼有取于古《記》，非古《記》采及《新書》也。《三朝記》《曾子》乃劉氏分屬九流，非大戴所裒集也。』其校經文也，專守古本爲家法，有懲于近日諸儒妄據他書徑改經文之失。其爲解詁也，義精語潔，恪守漢法，多所發明，爲孔撝約諸家所未及，能使三千年孔壁古文無隱滯之義，無虚造之文，用力勤而爲功鉅矣。元從北平翁覃溪先生得識王君，王君厚重誠篤，先大夫敬之，以爲有古人風，無南人浮競之習，延教家塾子弟者有年。王君書成，屬序于元。元更出元素校大戴本付王君。王君或以己所校者衡量之，加以弃取，别爲《大戴記》作釋文數卷，不更善乎！

春秋公羊通義序

昔孔子成《春秋》，授於子夏，所謂『以《春秋》屬商』是也。子夏口説以授公羊高，高五傳，至漢景帝時，乃與齊人胡毋生，始著竹帛。其後有嚴彭祖、顏安樂兩家之學，宣帝爲之立博士，故《公羊》之學，兩漢最勝。雖劉歆、鄭衆、賈逵謂『《公羊》可奪，《左氏》可興』，而終不能廢也。然説者既多，至有倍經任意者。任城何君起而修之，覃精竭思，閉門十有七年，乃有成書，略依胡毋生條例而作《解詁》，學者稱精奥焉。六朝時，何休之學猶盛行於河北。厥後《左氏》大行，《公羊》幾成絶學矣。我朝經術昌明，超軼前代，諸儒振興，皆能表章六經，修復古學。而曲阜聖裔孔顨軒先生，思述祖志，則從事於《公羊春秋》者也。先生幼秉異資，長通絶學，凡漢、晉以來之治《春秋》者，不下數百家，靡不綜覽，嘗謂《左氏》舊學，湮於征南；《穀梁》本義，汩於武子。王祖游謂何休志通《公羊》，往往爲《公羊》疚病；其餘啖助、趙匡之徒，又横生義例，無當於經，唯趙汸最爲近正;何氏體大思精,然不無承訛率臆。於是旁通諸家,兼采《左》《穀》,擇善而從,撰《春秋公羊通義》十一卷、《序》一卷。凡諸經籍,義有可通於《公羊》者,多著録之。其不同於《解詁》者,大端有數事焉。謂古者諸侯分土而守,分民而治,有不純臣之義,故各得紀年於其境内,而何邵公猥謂唯王者然後改元立號,經書『元年』爲託王於魯,則自蹈所云反傳違戾之失矣,其不同一也。謂《春秋》分十二公而爲三世,舊説所傳聞之世,隱、桓、莊、閔、僖也;所聞之世,文、宣、成、襄也;所見之世,昭、定、哀也。顔安樂以爲襄公二十三年『邾婁鼻我來奔』,云『邾婁無大夫,此何以書?以近書也』;又昭公二十七年『邾婁快來奔』,傳云『邾婁無大夫,此何以書?以近書也』。二文不異,同宜一世,故斷自孔子生後,即爲所見之世,從之,其不同二也。謂桓十七年經無夏,二家經皆有夏,獨《公羊》脱耳。何氏謂:『夏者,陽也。月者,陰也。去夏者,明夫人不繫於公也。』所不敢言,其不同三也。謂《春秋》上本天道,中用王法,而下理人情。天道者,一曰時,二曰月,三曰日。王法者,一曰譏,二曰貶,三曰絶。人情者,一曰尊,二曰親,三曰賢。此三科九旨。而何氏《文謚例》云『三科九旨者,新周,故宋,以《春秋》當新王』,此一科三旨也;又云『所見異辭,所聞異辭,所傳聞又異辭』,二科六旨也;又『内其國而外諸夏,内諸夏而外夷狄』,是三科九旨也。其不同四也。他如何氏所據,閒有失者,多所裨損,以成一家之言。又謂『《左氏》之事詳,《公羊》之義長,《春秋》重義不重事』,是可謂好學深思,心知其意者矣。故能醇會貫通,使是非之旨不謬於聖人。豈非至聖在天之靈，懼《春秋》之失指，篤生文孫，使明絶學哉！元爲聖門之甥，陋無學術，讀先生此書，始知聖志之所在，因敬敘之。

國朝漢學師承記序

兩漢經學所以當尊行者，爲其去聖賢最近，而二氏之説尚未起也。老、莊之説，盛於兩晉，然《道德》《莊》《列》本書具在，其義止於此而已。後人不能以己之文字飾而改之，是以晉以後鮮樂言之者。浮屠之書，語言文字非譯不明，北朝淵博高明之學士，宋、齊聰穎特達之文人，以己之説，傅會其意，以致後之學者繹之彌悦，改而必從，非釋之亂儒，乃儒之亂釋。魏收作《釋老志》後，踪跡可見矣。吾固曰兩漢之學純粹以精者，在二氏未起之前也。我朝儒學篤實，務爲其難，務求其是，是以通儒碩學，束髮研經，白首而不能究。豈如朝立一旨，暮即成宗者哉！甘泉江君子屏，得師傳于紅豆惠氏，博聞强記，無所不通，心貫羣經，折衷兩漢。元幼與君同里同學，竊聞論説三十餘年。江君所纂《國朝漢學師承記》八卷，嘉慶二十三年居元廣州節院時刻之，讀此可知漢世儒林家法之承授，國朝學者經學之淵源，大義微言不乖不絶，而二氏之説不攻自破矣。元又嘗思國朝諸儒説經之書甚多，以及文集説部，皆有可采，竊欲析縷分條，加以翦截，引繫於羣經各章句之下。譬如休寧戴氏解《尚書》『光被四表』爲『横被』，則繫之《堯典》；寶應劉氏解《論語》『哀而不傷』，即《詩》『惟以不永傷』之『傷』，則繫之《論語·八佾》篇，而互見《周南》。如此勒成一書，名曰《大清經解》。徒以學力日荒，政事無暇，而能總此事審是非、定去取者，海内學友，惟江君暨顧君千里二三人。他年各家所著之書，或不盡傳，奥義單辭，淪替可惜，若之何哉！歲戊寅除夕，序于桂林行館。

孔檢討廣森大戴禮記補注序

今學者皆治十三經，至兼舉十四經之目，則《大戴禮記》宜急治矣。《夏小正》爲夏時書，《禹貢》惟言地理，兹則言天象，與《堯典》合；《公冠》《諸侯遷廟》《釁廟》《朝事》等篇，足補《儀禮》十七篇之遺；《盛德》《明堂》之制，爲《考工記》所未備；《孔子三朝記》，《論語》之外，兹爲極重；《曾子》十篇，儒言純粹，在《孟子》之上；《投壺》儀節，較《小戴》爲詳；《哀公問》字句，較《小戴》爲確，然則此經宜急治，審矣。顧自漢至今，惟北周盧僕射爲之注，且未能精備。自是以來，章句溷淆，古字更舛，良可慨歎。近時戴東原庶常、盧紹弓學士，相繼校訂，蹊逕漸闢。曲阜孔編修㢸軒，乃博稽羣書，參會衆説，爲注十三卷，使二千餘年古經傳復明於世，用力勤而爲功鉅矣。元從編修之嗣昭虔得觀是書，編修之弟廣廉付刻，元爲序之。元鄉亦曾治是經，有注有釋，鄙陋之見與編修間有異同。今編修書先行，元寫定後再以質之當世治經者。

焦里堂循羣經宫室圖序

焦君里堂作《羣經宫室圖》二卷，凡九類：曰城，曰宫，曰門，曰屋，曰社稷，曰宗廟，曰明堂，曰壇，曰學，爲圖五十篇，皆于衆説分賾、羣言岨峿之際，尋繹經文而折衷之，圖所不能詳者，復因圖爲説，以附于後。其所見似刱，而適得夫經之意也，其所解似新，而適符乎古之制也。嗚呼，用力可謂勤矣！顧其書往往異于先儒之舊，學佀或致疑焉。余以爲儒者之于經，但求其是而已矣，是之所在，從注可，違注亦可，不必定如孔、賈義疏之例也。歙程易田孝廉，近之善説經者也。其説《考工》戈、戟、鐘、磬等篇，率皆與鄭注相違，而證之於古器之僅存者，無有不合，通儒碩學咸以爲不刊之論，未聞以違注見譏。蓋株守傳注、曲爲附會，其弊與不從傳注、憑臆空談者等。夫不從傳注、憑臆空談之弊，近人類能言之，而株守傳注、曲爲附會之弊，非心知其意者，未必能言之也。元向有《考工記車制圖解》，其説亦頗異于鄭君。今得里堂此書，而鄙見爲不孤矣。圖中新定路寢之制，吾友凌次仲移書争之。元謂里堂所抒者，心得也；次仲所持者，舊説也。昔許氏爲《五經異義》，而鄭君駁之，何氏爲《公羊墨守》，而鄭君發之，究之各成其是，於叔重、邵公無損也。里堂以藁本寄都示元，元學殖甚荒落，無以益里堂，聊書平昔之所見者而歸之，里堂其以余説爲然乎？否耶？

與臧拜經庸書

《臯陶謨》『撻以記之』以下七十四字，或疑亦僞孔所增，由淵如觀察暨足下所説推之，元竊未敢定也。蓋所以疑之者，其大端有五：一則《史記·夏本紀》敘此經文于『侯以明之』下，直接『禹曰俞』，無此七十四字也；一則馬、鄭逸經注絶無此七十四字注也；一則《説文》引『撻以記之』爲《周書》也；一則鄭注《鄉射》『取扑』，但引《尚書》『扑作教刑』，不引『撻以記之』也；一則《公羊疏》稱『敷奏以言』三句爲逸書也。按：《史記》引《尚書》本有删節之處，不獨此七十四字爲然，即如《臯陶謨》『一日二日萬幾』『天敘有典』等二十餘句，亦未引之，故《史記》所未引，未可以爲本無此七十四字之確據。僞孔但能割《堯典》爲《舜典》，割《臯陶謨》爲《益稷》，無他技也。《舜典》首二十八字，并僞孔亦不能造，直至姚方興始僞獻于朝，舉朝集議，咸以爲非。如果僞孔增出七十四字，當年朝議無論是之非之，但必有及之者。六朝以來，不容絶無一語及之也。馬、鄭逸注，或有或無，本難深據，況其存者多出《史記》注中，今《史記》既無此段書文，則注亦因之而佚矣。《説文》『撻』，古文『遽』，引《周書》『遽以記之』，段氏若膺已謂从『虍』乃从『攴』之訛,『周』乃『虞』之訛,既可訛『攴』爲『虍』,寧不容訛『虞』爲『周』也?元且謂『虡』即『虞』字上半所由致誤也。《儀禮·鄉射》經文但有『扑』字,本無『撻』字,鄭之但引『扑作教刑』,不引『撻以記之』,宜也。《公羊》何休學引《尚書》曰『羣后四朝,敷奏以言。明試以功,車服以庸』,明是《虞書》,而徐彦疏誤爲逸《書》。如果『逸《書》』一語出自何氏,尚有可疑,若徐氏,直刊本之誤耳。《春秋繁露》《潛夫論》皆漢人之書,其引『車服有庸』皆連『誰敢不讓,敢不敬應』二句,若以此二語爲説《堯典》者之詞,亦無確據。且僞孔苟作僞,則羣服賦納頗見新異,曷不用之?而反用『誰』代『疇』、用『庶』代『試』也。其餘小節,不必置詞,惟此五疑,究無確據。經文至重,未敢輕議,且俟異日,或者再有所考見,何如?

與洪筠軒頤煊[一]論三朝記書

《孔子三朝記》七篇,與《論語》竝重,今世以其文字艱深,莫之學。夫孔子之言之存于世者無多,豈可不發明以觀聖道哉?今子注之,甚善。余紬繹之,有疑而爲解之者,爲子列之。《千乘》

[一] 煊,底本原作『暄』,據甲戌續刊本改。

篇記曰：『卿設如四體，毋易事，毋假名，毋重食。』元謂『易事』謂變易政事，『假名』謂假人名器，『重食』謂增食采邑，此皆指魯三家之弊。《記》曰：『立有神，則國家敬。』此仍是鬼神之神，與《四代》篇『昭有神明』之義同。《記》曰：『誘居家室，有君子曰義，子女專曰媄。』元謂『誘』讀如『吉士誘之』『誘』，誘，進也。君子，即《詩》『吉士』，謂主其婚者，故曰義。若子女自專，則爲姦。此《記》文八節與《周禮·秋官·士師》『八成』相應，此一節屬《周禮》『邦汋』。『汋』當讀爲『媒妁』之『妁』，由《記》文推之，可見鄭司農注《周禮》爲『斟酌刺探尚書事』之誤。此『邦汋』如今律之姦律，《周禮》列在賊盜之前，《三朝記》列在盜之後賊之前，甚明晰也。《四代》篇記曰：『如艾而夷之。』『艾』讀如刈，斷草也。夷，平也。《虞戴德》篇記曰：『黄帝慕修之。』『慕』乃『纂』字之訛。纂，繼也。《記》曰：『開施教于民。』由《記》中『東有開明』推之，凡《記》中『開』字屢見，皆『啟』字，漢人避諱所改也。《小辨》篇記曰：『士學順，辨言以遂志。』元謂『順』與『訓』通，即《爾雅·釋訓》之『訓』。遂志，通意也。學訓詁方能通絶代別國之言之意也。《少閒》篇記曰：『不忍天下粒食之民刈戮。』『戮』當爲句。『不得以疾死』，『死』當爲句，『故』字屬下，以《千乘》篇亦有『民不得以疾死』之文，下亦有『故』字也。凡此數事致之，子以爲何如？

十三經注疏校勘記序十三篇

古《周易》十二篇，漢後至宋晁以道、朱子始復其舊。自晁以道、朱子以前，皆彖、象、《文言》分入上下經卦中，别爲《繫辭》上下、《説卦》、《序卦》、《雜卦》五篇。鄭(元)〔玄〕、王弼之書業已如是，此學者所共知，無庸覶縷者也。《易》之爲書最古，而文多異字，宋晁以道古文《易》撏撦爲之，如郭忠恕、薛季宣《古文尚書》之比。國朝之治《周易》者，未有過於徵士惠棟者也，而其校刊雅雨堂李鼎祚《周易集解》與自著《周易述》，其改字多有似是而非者。蓋經典相沿已久之本，無庸突爲擅易，況師説之不同，他書之引用，未便據以改久沿之本也，但當録其説於考證而已。臣元於《周易注疏》舊有校正各本，今更取唐、宋、元、明經本、經注本、單疏本、經注疏合本讎校，各刻同異，屬元和生員李鋭筆之，爲書九卷，别校《略例》一卷、陸氏《釋文》一卷，而不取他書妄改經文，以還王弼、孔穎達、陸德明之舊。

自梅賾獻孔《傳》，而漢之眞古文與今文皆亡，乃梅本又有今文、古文之别。《新唐書·藝文志》云：『天寶三載，詔集賢學士衛包改古文從今文。』説者謂今文從此始，古文從此絶。殊不知衛包以前未嘗無今文，衛包以後又别有古文也。《隋書·經籍志》有《古文尚書》十五卷，《今字尚書》十四卷，又顧彪《今文尚書音》一卷，是隋以前已有今文矣。蓋變古文爲今文，實自范甯始。

甯自爲《集注》，成一家言，後之傳寫孔《傳》者，從而效之，此所以有今文也。六朝之儒，傳古文者多，傳今文者少。今文自顧彪而外，不少概見。李巡、徐邈、陸德明，皆爲古文作音。孔穎達《正義》，出於二劉，蓋亦用古文本，如『塗』之爲『斁』、『云』之爲『員』是也。然疏內不數數覯，殆爲後人竄改，如陳鄂等之於《釋文》歟？然則衛包之改古從今，乃改陸、孔而從范、顧，非倡始爲之也。乃若天寶既改古文，其舊本藏書府，民間不復有之，更經喪亂，即書府所藏，亦不可問矣。開成初，鄭覃進石經，悉用今文。前此張參之壁經，後此長興之板本、廣政之石本，當無不用今文者。乃後周顯德六年，郭忠恕獨校《古文尚書》上之，上距天寶三載，已二百餘年，不知郭氏從何而得其本。宋初仍不甚行，至吕大防得於宋次道、王仲至家，而晁公武取以刻石，薛季宣據以作訓，然後大顯。今桉：《釋文·序録》云『《尚書》之字，本爲隸古』。既是隸寫古文，則不全爲古字。今宋、齊舊本及徐、李等音所有古字，蓋亦無幾。穿鑿之徒，務欲立異，依傍字部，改變經文，疑惑後生，不可寫用。是所謂古文，不過如《周禮》《漢書》，略有古體及假借通用之字而已。晁氏《讀書志》云『陸德明獨存一二於《釋文》』，此正與古字無幾之説相合。若連篇累牘悉是奇字，則陸氏豈得或釋或不釋哉？晁氏又云：『以《古文尚書》校《釋文》，雖小有異同，而大體相類。』夫《釋文》所存，僅止一二，就此一二之中，復小有異同，則全經不合者必十之九，其爲贋本無疑。然觀陸氏之言，則穿鑿立異，自古而然，不獨郭氏也。臣於《尚書注疏》舊有校本，茲以各本授德清貢生徐養原校之，并及《釋文》。臣復定其是非，且考其顛末，著於簡首。

考異於《毛詩》，經有齊、魯、韓三家之異。《齊》《魯詩》久亡，《韓詩》則宋以前尚存，其異字之見於諸書可考者，大約毛多古字，韓多今字，有時必互相證而後可以得毛義也。毛公之傳《詩》也，同一字而各篇訓釋不同，大抵依文以立解，不依字以求訓，非孰於《周官》之假借者，不可以讀毛傳也。毛不易字，鄭箋始有易字之例。顧注《禮》則立説以改其字，而《詩》則多不欲顯言之，亦或有顯言之者，毛以假借立説，則不言易字，而易字在其中。鄭又於傳外研尋，往往傳所不易者而易之，非好異也，亦所謂依文立解，不如此，則文有未適也。孟子曰：『不以文害辭，不以辭害志。』孟子所謂『文』者，今所謂『字』，言不可泥於字，而必使作者之志昭著顯白於後世。毛、鄭之於《詩》，其用意同也。傳、箋分而同一，《毛詩》字有各異矣。自漢以後，轉寫滋異，莫能枚數。至唐初，而陸氏《釋文》、顏氏定本、孔氏《正義》，先後出焉，其所遵用之本，不能畫一。自唐後至今，鋟版盛行，於經、於傳箋、於疏，或有意妄更，或無意譌脱，於是繆盭莫可究詰。因以臣舊校本授元和生員顧廣圻，取各本校之，臣復定是非，於以知經有經之例，傳有傳之例，箋有箋之例，疏有疏之例，通乎諸例，而折衷於孟子『不以辭害志』，而後諸家之本可以知其分，亦可以知其一定不可易者矣。

有杜子春之《周禮》，有二鄭之《周禮》，有後鄭之《周禮》。《周禮》出山巖屋壁間，劉歆始知爲周公之書而讀之，其徒杜子春乃能略識其字。建武以後，大中大夫鄭興、大司農鄭衆，皆以《周禮》解詁著，而大司農鄭康成乃集諸儒之成爲《周禮注》。蓋經文古字不可讀，故四家之學皆主於正字。其云『故書』者，謂初獻於祕府所藏之本也。其民間傳寫不同者，則爲今書。有云『讀如』者，比擬其音也。有云『讀爲』者，就其音以易其字也。有云『當爲』者，定其字之誤也。三例既定，而大義乃可言矣，説皆在後鄭之注。唐賈公彦等作疏，發揮殊未得其肯綮。臣元於此經舊有校本，且合經注疏讀之，時闕見其一二。因通校經注疏之譌字，更屬武進監生臧庸蒐校各本，并及陸氏《釋文》，臣復定其是非。凡言周制、言漢學者，容有藉於此。

《儀禮》最爲難讀。昔顧炎武以唐石刻《九經》校明監本，惟《儀禮》譌脱尤甚。經文且然，況注疏乎？賈疏文筆冗蔓，詞意鬱轖，不若孔氏《五經正義》之條暢，傳寫者不得其意，脱文誤句，往往有之。宋世注、疏各爲一書，疏自咸平校勘之後，更無别本，誤謬相沿，迄今已無從一一釐正。朱子作《通解》，於疏之文義未安者，多爲删潤。在朱子自成一家之書，未爲不可，而明之刻注疏者，一切惟《通解》之從，遂盡失賈氏之舊。臣於《儀禮注疏》舊有校本，奉旨充石經校勘官，曾經文上石。今合諸本，屬德清貢生徐養原詳列異同，臣復定其是非。大約經注則以《唐石經》及宋嚴州單注本爲主，疏則以宋單行本爲主，參以《釋文》《識誤》諸書，於以正明刻之譌。雖未克盡得鄭、賈面目，亦庶還唐、宋之舊觀。鄭注疊古今文最爲詳覈，語助多寡，靡不悉紀，今校是經，寧詳毋略，用鄭氏家法也。

《小戴禮記》，隋、唐《志》竝二十卷，《唐石經》所分是也。貞觀中，孔穎達等爲《正義》，舊、新《唐志》皆云七十卷。晁氏《讀書志》、陳氏《書録解題》皆同。案：古人義疏皆不附於經注而單行，猶古《春秋》三《傳》、《詩》毛傳不附於經而單行也。單行之疏，北宋皆有鐫本，今厪有存者。《儀禮》《穀梁》《爾雅》間存藏書家，而他經多亡。正義多附載經注之下，其始謂之『兼義』，其後直謂之『某經注疏』。其始本無《釋文》，其後又附以《釋文》，謂之『附釋音某經注疏』，最後又去『附釋音』三字。蓋皆紹興以後所爲，而北宋無此也。有在『兼義』之先爲之者，今所見吴中藏本有《春秋》《禮記》二種，《春秋》曰『春秋正義卷第幾』，《禮記》曰『禮記正義卷第幾』，皆不標爲『某經注疏』。其卷數則《春秋》三十六卷，《禮記》七十卷，皆與《唐志》『《正義》』卷數合。蓋以單行《正義》爲主，而以經注分置之，此紹興初年所爲。非如兼義、注疏之以經注爲主，而以疏附之，既不用經注之卷數，又不用正義之卷數，《春秋》爲六十卷，《禮記》爲六十三卷，遂使唐人正義之卷次不可知。蓋古今之遷變如此。《禮記》七十卷之本，出於吴中吴泰來家。乾隆間，惠棟用以校汲古閣本，識之云：『譌字四千七百有四，脱字一千一百四十有五，闕文二千二百一十有七，文字異者二千六百二十有五，羨文九百七十有一，點勘是正。四百年來闕誤之書，犂然備具，爲之稱快。』今《記》中所云『惠棟校宋本』者是也。其眞本今藏曲阜孔氏。近年有巧僞之書賈，取六十三卷舊刻，添注塗改，綴以惠棟跋語，鬻於人，鏤板京師者，乃贋本耳。今屬臨海生員洪震煊,以惠棟本爲主,並合臣舊校本及新得各本,考其異同,臣復定其是非,爲《校勘記》六十有三卷,《釋文》則別爲四卷。後之爲小戴學者,庶幾有取於是。

《春秋左氏傳》,漢初未審獻於何時,《漢·藝文志》説孔壁事祇云『得古文《尚書》及《禮記》《論語》《孝經》』,不言《左氏》經傳也。《景十三王傳》亦但云『得古文經傳』,所謂傳者,即《禮》之《記》及《論語》,亦未言有《左氏》也。《楚元王傳》劉歆讓太常博士,亦以逸《禮》三十有九、《書》十六篇系之魯恭王所得、孔安國所獻,而於《春秋左氏》所修二十餘通,則但云『藏於祕府』,不言獻自何人。惟《説文解字·序》分別言之曰:『魯恭王壞孔子宅,得《禮記》《尚書》《春秋》《論語》《孝經》。又北平侯張蒼獻《春秋左氏傳》。』然後《左氏》經傳所自出始大白於世。顧許言恭王所得有《春秋》,豈孔壁中有《春秋》經文,爲孔子手定者與?北平侯所獻,蓋必有經有傳,度其經,必與孔壁經大同。然則班《志》所云『古經十二篇』者,指恭王所得與?抑指北平所獻與?《左氏傳》之學,興於賈逵、服虔、董遇、鄭衆、潁容諸家,杜預因之,分經比傳,爲之集解。今諸家全書不可見,而流傳閒見者,往往與杜本乖異。古有吴皇象所書本,宋臧榮緒、梁岑之敬所校本,今皆不可得,蓋傳文異同可考者,亦僅矣。唐人專宗杜注,惟《蜀石經》兼刻經傳杜注文。而蜀石盡亡,世間搨本僅存數百字。後唐詔儒臣田敏等校《九經》,鏤本於國子監,此亦經、傳、注兼刻者,而今多不存。至於孔穎達等依經、傳、杜注爲《正義》三十六卷,本自單行,宋淳化元年有刻本。至慶元間，吴興沈中賓分系諸經注本合刻之，其跋云：『踵給事中汪公之後，取國子監《春秋經傳集解》《正義》精校，萃爲一書。』蓋田敏等所鏤，淳化元年所頒，皆最爲善本，而畢集於是。後此附以《釋文》之本，未有能及此者。元和陳樹華即以此本徧考諸書，凡與《左氏傳》經文有異同可備參考者，撰成《春秋内傳考證》一書。考證所載之同異，雖與正義本夐然不同，然亦間有可采者。臣更病今日各本之踳駁，思爲諟正。錢塘監生嚴杰熟於經疏，因授以舊日手校本，又慶元間所刻之本，并陳樹華《考證》及《唐石經》以下各本及《釋文》各本，精詳捃摭，共爲《校勘記》四十二卷。雖班孟堅所謂『多古字古言』，許叔重所謂述《春秋傳》用古文者，年代綿邈，不可究悉，亦庶幾網羅放佚，冀成注疏善本，用裨學者矣。

漢武帝好《公羊》，治其學者，胡毋子都、董膠西爲最著。膠西下帷講誦，著書十餘萬言，皆明經術之意，至於今傳焉。子都爲景帝時博士，後年老歸教於齊，齊之言《春秋》者，莫不宗事之。《公羊》之著竹帛，自子都始。戴宏《序》偁子夏傳與公羊高，高傳其子平，平傳其子地，地傳其子敢，敢傳其子壽，壽與弟子胡毋子都著於竹帛是也。何休爲膠西四傳弟子，本子都條例以作注，著《公羊墨守》《公羊文謚例》《公羊傳條例》，尤邃於陰陽五行之學，多以讖緯釋《傳》，惟黜周王魯，《傳》無明文，晉王接以爲乖硋大體，非過毁也。《公羊》傳文初不與經相連綴，《漢志》各自爲卷。孔穎達《詩》正義云：『漢世爲傳訓者，皆與經别行。』故蔡邕石經《公羊》殘碑無經，《解詁》

亦但釋《傳》也。分經附《傳》，大氐漢後人爲之，而唐開成始取而刻石。徐彦疏，《唐志》不載，《崇文總目》始著録，亦無撰人名氏。宋董逌云：『世傳徐彦所作，其時代里居不可得而詳矣。』光禄寺卿王鳴盛云：『即《北史》之徐遵明。』不爲無見也。蓋其文章似六朝人，不似唐人所爲者。《郡齋讀書志》《書録解題》竝作三十卷，世所傳本乃止二十八卷，其參差之由，亦無可考也。臣舊有校本，今更以何煌所校蜀大字本、宋鄂州官本及《唐石經》本、宋元以來各注疏本，屬武進監生臧庸臚其同異之字，臣爲訂其是非，成《公羊注疏校勘記》十一卷、《釋文校勘記》一卷。後之爲是學者，俾得有所考焉。

《六藝論》云：『穀梁善于經。』豈以其親炙於子夏，所傳爲得其實與？公羊同師子夏，而鄭氏《起廢疾》則以穀梁爲近孔子，公羊爲六國時人。又云：『傳有先後。』然則《穀梁》實先於《公羊》矣。今觀其書，非出一人之手，如隱五年、桓六年竝引《尸子》，説者謂即尸佼，佼爲秦相商鞅客，鞅被刑後，遂亡逃入蜀，而預爲徵引，必無是事，或《傳》中所言者非尸佼也。自漢宣帝善《穀梁》，於是千秋之學起，劉向之義存。若更始、唐固、麋信、孔衍、徐乾，皆治其學，而范甯以未有善釋，遂沈思積年，著爲《集解》。《晉書》范傳云：『徐邈復爲之注，世亦偁之。』似徐在范後，而書中乃引邈注一十有七，可知邈成書於前，范甯得以捃拾也。讀《釋文》所列經解傳述人，亦可得其後先矣。《漢志》經、傳各自爲袟，今所傳本未審合并於何時也。《集解》則經、傳竝釋，豈即范氏之所合與？范注援漢、魏、晉各家之説甚詳。唐楊士勛疏，分肌擘理，爲《穀梁》學者，未有能過之者也。但晉豕魯魚，紛綸錯出，學者患焉。康熙間長洲何煌者，焯之弟，其所據宋槧經注殘本、宋單疏殘本，竝希世之珍，雖殘編斷簡，亦足寶貴，臣曾校録。今更屬元和生員李鋭，合《唐石經》、元版注疏本及閩本、監本、毛本，以校宋十行本之譌，臣復定其是非，成《穀梁注疏校勘記》十二卷、《釋文校勘記》一卷。

《春秋》《易大傳》，聖人自作之文也。《論語》，門弟子所以記載聖言之文也。凡記言之書，未有不宗之者也。魯、齊古本異同，今不可詳。今所習者，則何晏本也。臣元於《論語注疏》舊有校本，且有箋識，又屬仁和生員孫同元推而廣之，於經、注、疏、《釋文》，皆據善本讎其同異，暇輒親訂成書，以詒學者云爾。

《孝經》有古文，有今文，有鄭注，有孔注。孔注今不傳，近出於日本國者，誕妄不可據。要之孔注即存，不過如《尚書》之僞《傳》，決非眞也。鄭注之僞，唐劉知幾辨之甚詳，而其書久不存。近日本國又撰一本，流入中國，此僞中之僞，尤不可據者。《孝經注》之列於學宫者，係唐(元)〔玄〕宗御注，唐以前諸儒之説，因藉捃摭以僅存，而當時元行沖《義疏》，經宋邢昺刪改，亦尚未失其眞，學者舍是，固無繇闚《孝經》之門徑也。惟其譌字實繁。臣元舊有校本，因更屬錢塘監生嚴杰旁披各本，竝《文苑英華》《唐會要》諸書，或讎或校，務求其是，臣復親酌定之，爲《孝經校勘記》

三卷、《釋文校勘記》一卷。

《爾雅》一書，舊時學者苦其難讀，今則三家邨書塾匙不讀者，文教之盛，可云至矣。《爾雅注》郭氏後出，不必精審。而從前古注之散見者，通儒多愛惜攟拾之。若近日寶應劉玉麐、武進臧庸，皆采輯成書可讀。邢昺作疏，在唐以後，不得不綷唐人語爲之。近者翰林學士邵晉涵改弦更張，別爲一疏，與邢並行，時出其上。顧邢書列學官已久，士所共習，而經、注、疏三者，皆譌舛日多，俗間多用汲古閣本，近年蘇州翻版尤劣。臣元搜訪舊本，於《唐石經》外，得明吴元恭仿宋刻《爾雅》經注三卷、元槧雪窗書院《爾雅》經注三卷、宋槧《爾雅》邢疏未附合經注者十卷，皆極可貴，授武進監生臧庸，取以正俗本之失，條其異同，纖悉畢備，臣復定其是非，爲《爾雅注疏校勘記》六卷。上、中、下三卷，各分上、下卷。後之讀是經者，於此不無津梁之益。陸德明《經典釋文》，此經爲最詳，仍別爲校訂譌字，不依注疏本與經注相淆。若夫《爾雅》經文之字，有不與經典合者，轉寫多歧之故也。有不與《説文解字》合者，《説文》於形得義，皆本字本義；《爾雅》釋經，則假借特多，其用本字本義少也。此必治經者深思而得其意，固非校勘之餘所能盡載矣。

漢人《孟子》注存於今者，惟趙岐一家。趙岐之學，以較馬、鄭、許、服諸儒，稍爲固陋，然屬書離辭，指事類情，於詁訓無所戾，七篇之微言大義，藉是可推，且章別爲指，令學者可分章尋求，於漢傳注別開一例，功亦勤矣。唐之張鎰、丁公著始爲之音，宋孫奭采二家之善，補其闕遺，成《音義》二卷，本未嘗作《正義》也。未詳何人擬他經爲《正義》十四卷，於注義多所未解，而妄説之處，全鈔孫奭《音義》，略加數語，署曰『孫奭疏』，朱子所云『邵武一士人爲之』者，是也。又盡删章指矣，而疏内又往往詮釋其所削，於十三卷自偁其例曰『凡於趙注有所要者，雖於文段不録，然於事未嘗敢弃之而不明』，其可議有如此者。自明以來，學官所貯，注疏本而已，疏之悠繆不待言，而經注之譌舛闕逸，莫能諟正。吴中舊有北宋蜀大字本、宋劉氏丹桂堂巾箱本、相州岳氏本、盱郡重刊廖瑩中世綵堂本，皆經注善本也。賴吴寬、毛扆、何焯、何煌、朱奂、余蕭客先後傳校，迄休寧戴震授曲阜孔繼涵、安邱韓岱雲鋟版，於是經注譌可正，闕可補，而注疏本有十行者，亦較它注疏本爲善。今屬元和生員李鋭合諸本臚其同異，臣爲辨其是非，以經注本正注疏本，以注疏十行本正明之閩本、北監本、汲古閣本，爲《校勘記》十四卷。章指及篇叙既學者所罕見，則備載之，《音義》亦校訂附後，俾爲趙氏之學者，得有所參考折衷。日本《孟子考文》所據，僅足利本、古本二種，今則所據差廣，考《孟子》者，殆莫能舍是矣。

福謹案：是書及序皆呈進，蒙收覽，尚有進呈摺子，見二集[一]。

[一] 見二集，甲戌續刊本作『失其藁』。

揅經室一集卷十二

浙江圖考上

古今水道，變遷極多，小水支流，混淆不免，然未有一省主名之大川，定自禹迹，而後人亂之，若今不知浙江爲岷江，以漸江、穀水冒浙江者也。元家在揚州府，處北江之北。督學浙省，往來吴越閒者屢矣。參稽經史，測量水土，而得江、浙本爲一水之迹，浙江實《禹貢》『南江』之據。近儒箸述，多考三江，而終未實發之，予乃博引羣書，爲《圖説》一卷。綜其大旨而考之曰：

江者，發原岷山者也。《禹貢》『三江』有北江、中江、南江。北江者，岷江由江寧、鎮江、丹徒、常州之北入海，即今揚州南之大江也。中江者，岷江由高淳過五壩，至常州府宜興縣入海者也。南江者，岷江由安徽池州府過寧國府，會太湖，過吴江、石門，出仁和縣臨平半山之西南，今塘棲。折而東而北，由餘姚北入海者也。《禹貢》不出南江之名者，爲江之正流不比北、中也。中江自楊行密築五堰，其流始絶，永樂時設三壩，陸行十八里矣。南江自北魏時石門、仁和流塞，唐初築海塘以捍潮，其流始絶。今吴江、石門、仁和數百里内，皆爲沃土，惟一綫清流自北新關通漕達於吴江，猶是浙江故道。然則浙江者，乃岷山導江之委，即由吴江、石門、仁和、海寧至餘姚入海，數百里内之地之專名也。若以今富陽江論之，乃《漢書》《説文》《水經》之漸江水、穀水，與《説文》『江』『浙』相連之『浙水』迥不相同，特自杭州府城東北爲浙水之故道，其自杭州城隍山西南上達富陽，斷不能名之爲浙江也。今之海塘所以捍潮，元撫浙修塘，月必至焉。自尖山至海寧州以西，隄雖險而地勢高，惟老鹽倉西南至杭州府城東北數十里中，地勢低平，潮汐往來，活沙無定，有朝爲桑田，莫成滄海者。且加築隄塘，難施樁石，濬之愈深，則沙性愈散，不如老鹽倉東北鐵板沙之堅固，然則此數十里中，非古浙江沙淤故道之明證乎？非即《禹貢》『南江』乎？且潮水最高時，較之北新關、塘棲一帶，水面高至七八尺，設無海塘，則海潮必北注嘉興，所以西塘柴工，尤爲要計也。班孟堅《漢書》、許叔重《説文》、孔疏所引眞鄭康成《書注》、桑欽《水經》諸説是也。《初學記》引僞鄭康成《書注》、韋昭《國語注》、酈道元《水經注》、庾仲初《吴都賦注》諸説非也。以其説之是者，證之《禹貢》《周禮》《左傳》《國語》《越絶》《史記》諸書，及今各府縣地勢，無不合也。以其説之非者，證之諸書及今地勢，無不謬也。

元嘗立詁經精舍於西湖孤山之麓，諸生議奉許叔重、鄭康成二君木主於舍中而祀之。二君説經之功，人罕見者。然浙省讀經之士，奚翅數萬人，問以所居之省，莫不曰『浙江』也。問以浙江究爲何水，鮮不誤舉也。若非許氏《説文》「浙」「漸」二字相別爲解，鄭氏《尚書・禹貢》注讀「東迤」爲斷句，與《漢書》《説文》相發明，則必爲酈道元諸説所誤。浙江禹迹及古吴越之界，皆不可復求。然則許、鄭之爲功，豈不甚鉅！固宜爲潛學之士所中心説而誠服者哉！元七八年來，博稽古籍，親履今地，引證諸説，圖以明之，用告學者，請勿復疑。嘉慶七年撰于杭州使院。

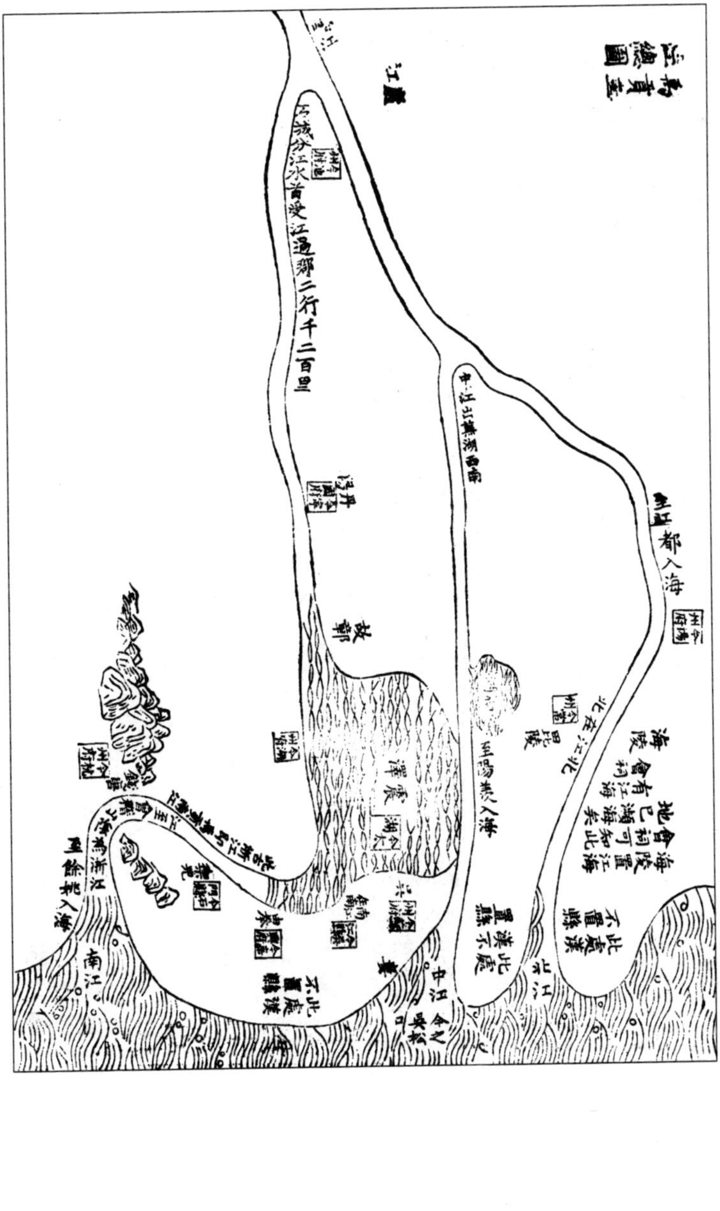

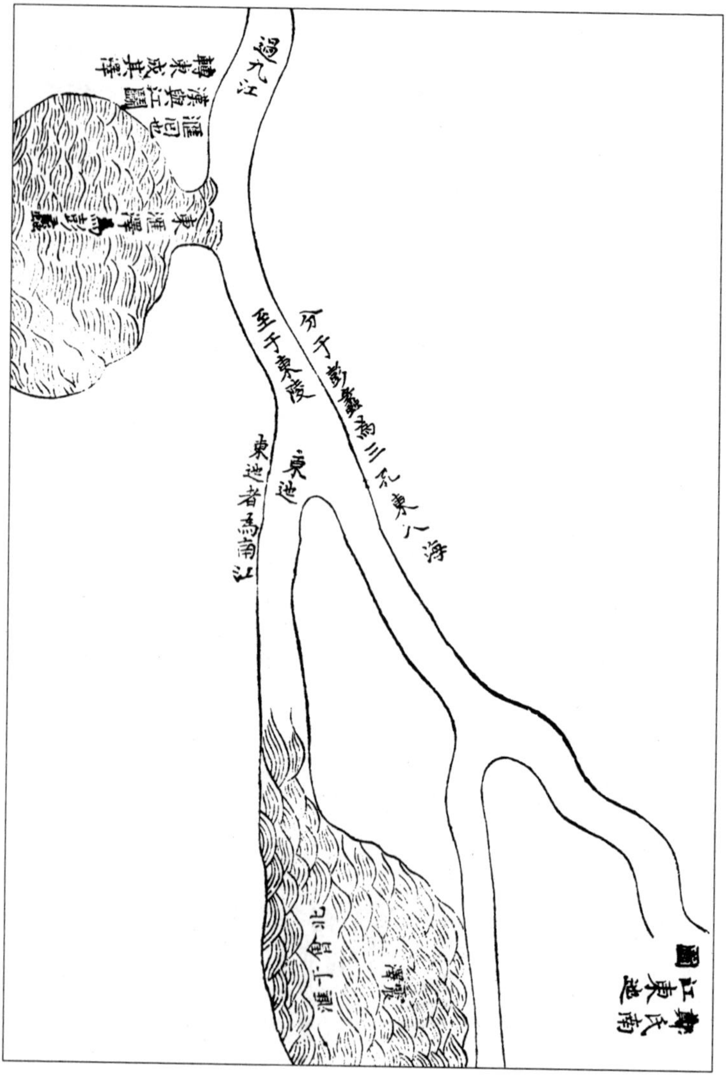
過九江
漢與江鬬轉東成其澤
匯回也
東匯澤爲彭蠡
至于東陵
分于彭蠡爲三孔東入海
東迆
東迆者爲南江
震澤
鄭氏南江東迆圖

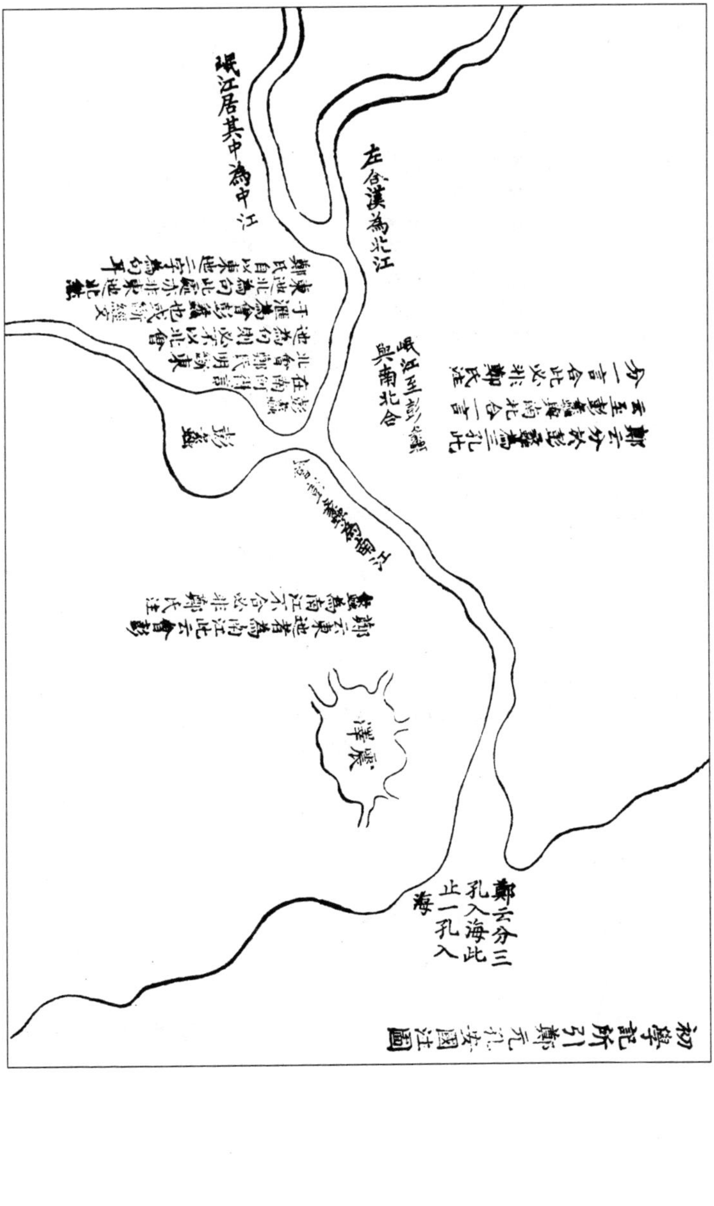
初學記所引鄭元孔安國注圖
鄭云分三孔入海此止一孔入海
震澤
鄭云東迆者為南江此云會彭蠡為南江不合必非鄭氏注
彭蠡
左合漢為北江
岷江居其中為中江

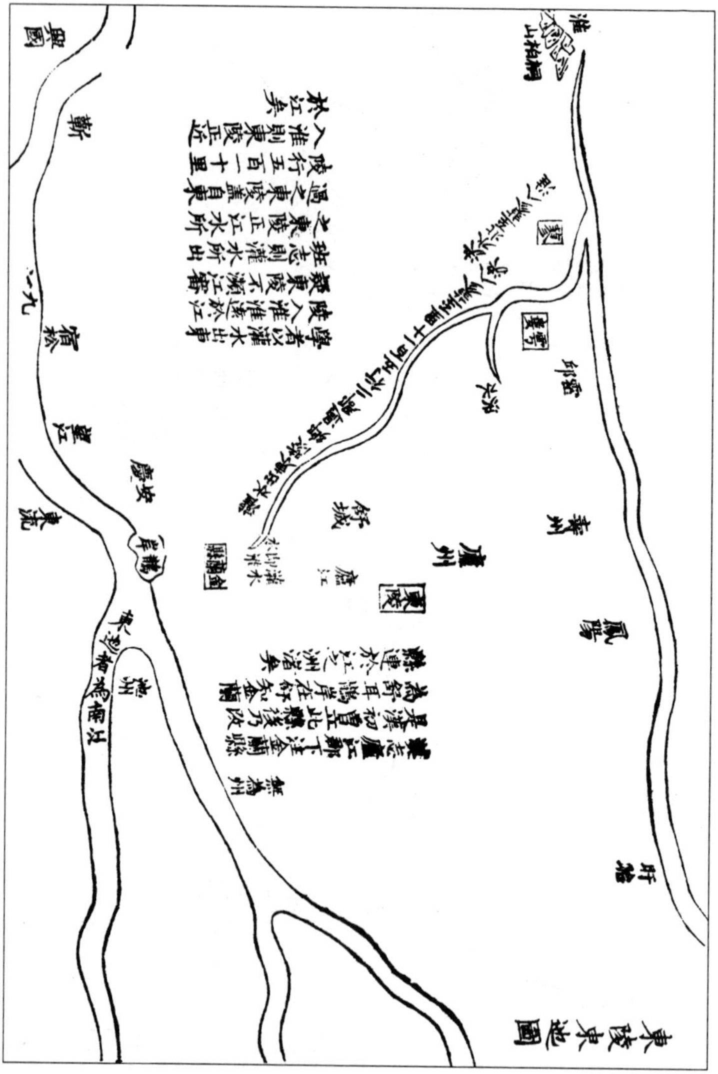
東陵東迆圖
盱眙
鳳陽
壽州
廬州
東陵
舒城
廬江
無為州
漢志廬江郡下注金蘭縣是漢初曾立此縣後乃改為舒耳鵲岸在舒知金蘭縣連於江之洲渚矣
學者以灌水出東陵入淮淮遠於江疑東陵不瀕江審班志則灌水所出之東陵正江水所過之東陵蓋自東陵行五百一十里入淮則東陵正近於江矣
金蘭縣
鵲岸
安慶
望江
宿松
蘄
興國
東流
淮
桐柏山
雩婁
蓼
決水

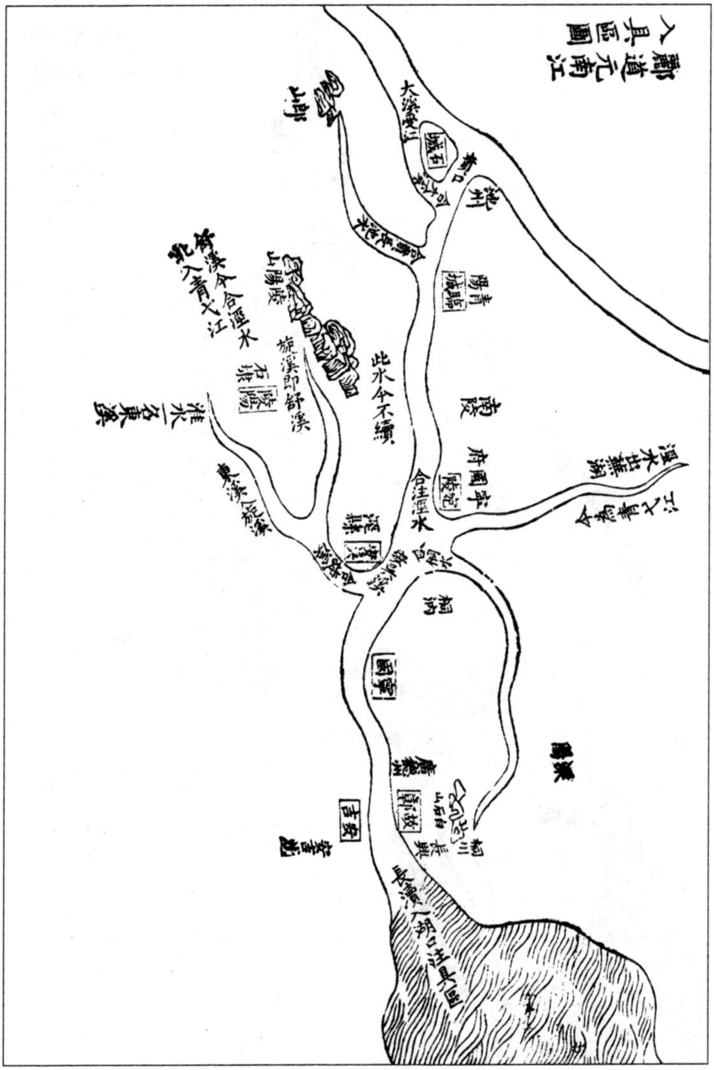
酈道元南江入具區圖

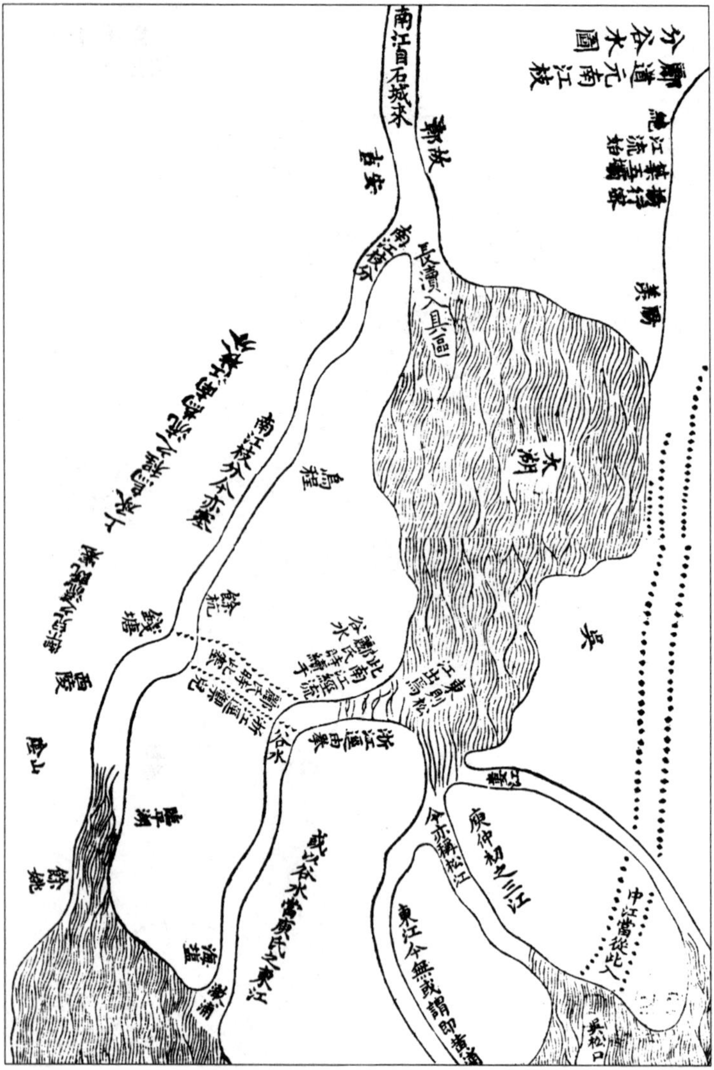
酈道元南江枝分谷水圖
南江自石城來
太湖
吳
錢塘
餘杭
烏程
西陵
餘姚
臨平湖
海鹽
庾仲初之三江
中江當從此入
吳松口
東江今無或謂即黃浦
武林谷水當庾氏之東江

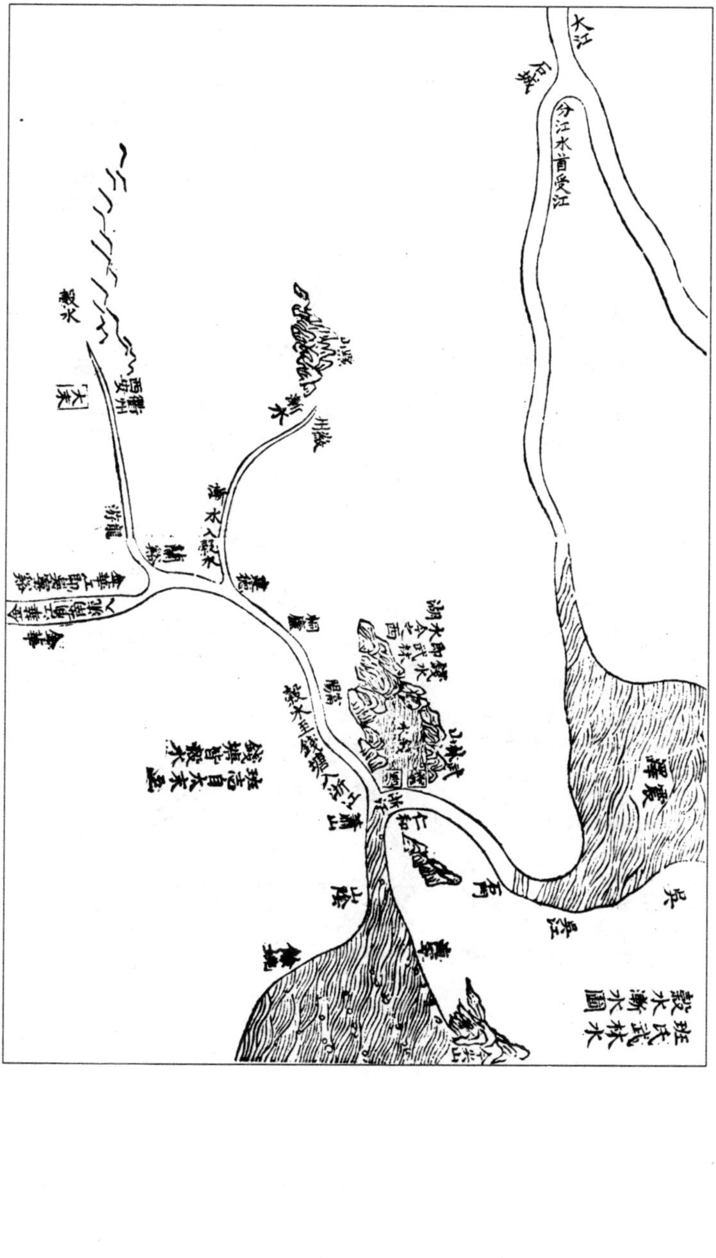
大江
分江水首受江

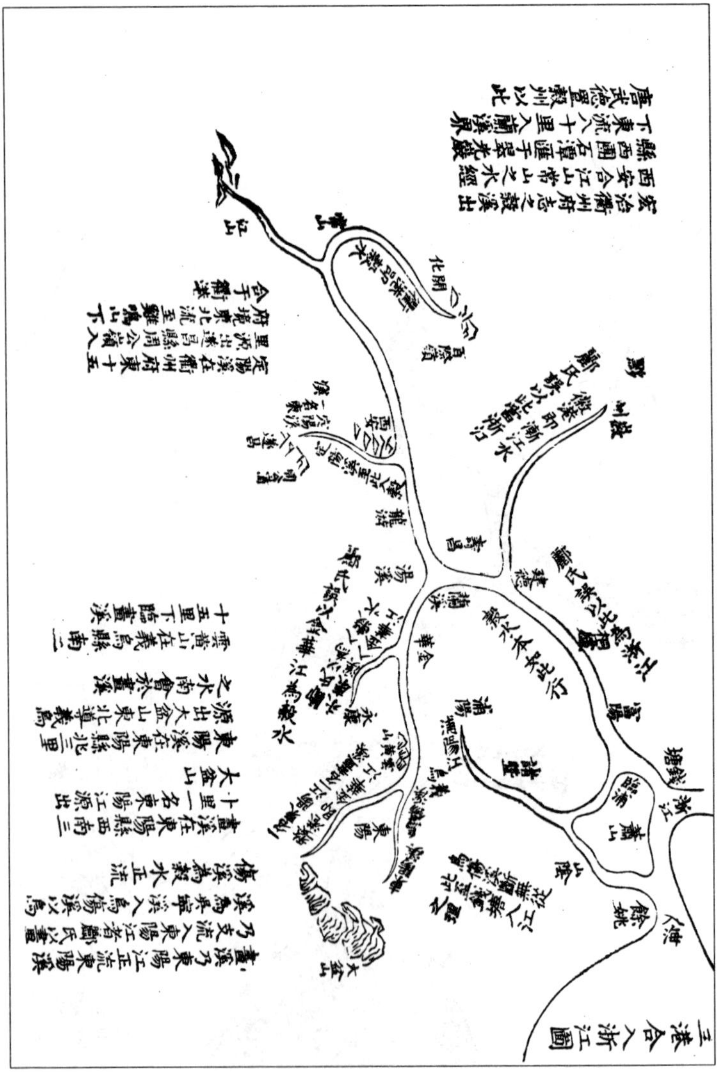
三港合入浙江圖
浙江
錢塘
蕭山
山陰
餘姚
大盆山
東陽

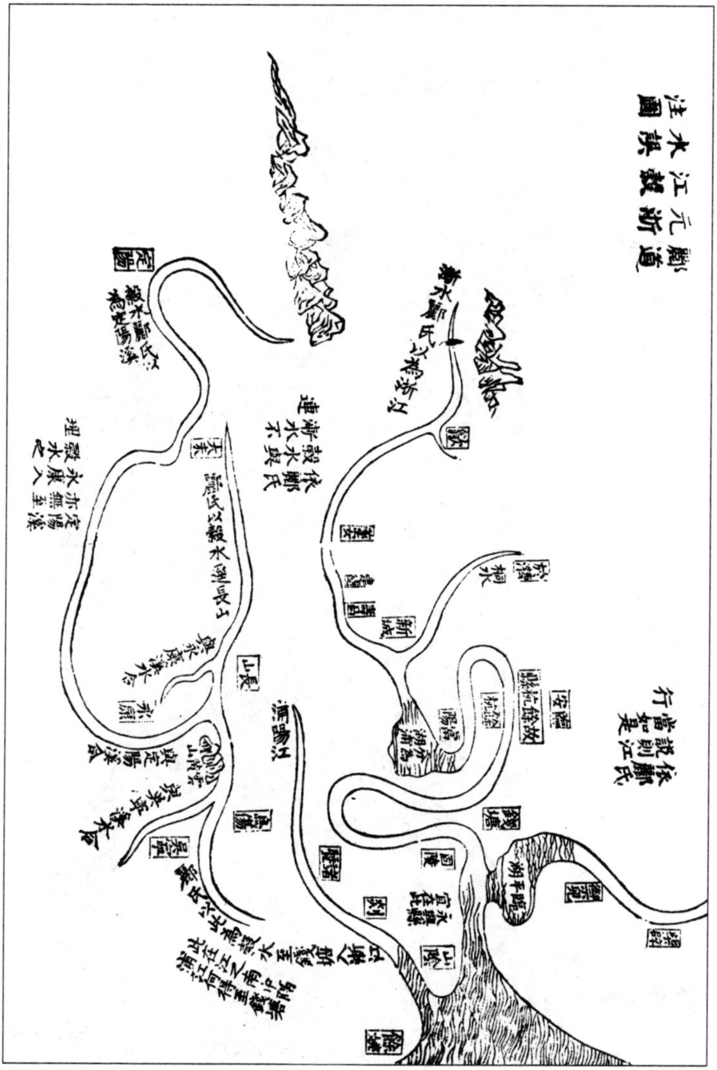

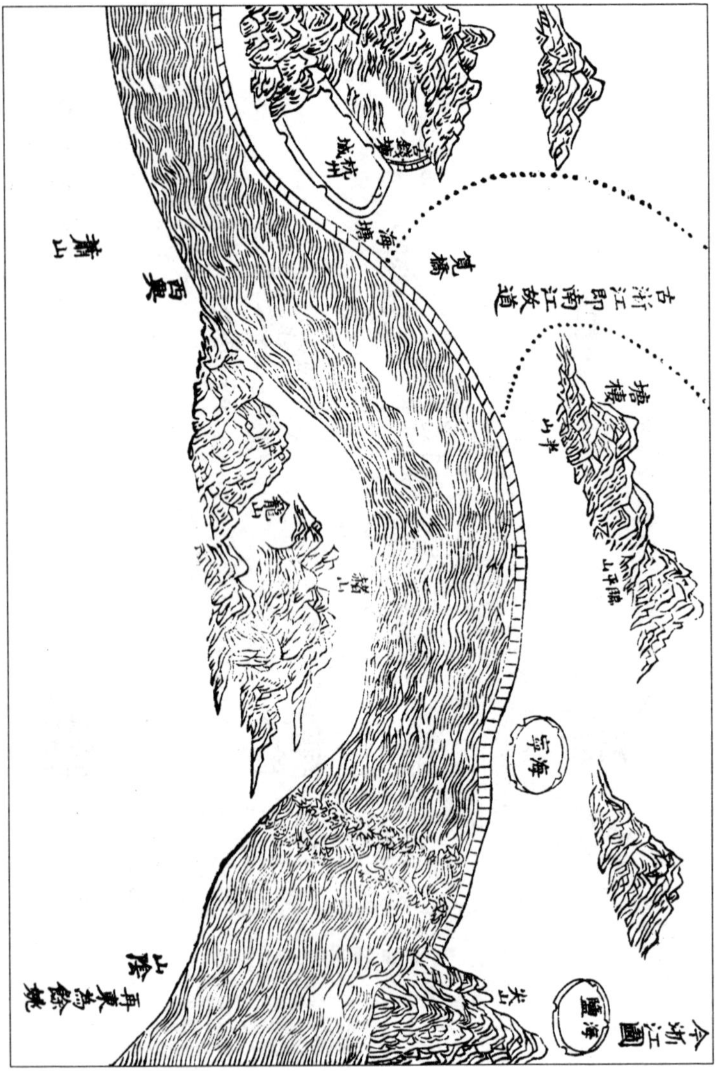
今浙江圖
古浙江即南江故道
杭州城
覓橋
塘棲
臨平山
海寧
海鹽
尖山
龕山
赭山
西興
蕭山
山陰
再東為餘姚

淮、海惟揚州，彭蠡既豬，陽鳥攸居，三江既入，震澤底定。

正義曰：『鄭云：「三江分於彭蠡，爲三孔，東入海。」其意言三江既入，入海耳，不入震澤也。』

嶓冢導漾，東流爲漢，又東爲滄浪之水，過三澨，至于大別，南入于江，東匯澤爲彭蠡，東爲北江，入于海。岷山導江，東別爲沱，又東至于澧，過九江，至于東陵，東迆，北會于匯，東爲中江，入于海。

正義曰：『鄭云：「東迆者爲南江。」《地理志》云：「南江從會稽吳縣南東入海，中江從丹陽蕪湖縣西東至會稽陽羡縣東入海，北江從會稽毗陵縣北東入海。」』

元案：『三江』之名，自《禹貢》始。《職方氏》《國語》之『三江』，即《禹貢》之『三江』也。兩漢之解『三江』者，若班氏《漢書·地理志》、桑氏《水經》、許氏《説文解字》皆合。以《左氏傳》《史記》諸書證之，亦無不合。鄭氏《尚書注》，世已殘闕，見諸《正義》所引者，正合於班氏之説。其注『三江既入』云：『三江分於彭蠡，爲三孔，東入海。』云『分於彭蠡』，則非分於震澤；後之以松江、婁江、東江爲『三江』者，不得附之也。且云『分於彭蠡，爲三孔』，則非合於彭蠡而爲一孔；後之以合漢爲北江、合彭蠡爲南江者，不得托之也。且云『東入海』，則非三江入震澤，亦非彭蠡與漢入三江。僞孔傳以『既入』爲入震澤，固殊鄭氏之恉；蘇軾以豫章江入彭蠡，入海爲南江，尤非鄭氏之恉也。又鄭氏注『東迆北會于匯』云『東迆者爲南江』，言東迆者，則鄭氏讀《禹貢》『東迆』爲句也。三江之中，惟南江之勢，北會于具區，所謂『北會于匯』也。若彭蠡，則在江之南，無所謂北匯矣。鄭氏注《禹貢》，一本班《志》，明標《地理志》者甚多，閒有依《地説》不用班《志》者，必明言其故，亦或於班《志》所記，擇善而從，如『沱水』是也，未有憑空説以異班氏者。竊意『三江』之注，亦必明引《地理志》而後言自彭蠡分三孔，惜乎殘闕不備耳。《禹貢》有『中江』『北江』，無『南江』之名。『南江』始見於班《志》，鄭注『東迆者爲南江』，用班氏『南江』之名，與中江、北江爲三江也。班《志》『南江』分自石城，『中江』分自蕪湖，石城、蕪湖在彭蠡東，故曰分自彭蠡，亦所以釋經言三江於『彭蠡既豬』之下也。分自彭蠡，則彭蠡以西猶未分，知以漢入江爲北江，鄭必不作此説也。江水自石城分爲南江，正是東迆。『迆』字解見《説文》。南江至吴縣南入具區，具區在北，正是『北會于匯』。班《志》曰：『南江在南。』鄭注云：『東迆者爲南江。』其義一也。班《志》言北江至江都入海，中江至陽羨入海，南江至餘姚入海，即鄭云『爲三孔，入於海』也。鄭解『九江孔殷』云：『從山谿所出，其孔衆多。』『三孔』據『孔殷』爲説也。孔，《爾雅》訓爲『閒』，與『空』相通。水之分出，如器之有孔，故亦謂之孔也。《正義》雖主僞孔傳，乃引《地理志》以證三江，與漢儒所説固無悖耳。

《經典釋文》曰：『三江，韋昭云：「謂吴松江、錢塘江、浦陽江也。」《吴地記》云：「松江東北行七十里得三江口，東北入海爲婁江，東南入海爲東江，竝松江爲三江。」』正義曰：「今南人以大江不入震澤，震澤之東別有松江等三江。案《職方》揚州，其川曰三江，宜舉州内大川，其松江等雖出震澤，入海既近，《周禮》不應舍岷山大江之名而記松江等小江之説。山水古今變易，故鄭云既知今亦當知古，是古今同『同』上蓋脱『不』字。之驗也。」

元案：兩漢之説『三江』者無有異，惟三國時吴韋昭注《國語》『三江環之』，以『三江』爲松江、浙江、浦陽江，《水經注》及宋庠《補音》本皆作『浙江』。此《釋文》及《史記索隱》引作『錢塘江』，蓋唐初人已不辨『浙』之非『漸』，因其時稱錢塘江爲浙江，遂改稱錢塘耳。顧夷與庾仲初同爲晉人，其説同，酈道元已駮破之。郭景純雖生韋昭之後，而其説三江則仍班氏舊説，以爲岷江、松江、浙江，惜其書不存，不知其詳耳。庾仲初、郭景純之説竝見《水經注》，詳在後。韋昭雖分浦陽江於浙江而舍岷江，蓋以岷江不入震澤，且三者大小不配也。《正義》所謂『南人』，正指韋昭、庾仲初之流，則《正義》亦駮之，明矣。乃韋昭不以大江爲北江，而以松江爲北江，浙江爲中江，郭氏即以實《禹貢》之『三江』，而以岷江爲北江，松江爲中江，浙江爲南江，説雖有異，大致尚同。蓋兩漢之後，晉之郭璞、魏之酈道元、唐之孔穎達，皆本班《志》，其韋昭、庾仲初之異説，則學者所不用耳。

唐邱光庭《兼明書》云：『「三江既入，震澤底定」，鄭康成曰：「江自彭蠡分爲三，既入者，入海也。」案：洪水之時，包山襄陵，震澤不見，三江之水既入，然後方爲震澤。康成以既入爲海，可謂得之。』

元案：邱氏所引，同於《正義》。

《初學記》卷六《地部》曰：『案：「三江」，《漢書·地理志》注：「岷江爲大江，至九江爲中江，至徐陵爲北江。」蓋一源而三目。鄭(元)〔玄〕、孔安國注云：左合漢爲北江，會彭蠡爲南江，岷江居其中則爲中江。故《書》稱東爲中江者，明岷江至彭蠡與南、北合，始得稱中也。』

蘇氏軾《書傳》曰：『三江之入，古今皆不明。予以所見考之，自豫章而下，入於彭蠡而東至海爲南江；自蜀岷山至於九江、彭蠡，以入於海爲中江；自嶓冢導漾東流爲漢，過三澨、大別以入於江，東匯澤爲彭蠡，以入於海爲北江。此三江自彭蠡以上爲二，自夏口以上爲三，江、漢合於夏口，而與豫章之江皆匯於彭蠡，則三江爲一，過秣陵、京口以入於海，不復三矣。然《禹貢》猶有「三江」之名，曰「北」曰「中」者，以味別也。蓋此三水，性不相入，江雖合而水則異，故至於今而有「三泠」之説。禹之敘漢水也，曰：「嶓冢導漾，東流爲漢，又東爲滄浪之水，過三澨，至于大別，南入於江，至於東匯澤爲彭蠡，東爲北江，入於海。」夫漢既已入江且匯爲彭蠡矣，安能復出爲北江以入於海乎？知其以味别也。禹之敘江水也，曰：「岷山導江，東别爲沱，又東至于澧，過九江至于東陵，東迆北會于匯，東爲中江，入于海。」夫江既與漢合且匯爲彭蠡矣，安能自别爲中江以入於海乎？知其以味别也。漢爲北江，岷山之江爲中江，則豫章之江爲南江，不言而可知矣。禹以味别，信乎！班固曰：「南江從會稽陽羨東入海，此引錯，陽羨入海爲中江。北江從會稽毗陵縣北東入海。」會稽、丹陽容有此三江，然皆是東南枝流小水，自相派别而入海者，非《禹貢》所謂中江、北江自彭蠡出者也。徒見《禹貢》有南、北、中三江之名，而不悟一江三泠，合流而異味也。」

元案：自蔡沈宗庾仲初之『三江』，而班《志》之『三江』晦矣。近世胡朏明諸君，用蘇氏之説以破庾仲初之『三江』。夫庾氏之説『三江』無足破也，取蘇氏何也？以其説與鄭氏説相近。百餘年來，學者知守鄭氏之學，見其説鄭氏有之，於是以遵鄭者推而尊蘇，不復詳其説之眞僞是非，惟鄭之説是師，莫敢異者。不知鄭氏注《禹貢》，專宗班《志》，大之如『九河』『九江』『雲夢』，無不皆然，何『三江』而頓異？且他注或有疑義，亦必依據《地説》等書以明析其是非，未有鑿空如此『三江』之注者也。及考《正義》所引之鄭注，細爲審度，知其仍本於班《志》，未嘗有異，但殘闕不詳備而已。又考蘇氏所同之鄭注，僅出於《初學記》。唐人類書本不足爲典要，而《初學記》譌舛尤甚，竝非徐堅元本。蓋詩賦家傳寫販用，久失其眞。即令專指鄭氏一人之注，已宜從傳聞異詞之例，乃其所標云『鄭（元）〔玄〕、孔安國注』，夫僞孔傳見在，絶無此説。鄭注不完，無從檢核，竟舍孔而專歸諸鄭氏一人。此注既歸於鄭，於是據此以駮班《志》，且不顧《正義》所引之眞鄭注，務强而鳩合於一。如眞鄭注云：『三江分於彭蠡，爲三孔，入於海。』僞鄭注云：『岷江至彭蠡與南北合。』必不同之説也，必爲之詞曰：『三孔即指南、北、中之三江，非彭蠡之下又有三孔。』是以合爲分矣。眞鄭注云：『東迆者爲南江。』僞鄭注云：『會彭蠡爲南江。』必不同之説也，必爲之詞曰：『猶言東迆北，經非以「東迆」爲句也。』蓋斷『東迆』爲句，則必北會，連『東迆北』爲句，乃可牽於『南會』，是以北爲南矣。夫《正義》所引，其眞爲鄭注可據也。彼以爲分，此以爲合。彼以爲北，此以爲南。無論『東迆北』爲句不詞，鄭氏必不如此章句，即令經文可如此讀，而鄭氏則明明曰『東迆』者，不曰『東迆北』者，於此而仍據爲眞鄭注，不亦傎乎！然則可斷之爲僞者，其證有五：分於彭蠡與合於彭蠡不同，一也；北會於滙，必非彭蠡，二也；《初學記》而外，别無所見，三也；《初學記》竝稱鄭、孔注，四也；《初學記》所引《漢書·地理志》亦同此説，五也。有此五證，可決其非鄭注。鄭注之眞僞辨，則蘇氏之説不必尊，班氏之《志》不必破，經文『東迆』爲句不必改，如是乃鄭學明，漢學明，經文明，三江之故迹明，禹之功亦從而明。觀其所引《地理志》，而鄭、孔注竝稱者，可知其不足據矣。

唐張氏守節《史記正義》曰：『《括地志》云：「《禹貢》三江俱會於彭蠡，合爲一江，入於海。」』元案：此即蘇氏之説所本也，與徐堅《初學記》所引同，蓋唐初有此説耳。標以『鄭(元)〔玄〕、孔安國注』，則誤也。

宋程氏大昌《禹貢山川地理圖》曰：『經謂岷山江之入海者爲中江，漢水自北來，注岷江而同流分邊在北者爲北江，孔安國所謂「漢水入震澤」者爲北江，而皆不言所注何地，弟云有中、有北，則有南可知。徐堅援鄭(元)〔玄〕《書傳》以證「三江」曰：「左合漢爲北江，右會彭蠡爲南江，岷江居中則爲中江。故《書》稱東爲中江者，明岷江至彭蠡與南、北合，始得稱中也。」堅引鄭語如此，知一江爲三，非出孔氏一家肊度也。』

元案：通志堂所刻程氏《禹貢山川地理圖》僅存《敘説》，惟《永樂大典》尚具有二十八圖，内孔安國《三江圖》載此説，稱『徐堅引鄭』云云，是爲稱引鄭説之始。然堅所引鄭説，同於蘇氏，不同於孔。此引以爲孔傳之證，其因《初學記》所引本鄭、孔竝舉耶？抑未嘗細案之，而以其説同於蘇也？程氏固以蘇説爲是者也。見鄭此説，寧不引爲己證，而轉推而遠之，誠不可解。又有疑者：宋、元以來，説『三江』者，皆言蘇氏。黄度云：『近世蘇文忠之説，經本具之，自昔諸家皆未嘗言。』林之奇云：『鄭氏以東池爲南江，是自東陵而下，已分爲三矣。而蘇氏乃以古之彭蠡東合爲一江者，以爲今之三江。」王應麟最好采掇遺文，而《玉海》言『三江』，惟舉蘇氏、曾氏之説云：『諸家各指近震澤諸江爲三江，蘇氏指秣陵京口一江爲三江。』若絶未見《初學記》者。即以程大昌《禹貢論》及《山川地理圖敘》考之，一則曰『合孔安國、蘇軾所長』，一則曰『近世惟蘇氏即中、北二江之文以求「三江」，一則曰『「三江」緣經生文，蘇氏不主經文以實之，乃疑實合爲一而名别爲三，無所執據』，若全不知有鄭氏説，若全未理會鄭説之合於蘇者。然則《永樂大典》所補諸圖，舉堅引鄭注以證孔傳者，恐非程氏之本文也，閲者察焉。

胡氏渭《禹貢錐指》曰：『諸説爲蘇軾同鄭康成爲無病，徐堅《初學記》引鄭康成《書注》以證「三江」曰：「左合漢爲北江，右會彭蠡爲南江，岷江居其中則爲中江。故《書》稱東爲中江者，明岷江至彭蠡與南、北合，始得稱中也。」始知蘇氏所説，東漢時固已有之。』

元案：取僞鄭注以證蘇氏之説，實始於此。《初學記》竝稱『鄭(元)〔玄〕、孔安國注』，朏明則專稱『鄭康成注』，後人不深考，遂以爲眞鄭注矣。《初學記》所引《漢書·地理志》，與今《漢書·志》全異，其説以岷江爲大江，至九江爲中江，至徐陵爲北江，徐陵當是廣陵，亦合三江爲一江，是班《志》、鄭注、孔注皆同於蘇氏之説矣。幸而班《志》全在，不然，不亦將與鄭氏同枉乎？知引班《志》之非班，即知引鄭注之非鄭矣。

王氏鳴盛《尚書後案》曰：『鄭解「導江」「中江」之義，以證此節「三江」實一江也。又云「三江分於彭蠡，爲三孔，東入海」者，據文似彭蠡以下又有三孔，詳繹其義，則「三孔」實即指南、北、中三江也。鄭此注「左合漢」云云出《初學記》，「三江分」云云出本疏，今并合爲一條。《初學記》引稱爲「鄭(元)〔玄〕、孔安國注」，殊不可解。予據紹興四年東陽麻沙劉朝宗宅刻，有右修職郎建陽縣丞福唐劉本敘，雖宋板下品，究勝俗刻，當無誤。但徐堅不通經，稱引舛錯，不足怪，而其爲此節之注，則無可疑。鄭云「東池者爲南江」者，猶云「東池北而會於匯者爲南江也」。彭蠡在江之南，「北」字句絶。若傳及疏以「北」屬下句，似反以彭蠡爲在北矣。』

元案：僞鄭注與眞鄭注斷難合一。王氏篤守鄭氏，故不暇辨其僞耳。其謂徐堅『稱引舛錯』，疑《初學記》孔、鄭竝稱爲『殊不可解』，是也。

金氏榜《禮箋》云：『南江不見於經，彭蠡以下首受江者是也。故注云「東池者爲南江」，言「東池北會於匯」，即東出爲南江矣。此鄭君之説。賈氏疏《職方》揚州「三江」，顔氏注《地理志》「北江」「中江」，皆本其義者也。孔傳言「自彭蠡江分爲三」，則與鄭注不殊。故徐堅《初學記》併言「鄭(元)〔玄〕、孔安國注」云：「左合漢爲北江，會彭蠡爲南江，岷江居其中則爲中江。」故《書》稱東爲中江者，明岷江至彭蠡與南、北合，始得稱中也。」此謂南、北、中三江分於彭蠡以下，鄭、孔二注大意相同，非具録注文之舊也。蘇子瞻《書傳》漢水謂之北江，豫章江謂之南江，與岷江爲三，説本《括地志》「《禹貢》『三江』俱會於彭蠡，合爲一江，入於海」。如其説，則「三江」皆在彭蠡西，乖於東爲北江、中江之文，乃復申其説云：「三江匯於彭蠡，則三江爲一以入海。《禹貢》猶有三江之名，曰北、曰中者，以味别也。」是子瞻亦知「三江」之名不得移之彭蠡上，顧以一江兼受南、北、中之名，與《初學記》所述鄭、孔之説分爲三江入海者截然殊異。或謂蘇説上與《初學記》合，竝以《初學記》兼載鄭、孔二説爲鄭君注文者，皆失考。』

元案：金氏辨《初學記》所引非鄭君注文，識過胡朏明遠矣。然《初學記》自本《括地志》之説，與蘇氏合，今以爲撮述鄭、孔二注大意，則非也。《初學記》明言『合漢』『會彭蠡』『與南北合』，金氏强解之曰：『此謂南、北、中分於彭蠡以下。』天下固無以分爲合者矣。徐堅所引，直是譌文，不必牽合。

漢書地理志

會稽郡　吴

故國，周大伯所邑。具區澤在西，揚州藪，古文以爲震澤。南江在南，東入海，揚州川。

毗陵

季札所居。北江在北，東入海，揚州川。

丹陽郡　石城

分江水首受江，東至餘姚入海，過郡二，行千二百里。

蕪湖

中江出西南，東至陽羨入海，揚州川。

蜀郡　湔氐道

《禹貢》崏山在西徼外，江水所出，東南至江都入海，過郡七，行二千六百六十里。《説文繫傳》引作『過郡九，行七千六百六十里』。

元案：三江原委，莫詳於班《志》。所云『揚州川』，即用《職方氏》之説，亦即《禹貢》揚州『三江既入』也。胡朏明《禹貢錐指》謂『南江在吴縣南』者，自爲松江之下流，與分江水由餘姚入海者爲二。又謂『分江水爲南江，在吴南者爲中江』，斥班氏爲誤。朏明所謂『分江水』者，乃據《水經注》所云『由烏程合浙江之枝流』。然酈氏引《地理志》則通之云：『江水自石城東出，逕吴國南爲南江。』是謂石城之水即吴南之水，而不以歷烏程之水爲南江之水，柰何拾酈氏所謂『南江枝流』者而以爲南江，且據以詆酈氏而斥班氏耶？夫班氏於『湔氐道』記『江水所出，至江都入海』，與記『分江水受江於石城至餘姚入海』之文同；於江水詳過郡里數，與分江水詳過郡里數之文同；於『毗陵』曰『北江在北，東入海』，於『吴』云『南江在南，東入海』，其例亦同也。岷江自九江至江寧，爲自西南至東北；自江都至海門入海，又爲自西北至東南。廣陵國江都地接高郵，疆界甚廣，故於『毗陵』記『北江在北』，所以明江至江都曲而東南，非由江都直而東北也。南江自石城至安吉，爲由西而少東北；自太湖至錢唐，爲自北而少西南；由錢塘至餘姚入海，又爲自西至東。石城水原可直至餘姚入海，如酈氏所敘『南江支流』徑由烏程、餘杭，故於『吴』記『南江在南』，所以明江至餘姚入海者，爲由太湖折而西南，又由錢塘折而東南，非自石城直注錢塘也。惟江至江都而曲，故廣陵之江曰曲江。惟江至吴南而折，故餘姚入海之江曰浙江。『曲』猶環曲之義，『折』則方折矣。《太平寰宇記》引虞喜《志林》曰：『今錢塘江口浙山正居江中，潮水投山下折而曲。一云江有反濤，水勢折歸，故曰折江。』《元和郡縣志》云：『《莊子》云「浙河」，即謂浙江，蓋取其曲折爲名。』盧肇《海潮賦》云：『浙者，折也，潮出海屈折而倒流也。』諸説知『浙』之取義於『折』，而不知『折』之取義於吴南之江。試思黟中漸水，自西而東南至錢塘，雖非直注，何有於折？惟石城之水由吴縣南折而錢塘，又由錢塘折而餘姚，乃可謂之折。江之義不明，即浙之義亦未當。或又假借於海濤之回旋，尤非其義也。班《志》詳於南江、北江，而於中江則僅云『陽羨入海』，何也？漢廣陵國江都以東有臨淮郡之海陵，故《志》記之曰：『有江海會祠。』言江至此而會海也。會稽郡吴、毗陵、無錫、陽羨、丹徒、婁爲今鎮江、常州、蘇州地，婁在今崑山，而太倉、松江、海門及江北之通州皆不置縣，然則太湖以東，至漢猶荒斥爲海潮之所往來，故敘『北江』止於『毗陵』，敘『中江』止於『陽羨』。且曰『南江在南』，則中江必不在吴縣之南，曰『北江在北』，則中江必不在毗陵之北，而中江必在毗陵之南、吴之北可知；北江以曲而詳，南江以折而詳，則中江必自陽羨直貫太湖，由婁縣之地入海又可知，此班氏之不詳而詳者也。漢時去禹二千年，太湖以東尚荒斥如此，在禹之初，三江未入湖海之交，可想而知也。自湖水北洩於北江，南歸於南江，中注於中江，而後湖水底定，讀班氏之書，而禹功益彰。胡朏明謂『三江』之不明，誤自班固始。余謂『三江』得班氏而明，班《志》之不明，則誤自朏明始也。

丹陽郡　黟

漸江水出南蠻夷中，東入海。

元案：監本《漢書·地理志》『漸江』誤作『浙江』。《高惠高后文功臣表》：『堂邑安侯陳嬰定豫章、浙江，都漸。』師古曰：『漸，水名，在丹陽黟縣南蠻中。』師古注《漢書》，即以《地理志》之『漸江』解《表》之『漸』，則《地理志》正作『漸江』，與《水經》《説文》合。王應麟《通鑑地理通釋》云：『《地理志》《水經》皆作「漸江」。』汲古閣《漢書》『漸』字猶未譌成『浙』也。

會稽郡 大末

穀水東北至錢唐入浙江。

元案：近本《地理志》無『浙』字，《水經注》所引有之。班《志》既於『黟』記『漸江水』所出，『東入海』，又於『大末』記『穀水東北至錢唐入浙江』。『大末』即『姑蔑』，今衢州府西安、龍游地也。顧祖禹《讀史方輿紀要》謂：『浙江三源：一曰新安江，班《志》謂之漸江，源出徽州府西北黟山，今名黃山，至嚴州府城東九十里與東陽江合。一曰東陽江，《水經》謂之吴寧溪，源出金華府東陽縣東南之大盆山，西流至蘭溪縣西南，與信安江合。一曰信安江，亦曰穀水，源出衢州府開化縣東北之百際嶺，東北經金華府蘭溪縣城西，與東陽江合，三源同流。』顧氏此説，以今錢塘江水爲漸水、穀水、吴寧溪水之合流，依漢《志》言『穀水自大末東北至錢塘入江』，則自大末至于錢塘，皆爲穀水，而漸江水弟從建德入於穀，隨穀水東入於海，是穀水在中爲經流，漸水在西北流入，吴寧溪水自南流入，今爲金華江。不能奪穀水之名，直至錢塘穀水入江，而後不名穀水而名浙江。是嚴州以東且不得名之爲『漸』，豈嚴州以西轉得冒之爲『浙』乎？顧氏謂穀水與吴寧溪水合，吴寧溪水與漸江水合，尚非班義也。若果漸江即浙江，則穀水入浙江宜在嚴州，不當云在錢塘。豈自嚴至杭，竝流已數百里，至錢唐乃云入乎？惟班《志》云：『穀水東北至錢塘入浙江。』可見『穀』與『浙』非一水，即可見吳南之江從錢塘東折爲『浙江』，而穀水從開化、常山歷龍游、建德、桐廬、富陽，至此入之，不然，而曷云『入』也？班氏所記，數千年至今，朗然如繪，而後人昧之，何也？

會稽郡　錢塘

西部都尉治。武林山，武林水所出，東入海，行八百三十里。莽曰泉亭。

元案：『武林水』即闞駰所云『錢水東入海』也。東入海，亦先入江而後東入海，猶漸江水之入穀也。班《志》凡記餘暨潘水、句章渠水、上虞柯水、鄞天門山水，皆但云『東入海』，不言所至，不言里數。皆先有所入，而後入海，武林水、漸江水即其例也。行八百三十里，語有譌誤，錢塘至海止百數十里耳，詳見後。又案：錢水即今西湖水。古錢塘當爲昭慶寺及錢塘湧金、清波一帶之地，所以外禦鹹潮、内豬錢水也。古杭城尚在西湖之西南也。

說文解字

江　水出蜀湔氏徼外崏山，入海。从水，工聲。

浙

浙

江水東至會稽山陰爲浙江。从水，折聲。

元案：《説文·水部》「江」字下次「沱」字云：「江別流也。出嶓山東，別爲沱。」「沱」字下即次「浙」字，云：「江水東至會稽山陰爲浙江。」「江水」即從上「江」字連屬而下，即指岷江也。東至會稽山陰爲浙江，蓋江自吳縣南歷石門而來，至錢塘折向山陰，江至此而折，故至此名「浙」。惟其至山陰而後名「浙」，則山陰以西不名爲「浙」矣。《史記集解》引晉灼云：「江水至會稽山陰爲浙江。」與《説文》同。《索隱》引韋昭言：「浙江在錢塘。」意亦近是。其折處西指錢塘，南指山陰，《説文》言「至山陰爲浙江」，以折處言之也。班《志》言「至餘姚入海」，以入處言之也。又案：《文選·北山移文》注引字書曰：「江水東至會稽山陰爲浙右。」此言亦本於《説文》。

漸

水出丹陽黟南蠻中，東入海。从水，斬聲。

元案：「浙」字下越四十二字始次「漸」字。「浙」之次於「江」，猶「泑」之次「河」，「漢」之次「漾」也。「浙」次於「江」，明其爲江之正流；「漸」不次於「江」，明其與岷江無涉。於此見「浙」之非「漸」，而《説文》與班《志》實相表裏，相證益明矣。

池

衺行也。从辵，也聲。《夏書》曰：「東迆，北會于匯。」

元案：許、鄭解經不必悉同，而解「東迆」則同。鄭訓「迆」字，注已不備；《説文》訓「衺行」，正足以相成也。《禹貢》之例，凡兩水相合爲「入」，此水經於彼水爲「會」，無所入無所會，弟曰「至於某」而已。若九河曰「播」，沱曰「別」，彭蠡曰「匯澤」，滎曰「溢」，南江曰「迆」，皆獨出一例，以形容之。九河有分散之狀，故爲播；沱出而復入，則爲別；澤之水溢而回旋如器之受水，故爲匯；滎從地而上出，故爲溢。江至石城分而斜行，自爲一支，非別，非匯，非溢，惟「迆」足以當之。下文「東爲中江」，亦是「東迆」相連屬以爲文也。若謂「南江」即「彭蠡」，無論江會彭蠡竝非斜行向東北，即是斜行，則河之自積石至龍門，自孟津至逆河，即漢之自嶓冢至大別，江之自岷山至於澧，其爲斜行者多矣，何獨於會東陵之後始云「東迆」乎？且「導漾」既云「東匯澤爲彭蠡」，則彭蠡之水明是江、漢所溢而成者，故鄭注云：「匯，回也。」漢與江鬬，轉東成其澤，緣漢入江而始有此澤，故於「導漾」屬之。既屬於「導漾」，不必又復敘於「導江」。沇之會於汶，淮之會於泗，沂、渭之會於澧、會於涇，汶非沇所成，泗非淮所成，澧與涇非沂、渭所成，故曰「會」。彭蠡由江、漢而成，謂之「匯」矣，不得復謂之「會」。會者，兩相遇也。匯者，己所出也。惟其匯而回旋，則謂之「澤」。既謂之「澤」，不復可謂之「江」。「東迆」同於「東匯」，所異者：「迆」則形容其分而斜出之勢,『匯』則形容其聚而瀦蓄之狀。此經文所以妙也。『會』之不可爲『匯』,猶『會』之不可爲『迆』。今以『東匯澤爲彭蠡』即是『東迆,北會於匯』,是以『東匯』爲『北會』矣,必不然也。曰『會于匯』,明是别有一匯,而此往會之。曰『東匯澤』,明是本無此匯,因此而有之。『匯』字雖同,而恉趣各别。《禹貢》有兩『潛』『沱』,且不得混爲一,況『匯』爲回旋之名,本非實地乎?『匯』猶『豬』,彭蠡可爲豬,大野亦可爲豬;彭蠡可爲匯,具區亦可爲匯也。知『匯』之爲『匯』,成於江、漢之鬭,則《禹貢》分敘之妙,可體會而得焉。江雖巨,所以分爲三者,由漢水南入於江,一江不足以受,故東匯爲彭蠡,又東爲北江;江則東迆爲南江,又東爲中江。此中江、北江所以分敘於『導江』『導漢』,而彭蠡自屬於漢,南江自屬於江,從可知矣。鄭氏恐學者誤以『東迆』句連『東爲中江』,特注曰:『東迆者爲南江。』夫江、漢同其大矣,漢匯爲澤爲北江,而江止一流入海乎?『東匯澤爲彭蠡』不連『東爲北江』,則『東迆,北會于匯』豈連『東爲中江』乎?鄭氏注『東迆者爲南江』,解經造微之學也。

續漢書郡國志

丹陽郡　蕪湖。中江在西。

會稽郡　山陰。會稽山在南，上有禹冢。有浙江。

吴郡　毗陵。季札所居。北江在北。

元案：司馬彪，晉人，所舉『三江』同於班《志》，於『山陰』云『有浙江』，即《説文》『江至山陰爲浙江』也。

揅經室一集卷十三

浙江圖考中

山海經

岷三江，首大江出汶山，北江出曼山，南江出高山。高山在成都西。入海在長州南。

元案：此經以『三江』首大江，明三江皆大江所分也。長州今屬蘇州，蘇州之南，正今浙江地也。

浙江出三天子都，在蠻東，在閩西北，入海餘暨南。

郭氏注曰：『《地理志》「浙江」出新安黟縣南蠻中，東入海，今錢塘浙江是也。蠻即歙也。』

元案：《地理志》本是『漸』字，『浙』字後人所改，此『浙』字亦後人所改也。

論衡書虚篇

有丹徒大江，有錢唐浙江，有吴通陵江。吴、越在時，分會稽郡，越治山陰，吴都今吴，餘暨以南屬越，錢唐以北屬吴，錢唐之江，兩國界也。山陰、上虞在越界中，子胥入吴之江爲濤，當自上吴界中，何爲入越之地，發怒越江？

元案：王充所舉，即《漢書》之『三江』也。充言子胥不應發怒越江，若吴、越之江如今不相通，充必以此爲言，此後漢時南江之流尚未斷也。

水經注禹貢山水澤地所在篇

中江在丹陽蕪湖縣西南，東至會稽陽羡縣入于海。震澤在吴縣南五十里。北江在毗陵北界，東入于海。

元案：《水經》，《唐書·藝文志》以爲桑欽撰，王應麟疑其多東漢後地名。姚寬謂酈注引桑欽説，則書非桑欽作。欽，漢成帝時人，《漢書·地理志》引其言，則在班氏前。以王氏所疑，則在班氏後。然其言與班氏相表裏，二書實可相證也。班氏謂『蕪湖，中江出西南，東至陽羨入海』；《水經》釋《禹貢》『中江』則云：『在丹陽蕪湖縣西南，東至會稽陽羨縣入海。」班《志》謂「毗陵，北江在北，東入海」，《水經》釋《禹貢》「北江」則云：「在毗陵北界，東入於海。」可知班氏之「中江」「北江」，即《禹貢》之「中江」「北江」。班氏之「南江」，《禹貢》無文，《水經》於《沔水》篇見之。

東陵，地在廬江金蘭縣西北。

元案：解見下。

江水篇

江水東過蘄春縣南，又東過下雉縣北，利水從東陵西南注之。

元案：酈氏又注「決水」云：「決水自雩婁縣北逕雞備亭。決水自縣西北流逕蓼縣故城東，又逕其北，世謂之「史水」。決水又西北，灌水注之，其水導源廬江金蘭縣西北東陵鄉大蘇山，即淮水也。」此「灌水」所出之廬江金蘭縣東陵鄉，即「利水」之廬江郡東陵鄉也。《漢志》「金蘭西北東陵鄉」附注「廬江郡」下，則金蘭在郡治矣。漢廬江郡治在舒，《續漢志》舒縣有「桐鄉」，劉昭補注云：「古桐國。《左傳》昭五年「吴敗楚鵲岸」，杜預曰：「縣有鵲尾渚。」」然則今桐城縣在漢時屬舒。《通典》「宣城郡南陵」有「鵲州」，即「鵲岸」，是漢之舒地，直達大江洲渚。《禹貢》「過九江，至于東陵，東迆」，正實指至此東迆爲南江也。『導漾』云：『過三澨，至于大別，南入于江。』漾之入江，在大別也。『導河』云：『北過降水，至于大陸。又北播爲九河。』九河之播，在大陸也，其例正同。南江東㢮在廬江郡之東陵，其南岸正丹陽郡之石城，與班《志》『石城受江』，其義一也。《漢志》：『廬江郡雩婁，決水北至蓼入淮，又有灌水，北至蓼入決，過郡二，行五百一十里。』雩婁在霍邱縣西南，蓼在霍邱縣西北，《水經》言決水出雩婁縣南大別山，則《漢志》所謂『過郡二，行五百一十里』者，非指決水，乃指灌水也。『郡』下言淮水『出金蘭東陵鄉』，酈氏以淮水即灌水，灌水自東陵至蓼，是自桐城、廬江至霍邱，正合五百里。至東陵東㢮，即石城分水。何疑？

沔水篇

沔水與江合流，又東過彭蠡澤，又東北出居巢縣南，又東過牛渚縣南，又東至石城縣。

注曰：經所謂石城縣者，即宣城之石城縣也。牛渚在姑孰、烏江兩縣界中也。於石城東北減五百許里，安得逕牛渚而方届石城也？蓋經之謬誤也。

元案：石城，漢屬丹陽，晉屬宣城，宋、齊仍之。酈氏稱宣城之石城縣，本其時言之也。姑孰，漢蕪湖地，今之當塗。烏江，漢九江郡歷陽地，今之和州。蓋以吴周瑜所屯之牛渚在今采石者當之也。不知此『牛渚』即秦皇所渡之『海渚』，見《越絶書》，正在石城之西岸也。

分爲二，其一東北流，其一又過毗陵縣爲大江。

注曰：江即北江也。經書『在北』則可，又言『東至餘姚』則非，考其逕流，知經之誤矣。

元案：此非經誤，乃傳寫之誤也。當云：『分爲二，其一東北流，又過毗陵縣北爲大江；其一又東至會稽餘姚縣，東入於海。』

《地理志》曰：『江水自石城東出，逕吳國南爲南江。』

元案：班《志》於『石城』注：『分江水首受江，至餘姚入海。』於『吳』注：『南江在南。』本是兩條。酈氏知分江水即是南江，故合而言之，智足以知班氏矣。趙氏一清謂其改竄班書，不知古人訓解之體如此，貫而通之，非改而竄之也。

江水自石城東入爲貴口，東逕石城縣北。

元案：《江南通志》曰：『池口河在府西五里，古稱貴口，亦稱鱝口，宋時始稱池口。《齊書》：「沈仲玉自鱝口欲斷江。」胡三省《通鑑注》云：「即今之池州貴池口也。」』顧氏《方輿紀要》曰：『石城廢縣在貴池縣西七十里，古之貴口在石城縣東，今縣在古縣西，故貴口又在今縣西也。』

東合大谿，谿水首受江，北逕其縣故城東，又北入南江。

元案：《江南通志》稱『清谿河在府東北五里入江』，即清谿口。酈注言『谿水受江』，蓋即此水。

南江又東，與貴長池水合。水出縣南郎山，北流爲貴長池。池水又北注於南江。

元案：《江南通志》：『郎山在府西南七十里，有玉鏡潭。』顧氏《方輿紀要》曰：『池口即貴池，水有五源：一出石埭縣西之櫟山，一出府西南一百八十里之古源山，一出考溪，一出石嶺，一出東源。會於秋浦，匯於玉鏡潭，入池口，達大江。』秋浦、玉鏡潭所匯，正古之貴長池也。

南江又東逕宣城之臨城縣南，又東合注涇水。

元案：晉、宋之臨城屬宣城郡，今池州青陽縣也。《江南通志》：『青陽縣有臨城河在縣南，會大通河入江。』此河已不與貴池水相連。又池口河之源自石埭出者，亦至秋浦而合，其會秋浦處尚屬南江之遺。蓋既與逕臨城南者中絶，而一爲臨城河，附於大通河北行，一通於石埭櫟山之源也。《漢書·地理志》『丹陽郡：句、涇』，韋昭曰：『涇水出蕪湖。』然則涇水自蕪湖南至今寧國府涇縣入於南江耳。《江南通志》：『賞谿在涇縣西南一里，涇水流至縣西爲賞谿，北入於青弋江。』又：『青弋江在寧國府西六十里，發源黃山，會石埭、太平、旌德諸水，下流漸廣，遂爲通津，北至蕪湖入江。』又：『舒谿在太平縣西六十里，源出歙縣，逕石埭，東北至涇陽受漊、瀼二谿水，入涇縣界爲賞谿。』顧氏《方輿紀要》云：『賞谿一名涇谿，其上流即石埭縣之舒谿。』然則賞谿上連青弋江，下接舒谿，中間正是南江故道，但與青陽之水不續，遂合舒谿、青弋江而北向矣。《通志》言：『宋崇慶中，縣尉劉誼以谿流東徙，於賞谿西鑿新河，欲挽之使西，而卒無成。』可見池、寧之水皆東流，非西流也。

南江又東與桐水合。

元案：哀公十五年，楚伐吴，及桐汭。杜氏注曰：『宣城廣德縣西南有桐水，西北入丹陽湖。』顧氏《方輿紀要》曰：『廣德州西北二十五里亦曰桐川，桐汭之名因此。源出州南白石山，西北流經建平縣界，又西入宣城縣界，爲白沙川，亦曰綏谿，匯於丹陽湖，入大江。』又曰：『宣城東北四十里有南崎湖，其北爲北崎湖，今總謂之南湖。周四十餘里，其東北百里有綏谿，一名白沙谿，廣德、建平諸水由此入於南湖，府東境諸川亦悉匯入。北達固城、丹陽諸湖，會於黄池而達大江。』又：『靈山在廣德州南七十里，又南十里曰桐山，亦曰桐源山，一名白石山，桐水發源於此。』謂之桐汭，正桐水入江之處。酈氏未言其方向，蓋桐水自北來南注於江也。晉時已北流於湖，酈氏所敘，蓋猶古迹矣。

又東逕安吴縣，號曰『安吴谿』。又東，旋谿水注之，水出陵陽山下，逕陵陽縣西爲旋谿水。

谿水又北，合東谿水，水出南里山北，逕其縣東。桑欽曰：『淮水出縣之東南，北入大江。』其水又北歷蜀由山，又北，左合旋谿，北逕安吳縣。東晉太康元年，分宛陵立縣。南有落星山，山有懸水五十餘丈，下爲深潭，潭水東北流，左入旋谿而同注南江。江之北即宛陵縣界也。

元案：陵陽廢縣在青陽縣南六十里，今爲陵陽鎮。《漢書·地理志》：『丹陽郡：陵陽。桑欽言：「淮水出東南，北入大江。」』此大江即南江也。《江南通志》曰：『舒谿在石埭縣，《續文獻通考》謂之「旋谿」，本陵陽子明垂釣處。谿源一出太平縣之弦歌鄉，一出縣之舒泉鄉，經城南合佘谿、嶽谿諸水，下涇縣，至蕪湖入江。』然則舒谿即旋谿也。顧氏《方輿紀要》曰：『淮水出吕山，徑南陵縣南五十里孔鎮浦，合漳水爲澄清河，繞縣東門，謂之東谿。又北受籍山諸水，匯於蕪湖之石硊渡，入青弋江。』又云：『吕山在南陵縣南六十里，其南爲石竇，有泉涌出，即淮水之源。』據此，淮水即東谿，入舒谿，即入旋谿，旋谿水北注於南江，與涇水南注者迥然各判。今則南江既湮，而旋谿北合涇水爲青弋江。然舒谿、涇水之間，南江故道尚可迹而求之也。

南江又東逕寧國縣南，晉太康元年，分宛陵置。

元案：即今寧國縣。

南江又東逕故鄣南、安吉縣北。中平二年，分故鄣之南鄉以爲安吉縣。縣南有釣頭泉，懸涌一仞，乃流於川，川水下合南江。

元案：顧氏《方輿紀要》曰：『故鄣城在廣德州東南九十里，入湖州府長興縣界，長興縣西南八十里，舊安吉縣城，在今州治西南三十里。』《(宏)〔弘〕治湖州志》曰：『故鄣城在安吉西北十五里。《太平寰宇記》：「今俗號府頭是也。」』

南江又東北爲長瀆，歷湖口，南江東注於具區，謂之『五湖口』。

元案：《太平寰宇記》言：『箬谿在縣南五十步，一名顧渚口，一名趙瀆，注於湖。』『趙瀆』當即『長瀆』之故迹。全氏祖望謂『酈氏以南江當具區』。然南江注具區而復出爲南江，非以南江即具區也。贛水入彭蠡而後入江，不聞以彭蠡爲贛水也。

東則松江出焉。上承太湖，更逕笠澤，在吳南、松江左右也。《國語》曰：『越伐吳，吳禦之笠澤。』越軍江南、吳軍江北者也。虞氏曰：『松江北去吳國南五十里。』

元案：酈氏以松江爲南江東出之流，非以爲中江也。班《志》於『會稽吳縣』注曰：『吳江在南。』則中江之不在南可知。且於『吳』曰『南江在南』，於『毗陵』曰『北江在北』，則中江必在吳縣之北、毗陵之南可知。此言之可尋味而出者也。《文選·江賦》李善注引《水經注》云：『中江東南左會滆湖。』今《水經注》無此語。滆湖在常州府西南三十五里，半入宜興，當太湖北，正漢陽羨地。會於滆湖，由滆湖而東出，仍在太湖之北，不必出自太湖東南也。然則中江非松江乎？曰：必松江也。吳松江口正中江入海之處，但中江由陽羨入海，正在吴之北，其趨海也，必歷崑山而至嘉定、上海之間。蓋中江出滆湖之口，既湮南江，逕禦兒之流亦塞，浙江逕禦兒，詳見後。而中江入海之委，轉與南江出湖之條兩相接續，於是曰『松江』，曰『婁江』，曰『三江口』，支派紛繁，莫可究問，而庾氏『三江』之説起矣。今吴松海口在嘉定縣東，彼入滆湖而出滆湖，直趨於此可也，何至入滆湖者南出吴江復北注耶？酈氏敘南江注具區，東出爲松江，明以東出者爲南江。郭氏以松江當中江，蓋指吴松口而言爾。

松江自湖東北流，逕七十里，江水奇分，謂之『三江口』。此亦別爲『三江』，雖稱相亂，不與《職方》同。庾仲初《揚都賦》注曰：『今太湖東注爲松江，下七十里有水口分流，東北入海爲婁江，東南入海爲東江，與松江而三。』此非《禹貢》之『三江』也。

元案：庾氏『三江』之説，酈氏已駁破之。趙氏一清曰：『明此，可以辨正蔡九峯《書傳》之謬。』

《吴記》曰：『一江東南行七十里，入小湖爲次谿。自湖東南出，謂之谷水。』《吴記》曰：『谷水出吴小湖，逕由卷縣故城下。谷水又東南逕嘉興縣城西，谷水又東南逕鹽官縣故城南。』《地理志》曰：『縣故武原鄉也。』後縣淪爲柘湖，又徙治武原鄉，改曰『武原縣』，王莽名之『展武』。漢安帝時，武原之地又淪爲湖，今之當湖也。後乃移此谷水於縣，出爲澉浦，以通巨海。

元案：由太湖至嘉興，乃南江故道，由嘉興至澉浦，則非南江矣。又案：今海寧、海鹽、平湖三縣沿海之地，皆較嘉興地勢爲高，澉浦之水皆西流，與海不通。所以古江水于出太湖後，不由海鹽入海，折而由杭州入海也。此注言谷水『出爲澉浦，以通巨海』，是澉水東流矣。此亦未確。蓋自海寧、海鹽、平湖接淞江，皆無内水與海相通者，直至上海吴淞口始通海也。平湖之乍浦，名爲海口，實無内水與海潮相通，此予目驗者。

又東至會稽餘姚縣，東入于海。

注曰：『謝靈運云：「具區在餘姚。」然則餘暨是餘姚之别名也。今餘暨之南，餘姚西北，浙江與浦陽江同會歸海，但水名已殊，非班固所謂南江也。』

元案：此文有譌誤。餘姚非餘暨，酈氏當知之。

郭景純曰：『三江者，岷江、松江、浙江也。』然浙江出南蠻中，不與岷江同。作者述志，多言江水至山陰爲浙江。

元案：以『漸』爲『浙』，自酈道元始。酈氏敘南江，與兩漢説『三江』者無異辭，惟誤『浙』爲『漸』，遂疑郭景純之説，且疑述志者多言江水至山陰爲浙江。自有酈氏此誤，『漸』『浙』二字雖明晰於《説文》，而莫有能詳者矣。

今南江枝分歷烏程縣，南通餘杭縣，則與浙江合。故闞駰《十三州志》曰：『江水至會稽與浙江合。』

元案：此水不經吴縣之南，從長興、安吉即注錢塘，殊於班《志》吴縣『南江在南』之説，故酈氏以爲枝分。然從錢塘至餘姚之道未湮也，其正流從長瀆注太湖，東出爲松江，南逕嘉興、石門至錢塘，是時石門之流中斷，嘉興之江從谷水而注澉浦矣。於是錢塘東折之南江，且西續於烏程，上承安吉，而南江之流奪於枝分。蓋谷水自嘉興而北以至太湖，南江也；自嘉興至澉浦，非南江也。枝分自錢唐入海，南江也；自餘杭上承烏程之流，非南江也。安吉而西，又南江之上流矣。酈氏時之南江，已異於班《志》。今則谷水及南江枝分均不可見，而浙江且續漸江，而爲漸所冒矣。下塘運道由石門、嘉興上泝吴江，蓋古南江之正流。西湖保叔塔後西谿一帶，有古蕩等地，窪下積水，揆其形勢，猶見南江之遺迹。胡朏明謂『餘杭即餘姚之誤』，其説非也。

浙江自臨平湖南通浦陽江。

元案：臨平湖在江之西岸，浦陽江在江之東。此文有誤也，辨見後。

又於餘暨東合浦陽江，自秦望分派，東至餘姚縣又爲江也。江水又東逕赭山南。江水又逕官倉。江水又東逕餘姚縣故城南。江水又東逕穴湖塘。江水又東注于海。是所謂『三江』者也。故子胥曰：『吴、越之國，三江環之，民無所移矣。』但東南地卑，萬流所湊，濤湖泛決，觸地成川，枝津交渠，世家分夥，故川舊瀆，難以取悉，雖粗依縣地，緝綜所纏，亦未必一得其實也。

元案：酈氏敘南江自石城至餘姚，歷歷如繪，雖混「漸」「浙」之名，而南江則未混也。

漸江水篇

漸江水出三天子都。

元案：此本《山經》，可證《山經》本作「漸水」。

注曰：《山海經》謂之「浙江」也。《地理志》云：「水出丹陽黟縣南蠻夷中。」

元案：酈氏時《山經》本已誤「漸」爲「浙」，道元未加深考，遂仞「浙水」即「漸水」。《文選》沈休文詩李善注引《十洲記》云：「桐廬，新安、東陽二水合於此，仍東流爲浙江。」此《十洲記》當是闞駰《十三洲記》。以新安江水東流爲浙，則誤「漸」爲「浙」，不始於道元矣。

北逕其縣南。浙江又北歷黟山。浙江又北逕歙縣，東與一小谿合。又東逕遂安縣南，谿廣二百步。浙江又左合絶谿。浙江又東北逕建德縣南。

元案：此新安江即漸水也，酈氏誤爲浙江。水自徽州歙縣流入嚴州府境，經淳安縣南，又東流至府城東南，與穀水合，一名徽港。

浙江又東逕壽昌縣南，自建德至此八十里，中有十二瀨，瀨皆峻嶮，行旅所難。浙江又北逕新城縣，桐谿水注之，水出吴興郡於潛縣北天目山。又東南流逕桐廬縣東爲桐谿。自縣至於潛，凡十有六瀨，弟二是嚴陵瀨。桐谿又東北逕新城縣入浙江。

元案：今壽昌縣在嚴州之西南，漸水既至建德，則東逕桐廬，不逕壽昌矣。壽昌，穀水所經也。

浙江又東北入富陽縣，故富春也。晉后名春，改曰富陽也。東分爲湖浦。浙江又東北逕富春縣南。浙江又東北逕亭山西。

元案：入者，入其境；逕者，逕其城，故兩言『富春』。富春，今建德、壽昌、桐廬皆是。

北過餘杭，東入于海。

元案：依班《志》，自建德至海，皆穀水也。《水經》皆屬漸江，不敘穀水，然與浙江絶不相混。今餘杭縣不臨水，非漸水所經。此經文言『北過餘杭』者，漢會稽郡海鹽、餘杭、錢塘、富春四縣，富春在西，爲今桐廬、壽昌地；海鹽在東，爲今平湖地；中間在今爲海寧、仁和、錢塘以至富陽者，在當時爲錢塘、餘杭兩縣。蓋錢水之東爲錢塘，西爲餘杭。餘杭之地，直至穀水之濱，故秦皇從狹中渡，徐廣以爲餘杭。《元和郡縣志》引《吴興記》云：『餘杭，秦始皇將上會稽，舍舟航於此。』後漢省錢塘縣，則其地必分隸海鹽、餘杭。是今爲錢塘地者，在漢爲餘杭地。吴復置錢塘，又分海鹽地置鹽官縣，又分富春地置桐廬、壽昌、建德三縣。而富春既移而東，錢塘則移而西，於是錢塘界接富陽，而餘杭不復臨江矣。劉昭補注以狹中在錢塘、富春之界，未足以駮徐廣也。今富陽縣西，江水最狹處曰『窄谿』，其古『狹中』乎？

浙江逕縣左合餘杭大谿。江北即臨安縣界，孫權分餘杭立臨水縣，晉改曰『臨安縣』。

元案：此誤也。謂『江北即臨安』，將餘杭在江之南矣。

浙江又東逕餘杭故縣南、新縣北。秦始皇南游會稽，途出是地，因立爲縣。漢末陳渾移築南城縣。

元案：《咸淳臨安志》言：『漢熹平二年，餘杭縣令陳渾徙城於谿北，後復治於谿南。』此谿即苕谿。酈氏既誤以『浙江』當『漸江』，又誤以『苕谿』當『浙江』，故言『故縣南、新縣北』也。其時餘杭已不臨江水，而經云『北過餘杭』不可以通，遂以當時之形勢解兩漢之餘杭，而以苕谿當江水，其傳聞所誤與？

浙江又東逕烏傷縣北。

元案：烏傷，今義烏縣，閒於諸暨之南。此云『東逕烏傷北』，蓋誤浦陽江爲浙江也。

浙江又東北流至錢塘縣，穀水入焉。

元案：穀水至錢塘入浙江，酈氏所云『浙江』，正穀水也。

穀水源西出太末縣。縣是越之西部姑蔑之地也。吴寶鼎中，分會稽立，隸東陽郡。

元案：太末，今衢州府西安、龍游等地。

穀水又東逕長山縣南，與永康谿水合，縣即東陽郡治也。

元案：衢州之水，古稱『穀水』，今謂『信安江』，由蘭谿、建德、桐廬、富陽、錢塘與浙江合。其自東陽西逕金華至蘭谿，與衢州水合者，今稱『金華江』，一稱『東陽江』，即婺港，在浦陽江之南，斷無北入錢塘之理。酈氏不知『浙』之非『漸』，既以『穀水』當『浙江』，而班《志》『穀水至錢塘入浙江』之説不能貫通，於是以穀水至蘭谿南逕金華，而金華江遂爲穀水之流矣。長山即今金華。永康谿水自入東陽江，非入浙江也。《金華府志》稱：『衢港、婺港二水匯於蘭谿縣之西南，類羅穀文，因號「穀水」。』是猶穀水之遺稱，柰何以婺港當之也？

穀水又東，定陽谿水注之。水上承信安縣之蘇姥布。縣本新安縣，晉武帝太康三年改曰『信安』。水懸百餘丈，瀨勢飛注，狀如瀑布。其水分納衆流，混波東逝，逕定陽縣。谿水又東逕長山縣北。谿水又東入於穀水。

元案：定陽谿在衢州府東十五里，一名東谿，源出遂昌縣周公嶺，入府境東北流，至雞鳴山下，合於衢江。定陽故城在今常山縣東南三十里，常山縣在衢州府之西，信安縣即今西安，衢江即穀水也。衢江源出衢州府開化縣東北六十里，經縣城東，謂之金谿。又東南入常山縣境而爲金川。至縣城東，則江山縣大谿之水流合焉。又東南經府城北，而江山縣南、仙霞嶺北諸谿谷之水皆流合焉。又至府城東下五里，而定陽谿流合焉。又東北經龍游縣北四里，而爲盈川谿，亦曰穀谿。又東北歷湯谿縣北至蘭谿城西，金華江入之。酈氏既以穀水出太末，又以定陵[一]谿逕長山注於穀水，案之形勢，均有未合。

穀水又東逕烏傷縣之雲黃[二]山。又與吴寧谿水合。水出吴寧縣，下逕烏傷縣入穀，謂之『烏傷谿水』。

元案：吴寧縣在今東陽縣東二十七里。吴寧谿水即金華江。東陽谿導義烏之水爲烏傷谿，入於東陽江，永康之水又入之，乃西至蘭谿入穀水。此今之形勢也。酈氏以穀水至蘭谿逕金華、義烏、東陽，既誤金華江爲穀水，故永康谿水入金華江而以爲入穀水，烏傷谿入金華江而以爲吴寧谿入穀水，又以吴寧谿水入穀水謂之烏傷谿水，然則至錢唐入浙江者，即此烏傷谿水矣。烏傷谿源出大盆山西流，而以爲是穀水東注，是今爲源而古爲委矣。自

[一] 按，據前文，『陵』字當爲『陽』字之誤。

[二] 『雲黃』二字，底本原作『黃雲』，據《水經注》改。

此北及錢唐，既隔紹興諸山，而浦陽一江，酈氏敘之又由烏傷歷諸暨、始寧爲曹娥江入海，此烏傷谿何由入浙江乎？錢塘在北岸，此從烏傷來，即入江亦在南岸，何由至錢塘乎？其誤無疑也。

穀水又東入錢塘縣，而左入浙江。故《地理志》曰『穀水自太末東北至錢塘入浙江』是也。

元案：班《志》『穀水』即酈氏之『浙江』。酈氏不明『漸江』非『浙』，遂莫能辨穀水矣。

浙江又東逕靈隱山。山下有錢塘故縣，浙江逕其南。縣南江側有明聖湖。縣有武林山，武林水所出也。闞駰云：『山出錢水，東入海。』《吴地記》言：『縣惟浙江。』今無此水。

元案：武林水即錢水，詳見後。

浙江北合詔息湖。湖本名『阼湖』，因秦始皇帝巡狩所憩，故有『詔息』之名也。

元案：《志》稱『御息湖』。《咸淳臨安志》言：『在東北一十八里。』

浙江又東合臨平湖。湖水上通浦陽江，下注浙江，名曰『東江』，行旅所從，以出浙江也。

元案：臨平湖在今上塘臨平山之西南，地高於下塘，故舊有四壩，以蓄其水。其水或西北洩於南江之逕石門者，謂之『下注浙江』可也，浦陽則必不可以『上通』。毛檢討大可謂『臨平湖』乃『臨湖』之誤。臨湖即今臨浦，在蕭山南三十里，横亘於浦、浙之閒。

浙江又東逕禦兒鄉。《國語》曰『句踐之地，北至禦兒』是也。浙江又東逕柴辟南，舊吴、楚之戰地矣。備候於此，故謂之辟塞。是以《越絶》稱『吴故從由拳、辟塞渡會稽湊山陰』是也。

元案：此條可爲南江即浙江之證，可爲南江由吴江、嘉興、石門、錢塘、餘姚入海之證，可爲南江由吴江、嘉興、石門、錢塘通名『浙江』之證。酈氏北人，未嘗身歷江南，所注江南之水，非得諸傳聞，即原於故籍，而浙江逕禦兒、柴辟兩言，知其傳之舊也。惜酈氏惑於『漸江』即『浙江』，而莫能分别。見此逕禦兒、柴辟之浙江，不敢注入『沔水』下之南江，而羼入『漸江水』下之敘浙江，肊謂江水自臨平湖上通禦兒至於柴辟，一似漸江之枝分由臨平而入正流者，又似水由正流而倒上亦可名以浙江者，於是於『沔水』注中亦微及之，云：『浙江自臨平湖南通浦陽江。』南江故道、浙江舊名，賴此而存。夫南江上自嘉興爲穀水，下自餘杭爲南江枝分，此逕禦兒、柴辟者，正嘉興至錢塘之正流，而酈氏時已中塞爾。

浙江又逕固陵城北。今之西陵也。浙江又東逕柤塘，謂之『柤瀆』。浙江又逕會稽山陰縣。浙江又東與蘭谿合。浙江又逕越王允常冢北。浙江又東北得長湖口。浙江又北逕山陰縣西。《吕氏春秋》曰：『越王之栖于會稽也，有酒投江，民飲其流而戰氣自倍。』所投即浙江也。許愼、晉灼竝言江水至山陰爲浙江。

元案：固陵以東乃正浙江，酈氏至此稱浙江不誤。宜云：浙江南逕柴辟，南又逕禦兒鄉，又逕固陵城北。

浙江又東北逕種山西。又逕永興縣南。又東合浦陽江。

元案：永興，今蕭山縣。

浦陽江導源烏傷縣。又東逕諸暨縣南。又東南逕剡縣。又東回北轉逕剡縣東。又東逕石橋。

又東北逕始寧縣嶀山之成功橋。又東北逕始寧縣西。又東北逕永興縣東與浙江合。

元案：此敘浦陽江與今合。前敘烏傷谿水爲穀水，可明其誤矣。宋程泰之謂『浦陽江即錢塘江』，何也？

浙江又東注于海。

周禮職方氏

東南曰揚州，其山鎮曰會稽，其澤藪曰具區，其川三江，其浸五湖。

鄭氏注曰：『會稽在山陰。大澤曰藪。具區、五湖在吴南。』

賈氏疏曰：『會稽在山陰。自此已下所説山川之等，一則目驗而知，二則依《地理志》而説。吴南，郡名，依《地理志》。南江自吴南，震澤在西，通而言之，亦得在吴南。具區即震澤，一也。揚州所以得有三江者，江至尋陽南合爲一，東行至揚州入彭蠡，復分爲三道而入海，故得有三江也。』

元案：賈公彦謂『鄭依《地理志》』，是也。注不詳『三江』，亦依《地理志》可知。《地理志》：『會稽郡。山陰，會稽山在南，上有禹冢、禹井、揚州山。』鄭云『會稽在山陰』，亦依此也。疏言至揚州『復分爲三道而入海』，正用鄭氏《禹貢》注『分爲三孔』之義。蓋自漢至唐，未有以《職方》之『三江』與《禹貢》之『三江』異者也。

左氏春秋傳

定公十四年，吴伐越，越子句踐禦之，陳于檇李。闔閭傷將指，還，卒于陘，去檇李七里。

杜預注曰：『檇李，吴郡嘉興縣南醉李城。』

《史記集解》：『賈逵曰：「檇李，越地。」』

哀公元年，吴王夫差敗越于夫椒。

杜預注曰：『夫椒，吴郡吴縣西南太湖中椒山。』

《史記集解》：『賈逵曰：「夫椒，越地。」』

十七年三月，越子伐吴，吴子禦之笠澤，夾水而陳。越子爲左右句卒，使夜，或左或右，鼓譟而進，吴師分以御之。越子以三軍潛涉，當吴中軍而鼓之，吴師大亂，遂敗之。

國語

吳王夫差起師伐越，越王句踐起師逆之。

韋昭注曰：『越逆之，自江至於五湖，吳人大敗之于夫椒。』

越王句踐乃率中軍泝江以襲吳。

韋昭注曰：『江，吳江。』

吾用禦兒臨之。

韋昭注曰：『禦兒，越北鄙，在今嘉興。言吳邊兵若至，吾以禦兒之民臨敵。』

於是吳王起師，軍于江北，越王軍于江南。王乃中分其師，以爲左、右軍，以其私卒君子六千人爲中軍。明日將舟戰于江，及昬，乃令左軍銜枚泝江五里以須，亦令右軍銜枚踰江五里以須。夜中，乃命左軍、右軍涉江，鳴鼓中水以須。吳師聞之，大駭曰：『越人分爲二師，將以夾攻我師。』乃不待旦，且亦中分其師，將以禦越。越王乃令其中軍銜枚潛涉，不鼓不譟，以襲攻之。吳師大北。越之左軍、右軍乃遂涉而從之，又大敗之于没。以上皆《吳語》。

韋昭注曰：『江，松江。去吳五十里。没，地名。』

子胥諫曰：『不可。夫吳之與越也，仇讎敵戰之國也。三江環之，民無所移。』

韋昭注曰：『環，繞也。三江，吳江、浙江、浦陽江。此言二國之民，三江繞也，遷徙非吳則越也。』

句踐之地，南至于句無，北至于禦兒，東至于鄞，西至于姑蔑。

韋昭注曰：『禦兒，今嘉興禦兒鄉是也。姑蔑，今太湖是也。』『湖』乃『末』字之訛。

是故敗吳于囿，又敗之于没。

韋昭注曰：『囿，笠澤也，在魯哀十七年。没，地名。』

元案：自南江之道不明，而吳、越之境因之不定。今核班氏《地理志》，既定爲自吳江歷嘉興、石門矣。吳、越之疆界既明，内、外《傳》之文，亦無不貫通。蓋吳、越以南江分界。吳江而西，分太湖各半之，湖以北屬吳，湖以南屬越。南江以西，若湖州、杭州、金華、嚴州，皆越地也。南江以東，則嘉興以南爲越，嘉興以北爲吳，蘇、松、太倉，皆吳地也。定十四年，『吳伐越，越禦之，陳于檇李』。伐越則至越之界，越陳于檇李，是檇李越地也。《通典》云『蘇州南百四十里與越分境。昔吳伐越，越子禦之于檇李，則今嘉興之地。檇李城在今嘉興縣南三十七里』是也。闔廬傷足，卒于陘，去檇李七里，此已爲吳境。闔廬卒于境内，故杜預以爲傳釋經，不書滅之。故哀元年夫椒之戰，《吳語》謂吳伐越，越逆之。是則伐之于吳江界上，故越逆之于江而轉戰于五湖，敗于夫椒。逆之，即逆于吳江也。吳不遠至檇李，而近至吴江者，蓋欲致越于湖以敗之也。十二年於越入吴，《吴語》謂越王率中軍泝江襲吴，自山陰泝江北，歷石門、嘉興而至吴江也。十七年笠澤之戰，吴軍江北，越軍江南。《吴越春秋》言其由境上而檇李，亦由南江上泝至于吴江之南也。是地曰笠澤，曰松陵，曰吴江，曰松江，正南江出湖南折趨杭之水。韋昭以吴江、松江注之，可也。非後之由夏駕浦而入吴松海口之松江也。笠澤地連于震澤，故亦謂之五湖，因而亦稱太湖，而笠澤固名之可通者耳。《漢志》『會稽郡婁縣』有『南武城，闔閭所起以候越』。《越絶書》謂辟塞爲『吴備候塞』。漢之婁縣城在今崑山縣治東，崑山以南合太倉州、松江府地，皆婁縣所轄。南武城在今華亭縣。顧祖禹《讀史方輿紀要》云：『松江府東夾江有二城，相傳闔閭所築以備越。婁縣南武城即此城矣。』是地南接海鹽。《漢書·地理志》：『海鹽，故武原。』正與《吴越春秋》越境『北至平原』相抵。平原，《越絶書》作『武原』也。《後漢書·郡國志》『海鹽縣』劉昭注云：『故治順帝時陷爲湖，今謂爲當湖。』然則由嘉興而東至平湖、華亭之間，爲吴、越分疆，可以歷歷考見。吴仁傑《兩漢刊誤補遺》説『三江』云：『凡今嘉興、華亭、吴江、崑山瀕江一帶之地，其南則越之北鄙，其北則吴之南鄙。』又説《漢志》云：『會稽之吴、曲阿、毗陵、丹徒、婁、無錫、陽羨，此吴地也。烏傷、餘暨、諸暨、山陰、餘姚、上虞、海鹽、剡、由拳、大末、烏程、句章、餘杭、鄞、錢塘、鄮、富春、冶、回浦，則盡越地耳。』此説

《漢志》則是，本其當時言之則非。仁傑時，崑山之南已置松江府華亭縣，非如漢時婁縣直接海鹽。而以越地得至華亭、崑山者，不知吴、越之松江即南江，而誤以東北入吴松口之松江爲吴越之松江。《兩漢刊誤》作於淳熙以前，嘉定縣分於寧宗時，其謂『崑山』者，是時吴松口屬松江境内也。

范蠡諫曰：『與我争三江五湖之利者，非吴耶？』以上皆《越語》。

元案：昭公二十四年《傳》：『越大夫胥犴勞王于豫章之汭，越公子倉歸王乘舟。倉及壽夢帥師從王，王及圉陽而還。』哀公十九年《傳》：『越人侵楚，以誤吴也。夏，楚公子慶、公孫寬追越師，至冥，不及，乃還。』顧氏棟高《春秋大事表》云：『豫章之汭，實在今鄱陽湖。蓋鄱陽爲楚，餘干爲越，分峙湖之兩岸。楚、越相結，歸王乘舟，應在於此。若北出，則千餘里皆吴地。越方仇吴，豈能以孤軍徑行其地而與楚會？』其説是也。考春秋諸國疆界，大江以北，若廬州、和州、無爲州、六合縣等處均楚地；大江以南，則吴、越所有。具區以西，分界可考矣。具區以東，若廣德州、寧國府、池州府，則吴、越之地交相錯處，楚於此侵吴，亦於此追越，惜圉陽、冥等地不可考耳。夫椒近太湖之北，已爲越地，則廣德、寧國宜亦有之。三江之内，吴、越所據，所謂『三江環之』也。

墨子兼愛篇

南爲江、漢、淮、汝，東流之，注五湖之處，以利荆楚、于越、南夷之民。

元案：此亦古之江通于湖之證。

越絶書

吴古故從由拳、辟塞度會夷，奏山陰。辟塞者，吴備候塞也。

元案：《漢書·地理志》『會稽郡』有：『由拳縣，柴辟故就李卿，吴越戰地。』應劭曰：『古之檇李也。』《後漢書·郡國志》由拳屬吴郡，劉昭注云：『《左傳》曰：「越敗吴于檇李。」杜預曰：「縣南醉李城也。」』檇李今爲嘉興。《越絶書》此言可爲班《志》『南江在吴縣南』之證。酈道元《水經注》敘浙江逕禦兒、柴辟，亦引此。

吴越春秋

越明日，徙軍于境上。後三日，復徙軍于檇李。于是吴悉兵屯于江北，越軍于江南。越王中分其師，以爲左、右軍，躬率君子之軍六千人以爲中陳。明日，將戰于江，乃令于中軍，銜枚遡江而上五里，以須吴兵，復令于右軍，銜枚遡江十里，復須吴兵，于夜半使左軍涉江，鳴鼓中水，以待吴發，大敗之于囿。

元案：此與内、外《傳》合。徙軍境上，當是禦兒。從此進至檇李，則吴、越分疆處也。軍于江南，則又進而與吴夾水而陳也。越所由之水道，即《越絶書》所敘吴奏山陰之道，可參究而得之。

句踐入臣于吴，羣臣送至浙江之上，臨水祖道。赦越王歸國，送于蛇門之外。遂去，至三津之上，仰天嘆曰：『嗟乎！孤之屯厄，誰念復生渡此津也？』至浙江之上，望見大越，山川重秀，天地再清。

元案：此『浙江』即指自吴縣至錢塘之水。若指錢塘江，則禦兒已爲越竟，何至此始望見大越耶？

句踐既臣于吴，夫差增其封，東至句甬，西至檇李，南至姑末，北至平原。

注曰：『平原，《越絶》作「武原」，今海鹽縣。』

吴王取伍子胥投之江中，因隨流揚波，依潮往來。越王葬大夫種于國之西山。子胥從海穿山，脅持種而去，與之俱浮于海。故前潮水潘侯者，伍子胥也；後重水者，大夫種也。

元案：《吴語》云：『取申胥之尸，盛以鴟夷而投之于江。』吴殺子胥，自投之吴地之江，非越地之江可知也。云『隨流揚波，依潮往來』，則當時浙江之潮直北至吳閶，故相傳以爲子胥所爲也。事雖涉于神怪，而潮之自越至吳，則正于此可見。

史記秦始皇本紀

三十七年十一月，行至雲夢，望祀虞舜于九疑山，浮江下，觀籍柯，渡海渚。

正義曰：『《括地志》云：「舒州周安縣東。」案：舒州在江中，疑「海」字誤，即此州也。』

元案：『周安』誤，宜爲『同安』。

過丹陽。

正義曰：『《括地志》云：「丹陽郡，故在潤州江寧縣東南五里。秦兼并天下，以爲鄣郡。」』

至錢唐。臨浙江。

晉灼曰：『江水至會稽山陰爲浙江。』

水波惡，乃西百二十里從狹中渡。

徐廣曰：『蓋在餘杭也。顧夷曰：「餘杭者，秦始皇至會稽經此，立爲縣。」』

元案：浙江潮大，天下所無。《吳語》『隨流揚波』及《史記》『水波惡』皆是也。又《論衡·實知》篇所述秦始皇所行與《史記》同，其由丹陽至錢塘，即南江故道也。

上會稽，祭大禹。

正義曰：「越州會稽山上有夏禹穴及廟。」

元案：秦始皇所行之地，均與班《志》合，與《水經注》亦合。云「行至雲夢，望祀虞舜于九疑山」，雲夢澤在荆州、安陸等府，跨江南、北。九疑山在衡、永間。「至雲夢望祀」與漢武帝「至盛唐望祀九疑」同也。自雲夢下，「觀籍柯」，蓋由漢水下浮于江，故曰「浮江下」也。「海渚」在舒州同安。同安，隨縣，唐至德三載更名「桐城」，在漢爲樅陽，今爲安慶府桐城縣地，在江北岸。石城在江南岸，石城今池州貴池縣，江至此東北行爲北江，分而東迆爲南江。秦皇于此亦東迆入南江，故過丹陽。丹陽，舊爲鄣郡，武帝時改丹陽郡，治宛陵。晉平吴，始分丹陽爲宣城郡，理宛陵而移丹陽于建業。《晉書·地理志》言之極明。唐潤州之丹陽，在秦、漢爲會稽郡之雲陽、曲阿，不名丹陽也。《越絶書》云：「秦始皇帝三十七年，東游，之會稽，道度牛渚，奏東安。東安，今富春。丹陽，溧陽。」漢富春縣在會稽郡，溧陽縣在丹陽郡。「牛渚」見《水經》。江水逕此始至石城，則非後世采石之「牛渚」。正義引《括地志》以在「舒州」，是也。《越絶書》以「溧陽」釋「丹陽」者，蓋以秦之丹陽爲漢溧陽地。溧陽南連廣德，則丹陽當在今廣德之地，于此立鄣郡，後又改鄣爲丹陽，移治宛陵，亦由秦之舊名耳。漢丹陽郡丹陽縣與故鄣、句、涇相次，其近宛陵、故鄣可知，非唐縣之丹陽也。張守節《正義》知丹陽爲鄣郡，又舉潤州屬之，失之矣。漢之丹陽爲今寧國府廣德州之地，故自桐城渡至貴池而入南江，即過寧國。《水經注》所謂『南江自石城東入貴口，又東逕寧國縣南』也。過丹陽而至錢塘，即由吴縣南而歷由拳、禦兒之道可知也。始皇至錢塘，臨浙江，而見水波惡，『臨浙江』即臨南江東折之處。隨江而東，乃達會稽山陰，怯于水波，『西百二十里』則遡縠而西也。『錢水』見《水經注》。『錢』通于『泉』，即武林諸山之泉水下積，故莽改『錢塘縣』曰『泉亭』，亦以『錢』即『泉』耳。南江行于武林山、皋亭山之閒，錢水自西來入之。錢水高于江，故設塘，因謂之『錢塘』。今杭州城以近西湖者名『錢塘門』。又《咸淳臨安志》云：『秦皇纜船石在錢塘門外，相傳秦始皇東游泛海艤舟于此。舊云西湖本通海，東至沙河塘，向南皆大江也。故始皇于此纜舟。』《夢粱録》謂斷橋裏『大佛頭正在秦皇纜船石山上』。邇言可察，故迹可尋也。

河渠書

《夏書》曰：『禹抑鴻水，于吴則通渠三江、五湖。』

索隱曰：『三江，案《地理志》：「北江從會稽毗陵縣北東入海。中江從丹陽蕪湖縣東北至會稽陽羨縣東入海。南江從會稽吴縣南東入海。」故《禹貢》有「北江」「中江」也。』

元案：太史公明以通渠三江、五湖爲禹迹，云『于吴』者，毗陵、陽羡、餘姚皆隸會稽郡，漢初爲吴郡，本初名言之也。小司馬以《漢志》之『三江』當禹治之『三江』，亦無異説。

越王句踐世家

楚威王興兵而伐之，大敗越，殺王無彊，盡取故吴地，至浙江。

貨殖傳

浙江南則越。

潛説友《咸淳臨安志》曰：『杭城屬吴屬越，諸家爲説不同。以爲屬吴者，晏公《類要》、《括地志》，而不著其説。惟《淳祐志》引《吴越春秋》所載「越王句踐入臣于吴，羣臣送至浙江，臨水祖道」，又載吴王夫差爲越所敗而走，「止秦餘杭山」。又《史記》：「楚威王伐越，盡取故吴地，至浙江。」遂謂吴、越必以浙江爲分界。以爲屬越者，杜佑《通典》、歐陽忞《輿地廣記》皆云：「春秋時屬越，越敗屬吴。」《太平寰宇記》引《吴地記》云：「越國西界至禦兒，今嘉興崇德縣有禦兒鄉，則吴、越以此爲分界。」各有所據。今精考之，當以後説爲是。《淳祐志》所引三説，皆有可辨。其一謂越羣臣祖句踐于浙江，則是吴、越以浙江爲界，殊不知是時句踐方保棲會稽之山，浙江以西皆爲吳有，宜其祖道止此，況又未嘗曰「送之境上」耶？其一謂夫差走餘杭山，則餘杭在吳境内，殊不知吳自有秦餘杭山，《姑蘇志》「陽山」又名「秦餘杭山」，在長洲西北三十里。夫差棲于此而死，因葬焉。又《越絶書·吳地傳》云：「秦餘杭山近太湖。」今餘杭去太湖遠甚，豈可以名之偶同，强合爲一？其一謂「楚伐越，盡取吳故地，至浙江」，則浙江之西乃吳地。殊不知此句自是兩義：所謂「吳故地」者，言越故取于吳者也。所謂「至浙江」，言併越原有之地盡取之也。豈可概以爲吳地乎？』《杭州府志》曰：『《咸淳志》之説可謂辨矣。然亦有不盡然者。《淳祐志》所引三説，惟「秦餘杭山」一説誠誤，其二説則潛氏所駮亦未能折其喙。君將去國，羣臣送之，未及境而恝然盡返，可斷其必無。記事者不言「境上」而言「送至」，渾言之以見不能踰境耳。後句踐歸國，望見大越山川，歎曰：「吾豈料重復鄉國！」必至浙江而始見越山，始云「鄉國」，則未至浙江，不爲越之鄉國明甚。《史記》云「楚盡取故吳地，至浙江」，其不言「越地」，蓋滅越則越地自盡取之，詞已無所不足，未必一句分爲兩義。此駮尤爲未覈。平情論之，杭不專爲越地，亦不專爲吳地。』

元案：吳、越分境，《史記》以浙江南爲越，又謂：『故吳地至浙江。』《國語》言：『越境北至禦兒、平原。』韋昭言：『夫椒、檇李皆越地。』于是主《史記》者，則不以禦兒爲越境；

主《國語》者，則以吴國之境不至浙江。此《咸淳志》所以駮《淳祐志》，而《杭州府志》又伸《淳祐》而駮《咸淳》也。若依《漢志》《説文》，自吴江、嘉興、石門、錢塘皆得爲浙江，則以禦兒爲越境者，正以浙江爲越境也。以吴故地至浙江者，原未嘗踰于禦兒以南也。《國語》《史記》正可會而通之，不相背而實相成。自不識「浙江」即「南江」，乃參差不協矣。

揅經室一集卷十四

浙江圖考下

唐書地理志

杭州餘杭郡　鹽官

有捍海塘。隄長百二十四里，開元元年重築。

元案：海塘始見於此。是時海塘止在鹽官一帶。鹽官，今海寧州海鹽縣地也。所云『百二十四里』，蓋即今海寧城外一帶之海塘也。

富陽

有隄。登封元年令李濬時築。東自海，西至筧浦，以捍水患。

明陳觀《吴公隄記》曰：『富春居杭上游，下通錢塘，上接衢、婺、睦、歙，諸水會流。矧自觀山起，至筧浦橋止，三百餘丈，適當邑城之南，其捍潮禦浪，惟築隄爲可備。自唐萬歲登封六年縣令李濬所築者，去舊城一百步許，迄今數百年，雨洗風淘，隄因以壞。』萬曆舊《志》曰：『李濬，萬歲登封六年爲富陽令。嘗築捍江隄，自莧浦至東觀山，計三百餘丈。』

元案：『東至海』蓋即尖山一帶，『西至筧浦』即今筧橋。筧橋在艮山門北十餘里，恰合百二十里耳。南江絶流，蓋由於此。

通鑑

唐乾寧三年辛未，安仁義以舟師至湖州，欲渡江應董昌。

胡氏三省注曰：『安仁義自潤州以舟師至湖州，何從而渡江哉？蓋欲自湖州舟行入柳浦而渡西陵耳。』

胡氏渭《禹貢錐指》曰：『江水自湖口以東，歷烏程，南通餘姚，與浙江合者，其故道無可考。蓋從烏程南以東達于餘姚，必經歸安、德清、石門界中，至海寧，由浙江以入海。海寧地獨高，境内諸水皆北流，故宋元嘉及梁大通中，以滬瀆不通，嘗欲穿渠引吴興之水以瀉浙江，而功卒不立。蓋水性就下，地勢有所阻也。』

趙氏一清《水經注釋》曰：『東樵之言非也。南江與浙江合，由太湖長瀆口上通臨平湖以合，浙江自有纏絡，何必載之高地乎？《通鑑》：「唐乾寧三年，楊行密遣安仁義以舟師至湖州，欲渡江應董昌。錢鏐遣顧全武守西陵，仁義不得渡。」胡三省曰：「自湖州舟行入柳浦，可渡西陵。又柳浦即今浙江亭，東跨浦橋之浦也。」劉昫《唐書》曰：『隋于餘杭縣置杭州，又自餘杭移治錢塘，又移于柳浦，今州城是。」又曰：「柳浦埭即今杭州江干浙江亭北跨浦橋埭。」則其時水道尚未盡湮也。』

顧氏祖禹《讀史方輿紀要》曰：『柳浦在府城東南五里候潮門外，江干有浙江亭，亭北有跨浦橋，六朝謂之柳浦埭。劉宋泰始二年，遣吴喜擊孔覬于會稽，喜自柳浦渡，取西陵。齊永明二年，富陽民唐寓之作亂，進至錢唐。錢唐令劉彪遣將張玗禦之，敗于小山，寓之進至柳浦，彪棄城走。』

元案：安仁義自湖州由柳浦渡西陵，此正合酈注『南江枝流』自烏程、餘杭之道也。然則六朝以來至于唐末，其迹尚有可尋者。

咸淳臨安志

梁開平四年八月，錢武肅始築捍海塘，在候潮、通江門之外。潮水晝夜衝激，板築不就。因命强弩數百以射潮頭，又致于胥山祠，仍爲詩一章，函鑰海門山。既而潮水避錢塘，東擊西陵。遂造竹落積巨石，植以大木。隄岸既成，久之，乃爲城邑聚落。凡今之平陸，皆昔時江也。

元案：自杭南有山處至海寧州築塘，永絶南江之流，當是開元、登封之年。度此時浙流已極小弱，故能絶之，至於吴越時加修耳。柳浦之地，甚高於艮山門外，所云『自柳浦渡』者，於此略狹處渡江，非眞以内江之舟直渡至西興[一]也。大約南江之正流總在筧橋一帶，不在柳浦以上。

宋王氏安石曰：此見傅氏《禹貢集解》所引，蓋其所撰《新經書義》。『一江自義興，一江自毗陵，一江自吴縣，皆入海。二江在震澤之上，一江在震澤之下。震澤水有所洩，故底定也。上二江，今中絶，故震澤有水災。於是見此書所記禹迹，尚足用以知水也。』

元案：唐省陽羨置義興，宋太平興國改宜興，王氏以宋初縣名釋班《志》之『陽羨』，而毗陵、吴縣則仍班氏。此以班《志》之『三江』爲《禹貢》之『三江』，是也。但不知班《志》分江水爲南江，又不知岷江自江都入海之江即毗陵以北之北江，故曰『上二江，今中絶』也。

毛氏晃《禹貢指南》曰：『王荆公謂以「一江自義興，一江自毗陵，一江自吴縣」。義興，古之

[一] 按：興，據前文當作『陵』。

陽羨。毗陵，今之丹徒，《春秋》所謂「延陵」，季札所居之地。吴縣，今之吴江。三江介于蘇、常、潤三州之間，而震澤瞰乎三州之界，尾通吴興，苕、霅之水出焉。此言殆與班固相表裏，然雖詳而無統。」

元案：此知王氏之説出于班《志》而斥爲『詳而無統』，亦不足以知王氏。

林氏之奇《尚書全解》曰：『經既有北江、中江，必有南江。顔師古注《漢書·志》亦曰：「三江謂中江、南江、北江也。」師古此説必有所據而云爾。如郭景純以爲岷江、松江、浙江，王介甫以爲「一江自義興，一江自毗陵，一江自吴縣」，此説皆據其所見之江而爲言，非禹之舊迹也。』

元案：顔師古注《漢志》，三江爲南江、中江、北江，即本班《志》之南江、中江、北江也。以班氏自注于郡縣之下，故不復實指何地。郭景純、王介甫皆本班《志》，林氏取師古而斥郭景純、王介甫，非也。

薛氏季宣《書古文訓》曰：『《職方》「揚州三江」，即大江、吴江、浙江。《禹貢》「三江」，震澤下流自爲三江耳。《吴地記》「東江東南爲谷水」，即今松江東蘆、瀝浦至秀州鹽官界入浙。』

元案：此以郭景純所謂『三江』專屬《職方》，而以《禹貢》之『三江』爲庾仲初之『三江』，而以酈氏所稱之『谷水』爲庾氏三江之『東江』。

傅氏寅《禹貢集解》曰：『班氏所指南江，今吴江也；所指中江，今蕪湖斷港也；所指北江，今京口江也。古毗陵疆界廣，京口江東行，正在京口北也。自宜興縣航太湖，逕溧陽至鄧步，凡兩日水路。自鄧步登岸，岸上小市名東壩。自東壩陸行十八里至銀林，復行水路，繫大江之支港。自支港行百餘里，乃至蕪湖界，即入大江也。銀林之港，鄧步之湖，止隔陸路一十八里耳。故老相傳，謂：「大江此港本入震澤，禹塞之。」愚得此説于友人王益之，再得于孟達甫，猶未詳也。三山陳子禮，聞其往還宜興、蕪湖，道甚熟，諏之，遂得其詳，因圖之于此。用以知班氏所説「中江」，古蓋有之。堯水横流爲震澤害，禹因塞之也。』

元案：傅氏説「中江」最詳，然不知蕪湖斷港塞于漢以後，乃信傳言，以爲禹塞，則迂矣。知南江即吴江，尚未知吴江之上流本于石城，下流入于餘姚，故其爲《三江圖》，亦未盡善。程氏大昌《禹貢山川地理圖·敘説》曰：『班固謂蕪湖有水，東至陽羨入海，以爲中江，則不習地勢甚矣。陽羨者，今常州宜興縣也。與建康、溧陽接境。兩境中高，又皆有堆阜閒之，其兩邑水分東、西流。其東流而下陽羨者，固可通海，而蕪湖之水乃皆西北流，合寧國、廣德、建康南境之水，北向以入大江，元非蕪湖之水可以分江派，而南流以上陽羨也。班固必詢之嘗行溧陽者，謂有水道可以入海，遂數之以爲中派一江。不知溧陽之水不與宜興通也。桑欽所著「北江」，與班固正同，其敘「南江」乃謂「自牛渚上桐水，今廣德。過安吉縣，歷長瀆，今太湖。

出松江，入海」，不知桐水、安吉中高，水不相通，亦猶溧陽之與陽羡也。」

元案：中江、南江上流中塞，故各水分入耳。程氏據目前以測三代、秦、漢之迹，豈然也哉？中江自蕪湖至陽羡者，自緣築五壩而斷，其迹尚有可尋，則南江亦如是也。九河北播，明見于經，而今則江合于淮，故瀆已成陸地，向非經有明文，將亦謂禹治之河本爲南注乎？古今之事，不可以形迹求也，蓋亦多矣。

又《演繇露》曰：『《説文》釋「浙江」云「江水東至會稽山陰爲浙江」，又『漸水出丹陽黟縣東入海」，皆今錢塘浙江也。秦始皇「渡浙至會稽」，又《莊子》有「淛河」，則「浙」名舊矣。桑欽載漸水所逕、所入，正今浙江，而不名爲「浙」，若謂「浙」「漸」字近，久而相變，如「郫」「鄴」之類，則「浙」之得名既見先秦，而桑欽更以爲「漸」，何也？許氏「浙水」「漸水」，又復兩出，皆不可曉。黟縣，今徽州也。休寧縣有浙溪，溪上有漸嶺，而婺州亦有浙溪，二州水皆會桐廬，而遂從杭、越閒入海，則本其發源，各名爲「浙」，未有牴牾。第以古語爲證，則出歙者正也。」

元案：程氏謂《説文》『漸』『浙』兩出爲『不可曉』，蓋不明南江爲浙江，與漸本屬兩水也。謂『休寧有漸嶺』，此正漸水所由名。又謂『徽州、婺州俱有浙谿』，此則後人名稱之譌，所謂徽州之浙谿即漸水，所謂婺州之浙谿即穀水。程氏不信班氏之説，而不暇深求，故『浙』

『漸』終于莫解耳。

元陳氏師凱《書傳旁通》曰：『若以漢江在荆州之域不當如東坡「三江」之説，而又不必涉中江、北江之文，而止求其利病之在揚州之域者，則水勢之大者，莫若揚子大江、松江、浙江三者耳。』

元案：此所取三江同于郭景純，即同于班孟堅。但以揚州之三江不必涉于『導江』『導漾』之中江、北江，則非也。

王氏天與《尚書纂傳》曰：『今吾邑耕齋劉氏嘗見諭云：「頃年之官吳門，郡遣舟來迓。一夕，問所宜宿，舟子曰：晚宿震澤。洎至其所，屋室綿亘，里門扁以『震澤』二字，且有底定橋。登岸，問塗之人曰：『此去太湖近耶？』曰：『近矣。』又問：『三江何在？』曰：『此去不遠，有三江口。』又問：『三江曷謂？』曰：『浙江、吴江、松江也。』」耕齋所言，與朱子所問吴人合。』

元案：以古言之，吴江即浙江。以今言之，吴江即松江。耕齋問諸塗人，自不足爲典要。然問三江而舉浙江以對，其故老相傳之説，尚有存于里巷之口者耶？

明歸氏有光《三江圖説》曰：『古今論三江者，班固、韋昭、桑欽之説近之。但固以「蕪湖東至陽羨入海」，昭分錢塘江、浦陽江爲二，桑欽謂「南江自牛渚上桐水[一]，過安吉，歷長瀆」，

［一］水，底本原作『上』字，據康熙十年至十四年常熟刻本《震川先生集》卷三改。

爲不習地勢，程大昌辨之詳矣。然孔安國、蘇氏所論，亦未必然也。今從郭璞，以岷江、松江、浙江爲三江。蓋自揚州斜轉東南，揚子江、吴松江、錢唐江三處入海，而皆以江名，其爲三江無疑。直學邊實修《崑山志》，言大海自西泙分南北，由轉斜而西，朱陳沙謂之揚子口；由徘徊頭而北，黄魚垛謂之吴松江口；浮子門而上，謂之錢塘江口。以此驗之，禹迹無改。』元案：歸氏從郭氏之三江而疑班氏之三江者，蓋以上流一自蕪湖至陽羡，一自石城至安吉，其水道多湮也。然以浙江、松江、岷江爲『禹迹無改』，識過于宋、元諸儒遠矣。

胡氏渭《禹貢錐指》曰：『《漢志》「丹陽石城縣」下云：「分江水首受江，東至餘姚入海。過郡二，行千二百里。」此即南江之原委。過郡二，謂丹陽、會稽也。其在吴縣南者，即吴松江，乃中江之下流。班氏不知分江水至餘姚入海者即古之南江，遂誤以松江當之耳。《水經》：「沔水與江合流，又東過彭蠡澤。又東至石城縣。分爲二：其一過毗陵縣北，爲北江；其一爲南江，東至會稽餘姚縣入海。」今案：大江自西南來，至石城枝分爲分江水，至餘姚入海；又東北流至蕪湖，枝分爲永陽江，由吴松入海；其經流則東逕毗陵，至江都入海。毗陵、江都最北，故謂之北江。石城、餘姚最南，故謂之南江。蕪湖、吴縣居二江之中，故謂之中江。雖與《禹貢》「導江」不合，而辨方命名，次弟秩然，與郭景純之松江、浙江，源異而流則同也。蓋中江貫震澤，松江即其下流，不得復析爲南江。南江首受石城之大江，其自湖口洩入具區者，乃枝流；而東至餘姚入海者，其正流也。酈氏恐違《漢志》，反以歷烏程縣南者爲枝流，而中江盡于荆谿，南江即是吴松矣，非古人命名之本意也。」

元案：胡氏敘班氏「三江」，極爲明晰。惟惑于《初學記》所引鄭注，而不能辨其僞，故以爲與《禹貢》「導江」不合。至班《志》所記吴南之南江，即石城之分江水，所經未嘗錯誤。酈氏《水經注》謂長瀆入具區者爲南江，由烏程者爲南江支流，蓋據班《志》三江，確爲禹迹。胡氏駁之，未足以知班《志》也。

又曰：「酈道元云：『江水自石城東入爲貴口，東逕石城縣北。』今考《池州府志》，分江水、貴池水皆在貴池縣西，貴池水入江處名曰貴口。蓋分江之流，久已中絶，故其水還注于江，南江必衰。周時吴、越以人力爲之，易至壅塞，歷世久遠，不可得詳，而南江即分江水，與松江之非南江，則固可以理斷也。」

元案：此云「分江之流中絶，其水還注于江」，極爲精確。又必以「南江爲衰。周吴、越以人力爲之」者，惑于僞鄭注而不能與班《志》合也。

又云：「《禹貢》『三江』之不明，誤自班固始。《漢志》『會稽吴縣』下云：『南江在南，東入海。』『毗陵縣』下云：『北江在北，東入海。』今本《漢書》脱上「北」字，今據宋本增入。『丹陽蕪湖縣』下云『中江出西南，東至陽羨入海』，皆『揚州川』也。蓋北江爲經流，至江都入海。中江由吴松入海，南江合浙江入海，皆北江之枝瀆也。「導水」明言「漢自彭蠡東爲北江。江自彭蠡東爲中江」。誠如班氏所言，則蕪湖之中江，何以知爲江水之所分？毗陵之北江，何以定爲漢水之所獨乎？以此當《禹貢》「三江」之二，雖愚者亦知其非矣。」

元案：胡氏誤仞鄭注，而不能辨其眞僞，遂至詆班《志》『三江』，而以爲皆北江之枝流。南江、中江在南，彭蠡、北江在北，江、漢由分而合，由合而分。《禹貢》分應之，確有精義。胡氏以此駁班《志》『三江』非禹迹，不亦拘乎？詳見前。

顧氏炎武《日知録》曰：『北江，今之揚子江也。中江，今之吴淞江也。「東迆，北會于匯」，蓋指固城、石臼等湖。不言南江，而以三江見之。南江，今之錢塘江也。本郭璞記。《禹貢》該括衆流，無獨遺浙江之理，而會稽又他日合諸侯計功之地也，特以施功少，故不言于「導水」爾。「三江既入」，一事也。「震澤底定」，又一事也。後之解《書》者，必謂三江之皆由震澤，以二句相蒙爲文，而其説始紛紜矣。』

元案：顧氏此説，本于郭景純，同于歸熙甫，謂『《禹貢》該括衆流，無獨遺浙江之理』，極爲精確。乃以『東迆，北會于匯』爲中江，會于石臼諸湖，異于鄭氏以東迆者爲南江，而錢唐江之達于吴南亦未詳。

閻氏若璩《古文尚書疏證》曰：『或又問：《職方氏》「揚州，其川三江」，解孰爲定？余曰：

鄭無注，賈疏非當，郭景純解「三江者，岷江、松江、浙江也」以當之，斯爲定。一州之内，其山鎮、澤藪、川浸至多，選取最大者而言，揚州之最大川，孰有過岷、浙二江者？即松江之在當時，與揚子、錢塘相雄長，而後可以稱禹迹，非如今所見之淺狹。此豈專指洩震澤之下流者之江？《國語》申胥曰：「吴與越，三江環之。」范蠡曰：「我與吴争三江、五湖之利。」夫環二國之境而食其利，正《職方》之「三江」，我故曰：《周禮》一「三江」，《禹貢》又一「三江」也。」

元案：閻氏于地理之學最精，謂《周禮》『三江』即《國語》之『三江』，是也。惟其解《禹貢》『三江』，則專取庾仲初之説，尚未盡合耳。

全氏祖望《水經注》七校本曰：『葉夢得《避暑録話》曰：『《水經》謂「漸江出三天子都」，取《山海經》爲證。三天子都在彭澤西，安得至此？今錢塘江乃北江下流，雖自彭澤來，蓋衆江所會，不應獨取此一水。予意『漸』字即『浙』字，《水經》誤分爲二名，注引《漢志》『浙江』者是已。今自分水縣出桐廬號歙港者，與衢、婺之谿合，而過富陽以入大江。大江自西來，此江自東來，皆會于錢塘。」案：《山海經》三天子都有三：一曰在閩西海北，即浙江之源也；一曰在衡山，即廬江之源也；一曰在海中，則不知其處。石林謂但在彭澤，則謬矣。又謂「錢塘乃北江下流，來自彭澤」，是仍《水經·沔水》篇以立文者。』

元案：葉石林言『錢塘江爲北江下流』是也。識見出王安石、傅同叔之上，惟以『浙』爲『漸』，則非耳。又云『歙港合衢、婺之谿，過富陽入大江』，大江指北江也。又云『大江自西來，此江自東來，會于錢塘』，此有譌誤，當是『大江自北來，此江自西來』。蓋體會于班《志》『分江水逕吴南至餘姚入海』之説，爲趙宋諸儒之所莫及。全氏以爲『仍《沔水》篇以立文』，其駁非也。

趙氏一清《水經注釋》曰：『胡東樵云：「北江爲經流，中江由吴松入海，南江合浙江入海。」今據班《志》而言，實則班《志》「蜀郡湔氐道」下云：「《禹貢》峱山在西徼外，江水所出，東南至江都入海。」而「廣陵國江都」下急著「江水祠」以應之，又于「臨淮郡海陵」下復云「有江海會祠」以明之。海陵、江都非揚域乎？非中江入海之道乎？其于會稽郡之吴、毗陵，丹陽郡之蕪湖，雖列南、北、中之名而無「禹貢」字，則亦可知是秦、漢以來見行之川，作《志》者自不關禹迹也。後人乃欲據《志》以釋經，反謂《志》與經不合，則亦誣矣。」』

元案：趙氏説班《志》極精密，乃以無『禹貢』字斷爲『不關禹迹』，則非也。秦、漢時見行之川既如是，則班氏用以作《地志》，鄭氏即本以注《禹貢》，何得如蘇氏時三江合而爲一，遂以合漢、彭、蠡爲三江耶？

又曰：『《説文》有「漸江」，又有「浙江」，云「江水東至山陰爲浙江」，則黟縣之「漸江」至錢唐乃有「浙」名。班《志》有「浙江」無「漸江」。「浙江」下但云「東入海」，不計道里之數。至「錢唐武林水」亦云：「東入海，行八百三十里。」補此一句，以見「浙江」之即「漸江」也。』

元案：趙氏知《説文》『漸』『浙』分兩字矣，又拘于《漢志》『八百三十里』一語，以『浙江』即『漸江』，非也。漸江自是歙港，浙江自是南江。《漢志》『八百三十里』，自是譌文，疑屬『穀水』下，誤寫于『武林水』下也。

錢氏塘《三江辯》曰：『《禹貢》之「三江」，《職方》之「三江」也。班孟堅《地理志》謂「南江在吴縣南入海，北江在毗陵縣北入海，中江出蕪湖縣西南，東至陽羨入海，皆揚州川」，此釋《職方》也，即釋《禹貢》矣。自鄭康成注《尚書》，始别爲之説曰：「左合漢爲北江，右會彭蠡爲南江，岷江居其中爲中江。」若然，則自夏口以北者，北江也；湖口以南者，南江也；夏口以至湖口者，中江也。而自湖口以下，惟有一江，以《禹貢》「導水」經文質之，于漢曰「東匯澤爲彭蠡，東爲北江入于海」，于江曰「東迆，北會于匯，東爲中江入于海」。則自湖口而下分爲三江，殆不如康成之説矣。』

元案：錢氏辯『三江』，一依班孟堅、郭景純爲説。惟未辯《初學記》所引之鄭注非眞鄭注，故駮鄭耳。蓋鄭注云『自彭蠡分爲三孔』，正是謂『自湖口而下分爲三江』矣。

『揆孟堅所言，江過湖口實分爲三，而以行南道者爲南江，行北道者爲北江，行中道[一]者爲中江，合乎《禹貢》「導水」之經，誠不易之論也。』

元案：班氏《地志》，最爲精密，考古地理者，舍此莫有所主也。故鄭注《禹貢》《職方》專本之，得錢氏此説，可辟駁班《志》者之非。

『考之《水經》，沔水自沙羨縣北，南入于江，合流至居巢縣南，東至石城縣分爲二，其一東北流過牛渚、毗陵以入海者爲北江，自石城東入貴口至餘姚入海者爲南江，自丹陽蕪湖縣東至會稽陽羨入海者爲中江，具載《沔水》經文及附記中，皆與孟堅合。惟孟堅謂「南江從吴縣南入海」耳。然孟堅又謂「石城分江水首受江，東至餘姚入海」，酈道元引桑欽、《地理志》，亦謂「江水自石城東出，逕吴國南爲南江」，蓋餘姚入海之江，即吴縣南入海之江也。餘姚、吴縣之閒，爲由拳、海鹽、烏程、餘杭、錢塘諸縣，南江由之入海，固在吴國之南，國後爲縣，是以孟堅《志》南江入海處，既系之「餘姚」，又系之「吴縣」也。』

元案：此可見班《志》、《水經》相合。『分江水至餘姚入海』即『南江至餘姚入海』。

『《水經》附記不詳中江所由，而今尚有其迹。自楊行密築五堰，江流始絶。永樂時，設三壩，

[一] 道，底本誤作『江』，據上文意及《湖海文傳》卷十三《三江辯》改。

則陸行者十八里矣。然自銀林以西、鄧步以東，其流固在也。可知二江雖自石城、蕪湖分行，而同會具區。故酈道元以南江即合于浙江、浦陽江之谷水。而《咸淳毗陵志》以荆谿爲中江，惟北江自從毗陵入海耳。此足以證三江之實有其三，非如康成之合爲一江也。」

元案：此可破程大昌陽羨、安吉高隔之説，惟不辨鄭注爲僞，故駁之。然鄭氏自謂『分爲三孔』，未嘗言『合爲一江』也。

『且二家之是非，愚請以左氏内、外《傳》折之。《吴語》云「吴王夫差起師伐越，越王句踐起師逆之江」，即《内傳》哀公元年之「敗越于夫椒」也。又曰「越王句踐乃率中軍泝江以襲吴，入其郛」，即《經》書「十二年，於越入吴」也。又曰「吴王軍于江北，越王軍于江南」，即《内傳》「十七年，越子伐吴」也。十七年之《内傳》以爲「笠澤」，而《外傳》以爲「江」，則笠澤即江矣。其元年、十二年之《外傳》以爲「江」者，亦即此江矣。韋昭曰：「江，吴江也。」又曰：「江，松江，去吴五十里。」是已。笠澤也，吴江也，松江也，實出自具區之一江。左氏謂之江，則中江之自陽羨入海明矣。是故今之松江，即古之中江也。若夫《外傳》之名南江爲「江」也，則伍員、范蠡之言「三江」，舉之矣。員謂「吴、越之國，三江環之」，蠡謂「吴與越争三江、五湖之利」，以二國在江、湖閒也。許愼謂「江水東至會稽山陰爲浙江」，闞駰謂「江水至會稽與浙江合」，酈道元謂「南江于海鹽縣秦望山東出爲澉浦，其枝分歴烏程、餘杭二縣，與浙江合。浙江于餘暨東合浦陽江，自秦望分派，東至餘姚又爲江」，此南江與浙江、浦陽分合之迹也。』

元案：此言南江即浙江，極明晰，可破謂吴、越『三江』非《禹貢》『三江』之謬。

『《越語》言：「句踐之地，南至于句無，北至于禦兒，東至于鄞，西至于姑蔑。」韋昭以爲今諸暨、嘉興、鄞縣、太末之地。然則中江以南爲越，中江以北爲吴，而南、北二江分行二國王都之北，是爲「三江環之」，而二國之必争其利，不待言矣。』

元案：此仍吴仁傑之説，辨見前。

『韋昭以松江、錢塘、浦陽爲三江。然錢塘何江乎？即浙江也。浙江從餘姚入海，南江既先後合于浦陽，浙江則止一江耳，烏得而二之？是故今之錢塘江，即古之南江也。可知孟堅之説與左氏内、外《傳》合，而康成則否，即二家之是非判然矣。』

元案：康成本班《志》立言，原無異同。異于班《志》者，《初學記》之譌文也。

『宗康成者曰：《漢志》所謂中江、南江，皆吴通江于湖之道耳，不得爲《禹貢》之「三江」。然我聞吴嘗溝通江、淮矣，不聞其溝通江、湖也。説者皆援《史記·河渠書》爲據，不知《史記》固言「通渠三江、五湖」，未嘗謂「通江于湖」也。今江、湖之閒，枝渠相通者甚多，安知非吴人所爲而可以爲即此二江乎？使吴果通此二江，曷爲《記》無明文，若左氏所云「掘深溝于商、魯之閒，北屬之沂，西屬之濟」也？』

元案：此破謂南江爲哀周時人力所爲之謬。

『況三[一]江上流，《内傳》亦有可考者。襄公三年，「楚子重伐吴，克鳩兹」，杜預謂「在丹陽蕪湖縣東」，劉昭據以注《郡國志》「蕪湖中江在西」之文。是楚克吴中江以東邑也。哀公十五[二]年，「楚子西、子期伐吴，至于桐汭」，杜預謂「宣城廣德縣西南有桐水」，此即酈道元所謂「南江逕宣城之臨城縣南，又東與桐水合」者。是楚又越南江而東矣。此必二江當吴、楚之交，故楚之伐吴，皆越二江，足以明非吴人始爲之也。《地志》目高淳之中江爲胥谿，謂「伍員伐楚時所鑿」，此傅會之説耳。《内傳》「定公四年，蔡侯、吴子、唐侯伐楚，舍舟于淮汭，自豫章與楚夾漢」，不聞由胥谿也。其地有伍牙山，即《魏氏春秋》所謂「烏邪山」者，而今謂之「伍員山」。此名中江爲胥谿之所由來矣。』

元案：以中江爲胥谿，明韓邦憲《廣通壩考》之説也。此可破其謬。

『然則江、漢既合，後之分而爲三也，孰從辨之？曰：漢源于北，故以北江屬之。江源于南，故

[一]　按：三，《三江辯》作「二」，據上下文「烏得而二之」「使吴果通此二江」「二江當吴楚之交」等句，當以作「二」爲是。

[二]　五，底本誤作「三」，據錢塘《三江辯》及《春秋左傳正義》卷五十九改。

以中江、南江屬之。江、漢各爲瀆，故各自入海，所謂「江、漢朝宗」也。使合而爲一，漢安得有入海處耶？』

元案：此解《禹貢》北江、中江分屬江、漢極精，可破從前諸説之謬。

『曰：孟堅于「湔氐道」何以言「江水至江都入海」？曰：北江、中江，《禹貢》雖分屬江、漢，已同謂之「江」矣。孟堅烏得不謂之「江」？夫以北江爲江可也，以爲無南江、中江，不可也。如此而已矣。江既有三，《禹貢》何以僅書其二？曰：「北江」固宜書，書「中江」者，舉中以見南也。言中江而南江見，言南江而中江不見，故舉中焉耳。』

元案：鄭氏特注『東迆者爲南江』，所以爲解經之妙。

『曰：康成之説，經學之宗也。子柰何非之？曰：予豈不宗康成？顧質之經傳而不合，故不敢從焉耳。《禹貢》「三江」之注，不復見于《職方》，安知非康成已自悟其失歟？然則予之不從康成，未必非康成之意也。』

元案：説經惟求其是，雖康成何可執之？錢氏此言，眞可爲學者法。余既辨鄭注之僞，復有取乎錢氏此言者，明非曲爲鄭解也。鄭氏果非，何妨違之？鄭氏果是，又何可違？惟其本非鄭注，而傳寫者譌以誣之，則正宜爲鄭氏白，非深求乎鄭氏，不能知其是非，亦不能明其眞僞也。

『郭景純、庾仲初何如？曰：景純之説，孟堅之説也。孟堅志其地，景純述其名。仲初則一隅之見耳，我無取焉。』

元案：郭景純所謂『浙江』，即班氏分江水至餘姚之『浙江』也。學者不知『浙』之非『漸』，而疑郭氏之説殊于班氏。錢氏此言明班、郭無異，不易之説也。錢氏説『三江』極詳明，一滌唐、宋以來諸謬説。故備録于末，以爲百川之海云。

弟亨梅叔校[一]

[一] 弟亨梅叔校，甲戌續刊本無。

揅經室二集

文八卷

揅經室二集卷一

皇上八旬萬壽宗經徵壽説

臣聞三極彝訓，其書言經。經者，堯、舜、禹、湯、文、武、周公、孔、孟之説。帝王稽古同天，聖德備焉。欽惟乾隆五十五年，皇上八旬萬壽萬萬壽。臣仰思盛德大業，非三代以下史册所可擬萬一。惟宗諸經傳，以徵聖壽，或管窺而得其詞焉。臣謹案：《尚書·洪範》：『九，五福，一曰壽。』壽者，福之初詁。福者，德所致也。恭讀《五福頌》，以爲壽、富諸事，皆受於天，惟好德修于人。『五皇極。曰：予攸好德，女則錫之福。』皆五福主德之證。至哉！聖人之德，即福之基，聖人之所以壽也。

帝王之壽，必本於天。《書》曰：『天壽平格。』孔安國傳曰：『言天壽有平至之君。』《禮記·中庸》謂『大德必得其壽』，徵諸《詩》曰：『保右命之，自天申之。』我皇上昭事惟敬。《書》曰：『敕天之命，惟時惟幾。』恭繹讀《召誥》篇，一言以蔽之，曰：『曷其奈何弗敬？』以誠民爲祈天之本，以敬德爲諴民之本，其理益明焉。《大戴禮》曰：『戒慎必恭，恭則壽。』又引《丹書》曰：『敬勝怠者吉。』亦其義也。

皇上躬親郊壇大祀，極致精虔。其在《周禮》曰：『大司樂。冬日至，地上圜丘。夏日至，澤中方丘。』《祭法》：『燔柴於太壇，祭天也。瘞埋於泰折，祭地也。』又以正月上辛祈穀、孟夏常雩者，《公羊春秋》曰『郊用正月上辛』，《月令》『天子乃以元日祈穀於上帝』，《左氏春秋》曰『龍見而雩』，《月令》『大雩，帝用盛樂』，是也。社稷壇加玉者，祈農事也。《周禮》：『小宗伯。掌建國之神位，右社稷。』《春秋外傳》曰：『玉足以庇蔭嘉穀。』朝日、夕月諸中祀，茲復躬親一週。及於岳、瀆，咸命使祭告。《禮記·祭義》曰：『祭日於東，祭月於西，以別外內。』《周禮·大宗伯》：『以實柴祀日月星辰。以槱燎祀司中、司命、飌師、雨師。』《公羊春秋》曰：『祭大山、河海、山川，有能潤於百里者，天子秩而祭之。』《禮記·王制》：『天子祭天下名山大川，五岳視三公，四瀆視諸侯。』是也。定壇、廟祭器者。《周禮》：『司尊彝，掌六尊六彝之位。』《禮記·郊特牲》曰：『鼎俎奇而籩豆偶，法古制也。』

我朝聖聖相承，重熙累洽，百有餘年。皇上寅承丕基，無事不敬法列祖。《詩》曰：『下武維周，世有哲王。三后在天，王配于京。』我國家創業東土，締造維勤。皇上編《開國方畧》，以闡功德。《書》曰：『惟先王建邦啟土。公劉克篤前烈。至於太王，肇基王跡。』書薩爾滸戰事者，仁者無敵，受命伊始。《書》曰：『壹戎衣，天下大定。』諭立臥碑，述太宗訓，守冠服騎射者，遵成憲也。《詩》曰：『思輯用光，弓矢[一]斯張，干戈戚揚。』又曰：『率由舊章。』作紀恩堂前、後《記》，敬誦實録者，逮事聖祖，不忘恩教也。《皇矣》之詩，述文王逮事大王，大王受天命，及王季、文王。其《詩》曰：『維此王季，帝度其心。』又曰：『克順克比，比於文王。』四巡盛京，親製詩賦，以彰謨烈。《詩》曰：『天作高山，大王荒之。彼作矣，文王康之。』又曰：『昭兹來許，繩其祖武。於萬斯年，受天之祜。』

皇上上繩祖武，下詒孫謀，五代一堂，古今未見，復致玉牒十一世之慶。《爾雅》曰：『子之子爲孫，孫之子爲曾孫，曾孫之子爲（元）〔玄〕孫，（元）〔玄〕孫之子爲來孫，來孫之子爲晜孫，晜孫之子爲仍孫，仍孫之子爲雲孫。』

皇上明俊德以親九族，恩澤浹厚。《禮記·大傳》曰：『尊祖故敬宗。敬宗故收族。』《詩序》曰：『《行葦》，忠厚也。』

皇上勤於庶政，睿思所周，事立必豫。《易·乾》象曰：『天行健，君子以自强不息。』《書》曰：『一日二日萬幾。』御書《無逸》篇，揭爲座銘。臣伏讀經筵御論『君子所其無逸』，訓『所』爲『處』，與《召誥》『王敬作所』相發明。聖人之言，經訓所折衷也。法宫行在，皆秉燭待章。《孟子》

[一] 矢，甲戌續刊本誤作『天』。

曰：『坐以待旦。』[一]視事移晷，傳餐嚮午。《書》曰：『自朝至于日中昃，不遑暇食。』內外奏章，皆丹毫親批，日數十事。《周禮·內史》：『凡四方之事書，內史讀之。』皇上猶無須內史之讀也。內外臣工日有召對，下至一命，亦無遺焉。《周禮》：『小臣掌三公及孤卿之復逆，大僕掌諸侯之復逆，宰夫敘羣吏之治，以待諸臣之復，萬民之逆。』是也。瀼祖六巡江浙，觀民察吏，不自暇逸。岱岳、五臺、豫河皆親駐蹕。《易》曰：『省方觀民設教。』《孟子》曰：『天子適諸侯曰巡狩。巡狩者，巡所守也。』《禮記·禮器》曰：『因名山，升中于天。』《詩·般》序曰：『巡狩而祀四岳河海也。』

天下庶獄，事必親覽，茲復恩詔減等。《王制》曰：『刑者，侀也。侀者，成也。一成而不可變，故君子盡心焉。』《易》曰：『雷雨作解，君子以赦過宥罪。』耕耤之禮，必躬親者。《禮記·月令》：『天子乃擇元辰，躬耕帝籍。』《春秋外傳》曰：『民之大事在農，上帝之粢盛於是乎出。食爲民天，民爲國本。』皇上愛民重農，民數穀數，要會時聞。《周禮·小司寇》：『大比，登民數，自生齒以上，登于天府。』《禮記·王制》：『五穀皆入，然後制國用。』《周禮·天府》：『若祭天之司民、司禄，而獻民數、穀數，則受而藏之。』至於祈謝雨澤，驛詢天下雨暘收穫，每霑足豐稔，必詩以誌喜。《爾雅》曰：『四時和謂之玉燭。甘雨時降，萬物以嘉，謂之醴泉。』《穀梁春秋》曰：『五穀大熟

[一]『孟子曰坐以待旦』七字，甲戌續刊本作『左氏春秋曰夙興夜寐朝夕臨政』十三字。

爲大有年。』又曰：『閔雨者，有志乎民者也。喜雨者，有志乎民者也。』正賦漕運，歲千萬計。皇上臨御以來，免賦者三，免漕者再，兹復恩蠲天下正供。臣謹案：《周禮·小司徒》《鄉師》《遂人》《遂師》《遂大夫》，皆有辨其施舍之事。鄭康成讀『施』爲『弛』。蓋周時什一雖輕，皆無普免之事，豈若我皇上蠲貸至二千萬萬乎？臣伏讀經筵御論『有孚惠我德』，以九五君位，惠即我德，當置惠心于勿問。聖謨洋洋，所以損上益下，有孚元吉，而説无疆也。偏隅偶歉，恩加蠲賑，截漕平糶，以劑盈虚，卹民也。《周禮·司稼》：『以年之上下出斂法，均萬民之食，而賙其急，平其興。』

河防者，民生所關。皇上命濬陶莊、六塘、伊家諸河，清黄交匯，誌水宣洩。海塘建石，重隄保障。《書》曰：『予決九川，距四海，濬畎澮距川。』《考工記》曰：『以防止水。』《禮記·月令》曰：『完隄防。』《春秋外傳》曰：『陂障九澤。』

民閒五世同堂二百餘家，壽逾百齡，同居十世，皆壽世人瑞也。《爾雅》曰：『子子孫孫，引無極也。』《禮記·曲禮》曰：『百年曰期頤。』《孝經》曰：『示之以禮樂，而民和睦。』命重舉千叟宴者，皇建有極，斂福以錫庶民也。《禮記·王制》曰：『凡三王養老皆引年。』《周禮》：『伊耆氏共王之齒杖。』《爾雅》曰：『黄髮、齯齒、鮐背，壽也。』

皇上典學高深，文德淳懋，每歲必御經筵宣講。《書》曰：『念終始典于學。』《抑》戒之詩曰：『抑抑威儀，維德之隅。』臨雍講學，釋奠幸魯，崇儒重道也。《禮記·王制》曰：『天子曰辟廱。』

《詩》曰：『於論鼓鍾，於樂辟廱。』《文王世子》曰：『天子視學，大昕鼓徵。乃命有司行事，興秩節，祭先師先聖焉。』御製《三老五更説》，證以《左氏》《孟子》，其義乃明。重排《石鼓文》者，存周法物，用光我文治武功也。《詩·車攻》序曰：『宣王復古也。』《吉日》序曰：『美宣王田也。』

御製詩五萬餘篇，文千餘篇。《尚書》：『帝庸作歌。』《易》伏羲畫卦，文王作卦辭。《大戴禮》曰：『武王作機、鑑、楹、帶十七銘。』庶足擬焉。御書寶繪，咸臻極詣。《論語》曰：『固天縱之將聖，又多能也。』親定祭祀朝饗樂章及《詩經》樂譜。其在《周禮·大司樂》，大吕、應鍾、小吕、夾鍾，皆歌以祀享。《詩·鹿鳴》以燕羣臣。《書》曰：『詩言志，歌永言，聲依永，律和聲。』即其義也。鎛鐘特磬，列於大樂。御製笙詩，依義補辭。其在《爾雅》曰：『大磬謂之毊。大鐘謂之鏞。』《儀禮》鄉飲酒、燕禮諸儀，皆笙《南陔》《華黍》《白華》《由庚》諸篇，即其義也。河源淮、濟、涇、渭諸水，考厥源委。其在《爾雅》曰：『河出崑崙虚。』《書》曰：『導淮自桐柏。導沇水，東流爲濟。』《詩》曰：『涇以渭濁。』即其義也。詔收天下遺書，分爲四庫，儲以七閣。其在《周禮》，外史『掌三皇五帝之書』。鄭注『所謂三墳五典』也。皇上闢門籲俊，正科之外，六開恩榜，再舉制科。《書·洪範》曰：『俊民用章。』《詩·卷阿》序曰：『言求賢用吉士也。』

皇上神武邁倫，嘗發廿矢中十九。《周禮·射人》：『王以六耦射三侯，三獲三容也。』每歲秋，行圍木蘭，蒙古進宴，所以詰武綏遠也。《穀梁春秋》曰：『因蒐狩以習用武事，禮之大者也。』

《詩·時邁》曰:『薄言震之,莫不震疊。』

皇上奮武開疆,勘暴柔遠,蕩伊犁,平回部,收金川,定臺灣,爲亘古未有之功業。《書序》稱湯伐三朡,成王踐奄,皆不足比數。《左氏春秋》以禁暴、戢兵、保大、定功、安民、和衆、豐財爲七德,惟皇上武功備焉。至於先征而後歸服者,謂之歸降,回部、緬甸是也。《書》曰:『帝乃誕敷文德,舞干羽於兩階,七旬,有苗格也。』不加征而自來歸者,謂之歸順,土爾扈特、拔達山、安集延、痕都斯坦、布魯特、哈薩克、巴勒布是也。《書序》曰:『巢伯來朝,芮伯作《旅巢命》。』巢,遠國自來也。邇者,安南王阮光平入覲祝釐,則我皇上推亡固存,承天時行之道。《大戴禮》曰:『重華南撫交阯。』《中庸》曰:『栽者培之,傾者覆之。』海外遠國,若高麗、暹羅、琉球、南掌,皆入貢壽宇,不可縷計。《爾雅》曰:『距齊州以南,戴日爲丹穴,北戴斗極爲空桐,東至日所出爲太平,西至日所入爲大蒙。』《大戴禮》曰:『海外肅慎、北發、渠搜、氐羌來服。』是也。是惟我皇上大聖大仁,允文允武,用是承天純佑,盛德日新,登八衍範,念用庶徵,嚮用五福。臣仰見庶徵之應,本於五事。寅恭對越,爲壽之基,此貌之『恭作肅』也。惠澤優渥,是可徵曰『肅時雨若』矣。王言作則,臣下稟令,此言之『從作乂』也。當陽用命,是可徵曰『乂時暘若』矣。克知灼見,照晉幾先,此視之『明作哲』也。德化如春,是可徵曰『哲時燠若』矣。達聰兼聽,發慮出謀,此聽之『聰作謀』也。凝成萬物,是可徵曰『謀時寒若』矣。精一執中,廣淵齊聖,此思之『睿作聖』也。從欲風動，是可徵曰『聖時風若』矣。

皇上臨御五十五年，慶壽八旬，由是推之萬萬年，爲萬萬旬。《易》策天數二十有五，地數三十，凡天地之數五十有五。經卦皆八，因而重之，爻在其中。二篇之策，萬有一千五百二十，自然之數也。又萬壽年幹在庚。《爾雅》曰：『太歲在庚曰上章。』庚猶堅强也。章，明也。月躔在酉，酉爲壽星之次。《爾雅》曰：『壽星，角、亢也。』是生成推衍，皆與苞符象曜相應，故曰：聖人之壽，皆本於天。錫羡延洪，惟億萬年。《天保》之詩，臣下歸美崇尊，頌福禄也。曰『詒爾多福』，曰『受天百禄』，曰『萬壽無疆』，猶歟盛哉！

聖壽之徵諸經者，蓋遠邁皇王哉。翰林編修臣阮元恭紀。

御試擬劉向請封甘延壽陳湯疏并陳今日同不同

臣向疏：郅支單于兼并外國，日益强大，數辱漢使者，在廷諸臣，未有爲陛下畫一策者。都護延壽、副校尉湯遠戍西域，特發符節，勒師旅直逼康居，破其重城，𢦏名王，斬闕支氏，請縣首稾街夷邸，以威遠服。是沈謀重慮，制勝萬里，師徒不勞，兵矢未折，功莫偉焉。而議者徒以湯矯制，不論其功，反欲文致之，是臣所未喻也。夫將在外，有可以振國威、制敵命者，專之可也。今延壽、湯不避死難，爲國雪耻，而竟無尺寸之封，其何以勸帥兵絶域者？昔李廣利之于大宛，曠日持久，靡敝師旅，僅獲數馬，功不敵罪，孝武猶且侯之。今郅支之功，當十倍于大宛，竟使致身之臣，未得封爵，且不免吏議，臣竊惜之。宜請釋其矯制之罪，賞其克敵之功，加以高爵。惟陛下察之。此劉向之疏意也。

臣伏見我皇上奮武開疆，平定西域，拓地二萬餘里。凡漢、唐以來，羈縻未服之地，盡入版圖。開屯置驛，中外一家。豈如郅支、呼韓叛服靡常、殺辱漢使哉！此其不同一也。我皇上自用武以來，出力大臣，無不加賞高爵，或有微罪，斷不使揜其大功，下至末弁微勞，亦無遺焉。絶未有若延壽等之有功而不封者。此其不同二也。我皇上運籌九重之上，決勝萬里之外，領兵大臣莫不仰禀聖謨。指授機宜，有戰必克。閒有偶違廟算者，即不能速蕆豐功，又孰能于睿慮所未及之處，自出奇謀徼幸立功者耶？此其不同者三也。

誥授昭勇將軍廣東欽州營遊擊誥贈資政大夫晉光禄大夫户部侍郎王考琢庵太府君行狀　年家子胡長齡填諱

太府君諱玉堂，字履庭，號琢庵。始祖諱巖，當明神宗時，由江南淮安山陽遷揚州江都，明末遷居城北四十里湖中公道橋。二世祖諱國祥，例贈明威將軍。高祖諱文廣，任榆林衛正兵千户。曾祖諱秉謙，以孫諱匡衡公官，貤贈武德將軍。祖諱樞良，晉贈昭勇將軍。父諱時衡，誥封奉政大夫，晉贈昭勇將軍。凡五世，皆有隱德。

至太府君，生而倜儻，有志概，長身健臂，行止偉岸，與中人立，面〔一〕僅及胸。少能挽强馳射，矢無虚發。尤喜讀書，爲古文詞詩歌，援筆立就。康熙五十年辛卯，占籍儀徵鄉試，中式武舉人，主試者爲江蘇巡撫儀封張清恪公伯行。會劾奏本科文鄉試交通關節事，總督反奏，解巡撫職，遷之揚州館舍。太府君於是佩刀挾矢護左右，同寢食數月。及奉旨昭雪，復巡撫職。清恪公極感太府君之義，而太府君讀書勵行，一生清介，所以深得清恪公教者，亦多在此時矣。

五十四年乙未，武會試中式，殿試三甲，賜同進士出身。分鑲藍旗教習。五十六年、五十七年，聖祖仁皇帝駕幸熱河，兩次隨扈。五十八年，授藍翎侍衛。雍正元年二月，蒙世宗憲皇帝賞緞三疋。三月，送聖祖仁皇帝梓宫，賞銀四十兩。八月，送太皇太后梓宫，加一級。本年癸卯科殿試武進士，詔舉技勇、馬箭、步箭，皆稱旨，賞緞三疋，銀五十兩。十二月十三日，奉旨授三等侍衛，賞戴花翎。三年五月十八日，引見，外放湖北撫標中軍遊擊，兵部給都司僉書，管湖北撫標中軍遊

〔一〕面，甲戌續刊本作『頂』。

擊，兼管左營事。及涖任，兼署右營，馭士嚴整有律。五年八月，遭父喪，遵例在任奉諱。服除，十年三月，部議改設撫標中軍遊擊員缺爲參將，經大將軍岳鍾琪以軍前才能之員揀補，仍留軍前効力。太府君署理參將印務十月，軍政卓異。十一年六月，引見，奉旨：『准其卓異，交部照例陞用。欽此。』四月，以都司銜陞銜調補廣東提標後營遊擊。時巡撫德齡奏請以陞銜，仍留湖北署撫標中軍印務，奉旨：『著照該撫所請行。欽此。』雍正十三年十一月，恭逢恩詔，加一級。乾隆元年正月，兼署右營遊擊。三月，中軍參將到任，交印卸事，旋署興國營參將。七月，改署苗疆九谿營遊擊。二年，奉旨諭：『督撫各據所知之人秉公保舉。』湖廣總督史貽直保舉阮某，才守兼優，奏准紀録一次注册。』

五年五月，湖南城步、綏寧兩縣山内苗民數萬人盤踞山谷，接辰州數百里，殺傷官兵，肆出劫掠，道路不通。奉檄領九谿、澧州、洞庭、常德共四協營官兵，隨鎮筸鎮總兵劉策名賁夜掩勦，兵駐三界溪。苗悉精鋭，屯山口。因即相度地勢，偵探賊情。六月六日，進攻薄賊寨。太府君身先士卒，遠施鎗礮，近接刀矢，斃賊甚多。賊大潰，遂乘勝奮殺，焚燒山寨，奪獲糧草、器械。三界溪爲賊門户，賊屯此爲最勍。自官兵大捷後，賊退保各寨，其勢遂分。提督軍門杜凱報捷，奉硃批：『這所奏欣悅覽之。將士奮勇争先，甚爲可嘉。俟事竣之日，從優議敘。欽此。』閏六月初四日，攻八樹寨，克之。追殺數里，巢穴焚燬殆盡。七月二十二日，攻長安、鹽井口客寨、飛毛坪、龍家溪、竹林各寨，皆次弟克之。此五寨地勢險隘，林箐深密，太府君步行，率士卒，冒矢石，敗其伏兵，鼓鋭力戰，遂於一日中連克之。賊勢已大潰，因駐兵搜捕山箐逸伏，焚燬茅蓬，發獲糧米甚多。是時，上慮兵權未一，命貴州總督張廣泗來湖南總制全軍。甫到城步，即察知謀勇最著，賚緞二聯，勞奬極力。南山大箐屯賊正多，屢攻未克。張公令督各營兵進勦，賊積木石斷山路，兵不能入。太府君日率兵佯攻正道，探知閒道，夜率健卒五百，攀藤越嶺而入，誤墜阬傷膝，流血滿足，以布縛膝，進益力。夜半，及正道，徹開木石。是時賊數千人已覺，來拒，鳥鎗繩火，紛如亂螢。太府君命兵負嵎偃伏，藤牌護前。賊至，鎗齊發，我兵寂不動，賊易之。久乃鳴一大礮，鼓兵直下如建瓴，賊衆敗散。而正道兵無木石阻，亦大進合勦，殺獲甚多。及曉，搜獲龍褲刀、欓刀、標槍等器械及糧草無算，又搜得前被賊殺之巡檢官印一顆。賊餘黨共八百户，退據南嶺，糧盡不支，閒出數十人，近營跪哭乞降。太府君察其誠，爲請於張公。張公云：『設賊詐，汝當此咎耶？』太府君以死任之。次日，率賊衆近大營，跪乞降。張公云：『發三礮不畔去，乃眞降耳。』即對衆發三大礮，斃數十人。餘衆股栗，莫敢轉側，蓋感太府君拯護之恩，故忍死無負如此。張公於是始受降。是時，各山賊寨亦並破，老幼退保入横坡。八月二十二日，奉令領各營官兵相機督勦。張公又令遊擊區明、李登華帶兵隨太府君進勦横坡。山梁險隘，正路不能攻。九月二十八日，率官兵由左路奮登，奪殺前進，遂入寨中。鎗礮齊發，賊精鋭殆盡，遂大敗。焚燬居室一空，生擒男婦子女二千餘人，賊寨盡平。十月初三、初四日，復親督各營官兵，于横坡各山箐四面搜捕，生擒男婦子女千餘人，又搜獲窟室男婦數百人，刀杖銀帛無算，皆親解赴張公所。張公欲盡誅其生口，太府君再四諫阻，不從。不得已，乃請曰：『壯夫能執兵抗師者，當殺之。其婦女及男子十六歲以下者，必宜赦免。』張公始如所請。太府君出營，分别男女年歲，苗人環跪，哭聲震山谷。先擇壯年有須者斬之，其餘全活，薙髪給以口糧。張公雅知賢能，不深求，仍奬勵，有逾諸將。太府君奉令所剿之賊寨，前後十餘戰，皆謀勇並著，兵無少挫，功爲諸將最。攻戰少暇，即賦詩、校射以爲樂。各寨平後，徹兵回九谿營，總督班第具題，奉旨：『分别等次，交部議敘。』十一年，兵部議敘頭等軍功，加銜一等，隨帶軍功紀録二次。八月，爲苗疆事，宜保舉。十三年，推陞河南衛輝營參將，九月涖任。太府君之在九谿也，訓練勤而兵無虚額，賞重而罰嚴，故湖南勁旅以九谿爲最。城、綏之役，有兄弟皆爲兵，因母老，例汰一人。兄弟争出，母亦請二人皆從而自役於署中，其有勇知方如此。

及至衛輝，營務廢壞已極，兵貧而惰，弓矢朽折不可用。太府君涖事，限期操練。兵本市中無賴子，素不習武，詫步伐爲怪事，十四年十月相率辭糧罷去。大吏以操兵過嚴舉劾，奉旨交部議處，部議革職回籍。家無一畝田，蕭然僦居郡城，而湖山寄興，詩酒頗自娱也。

十六年，聖駕南巡，跪迎於高（明）〔旻〕寺。甫奏名，上在舟中，問曰：『可是鄂容安所參者？』謹對曰：『是。』旋奉旨以都司録用。以微臣姓名，聖心不忘於數年之後，由此見皇上愛惜人材，神慮周密，纖細不遺。太府君每言之，未嘗不感恩泣下也。十七年四月，補放廣東羅定協都司。二十一年，陞廣東欽州營遊擊。太府君之往嶺南也，以卑濕故，未奉母周太淑人之任。及至欽州，多受嶂氣，病足，夢寐中，語多念慈闈，屢欲告養歸。周太淑人諭止之，未果。於二十四年十月十六日，卒於任所，兵民哭之失聲。

太府君性剛介，接奉各督撫，尊卑盡禮之外，言語辭色無少附屈。於僚屬事，多爲保全，不以告人，受者久而知感。所至凡鹽榷一切陋習皆裁汰，懷金者不敢造門。太府君未第時，家素裕。備宿衛後將十年，田舍鬻盡，及外遷，愈廉介自矢，家無一日儲，不計也。九谿城有北山，周數十里，兵民皆仰給此山。有明季指揮豪姓之子孫，訟言山本指揮舊地，總督委官勘審，將爲所奪矣。公慨然入省申辨，過洞庭湖，舟覆，賴商船救，得出。至省，力言地即豪姓地，亦明代事，且絶數萬家之葬窆、樵蘇、芻牧，而以資豪姓爲利藪，大不便。總督即違前議，從太府君議。九谿兵民大感悦。偶騎而出，見木石委積，詢知將謀建生祠，太府君立斥徹之。兵民不得已，家祀一主，書『長生』等字。乾隆四十三四年間，元父客漢上，遇九谿老兵，爲言太府君去後，此祠旋立，歲時祝之不衰。所著有《珠湖草堂詩集》三卷、《琢菴詞》一卷、《箭譜》一卷、《陣法》二卷。

太府君生康熙三十四年六月初五日，距卒得年六十有五。康熙六十一年，覃恩授階奉政大夫。乾隆元年，覃恩授階昭勇將軍。卒後，櫬歸自欽州，入城治喪。乾隆二十五年，葬於揚州府城北中雷塘，以元配汪淑人、繼配江淑人合祔。嘉慶元年，以孫元官，誥贈資政大夫。嘉慶四年，贈光禄大夫。汪宜人贈淑人、一品夫人，候選州同知諱浩公女，生於康熙三十二年十月二十八日，卒於康熙五十七年二月十一日。江宜人封淑人、一品夫人，歙縣誥贈資政大夫諱承瑞公女，生於康熙三十二年四月八日，卒於乾隆二十一年九月四日。子四，長爲元伯父承德，汪太夫人出，娶李氏；次伯父承義，以元官貤贈儒林郎、翰林院庶吉士，娶江氏，貤封孺人；次伯父承仁，未娶卒，並庶祖妣吉孺人出；又次即元父承信，江太夫人出，敕封儒林郎、翰林院庶吉士，誥封資政大夫、内閣學士兼禮部侍郎，晉封光禄大夫、户部侍郎，配妣林夫人，敕贈安人，晉贈夫人，晉贈一品夫人。女三，長適太醫院吏目江都鮑雲書，次適江都耿鶴齡，次適儀徵生員賈天凝。孫三人，長兆麟，長伯父生，原官揚州高郵營汛千總；次元，乾隆己酉賜進士出身，改翰林院庶吉士，授職編修，補詹事府少詹事、正詹事，南書房行走，内閣學士兼禮部侍郎，授兵部、禮部、户部侍郎，誥授光禄大夫；次亨，元次伯父承義子。曾孫一人，常生，元之子，二品廕生。

按：吾阮氏世以武起家，自元之生，獨弱，習馳射，力輒不支。父固憐之，命改就經業。暇時爲元述太府君平苗之捷，曰：『是役也，奇績聞當世。然妣江太夫人寢食不安者十閲月，故予弛騎射不事。今命汝讀書，成江太夫人志也。』比元入翰林，充國史館纂修官，檢閲《長編》，太府君官階、戰績稍具其畧。乾隆乙卯、嘉慶己未間，復以趨庭之訓，比次追述，用紀梗概。託立言之君子，圖不朽焉。孫元謹狀。

此乃嘉慶五年所撰。二十五年，晉贈太子少保、兵部尚書、右都御史、兩廣總督。次曾孫福謹識。

誥封光禄大夫户部左侍郎顯考湘圃府君顯妣一品夫人林夫人行狀

嗚呼痛哉！不孝辠釁至重，奉職無狀，於嘉慶十年閏六月十五日酉時，府君考終於浙江撫署正寢。由四百里馳驛奏聞，即於十五日交代巡撫暨南北關關防，七月初二日奉柩登舟候旨。初三日，由四百里驛奉上諭：『阮元現丁父憂，所遺浙江巡撫員缺，著清安泰調補。欽此。』不孝即於是日解維歸里，入城治喪。不孝伏念府君仁厚孝慈，懿行直節，彰著人耳目，無待不孝闡揚而後顯。然不孝負慝深重，靦然苫凷之閒。仰呼高天，此慟何極！若不亟以狀呈當代公卿、史職、通儒、文人以乞表章，則罪戾滋重矣。

府君諱承信，字得中，號湘圃。雍正十二年二月二十六日，生於太府君琢菴公湖北撫標中營參將官署。乾隆元年，府君年三歲，隨太府君移任湖南澧州之九谿營。乾隆五年，時太府君有征苗之捷，戮逆受降，多所全活。府君年七歲，每言凱旋之日，迎太府君於十里外，遥見旗纛甲騎飛揚，迤邐過山而來，光景猶能記憶。十一年，太府君以母周太夫人春秋高，不宜居谿山溪濕地，命世父健齋公偕府君奉周太夫人歸揚州，諭以『毋出遊，毋就試』，俾壹意侍奉周太夫人。府君事祖母盡孝，日定省，問寢膳，跬步不少離。十三年，祖母江太夫人卒於揚州，府君柴毀骨立，致疾經年。十四年，太府君自河南衛輝營參將罷歸揚州。二十一年，復任廣東欽州營遊擊，時府君年二十三，仍侍周太夫人居揚州。二十二年，周太夫人命府君赴廣東見太府君計家事。二十四年，府君年二十六，太府君諭令歸娶，且曰：『吾亦即欲告歸耳。』府君乃歸娶先妣林夫人於揚州。是年冬，太府君以疾終於欽州。明年春，府君聞訃，慟不欲生，亟欲戴星奔。時周太夫人悲甚，伯父健齋公曰：『吾必當赴粤扶柩歸。若弟亦往，孰安祖母？』府君乃留揚州。是年五月，周太夫人以壽終。秋，太府君柩歸。府君遭重喪，哀慟擗踊，與伯父竭力盡心，附身附棺無少悔。二十九年甲申，府君年三十一，正月二十日，生不孝元於西門白瓦巷舊第之南宅，即今所建之海岱菴也。自後十餘年，府君皆在揚州。

府君幼讀書，治《左氏春秋》，爲古文辭。生長行閒，嫻習騎射。每較射，挽强洞堅，善射者皆謝不及。喜乘馬，善相馬法，馳千里不以爲勞。以侍養未與試，及是年逾三十，決意不求仕進。補國子生，閉户守貧，家無儋石儲，澹如也。嘗暮行，蹴得囊金數鎰，坐其地。至夜半，果有返而求者，立付之。教不孝讀書，訓誨諄切。府君熟於司馬公《資治通鑑》，于成敗治亂、戰陣謀畧，輒縱橫辨論，隨方指授，期不孝以有成。不孝侍立傾聽，警心壹志，實從此始。

嘗以歐陽文忠《縱囚論》、蘇文忠《代張方平諫用兵書》等篇，口講指畫，次第授不孝，曰：『讀書當明體達用。徒鑽時藝，無益也。』又嘗教不孝射，曰：『射須沈其氣。氣不沈，志不能正，體不能直。杜詩云「顧視清高氣深穩」，乃射之祕訣。』家雖貧，爲不孝擇師，敬禮備至。不孝就小試時，府君親挈行。不孝幼弱，試畢出，府君一手障叢人，一手挈不孝出闥外。四十四年，府君年四十六，從舅氏江橙里先生客漢陽，先妣林太夫人檢治家事，並督不孝誦讀，慈以兼嚴。四十六年秋八月，先妣以疾終，府君自漢陽扁舟冒風波，十日達揚州，傷悼甚摯。

葬畢，客遊宣城。貧民有除夕不戒於火者數十家，府君往視之，罄所蓄資給之，使結舍。四十八年，府君年五十。季冬，命元娶婦江氏。四十九年，不孝入學，補附生。五十年，不孝補廩生。五十一年，府君復從舅氏江橙里先生客漢陽。秋，不孝江南鄉試中式舉人，會試未第，府君命留京師。五十四年，府君年五十六，歸自漢陽。不孝中式進士，改翰林院庶吉士。五十五年，恭遇萬壽覃恩，府君得敕封儒林郎、翰林院庶吉士。是年，不孝散館一等第一名，授編修。五十六年，不孝乞歸省，掌院大學士阿文成公不允所請。二月，恭遇大考，閱卷大臣置元文一等第二名，高宗純皇帝親覽，嘉獎曰：『此卷詩文皆佳，擢置一等第一名。』補少詹事，命在南書房行走。五月，府君挈不孝婦江氏至京師。是日，不孝自御園回城，得羽扇、香葛之賜，迎奉膝前，府君被恩感遇，喜動顔色。元嘗召對及迎養事，純皇帝問曰：『汝父多少年紀？』元對曰：『臣父年五十八。』純皇帝曰：『年紀甚小。』時聖壽八十餘，故云然。歸，爲府君敬述之，感甚懽甚。嗚呼慟哉！此不孝在京迎養之始，如在目前，而府君今竟棄不孝而長逝也耶！

十月，府君由京師歸揚州，不孝陞掌詹事。五十七年冬，不孝婦江氏卒於京邸，幼女荃亦殤。五十八年春，府君年六十，復至京師。五月，出京師，復歸揚州。六月，不孝蒙簡放山東學政。十一月，試沂州府畢，府君方自南來，不孝出迎沂州南門之外，琅邪古道，八騶安綏，不孝先馬入城。嗚呼慟哉！此不孝山東迎養之事如在目前，而府君今竟棄不孝而長逝也耶！

六十年，不孝蒙恩陞内閣學士兼禮部侍郎，調任浙江學政。不孝奉府君由揚州至杭州。府君念不孝婦江氏無子，以族孫常生爲元子。明年，入國學，補六品蔭生。嘉慶元年，府君年六十三，恭遇覃恩，加一級，誥封資政大夫、内閣學士兼禮部侍郎。嘉慶元年，府君爲不孝聘婦于曲阜孔氏。五月，于歸杭州。嘉慶三年八月，不孝陞兵部右侍郎轉禮部右侍郎。九月，不孝任滿，奉府君入京師。嘉慶四年正月，高宗純皇帝龍馭上賓，府君跪哭甚慟，勖元在禮部敬襄大禮。皇上親政伊始，命元仍在南書房行走，旋補經筵講官，調補户部左侍郎，兼署禮部、兵部侍郎，總裁會試，恩遇稠疊。府君語不孝曰：『汝受知先皇，復受今上重恩如此。矢勤矢慎，庶可報效萬一。』不孝謹識嚴命，凡内廷禁近之事，加意愼密。各部籌兵餉、算軍需，奏宗廟、山陵諸事，日不暇給，未、申時始退直，府君必曰：『爾少息，毋侍我前也。』四月，覃恩，府君得誥封榮禄大夫、户部左侍郎加一級。冬十月，不孝奉署理浙江巡撫之命，府君瞿然，謂封疆重任，懼不孝不能勝，辜負聖恩。元於召對時，叩頭固辭。上不允，乃就道。是年秋，高宗純皇帝諸大禮成。元以兼禮部，奉特恩加隨帶二級，府君受誥封光禄大夫，制曰：『華胄清資，佑啟必原於嚴父；令儀碩望，蕃昌聿振於名門。爰涣國恩，用彰家訓。爾阮承信，乃經筵講官、户部左侍郎加三級，今授浙江巡撫阮元之父，操修醇粹，啟迪勤劬。儒席傳珍，琢就珪璋之器；良材肯構，蔚爲臺閣之英。門祚方新，寵章洊被。兹以覃恩，封爾爲光禄大夫、户部左侍郎加三級，錫之誥命。於戲！承家有子，聿昭孝治之風；被命自天，用作義方之訓。式承茂獎，勉副休光。』五年，府君年六十七。正月，元奉實受浙江巡撫之命。府君至浙江，不孝率兩軍擐甲奉輿於武林門外，慈顔怡悦，士民具瞻。嗚呼慟哉！此不孝復在浙迎養之事，更在目前，而府君今竟棄不孝而長逝也耶！

是時，閩、浙海盜有鳳尾、箬横、水澳、蔡牽四幫，各五六十船，安南夷盜三十餘船，船高礮大，爲患尤劇，肆劫商船，擄略子女。不孝奏置巨艦大礮，增兵設防，寧、台、温分設船廠，檄道府董之，杭州鑄礮局則中軍參將等主其事。府君日冒暑赴礮局，督促速成，俾濟軍前之用。且隨時寄示不孝，指畫機宜，不孝在台州，得有所禀受。六月二十二日，盜在台州松門時，三鎮總兵皆到，將進擊之。是夜，海上大風雨，安南、鳳尾盜船蕩覆數千人，不孝檄水陸各路兵赴海山，獲數百人，追勦餘盜，並獲僞安南大統兵進禄侯倫貴利。自夷匪入浙五六年，至是敗衄，始不敢復入浙海。府君先憂後喜，曰：『神風助順，乃天子威靈，非爾及將士力也。』故不孝報摺，敬陳風雨破賊事，皇上有『誠感神祐』之諭。此後，水澳、箬横兩幫亦疊被浙師剿滅，惟蔡牽今尚竄於閩、浙閒。

冬，府君聚同族謀曰：『我阮氏明季自淮安遷揚州，聚族於城北之公道橋，甲科世衍，世系日繁。今無祭祠，非禮也。』乃獨捐俸購地，建阮氏宗祠於公道橋鎮之南，購田爲祭産，俾族姓春秋祀焉。更延名師，在祠側設塾，教族中子弟之能讀書者。又於太府君雷塘墓側建墓廬十餘楹，每展墓止宿，渋寓哀慕。八年二月，爲府君七十壽辰。不孝偁觴上壽，時恩賜『壽』字、玉如意適至。不孝鑄鎛鍾以蘄眉壽。歙程易疇孝廉考之，中二月夾鍾之律，以爲奇應。不孝又與諸友選商、周十三吉金酒器，酌酒上壽，各賦詩一篇，門下士陳壽祺、吴鼒、姚文田、鮑桂星、查揆、顧廷綸等以詩文介壽者甚多。名篇鉅製，傳誦一時。府君感諸君子之懽心，顧而樂之。九年春二月，不孝復集諸友，别選商、周十三酒器，賦詩爲壽。府君呼元語曰：『築園池、美居室，吾不爲也。《孝經》謂「守其宗廟」爲「卿大夫之孝」。《禮》：「君子將營宫室，宗廟爲先，居室爲後。」故卿大夫、士皆有廟以祭其先祖，此古禮也。我《大清會典》載品官皆有家廟，一品，廟五閒，兩室，階五級，兩廡三門，以朝服、少牢、俎豆、鉶爵，祀高、曾、祖、禰四世，祧者藏夾室，此今制也。今吾家惟公道橋有族祠，在城無家廟，非禮制也。卿大夫受禄於朝，恩及先世至正一品，乃猶若庶人祭于寢，可乎？

今年京察，諭旨謂汝「有守有爲，清儉持躬」，汝奉職無微勞，何能當此？顧儉於躬，勿儉於先祖。其遵《會典》立阮氏家廟，吾將敬奉祀事。』元受命，卜地於揚州府舊城文選樓北興仁街，即隨曹憲文選巷故址。鳩工庀材，秋，廟成，祭服、祭器咸備。府君喜遂素志，將擇日歸揚州，奉栗主入廟矣。

八月二十六日，府君晨興，將就盥盤，忽頭眩目昏，棄水傾仆。不孝時祭吴山神祠，亟歸省，知左股外之筋絡有阻，不便行步，即延吴下各良醫，内外調治。入冬，漸愈，猶不良于行。府君自五十歲後，患濕熱之疾，六十以後加重，膚肌時作癬瘢，或侵脾胃，則食減神疲，然尚能騎馬。至是濕病與左股筋絡爲痼，閒形痛楚。今年入春，猶未愈。府君念家廟既成，必欲親奉栗主入廟。兼以夏初往，可避杭州黴濕。且吴下名醫不能棄其恒業久客杭州，擬於途次就之。乃挈孫輩及家屬，奉廟主自杭登舟，道出姑蘇，僦屋暫居，爲就醫計，本意實在奉廟主至揚州也。夏至後，服藥無大效，不孝請府君勿往揚州，歸杭州。府君淒然淚下，曰：『吾竟不能奉神主入廟耶？』大暑時，天氣暢晴，服葠朮，復少差。醫者猶謂脈甚健，可待秋涼歸杭州。繼復脛腹浮腫，夜眠不安，府君始決計歸杭州矣。不孝遣長子常生代奉栗主，由蘇歸揚入廟。不孝在嘉興查災賑，迎於平望，拜見舟中，悲喜交集。府君神明不衰，歷問海洋盜船、浙西賑濟、川米平糶諸事，皆盡委曲，猶以不克親奉廟主歸揚州爲憾。迨抵署，以病久氣虚，葠桂不能見功，又忽腹瀉不可止。閏六月十五日，不能食飲，氣息漸微，以酉時遽爾棄養，春秋七十有二。嗚呼慟哉！不孝侍奉無狀，且以未諳醫理，調治失宜，負罪滋重，百身莫贖，今而後長爲失怙人矣！終天抱慟，尚何言耶？

府君性正直剛毅，心事光明，復忠厚仁慈，生平不爲欺人之語，不爲刻覈之事。凡年家子、門下士見者，藹然如坐春風中。每於戚鄙故友，無不加意惠愛。《禮》曰：『孝、友、睦、婣、任、恤。』府君實當之無愧，此桑梓之公論也。且智識明決，每論人料事，纖悉不爽。早年往來楚、粤江湖間，帆背驚風，篷窗夜雨，與榜人舟子共之。性喜游覽，嘗侵曉登廬山，徘徊移日。京師之涼水河、飛放泊，山東之泰岱、大明湖、䧿華、佛峪、龍洞、靈巖，浙江之桐廬、九里洲、半山、西湖、靈隱、龍井諸山寺，莫不棹舟策騎，減僕從，探幽勝，留連忘返。或爲圖畫，屬諸友、門下士題咏之。不孝視學政時，每教曰：『取士當先器識，取文亦當無所不收。若以一隅之見爲去取，必有棄材矣。』及不孝爲巡撫，府君于兵刑之事，時切于懷，每盜艘往來，兵船追獲，必一一記之。閩盜黄葵等全幫投降，放出難民，府君滋喜曰：『此活數百人，勝于礮火中擒獲者遠矣！』每秋讞，及審重囚時，府君每於屏後坐聽，冀得其情，有所平反。不孝兼司杭州關榷，府君曰：『吾早歲涉歷江湖，滋惡關吏苛横，爾可使行旅受困耶？寬以惠商，嚴以御下，治榷之道也。』有司關人入署者，府君詰之，對曰：『惟聞司關人斥行旅，行旅不敢忤者；今乃行旅斥司關人，司關人不敢忤之矣。』府君笑而頷之曰：『可矣。』武林門普濟堂，不孝所剏建，嚴冬賑粥，府君親視頒粥，歸而喜曰：『吾見老稚貧民可以卒歲，即小人亦有聊賴矣。』府君治家事性儉約，嘉慶六年，諸暨縣水災，府君出銀四千兩助賑。九年，浙西水災，復出銀一萬兩助賑，曰：『此吾爲汝儉省廉俸而積之者。今用以賑饑民，得用之之道矣。』不孝整飭育嬰堂，收養棄孩，較前倍增；禁金華府溺女，賞喜銀，籍存之；貢院號舍素泥濘，全甃石版，亦皆府君教也。府君惟不孝一子，未冠失母，府君嚴慈交至，鞠育訓誨，迄於成人，愛子之心，無所不至。府君蒙太府君清白之業，秉孝慈之德，具文武之材，弢光積善，以貽于不孝之身。不孝備位卿貳，府君每勖以矢清矢忠，勤職業，毋失祖志。今年夏初，浙西復災，猶訓不孝亟請賑恤，以仰體皇上子惠元元之意。嘉興歸途，見領賑者舟載而歸，絡繹不絕，心乃喜。不孝德薄材短，獲從君子之後，罔致失墜，皆府君所以策勵而董教之者，不少疎也。禄養未久，遽遘慘酷。不可以爲子，不可以爲人，又何以偷生視息爲哉！嗚呼慟哉！

吾阮氏系出陳留，南宋以後遷江西之清江縣，元末以武功顯，明初徙豪傑實江南，乃居於淮安府。明神宗時，小槐公諱巖自淮遷揚，爲遷揚始祖。崇禎時，遷居城北四十里公道橋。二世祖諱國祥，例贈明威將軍，官榆林衛正兵千户。三世祖諱文廣，四世祖爲府君之高祖，諱秉謙，以孫匡衡公官，貤贈武德將軍，高祖妣厲恭人，貤封恭人，節著《揚州府志》。曾祖諱樞良，贈昭勇將軍，曾祖妣蔣淑人，誥贈淑人。祖諱時衡，封奉政大夫，晉贈昭勇將軍，累贈榮禄大夫、光禄大夫，祖妣周夫人，誥封宜人，晉封太淑人，贈一品夫人。父諱玉堂，號琢菴，遷居揚州府城，儀徵縣籍，康熙乙未科武進士，三等侍衛，賞戴花翎，歷官參將，誥授昭勇將軍，議敘頭等軍功，贈資政大夫，累贈榮禄大夫、光禄大夫，事見元所撰《行狀》。琢菴公元配汪淑人，贈一品夫人，候選州同知江都浩公女；繼配江淑人，贈一品夫人，歙縣誥贈資政大夫承瑞公女；側室吉氏，以元官，貤贈夫人。

府君兄弟四人。長伯父諱承德，汪太夫人以姪爲己子。次伯父諱承義，早卒，以元官，貤贈儒林郎、翰林院庶吉士，府君以族姪亨爲之後，娶於松江王氏，生子禄。次伯父諱承仁，爲長殤，並側室吉夫人出。次府君，江太夫人出。府君配先妣林夫人，勅贈安人，誥贈夫人、一品夫人。不孝元，林夫人出，娶江氏，歙縣候選州同知振箕公女，即祖妣之孫姪也。繼娶孔氏，曲阜衍聖公昭焕公孫女，誥封衍聖公世襲翰林院五經博士憲增公女。不孝四子。長子常生，聘寶應劉氏原任丹徒縣教諭台拱公女。次子福，妾謝氏出。先是，府君於五十二歲時，納側室張氏，及福生，撫育於襁褓中，甚慈愛，不孝命福事之爲慈祖母如祖母。次子祜，妾劉氏出。次子孔厚，孔氏出。女一，亦孔氏出。不孝素有記册，復舉大畧，命子弟執筆爲狀，伏冀當代公卿、史職、通儒、文人錫之傳誌誄詞，藉以不朽。不孝世世子孫感且不朽。

先妣林太夫人，系出閩之莆田，明天啟中，避倭遷江南鳳陽，復遷揚州甘泉縣西山陳家集。祖得齋公諱文連，積學，有德望於鄉里，不仕。父梅谿公諱廷和，乾隆癸酉舉人，福建大田縣知縣，以不孝官貤贈榮禄大夫、户部侍郎。先妣通書史，明古今大誼，閒爲韻語，輒焚不存稿。年二十五，于歸於府城西門舊第。逮事祖姑，克盡孝養，舉止言論，必以禮法。戚黨有識者，咸嗟敬焉。丁太府君棄世，祖姑周太夫人亦繼棄世，先妣操持闔内，禮無不舉，獨不令釋道治懺醮。或曰：『太夫人不受一卷經耶？』先妣曰：『吾阮氏、林氏皆儒家，無庸此。』太府君清宦歸，無産可析，且食指多，先妣曰：『不及早汰冗食者，後此更不支矣。』乃裁減僕婢若干人，自取翦刀翦指爪，親浣濯爲諸人先。府君同産妹許于賈，及嫁，先妣力治奩具，曰：『當無減於先姑江太夫人在日也。』乾隆歲甲申，不孝元生，先妣自乳之，五歲教識字，六歲就外傅。不孝口吃，讀《孟子》『孟施舍守氣』等章，期期不能上口，從塾歸，自憤泣。先妣置低几於簷前，教不孝曰：『爾坐，毋急遽。爾姑從我口，緩緩讀之。』一夕得其理，迺背誦如流水。嘗以外曾祖所選王維、孟浩然、高適、岑參四家詩付不孝讀之。先妣又手寫白居易《燕詩示劉叟》等篇授讀之，并教以四聲屬對之法，故不孝八九歲即能作詩，非塾師教也。不孝十五六歲與考試，漸有交遊，每從外歸，先妣必反覆詰問：『今日見何人？言何事？』不孝具以對。先妣曰：『某之言，益者也。某之言，損者也。爾某言是也，某言非也。』是以不孝雖有交遊，無損友。鉛山蔣心餘編修奉其太夫人居揚州安定書院，太夫人與先妣常過從。先妣語不孝曰：『讀書做官，當爲翰林，若蔣太夫人教子乃可矣。』不孝謹識之，未敢忘。不孝年十七，府君客漢陽，先妣曰：『爾學識日加，益當求名師之更能擴充爾學識者。』遂訪於外祖梅溪公之執友胡西琴先生，先生言進士李晴山先生可從遊，先妣趣命執贄焉。府君性正直，待人不逆詐，先妣每問外事，測情僞如目見，婉致言説，府君獲益亦多。治家事不動聲色，府君或量計家事，曰：『如何？』先妣必曰：『無慮，此已辦矣。』以故府君無内顧憂。西苓先生湥於學問，佐大府幕，閱歷老矣，每聞先妣辨論事理，嘆曰：『眞女中丈夫，且世之丈夫亦不及也！』先妣性嗜圖籍，亦愛山林。早歲從外祖之官福建，曾攬西湖、嚴瀨、仙霞嶺諸勝，歷黯淡灘之險。尤喜西湖南屏山園幽静，常常言之，故不孝在杭州九年，不忍履小有天園之山徑。乾隆辛丑，不孝同學友天津張賜凝善畫，先妣曰：『曷爲吾繪石室藏書圖？』賜凝升堂拜母，申紙舐筆，並繪不孝侍讀于側。七月，先妣以徙宅勞苦，猝中重暑，以八月初二日遽棄世。嗚呼慟哉！

先妣生於雍正十三年二月初四日，得年僅四十有七。葬於揚州城北中雷塘祖墓之側。乾隆五十五年，敕贈安人。嘉慶元年，晉贈夫人。嘉慶四年四月，晉贈一品夫人。九月，覃恩，累贈一品夫人。制曰：『推恩溯本，爰賜慶于親闈；稟訓入官，並歸功於母教。式頒渥典，用播嘉聲。爾林氏，乃經筵講官、户部左侍郎加三級、今授浙江巡撫阮元之母，順以承夫，勤於課子。宅能三徙，夙成俎豆之容；織就七襄，早振文章之緒。徽音久著，寵命宜加。兹以覃恩，贈爾爲一品夫人。於戲！鴻章疊布，尚伸慈孝之思；閫澤長流，彌篤令共之誼。廣宣休問，遠樹芳儀。』

先妣四奉恩綸，未受一日之禄養。嗚呼慟哉！先妣棄不孝而逝者，二十四年於兹矣。不孝尚未以生平懿行告諸當世，不孝罪也。顧府君每言及先妣輒淚下，不孝亦不敢頻言及之。今府君亦永逝矣！而今而後，不孝長爲失父母之人矣！『哀哀父母，生我劬勞。欲報之德，昊天罔極。』斯之謂矣。不孝遺恨終天，懼湮母德，用是追憶生平，粗陳梗槩，呈之立言君子，冀並傳焉。

賜進士及第、詹事府右春坊右庶子、門下晚生王引之填諱。

案：古者子不自狀其親，狀者自元郝文忠始。國朝之制，大臣卒後，國史館行文取其家狀于其子孫，故不能盡拘古制也。

又案：此乃嘉慶十年所撰。二十五年，晉贈太子少保、兵部尚書、右都御史、兩廣總督。道光十六年，晉贈大學士。〔一〕

次孫福謹識。

誥贈昭勇將軍高祖孚循太府君行述

高祖孚循公之喪，叔高祖諱樞忠者爲之行述，刊本僅有存者。元求得之，刪節之，爲述曰：

公諱樞良，字孚循。祖諱文廣，明神宗時官榆林衛正兵千户。父諱秉謙，母厲氏，生子四，伯樞敬，叔樞忠，季樞恭，公其仲也。公幼孤，崇禎末年兵亂，厲太恭人率四子避兵於北湖之公道橋，因家焉。公隨伯兄治田宅致富，事節母以孝聞，敬兄友弟，閭黨稱之。讀書過目輒識大意，性恬

〔一〕『道光十六年晉贈大學士』十字，甲戌續刊本無。

退，不樂仕進。督叔弟習武，成武進士。伯兄殁，公總家事，不析産，不異爨，以儉治家，以豐蓄德，一絲半粟，不爲己私，坦白之懷，無慙衾影。撫兄弟子如己子，凡兄弟之子孫女子子等婚嫁，皆自經畫之。兄弟間情性甚篤，出必刻期，入必握手，數十年如一日，門内外無間言。公好施予，嘗置義塚數十畝，以濟貧者。鎮南石橋長數里，久圮，民病涉，公欲新之而力不給，乃造舟以濟往來。鄉人貧病者施以粥食衣藥，殁爲之棺。每歉歲，行之益力。公爲人和平樂易，與世無忤。其持己也廉謹不肆，其接人也無長幼貴賤，咸以誠。色温氣和，藹然如春風，下至奴僕，亦不加以疾言遽色。故知與不知，人皆稱爲長者。一朝投合，此肺腑也；十年重見，此面目也。鄉人事有未平，皆就公決，公從容出一言，莫不釋然。邑行鄉飲酒禮，衆皆舉公爲大賓，公避不之應。殁之日，鄉人多爲之泣下者。公生于明天啟六年十二月十七日，卒于康熙四十二年五月十二日，以孫官贈昭勇將軍。娶蔣氏，贈淑人。子二，長諱時衡，字宗尹；次藻衡。

宗尹公，元曾祖也，忠厚仁謹，好善樂施，一秉父教無少異。孚循公兄弟四房未分爨，而家事一秉于孚循公。公殁，宗尹公從兄弟九房，家事亦皆秉于公，公亦無一絲一粟之私，兄弟娣姒無間言。公殁，乃析産。公教子成進士，以子官誥封奉政大夫，誥贈昭勇將軍、侍衛、參將，以曾孫官誥贈光禄大夫、户部侍郎。娶周氏，誥封淑人，誥贈一品夫人。公生于康熙七年九月初五日，卒于雍正五年八月二十一日。子二，長諱玉堂，元祖也；次錦堂。其先世世族諸語，詳元所撰《厲太恭人傳》暨《祖昭勇將軍行狀》。　　門下士烏程張鑑塡諱。

四世祖妣厲太恭人傳

恭人姓厲氏，江都人。吾阮氏自淮安遷揚州，三世祖諱文廣，當明萬曆時官榆林衛正兵千户，罷官，歸居郡城，今舊城阮千户巷是也。生四世祖諱秉謙，娶恭人，生四子，伯樞敬，仲即元高祖諱樞良，叔樞忠，季樞恭，皆幼。四世祖早卒，恭人守其節，上孝于翁，下慈于子。崇禎末，黃得功駐儀徵，高傑駐揚州城外，兩鎮搆兵之後，城危民懼。恭人請于翁曰：『兵事如此，諸子皆幼，不可居，宜早避之。』乃懷白金五十兩，隨翁挈四子出北門四十里，止於北湖之僧道橋，居焉。路遇亂兵，身衛翁、子，面被刀傷，卒逃免。三世祖卒後，國朝收揚州。恭人以勤儉治家，教四子成立，治田宅致富。樞忠中康熙庚戌科武進士，得誥贈爲太恭人。樞忠子匡衡武德將軍及元祖昭勇將軍，亦皆以武進士起家，孫、曾中式武舉人者六人。太恭人生于明神宗三十三年，卒于康熙六年，節行載《揚州府志》，粟主祀江都縣節孝祠。家藏遺像，鼻左刀痕尚紅色。夫事衰翁以禮，孝也。撫幼子有成，慈也。守貞三十年，節也。知變避兵保其宗，今北湖阮氏成大族，智也。漢劉向傳古列女，有賢明、智、節之目，若太恭人者，比于諸傳無媿也。

揅經室二集卷二

雷塘阮氏墓圖記

雷塘在揚州宋寶祐廢城之北，漢謂之『雷波』，亦謂之『雷陂』，六朝後稱『雷塘』。有上、中、下三塘之分。中塘最大，長亘東南，形如連阜，築其缺處，可瀦水千畝，今惟田中一澗，寬數丈，出其巽方缺處而已。雷塘水源從西北甘泉山來，行十餘里，入秦九女澗，又十餘里，入上雷塘、中雷塘，又五六里，入下東塘，由槐子河入運河。別有煬帝溝，水出上雷塘之後，由中塘之北而東至辰方，交于中雷塘之水，其迤南之巽方，即元祖昭勇將軍墓所向也。元考光禄公墓在祖墓之昭，爲子午兼壬丙向，刻立阡表，阡中灰隔涘八尺，圍四丈，墓銘在灰隔中，墓中不藏寸金片玉。今以弟八世光禄公墓起算，由墓向西北爲酉辛閒線長一丈五尺，爲叔祖愷闓公墓。由墓向西北爲酉辛閒線長四丈，爲祖昭勇將軍墓。爲坤申閒線十六丈，爲高祖妣蔣太淑人墓，爲曾祖光禄大夫宗尹公暨曾祖妣周太夫人墓，爲叔曾祖發庵公之配秦太安人墓。爲亥線十八丈，爲庶祖妣吉夫人墓，二十一丈，爲二伯父庶吉士方訓公暨配江安人墓，爲四伯父長殤端四公墓。爲寅線六丈五尺，爲四世祖武德將軍尊光公墓。爲辰巽閒線十九丈五尺，乃至神道碑下。爲坤線一百二十丈，乃至墓道石坊及墓廬阮公樓下。爲辰線二百三十四丈，爲雷塘出水之巽方。煬帝溝，今俗名『楊家澗』，在煬帝墓南一里許。此雷塘阮氏墓之大略也。别爲圖以明之。嗚呼，佳城何常，惟德是依耳。祖父以德居此，子孫不以積善行德永保之，是不孝矣。書此刻於神道碑陰，子姓讀者，其敬凜之。

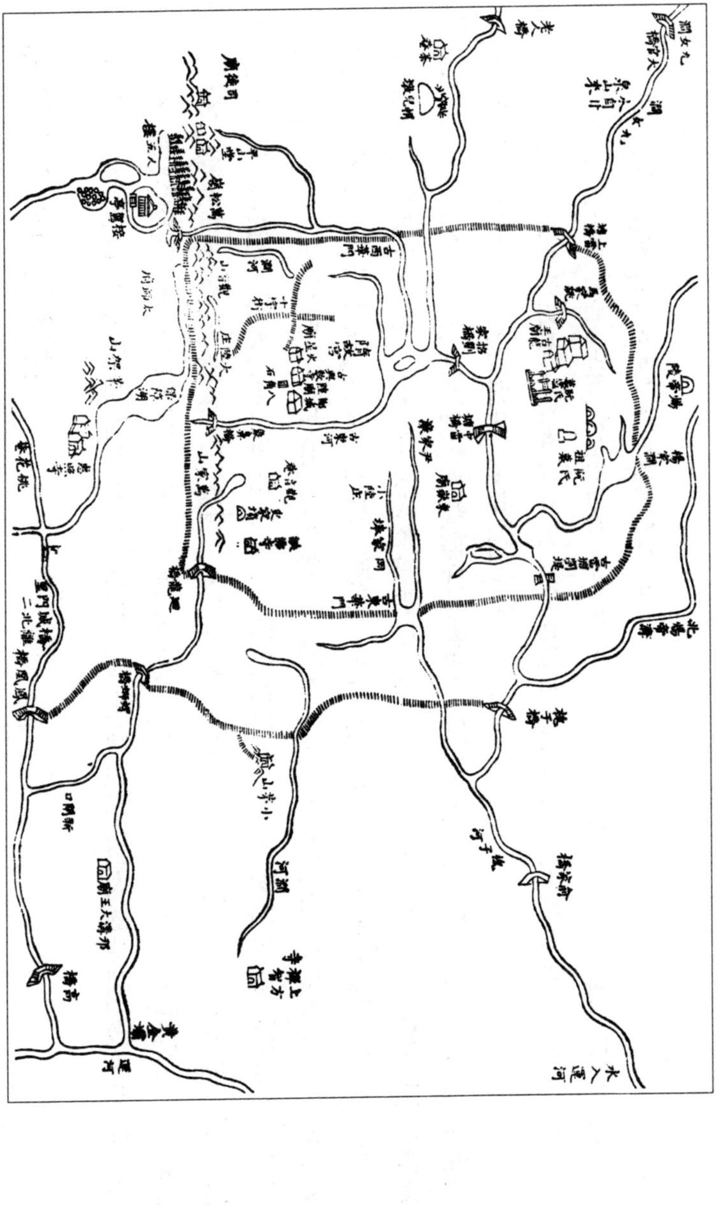

北湖公道橋阮氏墓圖記

揚州府西北三十里之大儀鎮，地勢甚高，其脈自其西南横山來，至大儀特起，復東北行二十里，至黄子湖濱，爲九龍岡，即今公道橋鎮也。本名「僧度橋」，官名「僧道橋」。橋鎮距府城四十五里，出府城北門北行，過上雷塘橋、方家巷、雨膏橋、一名「火燒橋」。避風菴，渡湖，始達于橋鎮。鎮居民千餘家，有關帝、司徒諸廟。明末，予三世祖奉軒公、四世祖妣厲太恭人挈四子避高傑兵亂，自城逃止於此，因聚族居之。去鎮西南二里許，有小橋曰「陳家橋」。大儀以南、甘泉山以北之水，東匯于荒湖北，流經橋南，繞鎮而東、而北，爲黄子湖矣。陳家橋之北，百步内之平岡，即予三世祖、四世祖妣、高祖孚循公墓所在也。予妻江夫人舊殯雷塘，嘉慶二年，奉光禄公命，卜葬于四世祖妣墓之西北，向西兼南。以予視之，其所謂「樂哉瑕邱」者乎！阮氏宗祠及樓則在鎮市之南，面臨湖水，西望墓田，近在目前也。因記雷塘墓，遂并圖記之。

今甘泉縣官册地名曰「公道橋」，而舊時之寫者、呼者，則或曰「僧道橋」「僧度橋」「孫大橋」。以余論之，以「僧度橋」爲近是。此地乾隆乙巳大旱，水涸，湖底多古石，當是宋時物。宋時橋梁等工，每用度僧牒銀爲之，蘇州度僧橋即其遺制。此橋不及蘇州之高，但其用度僧牒銀造之，諒亦相同，特無碑記可考耳。附記於此。

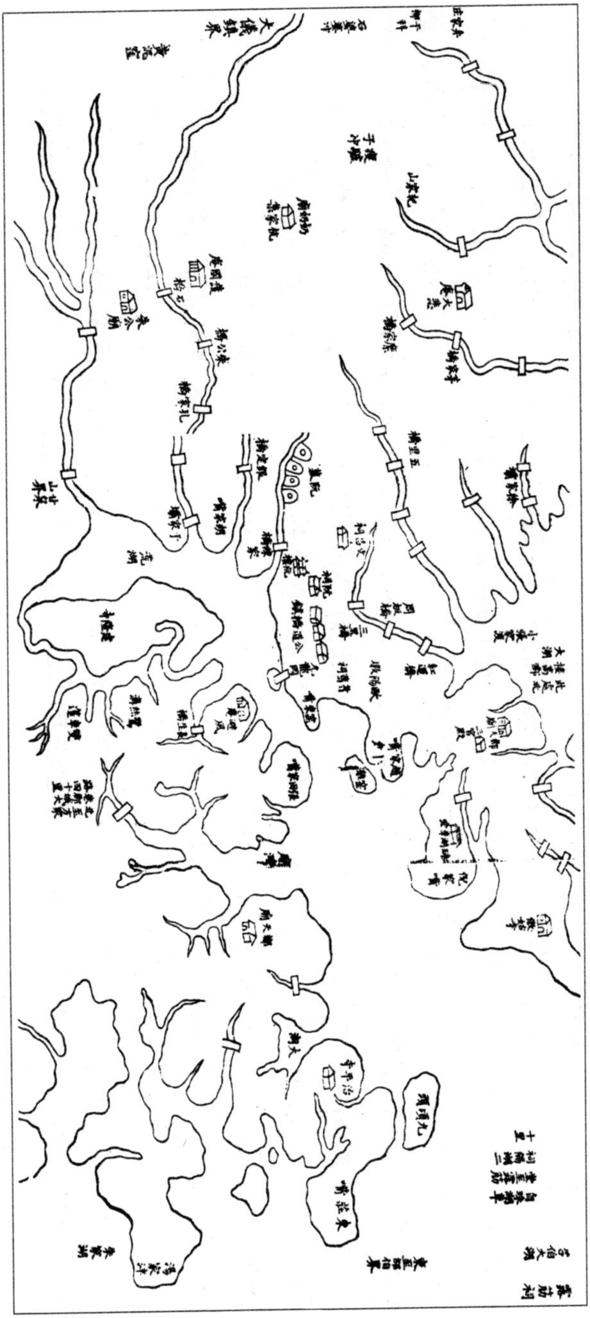

雷塘阡表

嘉慶十年冬十有二月乙酉，葬我顯考湘圃府君於揚州城北中雷塘祖墓之側。顯妣林太夫人先以乾隆四十六年卒，葬於此，遂祔焉。既乞銘，刻納墓中。越既祥，子元乃表於墓曰：

我府君於雍正十二年二月二十六日，生于祖考琢菴府君湖北官署。三歲，隨之湖南。七歲，祖考有征苗之捷，受降止殺，全活甚多。凱旋之日，旌旗蔽山，府君憶及，恒言之。祖考復任廣東，命府君歸奉大母周太夫人於揚州。府君年二十六，娶顯妣林夫人。明年，丁祖考喪暨周太夫人喪，致哀毀，禮無不舉。顯妣主閫内，不令釋、道與喪事，曰：『非禮也。』府君年三十一生元，時家益中落，府君耿介守貧，暮行，蹴地得金數鎰，坐待覓者，問而歸之。以奉大母且遭喪，未就試，及是補國學生。讀書治《左氏春秋》，爲古文辭。生長行閒，耐騎馬，善射。熟復司馬公《資治通鑑》，於成敗治亂、戰陣謀略多辨論，舉以教元。嘗教元射，曰：『此儒者事，亦吾家學也。』顯妣生于雍正十三年二月四日，考諱廷和，癸酉江都縣舉人，官福建大田縣知縣。顯妣通書史，明古今大誼。逮事祖姑，盡孝養，舉止必衷於禮法。于歸次年，丁重喪，乃減食指，遣僕婦，自翦指爪，親澣濯。元七八歲，口吃，讀《孟子》『孟施舍守氣』章，不上口，塾師莫能爲力，顯妣曰：『爾姑從我緩緩讀。』已而，乃成誦。復手寫白居易諸詩，授元讀之，教以四聲屬對之法，元於是能作詩。及爲成童，於親師取友、謹言愼行之道，誨尤切。府君壯歲游楚中。乾隆五十六年，元官詹事，在南書房行走，就養京師。元官山東學政、浙江學政、浙江巡撫，皆迎養。嘉慶五年夏，安南僞總兵盜船及閩盜鳳尾等船，勾結數千人，闚浙之松門。元會水陸兵於台州禦擊之。府君在杭州，冒暑眎鑄大礮工，濟軍前之用；時時寄示機宜，元得所受。六月廿二日大風雨，盜船蕩覆，元乘風擊之，獲其餘盜及安南僞總兵僞爵侯，府君教也。杭州剏建普濟堂，冬賑粥，貢院士子萬舍皆甃石版，若茲事亦府君教也。府君教元練兵省刑，毋諱灾。嘉慶五年、六年，金華、諸暨等縣灾，九年、十年，浙西灾，府君教元請振卹，以體皇上愛民之心，前後凡蒙恩賑二百數十萬口。府君自出俸銀一萬四千兩以助賑，曰：『此我數年來儉積之廉俸，今用以捄饑民，得用之之道矣。』我阮氏聚族于府城北四十里之公道橋，族姓繁，未有祖祠。府君獨出俸錢建祠，置祭田，合族春秋祀焉。祠側設塾，延師教子弟，使之讀書知學。又於府城文選樓後街建阮氏家廟，遵《大清會典》一品官制，廟五間、兩廡、三門，以少牢祀高、曾、祖、禰四室及東、西祔，曰：『受封贈於朝爲正一品，猶若庶人祭於寢，可乎？』茲所立廟，爲古禮，亦國制也。府君性正直剛毅，仁厚忠誠，生平不爲欺人之語，不爲刻覈之事，與顯妣相敬如賓。顯妣治家事，不動聲色，皆就理，故府君出遊無内顧憂。族戚中有學識者，聞顯妣論事理，歎曰：『眞女中丈夫，且世之丈夫猶不及也。』顯妣性嗜圖籍，亦愛山林。蚤歲從父之官福建，攬西湖、嚴瀨、仙霞嶺諸勝，常常言之。乾隆辛丑八月二日，以暑疾卒于揚州。府君於嘉慶十年閏六月十五日，以濕熱之疾卒于杭州巡撫署中。以元官，封儒林郎、翰林院庶吉士，累封資政大夫、內閣學士兼禮部侍郎加一級、榮禄大夫、户部左侍郎加一級、光禄大夫、户部左侍郎加三級。顯妣初贈安人，累贈夫人、一品夫人。嗚呼！吾顯考蒙祖考清白之業，秉孝慈之德，兼文武之材，弢光積善，以貽於元之身。且考妣惟生元一人，撫之育之，教之勖之，凡元之學有所進，識有所明，少備國家任使者，皆數十年義方之訓，劬勞罔極之恩也。茲以合葬，刻石於阡，以表我二親之德。爰出家牒，乞翰林前輩奉賢陳先生廷慶書石并填諱書先世。男元表。

湘圃公諱承信，字得中。曾祖諱樞良，贈昭勇將軍，配蔣淑人，贈淑人。祖諱時衡，封奉政大夫，贈昭勇將軍，累贈榮禄大夫、光禄大夫、户部左侍郎，配周太夫人，封宜人、太淑人，贈夫人、一品夫人。父諱玉堂，康熙乙未進士，三等侍衛，賞戴花翎，湖北撫標、湖南九谿、河南衛輝參將，廣東欽州遊擊，議敘頭等軍功，誥授昭勇將軍，累贈資政大夫、榮禄大夫、光禄大夫、户部左侍郎，配汪夫人、繼配江夫人，贈封淑人，累贈夫人、一品夫人。湘圃公，江夫人出。湘圃公生子一，孫四，曰常生，曰福，曰祜，曰孔厚。

奉賢陳廷慶書石填諱

雷塘阮公樓石刻象記

揚州城北中雷塘，即隋之大雷，《漢書》所謂『雷波』也。其地勢自甘泉山來，兩水夾地而行數十里，會於塘之東南。元四世祖武德將軍尊光公，明天啟間，實始葬於此。六世祖曾祖考光禄贈君宗尹公、七世祖考昭[一]勇將軍琢庵公、八世考光禄封君湘圃公，皆以昭穆附葬焉。墓西南半里許，有墓廬，廬北有樓三楹，高二丈許。東望松楸、碑石，皆在目前。每當霜草風木，寒雪夜月，噭然以號，曷可言已。樓中繪四世象，刻於石。焦君循書扁，質言之曰『阮公樓』。庶幾先世靈神棲降於此，顧視子孫丙舍無恙，罔所恫也。爰記此，命子常生書石之後，俾子姓世守葺新之。九世孫元敬記，十世孫常生、福、祜、孔厚侍。

揚州阮氏家廟碑

嘉慶九年，歲星次甲子，元撫浙五年矣。父呼元于庭，語元曰：『元，汝知古禮乎？知今制乎？

[一] 昭，底本作『招』，據甲戌續刊本改。

《孝經》謂「守其宗廟」爲「卿大夫之孝」。《禮》：「君子營宮室，宗廟爲先，居室爲後。」故古卿大夫、士，皆有廟以祭其先祖，此古禮也。我《大清會典》載品官皆有家廟，一、二、三品官，廟五間、兩室、階五級、兩廡、三門，以朝服、少牢、俎豆、鉶爵，祀高、曾、祖、禰四世，祧者以昭穆藏于夾室，此今制也。我顯考琢庵府君以武功貴，雍正十三年，受恩贈，封祖、父皆昭勇將軍，妣皆淑人。吾教汝學，汝貴，嘉慶四年，受恩贈，封曾祖、祖、父皆光禄大夫，妣皆一品夫人。今吾家惟北湖公道橋有族祠，在城無家廟，非禮制也。卿大夫受禄于朝，恩及先世，至正一品，崇矣，乃猶若庶人祭于寢，可乎？今年，帝考岳牧之績，帝曰：「汝元有守有爲，清儉持躬。敕部臣加一級。」汝奉職無微勞，恩至重，褒至榮，曷克稱此？顧儉于躬，勿儉于乃先祖。其遵《會典》，立阮氏家廟，吾將敬奉祀事。』元拜受命，曰：『唯。』迺卜地于揚州府舊城文選樓北興仁街，鳩工庀材，越九月，廟成。奉高、曾、祖、禰四室木主及祔位主入廟，祭田、祭器、祭服咸備，以成禮制，以致孝敬。樹碑于外東階，與文選泉東西相直，銘曰：

阮氏偃姓，肇受商周。晉宋之閒，著望陳留。唐宋乃南，臨江分流。元末江右，武功以顯。明徙豪傑，江淮運轉。大河阮氏，族姓乃衍。明季徭頻，脱籍于揚。崇禎之終，遷于北鄉。我朝選材，甲科騰驤。匪曰甲科，實有隱德。歷世仁厚，節儉正直。内備宿衛，在帝之側。出將楚兵，南征有苗。十戰皆捷，受降于郊。碑題綬帶，家藏佩刀。帝錫四世，階如孫秩。作廟揚州，得祀四室。

非敢後也，有待今日。祖德蔭後，後嗣奉先。隆厥棟梁，潔我豆籩。子子孫孫，保之萬年。萬年永保，作善降祥。報國之恩，衍家之慶。文武孝慈，世系繁昌。

揚州隋文選樓記

揚州舊城文選樓文樓巷，考古者以爲即曹憲故宅，《嘉靖圖志》所稱「文選巷」者也。宋王象之《輿地紀勝》於「揚州」載「文選樓」，注引舊《圖經》云：「文選巷即其處也。煬帝嘗幸焉。」於元案：新、舊《唐書》：曹憲，江都人，仕隋爲祕書學士，聚徒教授，凡數百人，公卿多從之遊。於小學尤邃，自漢杜林、衛宏以後，古文亡絶，至憲復興。煬帝令與諸儒譔《桂苑珠藂》，規正文字。又注《博雅》。貞觀中，以(宏)〔弘〕文館學士召，不至，即家拜朝散大夫。卒，年百五歲。憲始以梁《昭明文選》授諸生，而同郡魏模、公孫羅、江都李善，相繼傳授，于是其學大興。羅官沛王府參軍事、無錫丞，模武后時爲左拾遺。模子景倩，官度支郎，及曹君門人句容處士許淹，皆世傳其學。善，見子邕傳。又《李邕傳》云：「江都人。父善，有雅行，淹貫古今，不能屬辭，人號『書簏』，官太子内府録事參軍。顯慶中，累擢崇賢館直學士，轉蘭臺郎，兼沛王侍讀。爲《文選注》，敷析淵洽，表上之，賜賚頗渥。除潞王記室參軍，爲涇城令。坐與賀蘭敏之善，流姚州，遇赦還，居汴、鄭閒講授，諸生四遠至，傳其業，號「文選學」。善又嘗命子邕北海太守贈祕書監補益《文選注》，與善書竝行。』

又《藝文志》載曹憲《爾雅音義》二卷、《博雅》十卷、《文字指歸》四卷、《桂苑珠藂》一百卷，李善注《文選》六十卷、《文選辨惑》十卷，公孫羅注《文選》六十卷，又《音義》十卷，曹憲《文選音義》幾卷。

元謂古人古文小學與詞賦，同源共流，漢之相如、子雲，無不深通古文雅訓。至隋時，曹憲在江、淮閒，其道大明。馬、揚之學傳於《文選》，故曹憲既精雅訓，又精《選》學，傳於一郡。公孫羅等皆有《選》注，至李善集其成。然則曹、魏、公孫之注，半存李善注中矣。憲于貞觀中年百五歲，度生于梁大同時，爾時揚州稱『揚〔一〕一益二』，最殷盛。文選巷當是曹氏故居，即今舊城旌忠寺文選樓西北之街也。今樓中但奉昭明栗主。元以爲昭明不在揚州，揚州選樓因曹氏得名，當祀曹憲主，以魏模、公孫羅、李善、魏景倩、李邕、許淹配之。《唐書》於李善稱『江夏人』，而《李邕傳》則曰『江都人』，蓋『江夏』乃李氏郡望。《唐韻》載李氏有江夏望，《大唐新語》亦稱『江夏李善』，李白詩亦稱『江夏李邕』，是善、邕實江都人，爲曹、魏諸君同郡也。唐人屬文，尚精《選》學，五代

〔一〕揚，底本作『楊』，據上下文改。

後乃廢棄之。昭明選例，以『沈思翰藻』爲主，經、史、子三者，皆所不選。唐、宋古文，以經、史、子三者爲本。然則韓昌黎諸人之所取，乃昭明之所不選，其例已明著于《文選序》者也。《桂苑珠藂》久亡佚，閒見引于他書，其書諒有部居，爲小學訓詁之淵海，故隋、唐閒人注書，引据便而博。元幼時即爲《文選》學，既而爲《經籍籑詁》二百十二卷，猶此志也。此元曩日之所考也。

嘉慶九年，元既奉先大夫命，遵國制立阮氏家廟。廟在文選樓、文選巷之閒，廟西餘地，先大夫諭構西塾，以爲子姓齋宿飲餕之所。元因請爲樓五楹，題曰『隋文選樓』。樓之上，奉曹君及魏君、公孫君、李君、許君七栗主。樓之下，爲西塾。經營方始，先大夫慟捐館舍。元于十年冬，哀敬肯構之。越既祥，書此以示子孫，俾知先大夫存古蹟、祀鄉賢、展廟祀之盛心也。元謹記。

揚州文樓巷墨莊考

揚州文樓巷墨莊者，宋劉敞、武賢、滁三世之所居也。劉式者，李唐新喻人，生五子，其第四子立德，立德生斅，斅生武賢，武賢生滁，滁生靖之、清之。式字叔度，開寶中，隨李氏入宋，官工部員外郎，判三司磨勘司，贈太保、禮部尚書。妻陳夫人既寡，以遺書教諸子曰：『先大夫秉行清潔，有書數千卷以遺後，是墨莊也，安事畝隴？』諸子怠于學者，則爲之不食。由是諸子皆以學爲郎官，孫廿五人，世稱『墨莊夫人』。此宋初墨莊之在江西者也。

立德官祕書監，贈太尉。斅官太中大夫，歷守淮、揚、池、睦、温，始遷居于揚州文樓巷。武賢官承議郎，知盱眙縣，生滁于全椒。滁字全因，兩監潭州南嶽廟，以通直郎致仕。武賢没，妻李氏當建炎時，識揚州將亂，與滁避地江西，故兵戈不能害之。滁妻趙氏賢而文，夫婦手寫經以課子。靖之子和，官贛州教授。清之子澄，判鄂州，與朱子、羅願相友善。滁請徐兢、吴説各以所善篆楷，書『墨莊』字，此墨莊之在北宋及南宋初，而羅願《鄂州集》所謂『太中以來居揚州文樓巷』者也。

外此，則集賢公是先生敞、舍人公非先生攽，皆立德仲兄之子，居撫之金谿，其八世孫與吴草廬、虞道園相友善。滁爲武賢第四子，其第三子沂，亦奉母命由揚州避地豫章之新吴。沂生蕭[一]，羅願代陳皐爲蕭傳。岳鄂王紹興六年曾爲新喻劉氏寫『墨莊』二字。此墨莊之在南宋江西者也。

海陵胡安定先生載陳墨莊夫人事入《賢惠録》，此在揚州之事也。朱子《墨莊五詠》，一曰《墨莊》，二曰《洌軒》，三曰《静春堂》，四曰《玩易齋》，五曰《君子亭》。明楊廉和朱子《五詠》詩，《序》曰：『劉氏静春與集賢、舍人，各自爲派。』蓋静春堂爲劉斅專派，斅與敞、攽爲從兄弟，

[一] 按：據《羅鄂州小集》卷四《劉子信墓誌銘代陳皐作》，當名『肅』，非『蕭』。下『爲蕭傳』之『蕭』同。

故其孫曾清之等皆以『静春』自稱。金谿公是先生等派，不襲『静春』之名。然則静春等堂軒五名，亦皆宜在揚州矣。

元居揚州文樓巷文選樓側時，方纂《揚州圖經》，檢舊志，但知有文樓巷，不知巷有墨莊事。乃旁考《宋史》、朱子、羅鄂州、劉公是、吴草廬、虞道園等集，及江西地志、朱高安《墨莊石刻跋》，而述之如此。

夫劉氏自南唐入宋，以至元、明，代有聞人，皆讀書爲義理之學，所交遊者，則有歐陽永叔、曾子固、胡安定、朱子、羅鄂州、吴草廬、虞道園諸人，故其家世、言行、官階多見于諸集。以忠厚大其族，以文學啟其後，而又世有賢母教子亢宗。墨之爲物，貫金石而不朽，『莊』云乎哉！

揚州北湖小志序

元但通籍儀徵而已，實揚州郡城北湖人也。元家在北湖九龍岡，族姊夫焦里堂孝廉家在黄玨橋，相隔一湖，幼同學，往來湖中者屢矣。嘉慶丙寅、丁卯間，奉諱家居，亦常至北湖。孝廉出《北湖小志》稟示余，余讀而韙之。孝廉學識精博，著作等身，此書數卷，足覘史才。夫以北湖周回百里中水地、古蹟、忠孝、節義、文學、武事悉載于是，是地出靈秀，特藉孝廉之筆以傳斯地之事也。

使各郡縣數十里中，皆有一人載筆以志其事，則郡縣之志，不勞而成矣。亟索其稾，栞于板，以貽鄉人觀覽，以待長官采摘焉。

淮安大河阮氏世系記

予族自明季由淮遷揚，皆始祖諱巖所產也。歲壬申，予奉命總督淮、揚，駐淮安府，從阮唐山少司寇葵生家取其山陽族譜考之，因記其畧曰：始祖諱武德，字再二，世爲江西臨江府清江縣人，居十九都，時稱棗兒村。阮家元末以武功顯，明鼎定，徙豪傑實江南，遂隸鷹揚衛，既改大河衛，墓在今淍河南岸三里塘之南。洪武十六年，武德產敬，敬妻孫氏產嵩。正統十三年，嵩妻馬氏產連。成化十一年，連妻瞿氏產鑒，鑒號『月窗老人』，始讀書，爲諸生。正德元年，鑒妻陳氏產淳，淳多隱德，練鄉兵備倭，以所儲粟餉軍。妻袁氏，妾方氏。嘉靖十二年，淳生嘉林。嘉林字仲立，號鳳居，嘉靖辛酉舉人，隆慶戊辰會試，副榜第一，官湖廣益陽縣知縣，舉天下第一清官，行取御史，年七十二，葬七里塘之原。嘉林妻裴氏產世勳，爲淮安族所自出。嘉靖三十五年，裴氏產世美，爲次子。世美妻盧氏生子三：大福、泰福、仝福。萬曆、天啟間，徭役繁興，民不堪命，衛所之中，官蠹欄牛，吏同冠虎，遂攜家南徙，脱衛籍。此山陽族譜之大畧也。余家揚州舊譜，諱巖公於明萬曆中由淮安遷揚州，似相合矣。惟是諱字不合，惄焉傷心，安敢於世系所從來傅會臆斷之耶？然淮安大河阮氏之世系，實不可不知，故書此闕疑，以示後人。

再：淮阮氏皆裴孺人出，淮譜舊記云：裴孺人，贛榆縣人，光禄卿裴公天祐之女。隆慶初元，鳳居公偕計入都，至山東某縣，負襆被宿逆旅中。少頃，遇褐父頒白者，叩公名氏，色甚駭，略詢家世姻族，急索制舉藝觀之，遂奔去，公亦不置意。比夜，則市中人語喧豗，車馬馳驟，聲聒耳不能眠，第聞曰：『新巡方至矣。』厥明，公將戒途，有騎而至者，持刺邀公去，方詎何問，已挾之而騁。及堂皇，則疇昔所遇者，盛服拱立以竢，延就賓館，極燕衎之盛。居數日，郡邑有司頻煩將命而至，議館甥焉。蓋裴公以繡衣巡按山東，偶宿神廟中，夢觀天榜，其第一人爲阮某。裴時有愛女及笄，擇壻無當意者。得是夢，輒心動。微行時，潛物色之。忽於逆旅得公，以爲天作之合也。公承命，殊不自得，再三辭，不獲命，遂於行臺結褵焉。明歲戰南宫，已在魁選，主者以策語觸時忌，改置副榜第一。旋注銓籍授官，非公所樂也。裴孺人歸後，舅姑安其養，益陽惠政亦多裨助。吾宗生齒不繁，至鳳居公始昌。越數十年，小宗又復衰落。今之聚族於淮，奉蘋藻而衍箕裘者，皆裴孺人所出也。嗚呼！神廡一夢，豈偶然哉？孺人卒於萬曆庚子年，年五十三，封孺人。

林清泉公傳

公諱廷岳，字詢四，號清泉，姓林氏。晉愍帝時，黄門侍郎穎，從元帝渡江入閩。四十六世顯，當明天啟，因倭變遷江南鳳陽之桐城鎮，復遷揚州府甘泉縣陳家集。自顯至公，復九世。公爲得齋公之季子，梅谿公之弟。公天性淳正忠厚，篤于孝弟，里閭戚黨皆稱敬之。得齋公年六十有四，病，公籲于天以身代，刲臂肉，祕以入藥，病遂愈。後二十年，得齋公再病，再刲之，病亟，不能食藥而卒。今臂瘢纍纍然。奉母王太夫人亦竭力，致壽九十。公以梅谿公服官，遂不求仕，以養親爲己職。梅谿公清宦，有貸尚有未償者，公或代償之，集諸子及梅谿公諸孫，焚其書券曰：『吾受伯兄教，昔代償者，今忍言乎？』諸從孫皆拜泣，各出錢以奉甘旨，公受之曰：『使爾等心安，亦一道也。』

公幼篤學，治《周易》，著詩古文詞。精於醫，尤善治目，賴不失明者千百人。爲閩、越、齊、魯之遊，以山水自娱。善鼓琴，善弈，習鎗槊。性嗜茶，于屋内壁間置茶竈，泉必自瀹，薪必自爇，具各種茗葉壺盞，烹而奉客，有玉川之風。公生平無惡念，無俗情，無不可對人之事。卒于嘉慶八年十二月四日，年八十一。太學生，敕封承德郎。子三，長蘇門公，衍聖公府辟佐府事，乃爲其掾；次稼門、禹門。孫念曾。曾孫纘祖。

論曰：縣舉孝廉方正一人，嘉慶元年恩詔也。大吏以名不易稱，難其選而靳之。夫大吏之有封蔭，亦恩詔也。未聞有以祖德不立、子不才而辭者，何獨于民之賢者而靳之？十步之内，必有芳草；十室之邑，必有賢士。若公者，或所謂孝廉方正者乎？元，梅谿公外孫也。知公濙，無虚詞，無溢美也。

節孝林母傳

節孝，高夢輝之女，年十九，歸揚州甘泉梅谿林公爲側室。林公，元外祖父也，以舉人選授大田縣知縣。外曾大父母年老，畏遠涉，留外大母俞夫人奉養。公莅大田，無以襄内政，乃以節孝隨。節孝綜理諸内事，能代公勞。公潔己愛民，官齋蕭然，無兼味，節孝曲體公意，儉以律身，勤以率衆，邑人翕然稱之。越三年，外曾大父病，終於家，公性至孝，哀甚毁，疾遂不起。時嫡出四子皆在揚州，節孝甫生庶子名誾，慟不欲生，親黨之在閩者，以扶櫬撫孤勸，乃强食粥。及扶櫬杭海，由乍浦抵家，元外大母俞夫人亦前卒，一歲之中遭三喪，外曾大母日在涕淚中。節孝茹哀侍奉，能得老人心，戚族嘆美以爲難。元舅氏四人，年皆長，名闓者又夭折，節孝傷之。大舅氏以次子跂曾爲誾後，所以慰節孝也。諸舅氏皆館於外，復相繼卒，所遺孤皆幼。節孝偕諸嫡子婦操作，教諸孫力學，書聲與紡聲恒相和，如是者十餘年，諸孫乃屹然有成立者。嘉慶七年，族黨共列其行，請於朝，得旌表節孝，建坊于門。嘉慶十九年卒，年七十有七。元母林太夫人感庶母之孝節也，事之甚恭，且禮法性情若契而合。元幼隨先妣住外家，嬰病，節孝助先妣撫元者備至，故知其行，爲傳焉。

李晴山喬書酉二先生合傳

李先生諱道南，字景山，號晴山。先世由丹徒遷江都，富于貲。父敬修，光禄寺典簿，和而介，疏於持籌，好施與，家遂貧。母早卒，無子，先生與兄雷皆側室胡氏出。先生既孤，胡太孺人以女紅撫之讀，或勸理舊業，太孺人曰：『吾將以貧勵子學，不願使從富家子遊。』先生既補儒學生員，以學行高于時。所居草屋數間，冬衣葛，行者夜分猶聞讀書聲。學使者重之，有『寒氣逼人』之歎。學官吴鋭，李安溪高弟子，嘗偕客過其廬，講學逾時，太孺人解敝衣，穴屋後席壁，屬鄰媪質錢市盤飧享之。遇斷炊，輒貰市餅以爲食。先生屬文，必以微言發經義，耻爲華靡，常曰：『文以勵行，若視爲科第之階，末矣。』故試屢不中式，貧益甚，然雖餒卧，不妄受一錢。乾隆己卯省試，以第八人貢于禮部，辛卯會試，中式第二。榜初發，總裁、同考官知先生名，願早見，且招致之，先生不往。既殿試，賜同進士出身，始謁座師，是以名益重。總裁莊方畊閣學士以柬獨招先生往論學術，相契愈深，謂先生曰：『子之學問人品，予知之矣。顧甚貧，何以歸？予將命同人賾子。』先生固辭。既而車馬至先生館舍致賾者甚衆，先生知其意，概謝之。閣學士聞而歎曰：『介至此乎！』先生例選知縣，不赴選。設教鄉里，生徒數百人，雖宿儒皆執贄受業，嘗主泰州、通州、淮安書院講席。先生穎敏過人，而操行剛正，以古名儒自勵，對策剴切詳盡，事母孝，事兄悌。所著有《四書集説》十二卷。太孺人將卒，執先生手曰：『還是讀書。』先生以是語名其堂。太孺人鍼黹數十年，遺斷鍼盈篋，先生每撫之泣，海内通人名士爲詠其事，先生録爲《斷鍼吟》一卷。兄雷，亦善屬文。既没，先生輯兄文及先生文，爲《同懷寸草録》四卷。乾隆五十二年，卒於家，年七十有六。子二：本善，元善。

喬先生諱椿齡，字書酉，甘泉人。性穎悟，勤學，通諸經義，涉獵百家子史。尤深于《易》，揲蓍屢有驗。善屬文，以漢、魏爲法。補儒學生員，試輒高等，而未嘗食廩餼，省試亦不中式。先生性剛直廉介，跬步必以禮，交游皆擇正士，友有過，相規無隱，一時倜儻之士，見先生皆深自斂抑。居陋室，甚貧，枕席皆書，苟非義，雖周之不受。體羸多病，不婚娶。元幼受業于先生。乾隆癸丑，元督學山東，迎先生。冬十一月，相見於曲阜，衡量孔、顔、曾、孟四氏子弟之文，謁至聖林廟，觀禮器，先生欣然，躊躇若滿志焉。明年春，至登州，道病，返至青州，卒于試院，年四十三。野有古木，元伐之，爲先生棺，歸葬揚州。

論曰：吾年九歲，從喬先生學。年十七，從李先生學。兩先生爲吾鄉特立獨行之儒，而吾皆師之，吾所幸也。兩先生績學砥行，深自韜隱，而元竊高位厚禄過于師，吾所愧也。嗚呼！吾幼年見許于兩先生，使先生今尚在，許吾耶？抑責吾耶？是以每念先生，深自省也。

胡西棽先生墓誌銘

先生姓胡，諱曰廷森，字衡之，號西棽。先世唐宣歙節度使、常侍學之後。十五世，當元時，祖大中籍饒州，官休寧，遂遷焉。高祖學龍遷江都。父濤齡，國學生。先生身長體腴，事父孝，年逾三十，猶引過受杖。侍母疾，雪夜長跽呼天，疾爲痊。幼讀書，試未第，乃以文學佐大吏幕府之奏章，通達治體，所繕奏皆稱旨。兩江總督薩公載等交聘延致之。先生兼精刑律，年五十，無子，或曰：『掌刑者艱於嗣。』先生曰：『吾儒生，欲活人無尺寸權，正欲佐人，于刑中求嗣也。』故其治刑也，以仁輔義，有合于歐公求生不得之旨，所全實多，卒舉丈夫子。遂杜門却聘，謝外交，與里中秦序堂、沈既堂諸先生爲湖山遊，杖履吟詠，有香山之風。元初任巡撫時，先生至杭，爲擘畫一切，元以政事切問之，悉其情。逾月，兵刑漕賦事略定，先生曰：『可矣。』乃返揚州。嘉慶元年，恩詔縣舉孝廉方正一人，里中搢紳皆以先生應舉。具牘達之官矣，而史胥愸之，先生曰：『搢紳勿與史胥言，言則不廉不正矣。』以是卒未達大府。嘉慶八年，先生卒于家，年八十有五。

先生工詩，善於言情，其佳處極似放翁，著《西芩詩草》一卷。授職州吏目。配李安人。子德生，職州同知，側室劉安人出。冬十一月，葬揚州西門外老人橋之右。元幼時以韻語受知于先生，先生授元以《文選》之學，導元從李晴山先生遊。先生于元外祖林公爲執友，公子婦林氏，元母之姪也。元入覲返，過揚州，哭先生。乃爲銘曰：

先生之行，在孝與慈。先生之學，在書與詩。先生之才，經濟匡時。弢晦恬退，世莫之知。知之深者，非元伊誰？丸丸宰木，岡道具宜。爰伐樂石，載此銘詞。

劉端臨先生墓表

劉先生諱台拱，字端臨。其先世由江南蘇州遷揚州寶應。六世祖永澄，萬曆辛丑進士，與高忠憲、顧端文、劉忠端諸公講學東林。曾祖中從，康熙戊子舉人，石埭縣教諭。祖家昇，甲午副貢。父世謩，貢生，靖江縣訓導。靖江君五子，先生居長。先生幼不好戲，六歲，母朱安人歿，哀毀如成人。既而事繼母鍾安人，亦盡孝。入家塾，終日端坐，未嘗離席。獨處一室，亦必以正。九歲，作《顔子贊》。十歲，心慕理學，嘗於其居設宋五子位，朝夕禮之。出入里閈，目不旁睞，時有『小朱子』之目。年十五，從同里王君雒師學，及見王予中、朱止泉兩先生書，遂篤志程、朱之學。十六，補縣學生。二十一，中式舉人。試禮部，大興朱文正公時以翰林分校，得先生經義用古注，識爲積學之士，亟呈薦，已中式矣。以次藝偶疵，被放，文正惜之終其身。是時，朝廷開四庫館，海内方聞綴學之士雲集。先生所交遊，自大興朱學士筠、歙程編修晉芳外，休寧戴庶常震、餘姚邵學士晉涵、同郡任御史大椿、王給事念孫並爲昆弟交。稽經考古，旦夕講論。先生齒最少，每發一議，諸老先生莫不折服。先生之學，自天文、律吕、六書、九數、聲韻等事，靡不貫洽，諸經中于三禮尤精研之，不爲虚詞穿鑿，故能發先儒所未發，當世儒者撰書，多采其説。乾隆五十年，授丹徒縣訓導。先生勤于職，月必考課，其教以敦行立品爲先，而能以身示之。嘗謂校官不常接士子，則術業無由聞知，故諸生以時進見者，必以廉耻氣節爲敦勉。暇則誦習古訓，親爲講畫。境内饑，大吏以賑事委先生，先生慨然曰：『校官無事，可自効于國，此我職也。』乃親歷窮巷，俾胥吏無侵刻，一邑感之。

生平無嗜好，唯聚書數萬卷及金石文字而已。齏鹽淡泊，晏如也。先生慎于接物，尤廉于取，交遊如段茂堂、王懷祖、汪容甫諸先生，尤莫逆。朱學士曰：『劉君，大賢也，豈獨學問過人？』邵學士曰：『予遊京師，交友中淵通静遠、造次必儒者，端臨一人而已。』汪容甫曰：『吾心折劉君者，劉君欲吾養德性而無騁乎血氣，此吾所以服也。』靖江君疾，先生辭官歸，日侍湯藥，晝夜不倦。及靖江君、鍾安人相繼卒，先生水漿不入口，出就外寢，蔬食五年之久。青浦王侍郎昶以爲有曾、閔之孝。歲時祭祀，齋戒哭泣，戚戚者數日。居家教諸弟雖嚴，然怡怡和悦，人皆歎羨之。宗族有少孤不能讀書及困苦不能自振者，皆賙給之。先生德盛禮恭，人有所長，必誘掖之使進；若有短，則絶口不言，但勸勉之，使自媿悔。終身無疾言遽色，故其爲校官也，上官待以殊禮，至于頑夫驕子對之，無不抑然自下。

體素羸，疊遭大故，益衰弱。嘉慶十年五月廿二日，以疾卒，距生于乾隆十六年閏五月初二日，年五十有五。娶山陽曹氏，無子。妾夏氏，生子二：源岷，源嶓。源岷早卒。女三，長適余長子常生，二品廕生；次字溧陽史氏，殤；幼許字同邑增貢生朱聯奎子仕禄。所著文集及《論語駢枝》《荀子補注》《漢學拾遺》《儀禮補注》《經傳小記》，惟稿多零落，厘輯成七卷。《淮南子定本》諸書亦未卒業。先生葬於寶應某某之原。同鄉儒者皆欲列事實，請祀鄉賢祠。元與先生友學最深，且爲姻家，乃紀其學行，揭于阡。

浙儒許君積卿傳

許君名宗彦，字積卿，又字周生，浙江德清人，《明史·儒林傳》許孚遠之後。曾祖鎮，康熙壬辰翰林院編修，江西南昌府知府。祖家駒，乾隆丁卯舉人，西安學教諭。父祖京，己丑進士，内閣中書，廣東布政使。母胡氏。君生有異質，九歲能讀經史，善屬文。時中書君主劉文正公家，文正公見君，甚器之。青浦王公昶愛其才，作《積卿字説》，載《春融堂集》。君十歲，即不從師，經史文章皆自習之。乾隆丙午，舉于鄉，嘉慶己未，成進士，授兵部車駕司主事。是科得人最盛，朱文正公曰：『經學則有張惠言等，小學則有王引之等，詞章則有吴鼒等，兼之者宗彦乎？』君性孝友，偶以禮部試離親左右，即泣不忍別。隨父任，先意承志，曲盡孝力。事兄、事女兄，皆悌愛肫摯。雖性情和平，神理澄淡，然見者皆肅然敬之。嘗訓諸子曰：『讀書人第一須使此心光明正大，澄清如止水，無絲毫苟且私曲不可對人處。』故名所居曰『鑑止水齋』。君自入兵部後，兩月，即以親老引病歸。丁母憂，復丁父憂，既免喪，猶欒欒然，惡衣疏食，恬淡無宦情，遂不復仕。居杭州，杜門以讀書爲事。

君于學無所不通，探賾索隱，識力卓然，發千年儒者所未發，是爲通儒。所著有《鑑止水齋文集》十二卷，詩八卷。集多説經之文，其學説能持漢、宋儒者之平。其辭曰：學者何？子曰：『行有餘力，則以學文。』又曰：『十室之邑，必有忠信如吾者焉，不如吾之好學也。』子路言：『何必讀書，然後爲學？』是聖門本以讀書爲學。雅言《詩》《書》、執禮，學之事也。所以學者何？子曰：『生而知之者，上也。學而知之者，次也。』又曰：『我非生而知之者，好古，敏以求之者也。』

又曰：『多聞，擇其善者而從之，多見而識之，知之次也。』是則學也者，所以求之也。知者何？子曰：『不知命，無以爲君子也。不知禮，無以立也。不知言，無以知人也。』又自言『五十而知天命』。始于『知言』『知禮』，終於『知天命』，知之事也。所謂『下學而上達』者，《詩》《書》、執禮，則下學也；知天命，則上達也。後之儒者，研窮心性而忽略庸近，是知有上達，而不知由于下學，必且虛無惝怳而無所歸；考證訓詁名物，不務高遠，是知有下學，不知有上達，其究瑣屑散亂，無所統紀，聖賢之學，不若是矣。夫《詩》以治性情，治性情者，明德之學也。《書》以達政事，達政事者，新民之學也。《禮》以範視、聽、言、動，克己復禮者，止至善之學也。禮者，止也。思無邪，則心正矣。允執其中，則天下平矣。動容周旋中禮，則盛德之至矣。然則大學之道，亦豈有外於《詩》《書》、執禮歟？始乎爲士，終乎爲聖人，此學所以爲大也。

其《周廟祧考世室考敘》，能發韋（元）〔玄〕成、劉歆、鄭康成、王肅所未能明。其辭曰：『唐、虞廟制，書缺有間。夏五殷六，緯書未可據[一]。《周禮》雖殘缺，遺説猶存。五廟二祧，略可考見。五[二]者，一祖四親，服止五，廟亦止五。先王制禮有節，仁孝無窮，於親盡之祖，限於禮，不得不

[一] 據，《鑑止水齋》卷十二《周廟祧考世室考》作『信』。
[二] 《鑑止水齋》卷十二《周廟祧考世室考》『五』下有『廟』字。

毁，而又不忍遽毁，故五廟外建二祧，使親盡者遷焉，行享嘗之禮，由遷而毁去，事有漸而仁人孝子之心亦庶乎可已。故五廟，禮之正，二祧，仁之至，此周人宗廟之大法也。若夫聖人御世，功德廣遠，天下後世蒙其德澤，則必有崇祀以爲大報，故有祖宗之祭。周公營洛，建明堂，大合諸侯，祀於太室，所以顯明文、武之功德於天下，此周人祖宗之鉅典也。義則親親與尊尊各殊，地則廟祧與明堂又别。自漢承秦後，因陋就簡，禮之大者，未暇講明。迭毁之議，元帝時乃發其端，而合祖宗于宗廟之中，則在當世無知其非者，上自詔書，下至臣僚建議，皆以祖宗爲不毁之廟。夫周人以后稷爲太祖，而復祖文王者，后稷，宗廟之祖；文王，明堂之祖，故不嫌二祖。漢以高帝爲太祖，孝文、孝武爲世宗，則止一祖。將以高帝準周稷，則祖宗之典仍有宗而無祖，合並之誤顯矣。論者乃據漢制以揣周制，祖宗之禮不明，廟祧之數亦輾轉不合，後人不求致誤之由，但以五廟、七廟依文發難。夫五廟二祧，禮有正文，不容增減。《王制》《曾子問》通稱「七廟」，非必遂具異義。執此相攻，是知二五而不知十也。五、七之數既歧，并牽合廟祧爲一。夫祧爲遷廟，必非與寢廟同制。若祧猶是廟，何爲别立此名？循其通稱，忘其殊義。親親之殺，追遠之意，胥失之矣。至乃列世室于昭穆，忘其爲明堂之名；藏遷主于二祧，非太廟合祭之旨。循誦舊説，私心未安，輒伸管穴，爲《五廟二祧考》，以明周人宗廟之法。爲《文武世室考》，以明周人祖宗之典。凡舊説之不合者，頗致辯焉。」

其他如日行諸解，辯[一]王寅旭、戴震之誤。《禮論》《治論》諸篇，稽古證今，通達政體。文雖不多，然皆獨具神識，未經人道，有補於聖賢經義者，始著於篇。異乎俗儒之連篇累牘，卑庸無裨於世者。

君以嘉慶二十三年十二月二十二日卒於杭州，年五十有一。妻梁氏，子六：兆奎，延宷，延澤，延敬，延凱，延穀。女子子三，延錦，適元之子福。元與君丙午同舉于鄉，己未會試，元副朱文正公，爲君座主，又以子女爲姻家，學術行誼，相契最深，故爲傳焉。

安徽巡撫裴山錢公傳

公姓錢，諱楷，浙江嘉興人。生少器宇凝重，伯曾祖文端公見之，曰：『子其爲我宗之範乎！』遂字宗範。後又字裴山。先世本何氏。始祖貴四，于明初坐事戍黔，屬其子裕於錢翁，遂從其姓。四傳至薇，嘉靖朝官禮科給事中，以星變陳言請斥方士削職，後贈太常寺卿，事載《明史》[二]。又四

[一] 辯，底本作『辦』，據甲戌續刊本改。
[二] 甲戌續刊本『明史』後有『列傳』二字。

傳至贈光禄大夫綸光，爲公高祖。子長即文端公。次峯，廪貢生，候選訓導，爲公曾祖，以居父喪，哀毁卒，旌表節孝。任太夫人撫八歲孤子汝鼎，以文端公蔭監生，需次州同知，爲公祖。生子濬，爲公考，亦以居父喪哀毁卒。是時，公八歲，妣程太夫人上事姑，下育孤，貧不繼薪米，質釵珥盡，乃鬻屋賃廡以居。親授公讀，大風雪夜，紡聲書聲，申旦相答也。三世皆以公貴，贈資政大夫。

公幼秉母教，勤學不倦。年十二，補縣學生。乾隆四十二年，選貢入成均，充四庫館謄録。四十五年，應召試，列二等。四十八年癸卯，順天鄉試舉人。四庫書成，議敘知縣，不謁選。五十四年己酉恩科，禮部會試第一，殿試二甲進士第一，選庶吉士，習國書。明年，散館，改主事，軍機處行走，補户部福建司。公性本明敏，鋭志精勤，入直常早，散直常遲。承旨撰擬，無不曲當軍機大臣所傳述者，以故軍機多倚重之。六十年乙卯，充會試同考官，京察一等記名，升江南司員外郎。祖妣屠太夫人卒，以承重憂歸。服除，供職。

嘉慶三年戊午，充四川鄉試正考官，得士廖宗驌等。秋，命提督廣西學政。泗城、鎮安二府極邊，例令赴南寧就提學試，遠者行二千餘里，士勞而費重，公奏請歲科連考，以惠貧士，得旨允行，粤士便之。五年，升禮部祠祭司郎中，仍留學政任。任滿，復命仍直軍機。逾二年，調刑部安徽司郎中，截取繁缺知府，引見記名，賞四品頂戴。九年，京察一等記名，以四、五品京堂用。十一年，補太常寺少卿。十二年，升光禄寺卿，命偕侍郎吴公璥按事河南。十三年，又命偕侍郎文公孚按事山西。公遇事鎮静，而決獄尤不敢忽，不輕用刑。囚或不輸實，跪之庭，連日夜危坐鞫之，卒得其情，歷數省皆然。是年閏五月，授河南布政使，陛辭，上諭以『寬嚴相濟，勤慎辦事，勿效近時習尚』，因詢家世，公備對陳敘母教，伏地感泣，上爲動容曰：『此賢母也。』于是，太夫人時偁優諭，以勵公焉。既到官，每昧爽起，謁巡撫白事，還接見屬吏，退坐小室，治文書，紙窗布簾，無器玩之設，食惟一殽，雖一紙一薪，不取給州縣。官核各州縣虧欠銀九十餘萬兩，量爲限制，令分季解司，官民無擾。累兼護河南巡撫，署河東河道總督。河南食河東鹽者，三十二州縣。自嘉慶十一年，山西鹽歸地丁者復歸商運，限試三年，至限滿，而河南鹽價日增。山西巡撫初公彭齡以河東鹽價隨時低昂，請無庸定價，公奏河南民苦鹽價之增，特待三年滿限，減價食賤，今若不定價，恐奸商藉詞增長，訐訟滋紛，請勑令山西撫臣按乾隆間舊價酌定限制，違者罪之，庶於不定之中仍示裁抑之意。

十四年十二月，擢廣西巡撫。十五年二月，抵任。廣西多客民，依山爲寮，誘土民爲盜，事發遁去，土民獨罹重法。公謂弭盜莫善于保甲，乃酌行舊章，令客户一體編列，設巡船哨卡，嚴密偵察，委官給以資斧，易服至各要險訪緝，懸重賞爲勸。于是獲逸盜甚衆。弊羣吏先操守後才能，顧嘗謂人才難得，應劾者不少恕，而時存愛惜造就之意，其才識未充者，隨事教勖，若師弟子然。重刻陳文恭公《從政遺規》，以爲僚屬法。凡所設施，必陳奏，上嘉勉焉。十二月，調湖北巡撫。十六年二月，抵任。會上巡幸五臺，公請陛見，至山西，命閲士子所獻詩賦册，扈蹕還至正定，召對十六次，賜賚無算。四月，還武昌，有旨『來京以侍郎用』，尋諭兼程來京供職，補户部右侍郎，兼管錢法堂事務。時南陽盜王胯子等，所過刦掠，襄陽毗連南陽，公飭地方文武豫防之。總督馬公慧裕奏請少留，巡撫張公映漢至湖北，公乃交印。公在任兩月，途中奏湖北利弊四事，曰：『漕米之運，荆州滿營兵食者，宜就近地撥定。沿江洲地，宜悉立契，毋卸報豁，以杜争端。提督署宜移駐襄陽府。淮鹽價昂，川鹽、潞鹽價皆賤，宜減淮鹽價，以杜私販。』奉旨命湖廣總督等議奏。行至孝感，奉旨署河南巡撫，並諭嚴捕王胯子等。王胯子者，山東人，與裕州民常幅等乘饑掠人銀米，黨七十餘人，已獲五十二人，而山東亦獲王胯子，解河南。公訊治，據實奏。奉上諭：『錢楷奏恩長於南陽匪徒一案，前後具奏情節與原報不甚相符，辦理亦覺過當等語，所見非是。錢楷著調補工部左侍郎，仍交部察議。』

旋命巡撫安徽，兼提督銜，例戴花翎。離汴之日，百姓老幼遮道送，公諭以循分安業，有泣下者。八月，抵安慶。時碭山李家樓河決，宿州當其衝，靈璧界宿，亦被災，泗州當下游，漲不能洩，患尤甚。公乘小舟，行巨浸中，以察水勢，攜餅餌飼災民，支席爲廬，凡二千餘所，俾民棲止，先給一月之食。前署河南巡撫時，於孟津諸縣災，飭各屬吏勘明災户數後具奏，得即發帑，兹亦如之。奉旨發銀，凡四十餘萬兩。公復率僚屬捐養廉爲倡，紳士繼之，或平糶，或賑粥，司事者無剋減冒漏諸弊。所奏正賑、加賑日期及分别被災輕重蠲緩錢糧，皆荷允行。上復以『黄河漫口，應如何設法疏導，俾順流入湖』爲詢，公復奏：『宿州、靈璧、泗州境内，惟濉河爲減黄總路，然不能容全河之水。李家樓奪溜至七八分，横流四溢，高出平地，舊河雖深，通亦無益，其入湖處未嘗不順，恐洪湖尚不能容。今漫口未築，水勢未減，各境舊河皆在釜底，固無從疏導，且亦窮於尋探。』批答韙之。明年春，決口合，積水漸退，民得安宅，如公所云。歙縣人張良璧採生，斃嬰女多人。守令前鞫未明，御史入告，命公鞫之。良璧年七十餘，恃無證，陽聾聵，不服。公晝夜親訊，幾二十日，太夫人命禱於城隍神。翌日，情盡吐無隱，若有使之者。蒙城人張萬倉子，以父死非罪，入京訴冤，上命公鞫之。原讞張山、杜魁等爲盜，山叔父萬倉以拒捕死，山、魁等皆獲，服爲盜，贓證備具，贓止袍一、裘一、布二疋，而裘故非實，公委曲于典裘券册内察得其情與證，則皆平民，或嘗爲竊者，實非盜，立釋之。其平反活人多類此。安徽潁、亳、壽、鳳等處，俗悍多訟，莠民傳邪教，習拳勇以脅衆，若無爲齋、龍華會、顯聖義和拳等，公悉禽治。每決囚，終日不樂，食爲之減。

視學廣西，病瘍，後體稍勞輒作。使山西，在途，背生癰，氣益耗。歷官數省，釐治煩劇，心力日衰。已復得胃疾，漸以不起。嘉慶十七年八月十七日，卒于官舍，年五十三。遺疏入，上諭：『安徽巡撫錢楷，前在軍機章京上行走多年，供職勤慎。自簡任封圻，歷更數省，辦理地方公務，均能安静妥協。兹因病溘逝。伊本係孤子，孀母程氏，年逾七旬，其嗣子僅止十歲，深爲可憫。著加恩照巡撫例賞給卹典，該部察例具奏。所有任内一切處分，悉予開復。欽此。』尋復諭祭，特賜全葬銀。

公奮自孤苦，力學敦行，每念殊眷，不恤勞瘁。儤直機密，筆不輟書。退直讀史賦詩，不自暇逸。蒞外職，益勤案牘。每吉旦，焚香告天，願賜豐歲，若將降咎于民者，願降咎于某身。祈晴、祈雨雪皆應，所至有秋。生平無疾言遽色，跬步不失矩矱。欵曲喻人，不欲立崖岸，意或不同，但陳己見，不輕斥人非。行不效，益自克。服官二十餘年，不親家事。家事則程太夫人自治之，曰：『不使兒分心誤國事也。』事程太夫人至孝，迎養官署，慕若孺子。所著有《綠天書舍詩草》六卷。善書，兼工篆隸，又能繪事。蓋公五世祖鶴庵公瑞徵善畫松石，而高祖妣陳太夫人南樓老人工寫生，兼善山水，故公畫有家法。恭繪御製詩意及五臺山圖、寫文殊師利所説經以進，皆蒙睿賞。配陶夫人，側室吴氏、梁氏，皆無子。以同祖弟棫之子承志爲後。女一，德容，梁氏出。公卒後，太夫人命字元之子祜。太夫人卒于公卒後四年。元與公未第時即相友善，復以同榜成進士，登堂拜母，知母教及宦跡甚詳，于公歿後，屬姻家，故爲傳焉。

揅經室二集卷三

太傅體仁閣大學士大興朱文正公神道碑

懿夫！唐虞之際，仲尼致歎；堯舜之道，孟氏所陳。然則際兩朝授受之盛，備元輔公孤之隆，謨明弼諧，非道不言，聖天子納所啟沃，以爲帝德，且極尊師重道之誠，徹乎始終，孚于中外者，非太傅朱文正公，曷克膺此！公諱珪，字石君，號南厓，晚號盤陀老人。元至元間，遠祖福三居浙東。明洪武間，德三遷蕭山黃閣河，遂爲黃閣河朱氏。八傳至公高祖尚絅，明末官游擊。曾祖必名。祖登俊，我朝官湖北長陽縣知縣，中書科中書。父文炳，陝西盩厔縣知縣，始遷籍于順天大興。三世皆以公貴，贈光禄大夫、太子少保、户部尚書。曾祖母白，祖母何、馮，母徐，皆一品夫人。

公以雍正九年正月十二日生于盩厔縣，有兄三：堂、垣、筠。公祖與高安朱文端公同省爲知縣，相友善，清名亦相埒。公父受經于高安，故公十一歲即傳高安之學。年十三，丁母艱，孺哀毁瘠。服除，補附學生。年十七，科試第一，舉于鄉。與叔兄齊名，震都下，公卿争延之。次年，會試中式，賜梁國治榜進士出身，改庶吉士，習國書。座師阿文勤公、劉文正公、鄂剛烈公，皆以學行重之。乾隆十六年，散館第一，授編修。明年，大考二等，授侍講。二十三年，大考二等，授侍讀學士。公所撰進文册，陳宫中，高宗純皇帝亟賞異之，特達之知，實始于此。二十四年，主河南鄉試，復命，旋奉使告祭南嶽，登祝融峰。明年，充會試同考官。秋，授福建糧驛分巡道。抵閩，兼攝福州府事，毀和合等諸淫祠，民大驚服。二十八年，特旨擢福建按察使兼署布政司。閩人裘自位，假平臺灣功鬻武職，獄連數十人。公誅正犯一人，諸受欺者皆不坐。有告家譜妄逆者，讞之，僅戮一撰譜者屍，不坐其子孫。二十九年秋，丁父憂，戴星奔，至京口阻風，哀號祭，江風驟轉，抵京，治葬于二老莊阡。

三十二年，服除，補湖北按察使。時緬甸用兵，公司驛務無遲誤，無擾累。楚北亂民聚衆，公鞫之不少縱，然脅從者皆得免。三十三年，調山西按察使。明年，授山西布政司。秋，奏立保固城工法，令後任隨時修護，如隤在三十年内，與原築官分賠，下部議行。三十六年，暫代巡撫事，奏改吉州爲散州，與鄉寧并隸平陽府；改霍州爲直隸州，以趙城、靈石隸之。又奏撥歸化、綏遠二城穀十萬餘石，配放兵糧，以省採買而免紅朽。奏免土默特蒙古私墾之罪，以所墾無礙牧地三千一百餘頃，許附近貧苦兵民認耕納租，歲六千餘兩，增官兵盤費。奏太僕寺牧地苦寒，宜改徵本色爲折色，以便民除弊。皆下部議行。三十八年，勘歸化城水災，奏撫卹之，且予修費，借穀種，其民種蒙古之地，并請卹之。三十九年，按察司黄檢奏公終日讀書，于地方事無整頓。明年，入覲，授翰林院侍講學士。四十一年，命尚書房行走，侍今皇帝學。時初置文淵閣官，特授公直閣事。主福建己亥鄉試。四十五年，督福建學政，將行，上五箴于今皇帝藩邸，曰養心，曰敬身，曰勤業，曰虚己，曰致誠。上力行之，及親政，亦常置座右。四十八年冬，還朝。明年，扈蹕南巡，授内閣學士兼禮部侍郎，閲浙江、江蘇召試卷。五十一年，授禮部侍郎，主江南鄉試，督浙江學政。五十四年，置蕭山祭田百畝，作《圭田記》。冬，還朝，充經筵講官。五十五年，經筵進講，時諸皇子侍班聽講，高宗純皇帝顧今上曰：『此汝師傅講之善。』春，總裁會試。秋，授安徽巡撫，命馳驛賑水災。乃攜僕五人乘小舟，與郡民同渡，賑宿、碭山、靈璧[一]、泗、五河、盱眙民以糧，借懷遠、鳳台、壽民以糧及種，築决隄六十餘丈，民乃安。復請展春賑，分廠親給于民。五十七年，奏鳳、潁水災，恩賞糧種，免民欠萬五千兩。祁門縣築城成，輕騎往驗之。至新嶺，有欲巡撫怒其歙縣令，屬掌亭人以饐餲進者，公恬然飽之。五十九年，調廣東巡撫。六十年，兼署兩廣總督，旋授都察院左都御史、兵部尚書，皆留巡撫任。嘆咭唎國入貢，呈土物于總督，卻之。嘉慶元年，征苗，調兩廣兵萬二千，親調遣之。夏，授兩廣總督兼署巡撫。六月，降旨内召，曰將欲用爲大學士也。俄以閩浙總督魁

[一] 璧，底本作『壁』，據甲戌續刊本改。

倫奏粵東艇匪駛至閩、浙，乃公總督任内不能緝捕之咎，寢前命，仍加恩補安徽巡撫。鳳陽等州有水災，蒙恩賑，親給之，官吏無敢侵者。時楚、豫多邪教，流言安徽有隱伏者，公曰：『疑而索之，是激之變也。』乃親赴界上籌防禦，徧蒞潁、亳等州城鄉，聚長老教勸之，徧張告示，簡明諄切，民大感化，故數年間，安徽無以邪教倡亂者。明年，授兵部尚書，調吏部尚書，皆留巡撫任。宿、靈璧[一]水，合肥、定遠、巢、來安、全椒旱，親賑之，民無逃亡凍餒之苦。明年，蒙、亳復水，卹賑如之。

高宗純皇帝上賓于天，今皇帝初親政，即馳驛召公。公哭且奔，先上奏曰：『聞太上皇帝龍馭上昇，膽裂呼天，角崩投地。欽惟大行皇帝十全功德，五福考終，傳器愜心，於昭在上。我皇上純性超倫，報天罔極。竊聞定欲躬行三年之喪，此舉邁千古而欽萬世。然而天子之孝，不以毁形滅性爲奇，以繼志述事爲大。親政伊始，遠聽近瞻，默運乾綱，霶施渙號，陽剛之氣，如日重光，惻怛之仁，無幽不浹。思修身，嚴誠欺之介；於觀人，辨義利之防。君心正而四維張，朝廷清而九牧肅。身先節儉，崇奬清廉，自然盜賊不足平，財用不足阜。惟願我皇上恒久不忘堯、舜自任之心，臣敢不隨時勉行仁義事君之道。』上嘉納之。及至京，哭臨，上執公手，哭失聲。旋命直南書房，管户部三庫。自是，凡國家大政，有所咨詢，皆造膝自陳，不草一疏，不沽直，不市恩，軍機大臣不

［一］璧，底本作『壁』，甲戌續刊本作『王』，據前文改。

相關白。公第在外城，遠且隘，賜第西華門，紫禁城騎馬，加太子少保，充實録館總裁，國史館總裁，己未會試總裁。冬，調户部尚書。時上禁浮收漕米之弊，外省以運丁貧，仰資州縣，州縣取民，不得不浮。于是安徽有加贈銀、江蘇有加耗米之請，部議將擬行矣。公思之不寐，綜其數，較原徵加倍，乃決計駁曰：『小民未見清漕之益，先受加賦之害，不可行。』竝令漕司以後凡事近加賦，皆議駁，以體皇上損上益下之意。長蘆鹽政奏鹽價一斤加錢二文，公駁曰：『前蘆東因錢價過賤，已三加價，又免積欠二百六十萬兩，餘欠展三年，商力自寬，且今錢價漸貴，所奏應毋庸議。』廣東布政司奏陞濱海沙地賦，公駁曰：『海沙淤地，坍漲靡常，是以照下則田減半賦之。今依上、中田增賦，是與沿海民計徵利，非政體。且民苦加賦，必多坍豁，別有漲地，亦不肯墾，不可行。』後倉場衙門復請預納錢糧四五十倍，準作義監生，公駁曰：『國家正供有常經，而名實關體要。于名不正，于實有傷，斷不可行。』凡駁議，皆親屬藁奏，上皆韙之。

五年秋，兼署吏部尚書。公之輿夫毆傷禁門兵，免太子少保，解三庫事。復以彭文勤公墮馬西華門内，公呼其輿入門舁之，違例，議降二級，仍留任。六年，陪祀祈穀壇，未曙，誤行墜甬道下，傷左胯，賜醫賜食，絡繹于道，遣内監賚硃諭至第視病詢事，公隨時覆奏。三月小愈，即趨朝。夏，充會典館總裁，閱殿試卷。七年秋，扈蹕灤陽，宣制：『以户部尚書拜協辦大學士，仍加太子少保銜。』公謝摺云：『豈有嘉謨嘉猷，入告我后于内；勉期無欺無隱，仰惟上質于天。』八年，兼翰林院掌院學士，以原銜充日講起居注官。春、夏皆爲留京辦事大臣，閲大考翰詹卷。九年春，用乾隆九年故事，幸翰林院，先期晉公太子太傅，及幸院，賜宴聯句，御書「天禄儲才」扁，摹刻院堂，以墨蹟賜公第。公在翰林爲二十四科前輩，資最深，且掌院事，領袖清班，瀛洲典故，盛且榮焉。十年正月，宣制拜體仁閣大學士，管理工部事，上以是命爲遵先帝遺詔也，命詣裕陵謝。明年春，公感寒，多痰嗽，步遲蹇，肝火觸右目，微眚。上曰：「此火盛也，可以游覽散之。」乃赴西山吕邨二老莊祭墓，過戒壇、潭柘諸寺。秋，復祭墓，游西山，時公年七十六矣。九月，奏乞休，上曰：「待八十，當爲壽。」旋命户部尚書戴公衢亨賚賜詩十韻及玉鳩杖，諭：「天寒，閒二三日入直，且俟日出後至南書房候召對。」每召對，則預定召對後期。十一月庚午，寒甚，乾清宫召對畢，降階，忽痰壅。歸第，上遣侍衛領醫官來視疾。疾少差，賜假兩月。十二月乙亥，坐外軒作《芻獻》詩，有云：「天道神難測，民心惟一中。知人可安衆，居所自持公。」上將親臨公第，丁卯[一]，復命户部尚書戴公

[一] 按：吴鼒《吴學士文集》卷四《賜謚文正大興朱公墓誌銘》開篇即云：「嘉慶十一年十二月初五日大學士朱公卒。」而且《清實録·仁宗實録》卷一七二「嘉慶十一年十二月」載：「戊寅……大學士朱珪卒，晉贈太傅，入祀賢良祠。遣慶郡王永璘帶領侍衛十員，往奠茶酒，賞銀二千五百兩治喪，予祭葬。」本月甲戌朔，戊寅即初五日，與吴鼒《墓誌銘》所記合，與文中所言「五日戊寅」亦合，可知朱珪在十二月初五日（戊寅）去世無疑義。戊寅前一日爲「丁丑」，非「丁卯」。知文中「丁卯」爲「丁丑」之誤。

來。夜逾子，痰盛氣微，遽薨，是五日戊寅也。

報聞，上震悼，泣諭朝臣，降制曰：『大學士朱珪，持躬正直，砥節清廉，經術淹通，器宇醇厚。蒙高宗純皇帝特達之知，由詞垣擢補道員，洊歷兩司，内用爲翰林學士，特命入直上書房。朕講貫詩文，深得其益。嗣以卿貳，出任封圻。有守有爲，賢聲益懋。追擢至正卿，皇考即欲用爲大學士。朕親政後，召令還朝，在南書房儤直有年。簡任綸扉，深資啟沃。凡所陳奏，均得大體。服官五十餘年，依然寒素，家庭敦睦，動循禮法，洵不愧爲端人正士。畀倚方殷，本年入秋以來，因患病稍久，氣體就衰，朕優加眷念，賜杖賜輿，時加存問。朱珪感戀彌殷，時時力疾進内。朕鑒其誠悃，特行給假兩月，俾得安心調養，疊遣御醫診視，冀得就痊。正擬日内親至伊邸宅視疾，茲遽聞溘逝，深爲悼惜。于初六日親臨賜奠，已派總管内務府大臣阿明阿賫賜陀羅經被，並著先派慶郡王永璘帶領侍衛十員前往奠醊。追維舊學，良用軫懷。著晉贈太傅，入祀賢良祠，賞給内庫銀二千五百兩，經理喪事。其任内一切降革處分，悉予開復。所有應得卹典，著該部察例具奏。』

己卯，上親臨奠三爵，哭不止。回宫，不待内閣擬謚，特賜謚曰『文正』。復降制曰：『昨因大學士朱珪溘逝，業經降旨加恩。因思乾隆年間，惟故大學士劉統勳蒙皇考高宗純皇帝鑒其品節，賜謚「文正」，易名之典，備極優隆。顧劉統勳于署總督任内，曾經獲咎褫職，復蒙皇考施恩録用。至朱珪，立朝五十餘年，外而歴督撫，内而洊直綸扉，身躋崇要，從未稍蹈愆尤，絶無瑕玷，靖恭正直，歷久不渝。猶憶伊官翰林時，皇考簡爲朕師傅，爾時朕于經書已皆竟業，而史、《鑑》事蹟，均資講貫。其所陳説，無非唐、虞、三代之言，不特非法弗道，即稍涉時趨之論，亦從不出諸口，啟沃良多。揆諸謚法，實足以當「正」字而無愧。毋庸内閣擬請，著即賜謚「文正」。本日朕親臨奠醊，見其門庭卑隘，清寒之況，不異儒素。睠念遺風，愴懷未已。著于本月初九日，由内務府辦飯一桌，派二阿哥前往代朕賜奠。俟殯送時，派慶郡王永璘前往祖奠目送，以示朕眷懷舊學、哀榮備至之至意。』復撰《抒痛》詩十二韻，命南書房翰林黄公鉞于殯前焚之。壬辰，命禮部尚書承恩恭侯阿拉諭祭。公第距内西華門僅半里許，御蹕時出入，禮不久殯。乃以甲午啟殯，庚子葬于二老莊吕邨舊阡，陳夫人祔焉。明年，御製碑文刻石阡門。上巳日，上謁西陵，蹕路距公墓數里，上遠眺松楸，追懷愴惻，命工部侍郎英公和詣墓賜奠。《高宗純皇帝實録》成，以公總修八年，賜祭一壇。長子錫經，服滿以京卿用。禕[一]哉，上之重賢傅、任名臣，納哲輔之益，隆飾終之典，至矣！非公之清介忠正，師表人倫，上致君、下澤民，曷克膺乎此哉！

公豐厚端凝，中和醇粹，爲仁若渴，抗義不撓，坦白公誠，絶無城府。于經術無所不通，漢儒之傳注氣節，宋儒之性道實踐，蓋兼而有之。取士務以經策較四書文，誠心鋭力，以求樸學，經生

[一] 禕，底本誤作『禕』，據文意改。

名士，一覽無遺，海内士心向往悦服。佳士之文未薦被落者，讀而泣之。才士黄景仁、張騰蛟死，稱悼之。通人寒士，必揚其名于朝。《秦誓》『一个臣』之心，公斷斷有之。公領試事，不受外僚贈遺，不留貧生銀。布政數省，平餘銀鉅萬，悉不取。撫安徽，裁蕪湖關陋規。閩省洋商陋規事發，欽使莅治，獨公實不受一錢。公官于外，厓岸廉峻，中朝大官絶無所援。管部事，持大端，不親細事。數十年清操亮節，人皆仰之。公以孝弟爲仁之本，事父愛敬，本于天性。父杖兄，跪而以身蔽受之。慟母氏早殁，事庶母謝幾如母，語子輩曰：『古人祭必有尸，仿之以申吾慕，非過禮也。』庶祖母李，撫公有恩，貤贈一品夫人。事諸兄悲愉如一體，别則夢見，聚則聯牀。兄之喪，哭之咯血，幾致毁。事寡嫂盡敬，撫諸兄子如己子。三郜故交，靡不周䘏。教子孫讀書敦行，皆誠篤有公之風。公嘗曰：『吾三十九歲，夜坐，忽腹閒自暖，由脊上貫于頂，甘液自咢下注，由是流轉，至老不絶。實因自致，非關學力。乃知朱子注《參同契》，本非虚語。』公年四十餘，即獨居，迄無一妾。御製《抒痛》詩有云：『半生惟獨宿，一世不貪錢。』知之深也。公爲文筆，奥博沈雄。國家有大典禮，撰進雅頌詩册文跋，高宗純皇帝必親覽之，以爲能見其大，頌不忘規。或陳坐隅，或命諸皇子、皇孫寫爲副。聖製詩或寄示命和。公官撫督時，上在書房常頒手札，積一百三十九函，裝六卷，歸朝繳進。上亦書數年懷公詩數十首，爲二册，上册題曰『蒹葭遠目』，下册題曰『山海遥思』，以示公。公跋曰：『臣之蕪陋，何足以當非常眷注。惟有此心，不敢欺耳。』於《大學》義利之辨、

《通鑑》治亂之由，天命呼吸可通，民情憂樂無閒，反覆敷宣，不以爲迂闊而遠于事情也。公文集□□卷[一]，《知足齋詩集》三十餘卷。元請刻公詩，公命元選爲二十四卷。上命以刻本進，賜題七言律詩四首于卷首。公被先帝特賜蟒袍、筆墨、荷包等物，今上賜大珠、緑縫韡、黑狐毳袍，先帝御用四團龍卦、四開襯袍等物，其餘恩賚多，不具書。

公配陳夫人，宛平人，思南府知府邦勳女。乾隆十四年來歸，有婦德。四十年八月以疾卒，贈一品夫人。生二子，錫經，己亥舉人，一品蔭生，官刑部員外郎，遷户部郎中；次錫緯，附學生，先公卒。女子子一，適通州馮秉鞬，秉鞬官張掖縣知縣。孫淦，庚申欽賜舉人。錫緯生女孫一，適萍鄉劉元恩，吏部侍郎劉公鳳誥子也。錫經生曾孫三：甘霖，香霖，貫霖。元不才，爲公門生，受知二十餘年矣。會持父服居鄉，公之子書來，命爲碑文，不敢辭。秋，免𡨜服，當執心喪，敬按年譜及平日所知者，泣爲敘。銘曰：

星精嶽神，蔚爲帝傅。學正文明，道深性固。先帝任公，決于一顧。授鉞卜甌，久隆知遇。公遇盛時，佐祁輔嬀。君爲堯舜，臣爲臯夔。經邦之道，坐而論之。非帝宣綸，世祕未知。帝曰調元，資于師相。舊學交修，天工寅亮。温樹之閒，青蒲之上。蒼生被澤，黄扉孚望。公之保民，敷

[一] 按：《〔北京大興〕朱氏家乘》所載阮元此篇神道碑，作『公文集六卷』。

政優優。公之儲材，其心休休。德如霖雨，清比江流。庭不旋馬，路無喘牛。公有恒言，竝舉二事。曰不嗜殺，曰不言利。公之講史，長編《資治》。公之執經，十章《衍義》。皤然三公，邁榮軼光。乃不憗遺，而覲先皇。帝憑和軾，愴眺阡岡。勒碑墮淚，西山蒼蒼。

常生謹案：文正公子屬家大人撰碑文，磨石以待。家大人以未大祥，不爲韻語之文，遲寄數十日。公子迫不及待，屬吴學士鼐代家大人爲文刊石。及此文到京，而碑已刊矣。

誥授光禄大夫刑部右侍郎述庵王公神道碑

公姓王，諱昶，字德甫，號述庵。以居蘭泉書屋，學者稱蘭泉先生。先世居浙江蘭谿縣，高祖懋忠，遷江南青浦縣，名在幾社。曾祖之輔，祖瑱，父士毅，皆以公官累贈至光禄大夫、刑部右侍郎。母錢太夫人，以雍正二年十一月二十二日生公。公少穎異，博學善屬文，體貌修偉。弱冠，爲名諸生。侍父疾，居喪盡禮。服除，家益貧，作《固窮賦》以見志。

乾隆癸酉，舉于鄉，甲戌，成進士，歸選班。二十二年南巡，召試一等第一，賜内閣中書、協辦侍讀，直軍機房。洊陞刑部主事、員外郎、郎中。三十三年，以言兩淮鹽運提引事不密，罷職。時緬甸未靖，阿文成公以定邊右副將軍總督雲貴，請公佐軍事，遂至騰越。出銅壁關，擊賊江中，勝之。緬酋乞降，阿公屬公草檄允其降。班師旋永昌，緬甸貢表久未至，復從阿公如騰越。三十六年，温公福代阿公，移師四川辦金川事。奉旨授吏部主事，從温公西路軍進討。温公屬公作檄，斥僧克桑罪，遂克斑爛山，進攻日耳寨。阿公奉詔由北路進兵兼督南路，公復從阿公軍攻克美美卡，以皮船渡水，克小金川，僧克桑遁，澤旺降。進討大金川，阿公奏公無兄弟，母年七十餘，明大義，勖以殫心軍事，今從軍五年矣。得旨陞員外郎。三十八年，至當噶山，山脊絶險，官兵營壘與賊錯處，且雨雪甚。夏，温公兵潰木果木，阿公亦退兵至翁古爾壟。時警報絡繹，詔旨疊至，公力疾叱馬懸厓，日行數百里，夜治章奏文書于礮火矢石之中，無誤無畏。冬，大兵復進據美美卡，攻大板昭，小金川平。補員外郎，擢郎中。復從討大金川，克勒烏圍、刮耳崖。四十一年，三路兵合攻益急，索諾木等率衆投罪，公草露布告捷。于是兩金川地悉平。公在軍中前後九年，每有所攻克輒議敘，凡加軍功十三級，紀録八次。凱旋之日，以戎服行禮，賜宴紫光閣，賞賚優渥。奉旨：『王昶久在軍營，著有勞績，陞鴻臚寺卿，賞戴花翎，在軍機處行走。』秋，擢通政司副使。四十二年三月，擢大理寺卿。四十四年，乞歸，改葬光禄公暨嫡母陸太夫人，依遷葬禮服緦。秋，赴京。冬，授都察院左副都御史。四十五年，授江西按察使，檄府縣力行保甲，禁族祠訟門之習。坐堂皇六十餘日，決獄百餘案。秋，丁母憂，哀毁盡禮。

服除，補直隸按察使，調陝西按察使。奏命盜逃犯宜于定案時速通緝，議行之。逆回田五倡亂，奉命備兵長武。時賊勢張，兵少，公試礮巡城，籍强壯，繕守具，民以無恐。京外大兵皆過長武，用車馬以萬計，公飛書草檄，立辦之。暨乎班師，迄無一誤。河南亂民秦國棟等戕官，奉旨督緝，獲之。五十一年，授雲南布政使。雲南銅政繁，公盡發故籍，著《銅政全書》，示補救調劑之術。五十三年，調江西布政使。五十四年，擢刑部右侍郎。五十八年，乞歸修墓，冬，還京。以病乞休，上鑒其老，允之，諭以『歲暮寒，俟春融歸』。明年歸，名其堂曰『春融堂』。嘉慶元年，以授受大典至京，與千叟宴。四年，純皇帝升遐，復至京，謁梓宫。蒙召見，敕建言，公密封以進，不留草。夏，歸青浦，分賠滇銅，鬻田宅以入官，居于廟廡。朋舊贈遺，盡以刻書。五年，年七十有七，重游泮宫。十一年，年八十有三。五月病瘧，六月初六日病甚，口授《謝恩表》，自定喪禮，屬元撰神道碑文。初七日，雞初鳴，公曰：『時至矣。』遂卒。子肇和，以嘉慶十二年春，葬公于崑山縣雪葭灣年字圩，即公所自營生壙也。公妻鄒夫人祔焉。側室許、陸、黄三孺人亦從葬焉。

公之扈駕巡山東、江、浙也，古帝王、聖賢、名臣陵墓祠廟嘗分遣致祭。己卯、庚辰、壬午順天鄉試，辛巳、癸未會試，五爲同考官，壬子主順天鄉試，皆以經術取士，士之出門下爲小門生及從游受業者二千餘人。又嘗主婁東、敷文兩書院。《欽定通鑑輯覽》《同文志》《大清一統志》《續三通》等書，奉敕與纂修事。又奉敕删定三藏聖教經咒，徧譯佛典，湥于禪理者不及也。前後奉使鞫奏高郵州假印、重徵江陵縣偷減隄工等七案，公正研求，分別虚實。高郵州案，巡撫、府、州竝擬罪。隄工案以知府草率揑飾，劾落其職。公之爲學也，無所不通。早年以詩列吴中七子，名傳海外。初學六朝、初唐，後宗杜、韓、蘇、陸。侍讌賡歌，賜賚稠疊。詞擬姜夔、張炎，古文力追韓、蘇。碑版之文，照于四裔。積金石文字數千通，書五萬卷，所至朋舊文讌，提倡風雅。後進才學之士，執經請業，舟車錯互，屨滿户外，士藉品藻以成名致通顯者甚衆。公治經與惠棟同，淡漢儒之學，《詩》《禮》宗毛、鄭，《易》學荀、虞。言性道則尊朱子，下及薛河津、王陽明諸家。居憂不爲詩文，不就徵聘。生平重倫紀，尚名節，篤棐之誠，本于天性。在軍營，和平簡易。自科爾沁王以下，皆親重之。爲司寇時，與阿文成公爲舊識，他非所契。嘗訓子曰：『《易》言「比之匪人，不亦傷乎」，非匪人之能傷，比者自重其傷也。』公所著書，《春融堂詩》《文》兩集，宏博淵雅，有關于經史文獻，《金石萃編》《青浦詩傳》《湖海詩傳》《琴畫樓詞》《續詞綜》等書，皆刊成。餘若《天下書院志》《征緬紀聞》《屬車雜志》《朝聞録》等書四十餘種，尚待次第校刊之。

元居憂，受公遺言撰碑銘，不敢辭。既除服，乃爲銘曰：

恂于儒者，不達政事。習尉律者，迷誤文字。惟公兼之，經術爲治。荏弱于文，無能即戎。折衝千里，于經鮮通。惟公兼之，乃多戰功。尊漢學者，或昧言性。悟性道者，妄斥許鄭。公兼通之，履蹈賢聖。皇熊疏義，拙于文詞。陸沈藻績，樸學不知。華實竝茂，公亦兼之。公爲君子，篚匪不比。沖澹其神，靖共其位。敭歷中外，進退禮義。公爲名臣，帝嘉厥功。金川磨盾，紫閣弢弓。

獄平政飭，本孝于忠。瞻彼中江，秀鍾峯泖。海内清望，雲間大老。雖不憖遺，亦欣壽考。佳城鬱鬱，葭灣之中。杏歸春雨，蒓起秋風。勒銘無媿，碑樹桓豐。

吏部左侍郎謝公墓誌銘

公姓謝，諱墉，字崑城，號金圃，又號東墅。先世會稽郡人，系出晉太傅廬陵郡公後，遠祖諱琛一，遷嘉善縣之楓涇鎮。曾祖諱元一，祖諱春芳，父諱永煇，皆以孝友文學傳其家，竝因公貴，累贈封爲光禄大夫、吏部左侍郎。

公少穎異，舉止端雅如成人。讀書不忘，究心實學，經史百家，靡不綜覽。乾隆十五年，以優行貢太學。十六年，南巡召試弟一，賜舉人，授内閣中書。十七年，賜進士出身，改翰林院庶吉士，授編修，辦翰林院事。譔翰林院文，與繙書房措詞竝誤，落職。廿四年，獻《平定回部鐃歌》，復原官，在尚書房行走，充起居注日講官。丙子、庚辰順天鄉試，癸未會試，皆同考官，乙酉福建鄉試正考官。洊陞授翰林院侍講，右春坊右庶子，翰林院侍讀學士，内閣學士兼禮部侍郎。以父憂去官。起復，拜前官，授工部侍郎，充經筵講官。卅九年，提督江蘇學政。上東巡狩，時兩金川蕩平，御製告成太學碑文，特賜先睹。于是譔《平定金川説》，得旨嘉奬。四十三年春，調禮部左侍郎，會試知貢舉，吏不敢欺，士皆稱便。秋，充江南鄉試正考官。四十五年，復充知貢舉。調吏部右侍郎，國史館副總裁。冬，吏部有捐復事，公議與大學士阿公不同，上從公議。四十六年，充會試正總裁，殿試讀卷，上擢錢棨爲一甲第一。錢公鄉、會兩元，皆出公門，至是成三元，稱盛事。四十七年，轉吏部左侍郎。四十八年，充江南鄉試正考官，即授江蘇學政。五十一年，旋京，召問時政，公疏言『洪澤湖形勢日淺，昔如釜，今如盤。偏災賑恤，請改本色爲折色銀，由藩司印封給發，以防吏弊』，上諭以『折色不能應饑民之急』。河務命公親往履勘，勘知前奏誤，請議處，奉旨寬免。先是，大學士阿公以公被江南傳聞考試不公、對語嘲誚入告，至是召對訓飭，降補内閣學士兼禮部侍郎。五十四年，京察以前事革職留任。尚書房各官曠課，上以公在内廷久，尤切責，降補翰林院編修。冬，復命在尚書房行走。和詩賜『福』字，恩遇如前。公病濕，上遣太醫院堂官臨治。六十年，得旨『以原品休致』。時公疾日篤，今皇帝暨皇子、皇孫遣中使存問，公尚敬詢起居，伏牀叩首稱謝。四月卒，距生于康熙五十八年九月，春秋七十有七，累階至光禄大夫。

公至性孝弟，居親喪，哀毁骨立。及通顯，每遇晉階，輒以悲繼喜。逢諱日，未嘗不涕泗交頤也。公事貴以禮，待下不驕。大學士傅文忠公以禮聘授館，額駙尚書忠勇公暨文襄王皆沖齡請業。公九掌文衡，而江南典試者再，督學者再。論文不拘一格，皆衷于典雅，經義策問，尤急甄拔。丁酉拔貢科，所選皆孤寒，尤重江都汪中容甫。汪强記博聞，才氣横發，貧困未知名于時，公語人曰：『予之上容甫，爵也。如以學，予于容甫北面矣。』其不惜自貶以成人名如此。公再督學，元始應童子試。公獎勵極力，居公第讀書數年。高郵李進士惇、嘉定錢進士唐、山陽汪侍講廷珍、儀徵江侍御德量、通州胡學士長齡、陽湖孫觀察星衍、甘泉焦明經循、金匱徐孝廉嵩等，識拔不可勝數。是以江淮南北懷經握槧者，靡不服公之學，願得若公其人者再涖爲幸。公所著《安雅堂文集》十二卷，以經史小學爲本。雖心好沈博絶麗之文，而擇言必雅，國家有大慶大功，雍容揄揚，擬諸《雅》《頌》。《安雅堂詩集》十卷，格律凝重，直溯盛唐。東墅少作及存稿《四書義》二卷，典麗獨絶，尤湙文律。《六書正説》四卷，發明三代造字本義，詮證秦、漢諸儒之説，刊正二徐、鄭樵、戴侗、楊桓、周伯琦等謬誤。尤好鐘鼎古文。獨追象形、象事、象意之本，謂許慎篆文乃沿秦石刻結體，校以商周尊彝、岐陽石鼓，則形、事、意三者皆所不及，指微抉奥，令人解頤。形聲、轉注、假借三事，亦博揆《倉》《雅》，出入經訓。故公之爲小學也，依据許氏，而更溯其本。又嘗校正《荀子》楊倞注、《逸周書》孔晁注，合之盧學士文弨所校，鋟板貽學者。

公初娶費夫人，贈一品夫人。繼娶金夫人，封一品夫人。子五：昌鑒，庚寅舉人，蚤卒；恭銘，庚子舉人，丁未進士，改翰林院庶吉士，候選八品京官；揚鎮，欽賜舉人；應鏘，捐職州同知，卒；慶鍾，太學生。女二。孫八：江、宇澄、淮、河、漢、濟、泗、伏保。乾隆六十年十二月二十日，公子恭銘等葬公于嘉善縣四中區藏字圩，夫人祔焉。時元督學浙江，敬勒銘曰：

吴越之間，靈秀所鍾。仁惪之後，必大厥宗。懷毓純篤，實生我公。我公孝弟，禀于幼沖。推以事君，迺克竭忠。帝曰汝才，既博且鴻。用汝于文，黼黻郅隆。臣殫厥學，賡拜禁中。五花書鳳，九章繪龍。其文馘馘，其光熊熊。秉鑑景徹，物無遁容。氣伸雋異，淚感孤窮。士敦經術，皆公之功。惟帝育臣，千石代農。惟帝教臣，協恭和衷。惟帝愛臣，恩周始終。臣形雖阻，精誠尚充。詩書雒誦，子孫其逢。林泉岡道，佳城穹窿。雲飛桓表，日冷高松。矗書漆簡，題湊共封。敬勒貞石，納諸幽宫。

刑部侍郎唐山阮公傳

阮公諱葵生，字寶誠，號唐山，淮安山陽人。先世自明初由清江以武功隸大河衛。七世祖嘉林，宰益陽，舉循吏第一，擢監察御史。曾祖晉，縣學生，與同邑閻百詩應鴻詞徵。祖應韶，監生。父學浩，翰林檢討。兩世皆以公贈通政司參議。公生之夕，父夢客以寶石贈，故小字寶石。六歲就外傅，不好弄。七歲，《孝經》《周易》諸經已成誦。隨父入京師，與弟芝生齊名，有『淮南二阮』之目。

乾隆壬申，舉於鄉，偕弟就學於天台齊宗伯息園。辛巳會試，取中正榜，授内閣中書，充《方略》《通鑑輯覽》兩館纂修官，軍機司員處行走。緬甸不靖，軍書旁午，公入直甚勤。秋，扈蹕木蘭，會京師割辮案起，蔓延各省。公虛心推鞫，日一具奏，大端以爲本無其事，妖言由是漸息。三十六年，補刑部主事。時總理刑部者爲諸城劉文正公，久於樞廷，識公才，告同列曰：『阮某選西曹，總讞事有人矣。』明年，兼雲南司，總辦秋審。三十九年，鞫山東亂民王倫脅從至部者，無枉縱，升員外郎。四十一年，升郎中。時有弟殺兄牛，而兄故殺弟者，議者以爲弟是罪人，兄爲尊長，公判曰：『弟殺兄牛，本非盜賊，兄刃弟頸，實喪天良。』竟抵罪。浙江捕盜船事，有以『内洋』改『外洋』者，大吏均擬絞，公判曰：『法嚴首惡，律重誅心。千總據實報聞，其情輕。都司代改招詳，其情重。概擬絞不可，且非稱與同罪律義。』千總改擬流。又有兄被殺，而父受賂私和，弟首其事，證父以賄，擬徒，公判曰：『爲兄洩憤，手足之誼雖全；陷父充徒，恩義所傷實重。使依前擬，不特父不能無憾於子，子亦何能一息自安？應改子首如父自首例，令其弟代父充徒，則無媿兄弟之義，亦不賊父子之恩矣。』會有議復讐例宜删除者，軍機大臣集議，公撰議稿曰：『查律載：父母、祖父母爲人所殺，子孫不告官而擅殺行兇人者，杖六十；其即時殺死者，勿論，少遲即以擅殺論。細繹律意，登時殺死勿論者，蓋子孫當場目擊怨憤，不惟不暇告官，並不及慮己擅殺，故得勿論。至少遲，則仍是登場目擊怨憤，故予以杖六十。皆原其倉卒不告擅殺之罪也。若既逾時到官，有司不爲昭雪，或勢豪稽誅，兇手詭脱，子孫含憤操戈，乘隙刺殺，則所仇者實爲應抵之人，其所復者亦有應得之罪。但國家明罰敕法，冤無不伸。律文雖載，引此者稀。縱有一二藉口報仇者，然國法已彰，私仇即泯。假如其父之冤既伸，其子即無仇可復，所殺非應抵之人，則於法無可寬之律，擬以謀殺定入情實，原爲罪所應得。至於律文相沿已久，自當仍舊以俟法外之仁，庶幾情與律兩得其平矣。』卒如其議。公之理刑允正，類若此。四十五年，京察一等，改監察御史。部臣以刑名諳習，請留部。會有疾，請假南歸。四十七年冬，入都。先是，部臣奏公名，上曰：『秋審近，當促之來。』及至，補監察御史。十二月，特旨以四五品京堂用，擢通政司參議。五十年，審釋監禁待質之犯，特命專其成。四月，超擢刑部右侍郎。九月，辦秋審平允，復邀褒獎。五十二年，扈從灤河，覆校文津閣《四庫全書》，命和詩三十餘首。時臺灣逆首林爽文執至部，公侍廷鞫，晝夜無少閒，而校書和詩如常。五十四年二月二十一日，以疾卒，年六十有三。

先是，公父修淮安學廟畢，設灑埽，會諸生，日聚一錢，爲修廟資。至公時，錢有餘，公爲置田，名『一錢莊』，立規條二十，以期久遠。在京師，建淮安西館於横街。居鄉，修勺湖草堂，汎舟湖上，歌誦先芬。總漕楊清恪公改置麗正書院於城東，屬公董其事，院成，出藏書數百種，畀諸生讀焉。公性孝友，篤於宗族，尤好獎掖後進。與錢辛楣、程魚門諸君交，京邸設消寒、吟秋兩會，爲詩酒社。平居廉介清潔，門無褋賓。退直後，青鞵布韈，如諸生時。暇則讀書自娱，古文章疏，於宣公、温公、韓、范諸公外，尤愛范忠宣、胡文恭。詩賦出入漢、魏、六朝，而以流麗爲主。晚乃訂其詩文爲《七録齋集》二十四卷，《茶餘客話》三十卷，《阮氏筆訓》《族譜》若干卷。子鍾琦、鍾璟，孫以立、以言。

論曰：公治刑，以明察平允見稱於時。然其神智所開，乃自唐、宋諸賢奏議而來，故能持大體，不爲苛細，公卿之異於刀筆吏者在此。

山東糧道淵如孫君傳

孫君諱星衍，字淵如，江蘇陽湖人。明功臣燕山侯興祖謚忠愍、禮部尚書慎行謚文介之後。曾祖謀，康熙辛未進士，禮部郎中。祖枝生。父勳，乾隆丙子科舉人，官山西河曲縣知縣。君，河曲長子也。君生時，大母許大夫人夢星墜於懷，舉以授母金夫人，比旦而君生。君幼有異稟，讀書過目成誦。河曲授以《文選》，君全誦之。及長，補學生員，與同里楊君芳燦、洪君亮吉、黃君景仁文學相齊。袁君枚品其詩曰：『天下清才多，奇才少。讀足下之詩，天下之奇才也。』遂相與爲忘年交。君雅不欲以詩名，深究經史文字音訓之學，旁及諸子百家，皆心通其義。錢少詹事大昕主鍾山書院，與君講學，又極相重。會陝西巡撫畢公沅以母憂居吳門，起復，聞君名，遂同入關。西安幕府初開，好賢禮士，一時才人名宿踵至，君譽最高。畢公撰《關中勝蹟志》《山海經注校正》《晏子春秋》，皆屬君手定。

乾隆丙午科，大興朱文正公典試江南，文正在都與彭文勤公約曰：『吾此行，必得汪中、孫星衍。』公搜落卷，得其經文策曰：『此必汪中也。』及拆卷，得君名，而汪實未就試。丁未，以一甲第二賜進士及第，授翰林院編修，充三通館校理。己酉，散館，君試《厲志賦》，用《史記》『躹躹如畏』，和相國珅疑爲别字，置二等，引見，奉旨以部員用。故事，一甲進士改部，或奏請留館。時相國知君名，欲君屈節一見。君卒不往，曰：『吾寧得上所改官，不受人惠也。』遂就職。又編修改官可得員外，前此吴文煥有成案，或謂君一見相即得之，君曰：『主事終擢員外，何汲汲求人爲？』自是編修改主事，遂爲成例。補刑部直隸司主事，總辦秋審。君所居，埽室焚香，爲諸名士燕集之所。高麗使臣朴齊家入貢，在書肆見君所校古書，特謁君，爲君書『問字堂』扁，賦詩以贈。乾隆五十六年，轉員外。次年春，扈蹕五臺。越年，扈蹕天津。會大風，御舟阻，上改肩輿至行宫。君約同僚步行卅里，赴宫門辦事，上特賜緞。

五十九年，陞廣東司郎中。相國阿文成公、大司寇胡莊敏公皆器重君，每有疑獄，輒令君依古義平議行。君執法求平，所平反全活甚多。甲有竊主財逾貫，詒其友乙，匿其數以告分金而逸。事發，乙得知情藏匿罪人減等，罪應流。君以爲律稱知情則坐，乙不知滿貫也，應以所知數坐，減問徒。大司寇詰以『乙所言無質証，如獲甲言實告以逾貫，奈何』？君言：『此《名例》所謂「通計前罪，以充後數也」。』乙卒減徒。君又言：『《律文》稱囚者，在繫之名；稱罪人者，犯事在官之名。今或未到官，名之罪人，或藏匿罪人，問擬縱囚，非正名之義。』湖廣有子護嫁母傷人至死獄，勅下法司議。或以嫁母期服，減于母，則護嫁母不得與母同科。君以古者父在爲母亦期，屈于所尊，嫁母服期，因宗子主祭，非謂情當殺也。引宋王博文請封嫁母，又爲行服，謂子無絶母禮。又引唐八座議，凡父卒母嫁，有心喪三年之制，子無絶道故也。護嫁母、出母俱當與母同，議減鬭殺罪。甲有馳車犯乙死者，已當過失殺罪，甲恐以無故馳驟車馬獲重罪，介所知以兼金求免。君曰：『吾不受暮夜金。君罪止過失殺，無爲人所誑也。』甲慚謝去。有孝子爲父報仇，殺縣役，坐死，其父姊控部弟實爲縣役逼斃，請檢尸傷。當道某屬託君，君曰：『吾豈能枉法殺孝子哉！』其持正類此。

五十九年，京察一等。次年五月，奉旨授山東兗沂曹濟道。君以濟陰湯陵，《書》傳所傳即在曹南，其山西榮河湯陵，雖列祀典，實宋以來傳譌之迹。因徧考諸書，據漢崔駰、魏皇覽、晉伏滔『湯陵在濟陰』之説，移山西布政司。並考榮河之陵出後魏小説家言『張恩破陵得銘』，附會殷湯，未爲典要，宜改正，申大府。後君再官東省曹縣，令卒爲修整湯陵廟屋，以祭田奉祀，立碑紀事。嘉慶元年七月，曹南水漫灘潰決單縣地，君偕按察使康公基田築塞之。君鳩工集夫，五日夜，從上游築堤遏禦之，溜歸中（浤）〔泓〕，不果橫決。康公語君曰：『吾治河數十年，未見以決口能即堵閉者。惟曹南之役，吾與君成之，省國家數百萬帑金矣。』時巡撫玉德公調任浙江，上以山東新任按察使張長庚在軍營，不能來東，命新撫伊江阿會同舊撫，舉道員中能勝臬事者以聞，兩撫以君名入奏，奉旨署按察司事。君下車日，以整肅吏治爲己任，親問囚，定爰書，矜慎庶獄。甲與乙有姻，共飲，乙醉，墜火炕，吐燒酒，引火燄灼爛至死，甲醉卧不知。鞫獄，甲以奪壺斟酒，有爭鬬形，擬鬬殺罪。君曰：『甲主乙賓，奪乙壺勸之飲，名奪實讓也。』改甲坐過失殺，出其罪。有婦因姦謀命獄，其婦某家妾，夫遠出，主母惡之，會僕婦死，誣以謀毒，問官，又實以姦夫，言婦淫，主婦令僕婦守之，惡而行毒，已具獄。君鞫婦以某日歸寧，僕婦後二日以子殤，與夫爭忿自盡，出冤婦於獄。囚有共毆人至死過堂呼冤者，自言本縴夫，見所過有衆共毆人，勸止之，不從而去，越數月，邑令始拘訊〔一〕之，酷刑誣服下手毆人。君詰以『衆中有相識者否』？答以『有舅氏某，爲縣役，在旁知狀』。密拘縣役詰之，乃因姦殺人，縣令回護，聽其屬甥認罪，始以鬬殺傷輕，緩其死。上司駁詰，改擬傷重入實。囚知死，乃不承。君告縣官『乃以失察處分枉人命，吾爲子救正陰禍也』。有詬詈婦女致死獄，君以事在一月前，不得謂之忿激，鞫得婦自與夫毆詈自經狀，出生罪。凡權臬七越月，平反數十百條，活死罪誣服者十餘獄，亦不以之罪縣官，云：『縣官實不盡明刑律，皆幕僚誤之也。』山左風氣爲之一變。君又以先儒伏生承秦蔑學之後，壁藏《尚書》，唐、虞、三代載道之文得以不絶，鄭司農康成箋注《易》《詩》《書》《禮》《論語》《孝經》，可比七十子身通六藝，皆宜建立五經博士。後大吏奏請，鄭被駁而伏准行，其議實自君發也。濰縣有武人犯法，挾厚力求脱，令

〔一〕訊，甲戌續刊本作『卂』。

不可干，因賄通和門屬託大府。君訪捕鞫之，械和門來者於衢。巡撫奏言河防任重，宜令君回本任，上俞之。君回兖沂曹濟道任時，各屬感君廉正却陋規，相率斂費贈君，君不納。五月，赴工。秋，江南豐工及山東曹工同時漫溢，君以無工處所得疏防咎，大府加之嚴議，上以兼管官，特予留任。君外補時，有勸加級以防降調者，君曰：『吾安命。』故事，道員嚴議無特旨予留者，蓋異數云。曹工分治，引河三道，君與濟東道、署登萊道各治二十里，君所治中段廣深中程。君察弊嚴，不煩擾，不染指，畢工，校上下段引河共省三十餘萬兩，官民比他處得蘇息。凡河工堵築決口，須于將合龍時放引河，則水疾下而無停淤。時隄未大塞，而巡撫欲放引河，康河帥力止之，不得。既放水，河盡填淤，于是又抽溝，而曹工遂不能合矣。四年二月，大府奏稱君『熟習刑名，操守廉潔，辦理地方事務皆裕如，惟河務非其所長』，請以君留補地方道，奉旨允準。先是，河工分賠之員，或得羨餘，謂之扣費。君不取，悉以給引河工費，仍取領結存庫。是時曹工尚未合，河道總督、巡撫亟奏合龍，移君任，尋又奏稱合而復開，開則分賠，兩次壩工，銀九萬兩，當半屬後任，而司事者并以歸君。君亦任之，曰：『吾無寸椽尺土，然既兼河務，不能不爲人受過也。』六月，君丁母金夫人憂，歸里，僑居金陵祠屋。六年四月，元撫浙，建詁經精舍於西湖之濱，選督學時所知文行兼長之士讀書其中，與君及王少司寇昶迭主講，命題課業，問以經史疑義，旁及小學、天部、地里、筭法、詞章，各聽搜討書傳，條對以觀其器識。諸生執經問字者盈門。未及十年，而舍中士登巍科、入館閣及撰述成一家言者，不可勝數。君澹於宦情，又以大母老，是以服闋後遊吴、越間數年，終以追河工賠項急，不得已，再出。

九年，至都，吏部奏請，奉旨仍發山東，以道員用。十年，委署登萊青道，補山東督糧道。十一年，許太夫人卒，君哀慟過禮，乞假三月，委知州代行公事。山東衛河經臨清閘口，夏秋水漲，高於閘内之汶水即閉閘，謂之悶口，糧艘阻滯。君知德州哨馬營及恩縣四女寺，舊有兩支河合流入老黄河，即鉤盤、鬲津故道，經樂陵至海豐入海，請開濬以洩衛水異漲。德州舊設滿營駐防官兵五百口，一口爲一户，增至二千七百餘口，而額餉無可加。每年例支道倉米七千八百餘石，内有折色米三千餘石，每石支銀一兩，糧價昔賤今貴，折色不敷半石之數，官兵日苦累。道倉支剩餘米歷年運交通倉者，官丁運費共需米銀二千餘兩。君請以存給官兵本色，除折色，不獨恤滿兵，又省運費，皆准行。十二年六月，署布政司印，值部使廣少司寇興在省按章，供張煩擾，君愼守帑項，不肯妄支。事竣北行，君獨無所餽。後廣以賄敗，豫、東兩省以支庫獲罪者衆，君不與焉。十三年，君督運北上，隨漕入覲，請訓。上知君甲第，及詢在部在東年月畢，面陳乞假三月，省迎老父于江南，上允行。秋至江寧，與族人置田爲孫子祠，肖孫子及齊將臏象，又擇祠西鐵佛庵廢屋故阯，爲許太夫人建旌節專祠。十月，始回任。自郯城取道費縣，訪季桓子，得羵羊井銘於縣署，又屬縣令訪曾點南城葬處及澹臺子羽墓，立碑季桓子井上。君官兖沂道暨權按察時，嘗考《太平寰宇記》先賢閔子墓在范縣東，知今所傳在歷城者，爲後世之誤，曾檄縣令訪求遺墓。迨嘉慶八年，再至東省，以察賑按行范縣之墓所在，會河溢，不能詣謁。及官糧道，忽夢浚井出古丈夫，布衣泥塗狀，自稱閔子，覺而異之。因出貲屬縣令訪視廢墓，中禁採樵。華亭唐晟宰是縣，以修祠堂門垣栽種柏樹申報，乞君爲文紀事，並訪義士左伯桃、羊角哀墓於縣之義城寺東，乞君考其事，以存志乘。十六年七月，君引疾歸。

十九年，應揚州阿鹽使聘校刊《全唐文》。二十一年，主講鍾山書院。先是，君父陽曲以君貴，封中憲大夫，又加封通奉大夫。君早年文辭華麗，繼乃沈潛經術，博極羣書，勤於著述。性喜獎借後進，所至之地，士争附之。又好聚書，聞人家藏有善本，借鈔無虚日。金石文字搨本、古鼎彝、書畫，靡不考其源委。其所爲文，在漢魏六朝之間，不欲似唐宋八家，海内翕然稱之。君嘗病《古文尚書》爲東晉梅賾所亂，官刑曹時即撰集《古文尚書》馬、鄭、王注十卷及逸文三篇。歸田後，又爲《尚書今古文注疏》卅卷[一]，蓋積二十餘年而後成，其精專如此。其餘撰集有《周易集解》十卷、《夏小正傳校正》三卷、《魏三體石經殘字考》一卷、《倉頡篇》三卷、《孔子集語》若干卷、《史記天官書考証》十卷、《寰宇訪碑録》十二卷、《平津館金石萃編》二十卷、《孫氏家藏書目内編》四卷、

[一]『尚書今古文注疏卅卷』九字，甲戌續刊本作『尚書古今文義疏□卷』。

《外編》三卷、《續古文苑》二十卷、《問字堂文稿》五卷、《岱南閣文稿》五卷、《五松園文稿》一卷、《平津館文稿》二卷、《古今體詩》若干卷，其所校刊者有《周易口訣義》六卷、《尚書考異》五卷、《春秋釋例》十五卷、《孫子十家注》十三卷、《元和郡縣志》四十卷、《景定建康志》五十卷、《唐律疏議》三十卷，其餘篇簡小者，不可勝數。

君以嘉慶二十三年正月十二日卒於江寧，距生於乾隆十八年九月初二，得年六十有六。君妻王夫人名采薇，工詩善書，早卒。君訂其詩爲《長離閣集》。君初以弟星衡子簝爲子，後君側室金氏又生子廞，俱幼。

元與君丙午同出朱文正公之門，學問相長，交最密。知君性誠正，無僞言僞行，立身行事皆以儒術，廉而不刻，和而介，屢以諤諤者不獲乎大府。于其卒也，海内學者皆悼慕之。元爰爲傳，且贊曰：

君爲儒者，亦爲文人。以廉爲孝，以直爲仁。執法在平，布治以循。測學之海，得經之神。人亡書在，千載常新。

循吏汪輝祖傳

君姓汪，名輝祖，字焕曾，號龍莊，晚號歸廬，浙江蕭山人。父楷，官河南淇縣典史，娶方氏，無子，側室徐生君。方卒，繼娶王。君生十一年而孤，王與徐撫且教，世稱汪氏兩節母。君才識開敏，年十七，補縣學生員。練習吏事，前後入諸州縣幕，佐人爲治，疑難紛淆，一覽得要領。尤善治獄，平情静慮，侔境揣形，多所全活，以其暇讀書。

年三十九，舉於鄉，又七年，成進士。需次謁選，得湖南永州府寧遠縣知縣。縣雜猺，俗積逋而多訟，前令被訐去，攝者政姑息，黠者益伺間爲挾持地，流丐强横勢洶洶。君下車，即掩捕其尤，而驅餘黨出境。徵賦期迫，君用書告民，剴切誠至，民讀之，慚且感，相戒無負好官，不逾月而輸賦足額。治事廉平，尤善色聽，剖條發藴，不爽輕重。及其援据比傅，惟義所適。律之所窮，通以經術。所決獄辭，不可殫述。人藉藉頌神明，而君益欿然。聽辭畢，輒問堂下觀者曰：『允乎？』僉曰：『允矣。』遇罪人當予杖，呼之前曰：『若律不可逭，然若受父母膚體，奈何行不肖虧辱之？』再三語，罪人泣，君亦泣，或對簿者反代請，得保全去，卒改行爲善。延見紳耆，問民疾苦，四鄉廣狹肥瘠，人情良莠，皆籍記之，然後教民多種殖、知禮讓、惜廉恥。誡昏禮之費，而民知儉；禁喪禮之酒，而民知哀。鄙僿之俗，翕然丕變。歲以大稔，復行鄉飲酒賓興禮，祭建節孝祠，行保甲，政聲大播。他邑有訟，聞移君鞫之則喜。寧遠當食淮鹽，而鄰境多食粤鹽，淮鹽直數倍于粤，民多食粤私。大府遣營弁微服偵捕，人情惶擾，君爲帖白上官，請改淮引爲粤引，久之未報，君引例張示諭民『零鹽不及十斤者聽』。偵弁謂君故縱私，聞於總督。君復揭辨，謂縣官當綏靖地方，張示諭民，勢非得已。揭上，總督鎮洋畢公沅大嘉賞，立弛零鹽之禁。時偉其議，稱『莽知縣』云。官寧遠未及四年，以足疾自劾免。時大吏已疏調君善化，疑君詭疾有所避，竟坐是奪職。歸，民空邑走送境上，老幼泣擁，輿不得行。

君歸里，值西江塘告險，塘關數邑田利，巡撫覺羅公長麟、吉慶，先後遣官勸君董其事，不獲辭。興事任工，初定費錢二萬八千九百緡，用君議，增工倍之，而省錢六千三百餘緡，工用堅實。君一渡江謝巡撫，歸而閉户，積書數萬卷，不問外事。暇輒手自讎校，以譔述課子孫。嘉慶元年，詔舉孝廉方正，邑人以君應，君辭。君少尚志節，老而愈厲，持論挺特，不可屈撼，而從善如轉圜。嘗自謂生平得力在『喫緊爲人』四字，故其自治汲汲孳孳，不予以暇。性至孝，痛父早歿，兩母孤苦，撫已成立，撰父母行狀，乞天下能文章者，以没身爲期，凡傳、誌、銘、誄、賦、詩數千百篇，彙爲《雙節堂贈言集》，多至六十二卷。自以孤子所繫甚重，故終身於守身之義凜凜自防，罔敢隕越。官私一介不取，而不以所守自矜。有譽之者，君怫然曰：『爲淑女蹇修而稱其不淫，可乎？』爲文質而有法，詩寄興深遠。尤邃於史，留意名姓之學。讀書貴通大義，凡所論述，期實有濟於用。所交多老宿，以道誼文章相切劘。所著書有《元史本証》五十卷、《讀史掌録》十二卷、《史姓韻編》六十四卷、《九史同姓名畧》七十二卷、《二十四史同姓名録》一百六十卷、《二十四史希姓録》四卷、《遼金元三史同名録》四十卷、《龍莊四六稿》二卷、《紀年草》一卷、《獨吟草》一卷、《題衫集》

三卷、《辛辛草》四卷、《岫雲初筆》二卷、《楚中褉詠》四卷、《歸廬晚稿》六卷、《汪氏追遠録》八卷、《越女表微録》七卷、《善俗書》一卷、《庸訓》六卷、《過眼録》二卷、《詒穀燕談》三卷。其尤著者,有《學治臆説》四卷、《佐治藥言》二卷。

嘉慶十二年,年七十有八卒。子五人:長繼芳,丙午舉人;第四子繼培,乙丑進士,吏部主事。

論曰:天下雖大,州縣之積也。州縣盡得孝廉者治之,則永治矣。余讀《學治臆説》《佐治藥言》,未嘗不掩卷太息,願有司之治若汪君也。余撫浙,嘗行其書于有司。權撫河南,復刊布之。士人初領州縣,持此以爲治,雖愚必明,雖柔必强。是故學與仕合濟于實用,其道易知,其迹易由,其事盡人能之,而其業亦終身莫能竟。君,循吏也,然孝子也,廉士也。嗚呼,良吏之所以必舉于孝廉者,觀于汪君,其效不益可覩哉!

蔣士銓傳 子知廉

蔣士銓,字心餘,一字苕生,號清容。王昶《蔣君墓志》。其先爲錢氏,自浙江長興遷江西鉛山,始姓蔣。翁方綱《蔣君墓志》。父堅,有奇節。袁枚《蔣君墓志》。士銓生四歲,母鍾授以四子書及唐人詩,王昶《蔣君墓志》。斷竹篾[一]爲波磔點畫，攢簇成字教之。十一，父縛之馬背，遊太行。金德瑛《忠雅堂文集序》。讀鳳臺王氏藏書，王昶《蔣君墓志》。冠而歸。金德瑛《忠雅堂文集序》。補縣學生，學政以『孤鳳皇』稱之。王昶《蔣君墓志》。士銓天稟英絶，有覽輒記，握筆如天馬怒馳，超塵絶迹。

丁卯，舉於鄉。甲戌，考授中書。丁丑，成進士。入翰林，散館第一，授編修。居官八年，乞假養母。歷主講蕺山、崇文、安定三書院，灑然有終焉之志。士銓初入京師，才名藉甚。裘文達薦士銓與彭文勤江右兩名士，以故上屢問士銓，賜文勤詩并及士銓名。士銓感上恩，袁枚《蔣君墓志》。母没，服終入京，引見，以御史用。旋患風痺，還南昌。士銓長身玉立，眉目朗然，嶔崎磊落，遇忠孝節烈事，輒長歌紀之，凄鏘激楚，使人雪涕。王昶《詩話》。生平無遺行，志節凛凛，以古丈夫自礪。金德瑛《忠雅堂文集序》。遇不可於意，雖權貴，幾微不能容。其胸中非一刻忘世者，趨人之急，若鷙鳥之發，恩鰥寡耆艾無所靳。袁枚《蔣君墓志》《藏園詩序》。詩、古文、詞負海内盛名，王豫《羣雅集小序》。而最擅長者莫如詩。當其意緒觸發，如雷奮地，如風挾土，如熊咆虎嘷，鯨呿鰲擲，山負海涵，莫可窮詰。古詩勝於近體，七古又勝於五古，蒼蒼莽莽，不主故常。如昆陽大[二]戰，雷雨交作，又如洞

[一] 篾，底本誤作『蔑』，據甲戌續刊本改。
[二] 大，甲戌續刊本作『夜』。

庭君吹笛，海立雲垂，實足開拓心胸，推倒豪傑。王昶《蔣君墓志》。高麗使臣餉墨四笏，求其樂府以歸。袁枚《蔣君墓志》。卒年六十一，王昶《蔣君墓志》。所著古文、詩若干卷、《銅絃詞》二卷、填詞九卷。袁枚《蔣君墓志》。

士銓長子知廉，字修隅，由拔貢生就四庫館謄録，議敘州同知，署山東臨清州州同。遇秋雨水灾，奉旨振濟。知廉親履勘，乘小艇，霜行草宿者三旬，得水腫疾，吟五言絕句四章而卒，年四十。有《弗如室詩集》，梁同書《蔣修隅墓志》。詩得家法。吳照《樂府》。

常生[一]按：此用國史《儒林傳》集句之法纂之，以備編《文苑傳》料者也。

[一] 生，甲戌續刊本作『山』，誤。

揅經室二集卷四

壯烈伯李忠毅公傳

李忠毅公名長庚，字西巖，福建同安人。曾祖思拔，祖宗德，父希岸。公生而倜儻警敏，甫入塾，即弄筆書『天生我材必有用』七字。性至孝，母喪既除，益讀書，習騎射。乾隆辛卯科武進士，藍翎侍衛，屢扈蹕。乾隆四十一年，年二十六，補浙江衢州都司，累遷提標遊擊、太平參將、樂清副將。

林爽文亂臺灣，閩中求良將於浙，提督陳大用以忠毅應，遂入閩。護海壇鎮總兵掩捕南日湄洲之賊數十人，餘黨解散。會鄰海有民船被盜，誤指海壇者，被參革職。忠毅出家財募鄉勇，率子弟操舟出擒盜首林權等數十人，又擊盜陳營於大岞。盜善火器，忠毅迴舟據上風，以長竿繫月鐮，斷其帆繚，須眉皆燎，躍入盜船，斬獲以歸。福郡王平臺灣歸，加禮善遇之，檄郡縣曰：『李某用火藥，所在支與之。』海盜林明灼、陳禮禮等入浙，戕參將張殿魁，總督屬忠毅捕之，遂獲之。奏功，以遊擊起用。五十五年，署銅山參將，選鋒自隨，作商人裝，屢獲賊。明年，丁父憂去官。五十九年，補海壇遊擊，仍留銅山。六十年，安南夷艇始入閩，閩人驟駭。忠毅以小船入擊，之三澎救商船，賊舍商拒兵，忠毅麾兵伏船内，待賊礮盡，過賊，東發一礮，碎其舟。餘盜夜相逼，公計寡不敵，乃以八船首尾絙爲一，詰旦，賊東來，則以東一舟應之，至八，西來亦如之，迴環至暮，賊乃去。嘉慶二年，授澎湖副將、定海鎮總兵。純皇帝召見，諭曰：『汝勤于捕盜，故有此授。』三年，至定海，時定海累更盜患，艇夷登岸，劫擄婦女。官士嬰城，至是始有所恃。夏，擊盜于衢港，窮追入山東界，獲之。秋，攻盜于普陀。明年秋，擊盜于潭頭，皆斬獲無算。秋，閩盜鳳尾引夷艇入浙，共百餘艘。忠毅追擊至温州，沈其一艇。守備許松年等三船困于賊，忠毅返舟入賊圍，救出之，窮追至廣東甲子洋，遇蔡牽，再擊之。

總督玉德、巡撫阮元奏其事，奉旨：『李長庚奮勇，爲賊所畏懼。此次追剿，洋面風濤，亦不得不稍爲持重。李長庚爲傑出之員，總宜用于要處，弗令往返奔波，徒勞無益。』復奉旨賞戴花翎。五年五月，至寧波，與巡撫阮元、提督蒼保議造大艇船三十，以攻夷盜。六月，夷盜大小七十船復入浙。阮元謂：『賊多，非會剿不可。會剿，非有謀勇者爲統帥不可。』于是奏以忠毅爲總統，得旨允行。忠毅既統水師，遂條申軍令曰：『一、定海鎮船居中軍，用黄旗，總領用五色方旗；黄、温二鎮居左，用紅旗，總領用五色尖旗；閩鎮居右，用白旗，總領用五色尖旗。一、中軍船晝行插五色旗，夜懸三燈，將領二燈，弁兵一燈。中軍船起頭篷之後，掌進號一次者，紅旗行；二次者，白旗行；三次者，黃旗行。一、遇賊船，無論何鎮，先見者即插本色旗，使後船見之，仍視中軍所持五色方旗所指，前後四方隨指追攻，若中軍掛五色旗于大篷者，收兵。一、各鎮雖分三色旗，又于本色旗心黏他色，以別其隊，何隊犯令，即罪其領隊者。一、中軍船高插五色旗者，收𦉢。夜，中軍船放火號三枝，各總領二，弁兵一，亦收𦉢。支更譙警，夜見有外船近者，鳴金。一、陣，各船互傳見，盜近乃擊之，毋遠而亂。若收𦉢旋須行者，中軍插三色旗，各船毋放杉板船入海。一、遇大盜，宜安靜，前後左右以旗進退之，遲者、亂者按以軍法。既追盜，盜返篷擊我，我毋避。如有船陷賊，本隊遲救者，罪其長。一、追捕遇無風時，必加櫓，若心怯將篷或鬆或緊者，罪之。前船若速，必回待後船，後船不加速，而亦回住者，罪之。一、泊舟，各總領船插黑旗，禁縱兵上岸。一、中軍傳將、備出黃旗，傳千把、外委出藍旗，傳隊目、柁工出紅旗。一、兵船獲盜船，以盜賊物爲賞。兵船過礁門必魚貫，爭先者罪舵工。」

六月，安南夷艇、鳳尾盜六七千過閩入浙，逼台州、松門，將登岸。巡撫阮元勒兵于太平、松門擊之。二十二日，忠毅率師至海門，將會黃巖鎮，謀攻取。夜，颶風起，明日風益甚，盜船覆溺于松門外，僅餘二三船漂出外海，海門兵船亦多損。忠毅船隨潮溢入田，挂木而止。賊在松門據破船及泅水登岸者，黃巖鎮率松門兵縛桴，合水陸，悉攻俘之，獲安南四總兵印及僞爵侯倫貴利，磔之。

又獲安南王勅，擲還安南，自是夷艇不復入浙海。秋，忠毅以夷寇雖滅，閩盜尚有水澳、蔡牽，乃修船往來閩、浙間，屢獲劇盜李出、丁郭、林俊新、楊烏、李車黑、陳帖、李廣、高英等船。冬，擢福建水師提督。總督玉德以忠毅福建人，奏請迴避，奉旨調浙江提督。六年，新艇成，忠毅入閩，駕歸浙。初，阮元以造艇銀鉅萬全付忠毅，曰：『船乃兵將所寄命，文官不善于工，請公自造之。』忠毅曰：『公不疑我，我當任之。』命守備黃飛鵬及族人賫銀入閩造艇。至是艇成，名曰『霆船』，最堅壯，加以大礮，兵威大振。夏，擊蔡牽于岐頭、東霍等洋，擒獲甚夥。七年春，獲盜張如茂船于浙潭頭，獲徐業船[一]于閩東滬。是時水澳等賊以次殄滅，海盜畏霆船，勢頗戢。八年正月，蔡牽匿定海北，忠毅以舟師掩至，牽僅以身免，追至閩，糧藥盡，篷索朽，遣其黨干道員慶徠乞降于總督。總督不虞其詐，招撫之。牽又言：『果許降，勿令浙兵由上風來逼我。』總督調浙兵居下風，牽以其間，繕器備物，揚帆去。總督大怒，趣浙兵擊之，已無及矣。十一月，擊牽于三沙，沈其船一，牽北竄，蹙之于温州南麂，奪其船二，沈其一，焚其一，斬獲無算。是年，兼攝定海鎮，凡十閱月。蔡牽畏霆船，厚賂閩商，更造船之大于霆者，令商載貨出海濟牽用，商歸岸，僞報被刼。牽得大船，遂能渡橫洋、渡臺灣。九年夏，刼臺灣米數千石。及大橫洋，臺灣船會閩、粤間，盜朱濆斷糧，牽分

[一]『浙潭頭獲徐業船』七字，底本原爲空白，據《文選樓叢書》本、甲戌續刊本補。

米餉之，遂與濆合，八十餘大船，猝入閩海。温州總兵胡振聲以二十四船入閩運船工木，總督遽檄振聲擊之。振聲陷于濆，死之，賊勢甚熾。六月，玉德、阮元會奏，請忠毅總統閩、浙水師，以温州、海壇二鎮爲左右翼，專捕蔡牽。秋，牽、濆同入浙。八月，追及之于馬蹟。牽、濆結爲一陣，忠毅督兵衝貫其中，盗分東西竄，逐至盡山，沈其二船，斃牽船盗數十人，俘餘船五十餘人，終以牽船高未獲，遁去。牽責濆不用命，濆怒先返，自是牽、濆始分，牽亦少衰。忠毅建議禁商造大船，無爲盗賫。十二月，濆結粤盗伺金、厦，忠毅擊走之，奪其船二於甲子洋。牽擾臺灣，奉旨調福建水師提督，責捕牽。

十年夏，牽由臺入浙，忠毅擊之於青龍港。阮元奏浙江提督孫廷璧不諳水師，奉旨復調忠毅爲浙江提督。九月，被風于盡山，所部船多損。冬，牽聚船百餘，復擾臺灣，結陸路無賴萬餘人屯洲仔尾，沈舟塞鹿耳門，阻官兵。十二月，忠毅至臺，不得入，然分力回拒忠毅，以故臺灣府城得不破。時南北汕、安平、大港門三處尚通小船，忠毅扼之，别以小澎船五十，令金門總兵許松年、澎湖副將王得禄進攻之，焚獲三十餘船，盗千餘人。十一年正月，忠毅令許松年進柴頭港，自領兵截港外，松年、得禄水陸夾擊之，焚獲甚夥。二月朔，令松年夜入洲仔尾，登山焚其寮，大船盗至鹿耳門者掩至，忠毅别遣將以火攻船，從南汕出其後燒之，松年進蹴之，焚斬無算。二日，復登岸擊陸賊，以火焚其小船，尸横七八里。賊大敗，棄洲仔尾，困守北汕内，僅餘五六十船。七日，東風，大潮驟漲，鹿耳門所沈舟漂去，賊奪門出。忠毅追擊之，奪其船十餘，而牽竟遁去。詔奪公翎頂，立功自贖。四月，牽、濆在福寧，追擊之。牽入浙，又擊之于台州。八月，擊之于定海漁山。忠毅專擊牽舟，牽瓦石火器雨下，公額、身皆受傷，牽復遁去。詔：『賜還頂戴，果擒渠，許錫世職。』九月，擊牽於閩之竿塘，獲牽姪蔡添來。十二月，擊牽于温之三盤，多所斬獲。

初，忠毅與阮元同志氣，十年，元欲造更大于霆船之大船，寓書忠毅，旋以父喪去官。忠毅言于總督，請造之，總督阻之。牽自鹿耳門遁入内海，甚狼狽，篷柁皆毁。四月，至福寧，得岸奸接濟，易新篷，勢復張。忠毅皆列狀奏聞，上切責閩文武官，逮總督，以阿林保爲總督。阿林保初至閩，閩官交譖公，阿林保密劾公因循逗遛，捏報斬獲，奏五上。上以問浙江巡撫清安泰，清安泰辨之。九月，奉上諭云：『本日清安泰奏到「查明李長庚在洋捕盜並無因循懈玩」一摺，所奏甚屬公正。阿林保前此密參李長庚「因循怠玩種種貽誤，請將伊革職治罪」，朕覽該督所奏，即覺不愜。阿林保身任總督，原不能無參劾之舉，但伊到任不過旬月，地方公事一切未辦，海洋情形素未熟悉，而于李長庚更從未謀面，輒行連次參奏，專以去李長庚爲事，殊屬冒昧。是以降旨，令清安泰秉公詳查，俟奏到時，再行核辦。而本日據清安泰覆奏，則稱李長庚帶領兵船經過海口，並未回署。清安泰曾于致阿林保信中，將其兩年在外公爾忘私之處敘及，特阿林保尚未接到耳。又據稱海船若不勤加燂洗，則船底苔草蜃蟲粘結，輒駕駛不靈，故隔越兩三旬，即須傍岸燂洗。李長庚收船進港，委非無故逗遛，而李長庚所獲李按，實係蔡牽夥黨，俱經審明確鑿，並無捏報斬獲情弊。並據另片奏稱，八月十六日李長庚帶兵圍攻蔡逆坐船一事，將盜船燒沈二隻，斃賊無算，生擒七名。不但李長庚身受多傷，即黄飛鵬亦被砲彈擲傷腰腿，又官兵受傷者一百四十餘人。清安泰又轉詢黄飛鵬、何定江二人，亦均稱李長庚實在奮勇，並無怠玩等語。是阿林保前此參奏李長庚之處，均係捕風捉影，全屬子虚。設朕誤信其言，不加詳察，即照阿林保所奏辦理，則李長庚正當奮不顧身爲國殄賊之際，忽將伊革職拏問，成何事體？豈不令水師將弁寒心？試問水師中有過於李長庚者乎？阿林保未見確實，任意糾彈，殊屬冒昧。朕又不昏憒糊塗，豈受汝蠱惑，自失良將耶？李長庚平日既無逗遛恇怯情事，此次在長途洋面痛剿蔡逆，身先士卒，躬受多傷，實爲認眞出力。朕已特降恩旨，先行賞還頂戴，以示奬勵，并將勦辦蔡逆一事，責成該提督勉以成功。李長庚感激朕恩，既知責無旁貸，自必倍加奮勉。兵船在洋捕盜，全在地方官協力幫助，文武和衷，方克有濟。從前玉德在閩浙總督任多年，于李長庚兵船勦賊之時，事事掣肘，如所需火藥、砲位、船隻、兵米等事，不能應手，而于盜船接濟之路，又不爲之嚴行杜絶，以致兵船日形匱乏，盜船駛竄自如，追捕不能得力。此等實在情形，朕皆洞悉，是以將玉德革職逮問。今兵船正當勦捕喫緊之際，若阿林保尚不知以公事爲重，屏除私見，猶復輕聽人言，罔恤公論，甚至因此次參奏李長庚不能遂意，因而挾私逞忿，心存嫉忌，遇事掣肘，使其不能成功，以致蔡逆逋誅，海疆貽誤，則阿林保之罪甚大，玉德即伊前車之鑒。朕惟執法懲辦。是此時李長庚不至革職治罪，而阿林保不知改悔，轉恐不免矣。阿林保著傳旨嚴行申飭，並諭温承惠、清安泰知之。』

十二年春，忠毅追牽入粤，擊之于大星嶼。四月，擊粤盜鄭一于佛堂洋，獲其二艇。七月，請回寧波辦軍政，詔飭之。八月，即出海。十一月，擊牽于閩之浮鷹。十二月，率福建水師提督張見陞等追牽入粤海。廿五日質明，至黑水外洋，牽僅存三舟。忠毅以浙江親軍專擊牽一舟，夥賊甚夥。又自以火攻船挂牽船，將成擒，忽賊發一小礮，適中忠毅喉，忠毅遽殞。閩帥張見陞本庸懦，又窺總督意，頗不受提挈，及是遠見總帥船亂，遽率舟師退。牽乃遁入安南夷海中。阿林保以其事聞，上震悼，哭之，廷臣亦哭。詔曰：『浙江提督李長庚宣力海洋，忠勤勇幹，不辭勞悴，懋著威聲。數年以來，因閩、浙一帶洋盜滋事，經朕特命爲總統大員，督率各鎮舟師，在洋剿捕。李長庚身先士卒，鋭意擒渠，統兵在閩、浙、臺灣及粤省洋面往來跟剿，艱苦備嘗，破浪沖風，實已數歷寒暑。每次趕上賊船，無不痛加剿殺，前後殲斃無數，擒獲盜船多隻。蔡牽亡魂喪膽，畏懼已極，聞李長庚兵船所至，四處奔逃。正在盼望大捷之際，乃昨據阿林保等奏到：「李長庚于上年十二月二十四日，由南澳洋面駛入粤洋追捕蔡牽，望見賊船祇剩三隻，窮蹙已甚。官兵專注蔡逆，窮其所向，追至黑水洋面，已將蔡逆本船擊壞。李長庚又用火攻船一隻，乘風駛近，維住賊船後艄，正可上前擒獲。忽暴風陡作，兵船上下顛播，李長庚奮勇攻捕，被賊船礮子中傷咽喉額角，竟于二十五日未時身故。」覽奏爲之心摇手戰，震悼之至。朕于李長庚素未識面，因其在洋出力，疊經降旨褒嘉，並許以奏報擒獲巨魁之時，優予世職。李長庚感激朕恩，倍矢忠藎。不意其功届垂成之際，臨陣捐軀。朕披閲奏章，不禁爲之墮淚。李長庚辦賊有年，所向克捷，必能擒獲巨憝。朕原欲俟捷音奏到時，將伊封授伯爵。此時李長庚雖已身故，而賊匪經伊連年痛剿之後，殘敗已極，勢不能再延殘喘，指日舟師緊捕，自當縛致巨魁。况李長庚以提督大員總統各路舟師，今歿于王事，必當優加懋賞，用示酬庸。李長庚著加恩追封伯爵，賞銀一千兩經理喪事，並著于伊原籍同安縣地方官爲建立祠宇，春秋祭祀。其靈柩護送到日，著派巡撫張師誠親往同安，代朕賜奠，并查明伊子現有幾人，其應襲封爵，候伊子服闋之日，交該督撫照例送部引見承襲。其李長庚任内各處分，著悉予開復，所有應得卹典，仍著該部察例具奏，以示朕篤念勞臣恩施無已至意。』部臣以伯爵請，得旨：『李長庚著封三等壯烈伯，承襲十六次，襲次完時，給予恩騎尉，罔替。其卹賞銀，著再給四百兩，全祭葬。賜謚忠毅。』忠毅無子，以族子廷鈺爲後，襲爵。

忠毅治兵有紀律，恩威兼施，諸盜皆畏之，爲之語曰：『不怕千萬兵，但怕李長庚。』海盜沈振元自言爲盜時，泊浙海，夜夢公至，一夜數驚，遂革心投誠，爲水師健弁。公家故豐，悉毁于兵事。好讀書，究韜略，爲詩古文。修寧波學宫，置義塚，爲粥食餓民，士民皆感之。忠毅舉武科會試，即航海入天津，識海中形勢。及在水師，識風雲沙線，自持柁，老于操舟者不及之。在兵船，緘所落齒寄其妻吴，蓋以身許國，慮無歸櫬也。閩健將許松年、王得禄等皆公所薦拔者。朱濆後爲許松年礟所斃，其弟渥率衆降于閩。十四年，阮元復任浙撫。八月十八日，福建提督王得禄、浙江提督邱良功始共殲蔡牽于温州黑水洋。

朱勇烈公傳

公姓朱，諱射斗，字文光。先世居山西洪洞。曾祖鴻應，徙貴州貴筑，家焉。祖繼昌，諸生。父成林，貴州茘波營把總。皆以公貴，贈武顯將軍。茘波殁，兄弟三人奉母歸貴筑。公就傅讀書，復棄學入營伍以孝養，且自樵采以佐甘旨。

乾隆三十二年，以安順府提標後營從征緬甸，功拔外委，從征小金川、大金川、古噶、崟拉噶等處，屢立戰功。歷官川北平遠協把總，貴州新添營千總，賞戴藍翎，茘波營守備，湖北施南協都司，襄陽鎮右營遊擊，廣西賓州營參將，貴州平遠協副將，賞戴花翎。公沈毅果決，臨敶敢戰。自初隨征，即爲阿文成公所識拔。計金川平，經大小一百八十八戰，身帶九傷，殺賊無算，敓碉樓十二所，器械無算，領積功劄十三次，傷賞銀百六十兩。五十年，簡授湖南鎮筸鎮總兵，調雲南。普洱鎮爲極邊要隘，民苗雜處，私販偷越，最爲邊害。公按時巡察，撫綏得宜，民無越畔。五十七年，從征廓爾喀。冬，奉旨補授福建福寧鎮總兵。明年，調四川川北鎮。六十年，征苗，攻黨槽三家廟，多斬獲，克龍角硐北面山梁。

嘉慶元年，克火麻營大山，克黄土坡，賞蟒袍一襲。又克平隴，破貴魚坡，斬首逆巢穴石隆寨要路，梟首逆石柳鄧，賞『幹勇巴圖魯』名號。明年，苗疆平，撤師回川北。達州邪匪王三槐滋事，冉文儔、羅其清、蕭占國、張長庚、包正洪、卜三聘、張添倫、辛聰、張世隴等先後應之，川東擾亂，官兵四擊，賊衆分竄。自達州、巴州、儀隴、大竹、鄰水、開萬、通江、南江諸縣，大爲賊窟。公既回川北，先破王三槐于金峩寺，得旨議敘。既焚金峩賊巢，進克茨菇梁商成寨，殲賊盈萬。轉戰至黄家山山後，三槐中鎗遁。破重石香鑪坪，迎擊秋波梁竄匪，擊退巴州賊屯，領兵守保寧。先是，圍剿方山坪，首逆冉文儔、羅其清未獲，而方山坪即保寧所轄也，奉嚴旨，責以奮勉立功。三槐竄望溪，邀擊之，擒苟文宰等三十七名。復馳擊三槐、徐添德風門鋪角山茶店，殺賊四百餘人，得旨褒獎。明年，偕副將穆克登布擊羅其清于儀隴雙路塲，追擊之四十餘里，殺賊千餘人，復擊退濟川橋賊，擒張碎滕等九人，斬首五百餘級。賊圍儀隴，馳應之，賊潰。進攻其清大鵬寨，擒楊正富等三百餘人。明年，破冉文儔麻壩寨，鎗殺之。蕭占國、張長庚亦俱殄。得旨議敘。包正洪踞鄰水，公督兵自萬縣馳赴賊屯，戰康家坪、趙家塲，擒李有隴、孫成，追逐之至開縣九龍山，擒馬官成，至厚葉溝，擒莫以才，復及之小毛坪。賊踞山，公鼓兵直上，正洪被鎗死，賊大潰。得旨褒獎，賜騎都尉世職。卜三聘踞八石坪，破之。張添倫、辛聰竄湖北巴東，已復竄房縣，遇竄匪高二、馬五，公率兵迎擊，斃百餘人。高二、馬五潛襲我營，擊却之，擒潘受榮等。時公感冒風寒，病幾危，以兵授提督七十五，就醫夔州。甫浹旬，陝西竄回各賊滋擾通江、南江。經略額公檄公剿捕，公力疾馳往，大破之通江，追擊至竹峪關，復破之德漢城，追擊至朱家壩，賊望風遁。由是經略奏公分剿通南。明年，張世隴屯聚草廟，公領衆截殺，多所斬獲。而經略將赴陝西，復調公至達州，與總督魁倫會剿。公從南江雷音鋪至達州，賊乘隙自定遠潛渡嘉陵江。官兵自順慶渡河迎截，賊走西充文井場，比追及，賊已夜遁。公急馳十餘里，及賊後隊，追戰越三十餘里，殺賊四五百人，生擒百餘人。乘勝追至蓬溪高院場，賊分奔上山，公督兵直上，突有賊七八千人來拒，衆寡不敵，公猶手刃十餘人，遇坎墜馬，歿于陣。事聞，照提督例議卹，賜二等輕車都尉世職，子樹承襲，蔭户部主事，予祭葬。七年，陝西獲戕公者賊目李目剛，上命磔之，設公靈致祭，復傳首祭于公墓。八年，入祀昭忠祠，賜謚『勇烈』。

公自乾隆三十二年隨征至授命之日，凡三十四年。初，受高宗純皇帝恩遇，由行伍拔擢至副將，又專閫五省。每入覲，以老臣目之。于請賀萬壽聖節，奉有『汝舊人也，不必來』之諭。皇上御極，復蒙異數，錫賚便蕃。凡有微功，必邀甄録。公感兩朝知遇，臨陣奮勇，賊畏之，有『朱虎』之號。雖被創嬰疾，一聞賊，即抽戈而起。嘗慨然曰：『某受恩深重，即效命疆場，尚不足以仰報萬一。』其感奮如此。其在軍，恩威兼濟，軍容整飭，訓練有方，民不騷擾，士皆用命。尤軫卹難民，拯濟者不下萬人。公死，兵民皆流涕。賊既退，營卒倉卒收公骸歸葬，遺其左足。明日，川民于戰處得之，别葬于潼川府鳳皇山仙人掌。子樹欲奉足歸葬，川民哀留之，遂别爲墓，建祠思祀之，弗能歸也。

大竹縣知縣死事張君傳

張君位中，字立人，江蘇上海縣人。乾隆五十四年進士，改知縣，歷署四川射洪、遂寧、中江。所至與民敦禮義，重廉恥，民以此樂之。嘉慶二年，調署大竹。是時，白蓮教擾川北，由營山竄渠縣，與大竹近。君調練鄉勇，爲堵截計。十月，遇於磋洞門，殺賊三，生擒三，割首級三。十一月，賊犯石埡口，殺賊八。賊趨柑子鋪，率官弁禦之，殺賊一，再遇河灘，殺賊二十三。賊窺觀音橋，鄉勇夾擊，斃賊甚衆。薄暮雨甚，乃逸。既而賊犯天華山，君會官兵擊之，殺二百餘，生擒三，首級二十六。賊竄鄰水，君分路截之，殺賊八十，騎賊一。賊勢衆，君堅立木寨，設滚木檑石以禦。十二月，賊由興仁、王家二場竄入境，君禦之，殺賊三百。賊分在鄰水者萬餘至，鄉勇不能禦，退保周家場。賊焚大安壇，君馳禦之，殺二十餘，生擒賊易文祥。次日，遇七碑石及大安壇，斃賊五十餘。

賊屯周家場，縱火將遁，擊之，斃二百餘。復分領首繞賊後夾擊，賊潰，由鎖石橋攻各卡，木石擊斃五十餘，乃退。君分率鄉勇追剿，殺賊五，騎賊三。三年正月，賊徐添德擾運道，與張瓏登合，遂圍城，焚南、北、西三門。君率縣丞熊泗、教諭馮灼、外委王耀龍分門奮擊，復縋鄉勇出城，斃賊甚多，騎賊十餘戴花翎者中鎗落馬，爲賊衆挾去，又傷賊一，皆曰雷元帥也。次日，圍益急，復殺賊百。適副都統至，圍乃解。四月，賊王三槐由達州至墩子河，分兩隊，君鼓鄉勇截殺。越二日，賊又分五隊，君亦分鄉勇爲五，殺賊二十，又獲執大旗賊目、掌號賊目各一。明日復集，斃賊三十餘，生擒三，而鄉勇殲賊於石橋鋪者，亦獲首級十二。五月，賊撲柑子鋪，斃百餘。徐添德等乃復由堡子埡趨城，君率鄉勇迎擊，生擒四，再遇踏水橋，領首等鎗矛並舉，斃賊百餘，賊潰，北遁。七月，賊竄月漢坪，分隊至雙河及楊通廟，而陝賊阮正隆、張漢潮闌入川，與冉文儔合，踞大神山，將渡河，君沿岸堵禦。八月，賊攻義門關，趨李家場，擊卻之。賊越山，鄉勇黄瑄殺騎賊一，團練首周發遠殺賊十餘，獲白旗一，賊乃東南分竄。九月，媽媽場殲賊五十，賊由土地埡向礎門洞縱火，兵勇各路奮擊，殲七十餘。十月，徐添德等偪茅峯埡，竄入永興場，鎗斃十餘賊。分隊從波漩河至石橋鋪，復殺二十餘賊，乃由鎖石橋潛至木魚池，遇伏，殺賊三十餘，各團領復斃四十餘，騎賊一。其撲石門口等隘者乃不能踰，賊趨鄰水，追擊之，殺賊八。十一月，賊王光祖四出焚掠，去城僅十里，鄉勇并力衝擊，斃五十三，生擒二。君告諭居民，無不奮勉，殺賊二百餘。十二月，賊攻月城寨，斃賊無算，而堡子埡亦殺賊三十二。賊徐添德乃由渠縣趨磋洞門，軍功張岱等殺六十餘。賊欲爲久持計，因縱火焚其巢，殺二百餘乃退。四年正月，賊繞烏木灘薄城，君約鄉勇三路進剿，以白布印『義勝』字，注名姓其上，賊望氣懾，由黄泥扁遁去，追殺二十餘。次日，復殺執旗賊一，旗書『黄將軍』字，又獲賊目文添富、林萬氏，磔之。賊越李家埡山，鄉勇出其背，斃二十餘。八日，徐添德從渠縣闌入，圍城。三月，賊王登廷挾衆出山，殺賊四。是役也，賊自斃及墜澗死者四十餘，生擒一，拔出男婦三百餘。四月，賊衆由蚊蟲溪渡達河，鄉勇蹴之，鎗斃賊四。賊由涼風埡、周家場連結，擊卻之。五月，賊包正洪與王光祖合，約萬五千人，往來靡定。六月，竄東嶽廟，去城甚近，官兵殺騎賊三。七月，賊張子聰、包正洪黨復至，擊殺賊九，騎賊二，由鄰水而遁。自是連月堵禦，民力凋瘵。君設賑三月，活九萬餘口。釐定規約：一、歸遠方被脅男婦，資糧護送；一、被脅歸業者，補入保甲；一、歸業者分别給與籽種；一、散給口糧，責寨長約保；一、被圍之户遺産清查。居民由是帖然。

五年正月，賊由墊江擾龍門寨，殺賊四十。賊或聚或散，跡頗詭祕。三月，賊二千窺永興場及山梁寨，直趨東流橋，去城十里，勢益張。十四日，大隊由新寧竄入境，與徐萬富合，君率官兵進禦。十五日旦，君率外委王耀龍至城外東嶽廟，與賊相拒。君鼓衆進戰，殺賊數十。賊衆，鄉勇不能支。君馬上發四矢，斃騎賊一，傷賊二。賊冒矢合圍，一賊以矛衝入，君拔腰刃擊之，賊傷。衆賊争進，君力竭，死之。左巨指爲矛所折，身被八創。外委王耀龍及家丁差役皆死。先一日，廟中地忽生一蓮，光采甚耀，人以爲君之祥也。是日，賊屯王家壩，至十九日乃遁。然城所以不破者，君之功也。

大吏上其事，奉旨：『禦賊陣亡之大竹縣知縣張位中，交部議卹。』君當縣多事時，興利除弊，籌畫無遺，勸里甲，互團練，諭鄉村修寨，遇警則親督戰，死事者捐俸撫卹。平居勸民息訟耕作，以裕其食。著《萬竹居詩》一卷。父泰源，生員。祖成，舉人。曾祖麟。子一，惇誼，襲雲騎尉。

論曰：君生沃土，貌清臞，書生也。乃馬上殺賊，衛民存城，得死所。偉矣哉！

福建布政使良吏李君傳

李賡芸，字生甫，江蘇嘉定人。祖芳。父夢瑔，乾隆壬戌進士，江西寧都直隸知州。君少從錢辛楣先生學，孝於繼母，敦品節，礪廉隅，爲時所稱。通六書、《蒼》《雅》、《三禮》。善屬文，以禮經史志爲根柢，在文家别開一徑。慕許叔重之學，故又字許齋。

乾隆庚戌，以二甲進士用知縣，發補浙江孝豐縣。五十九年，調德清縣。嘉慶元年，調平湖縣。二年，卓異，候陞。三年冬，九卿中有密薦君者，特旨問巡撫阮元。元以『賡芸爲浙省第一賢員，守潔才優』覆奏，奉旨送部引見，以同知用。尋陞處州府同知，調嘉興府海防同知。八年三月，奏委署台州府知府，奉硃批『此人可用』。閏六月，陞授嘉興府知府。十四年，丁繼母憂歸。十六年，服闋，補福建汀州府知府。十九年，調漳州府知府。秋，擢汀漳龍道。二十年秋，擢福建按察使，署布政司。十二月卸事，陛見，回閩。九月，旋擢福建布政使。

君性廉正，敝衣疏食，率以爲常。任監司，無異寒儒。自爲縣令至藩臬，所在皆有惠政。得民心，感民以誠，久而益篤。其治平湖也，承前令廢弛之後，盡心撫字，訓士除姦，邑中稱神明。下車之日，以陸清獻曾官嘉定，而已以嘉定人官平湖，首謁其祠。爲治勉法清獻，其守嘉興也，正己率屬，莫敢以苞苴進者。生辰令節，閉户却埽。元理浙漕，持官、民、軍三者之平，多用君之言，至今沿其法。

五年，金華、處州水灾，元已馳奏恩賑矣。金華民苦無錢，錢價大貴。處州苦無米，米亦貴。元加銀二萬兩，付君曰：『惟惠于民，任便宜爲之。』君以銀之半易錢，載至金華，加賑民百錢，民益安而錢價頓平。又以銀之半買米於温州，運處州，减價糶之，復以糶錢轆轤運米，而米亦賤。十年，嘉興水灾，君奉檄减糶，實惠及民。復分廠賑民以粥，食數十萬人，粥厚而吏不侵，全活者衆。

及涖閩，亦多惠政。任漳州時，漳俗獷悍，睚眦小怨，兩族聚衆，持兵械相攻撞，甚則施鎗礮殺傷人，名曰『械鬭』。其負者輒告諸官，官拘犯則又匿而抗，故縣令必會營兵以往。糗糧之費，獨責之縣，以故縣皆困。君初至，有歸德堡某姓械鬭，龍溪令黄懋修束手無所施，君亦未有策。朱履中者，内狡肆而外樸誠，攝平和縣事，受代來謁君。詢曰：『平和亦械鬭乎？』曰：『有之。』『擒渠必以兵乎？』對曰：『爲民上者，平日不以徭訟擾民，遇有應捕主名，飭里長縛以獻，無不如指。兵則多費矣，安可用乎？』君諦之，愿人也，視爲眞能感民者，乃請於督撫，以朱代黃。逾月不辦，督之，朱曰：『蒞事新，民未孚也。』又久之，知其終不辦也。親率兵往治，無所得，乃費帑七百兩。既訖事，與朱分任之。數月，遷汀漳龍道。未幾，又遷按察使，署布政使。會甄別，朱爲教職，朱虧鹽課五千餘兩，抵以他欵，數相當，代者張均不聽抵，漳守畢所讜，昔納朱賄而今苛督之，朱窮且憤，具揭督撫，謂虧帑由道府婪索。督撫合詞密奏，君遷布政使甫二旬而解任矣。君之在漳也，有監造戰船不如式，被駁重修。君已去任，家人稱貸於朱以竣事，而君不知也。質訊時，朱摭前二事指爲贓私，家人自承稱貸事實有之，而君愷不知。總督桐城汪志伊益疑之，飭兩司及福州府，必欲窮其獄。歲除至漏盡，乃罷。正月四日，復促君對簿，君終不肯誣服。十八日，總督謂獄不成，將并罪案事者。福州知府索詞急，聲色益厲。君恐爲獄吏所挫辱，夜縊於床以歿。寮屬相與泣，士民數千人走數百里號哭於門，累月不絶。事聞，上使吏部侍郎熙昌、副都御史王引之理其獄，乃抵朱履中等罪，督撫皆罷斥。

閩士民林光天等公呈於使者云：『故藩李公，學殫經術，才裕藩宣，簡在天心，惠孚民望。歷宦卅載，居閩五年，先綰郡符，洊躋方伯。持躬謹飭，蒞事精勤，抱慤依忠，安良戢暴。其平反疑獄，囹圄無冤，禮士愛民，窮黎存活。涖漳時，首械書役，蠹風斂迹，闔郡稱神。其止息鬬争，則如龍溪縣屬之歸德堡鄒、蘇、滿巨族，仇殺多年，公察知緣争佔祠墓起衅，親詣秉公勘斷，兩造冰釋，相安無事。其禁戢萑苻，則如漳屬九龍嶺扼要處所，設立堆房，兵役防守，商旅坦行。土盜蔡可、黄鐘在海伺刦，勢漸鴟張，公移行沿海廳縣，嚴查口岸，匪船逃竄。隨後督飭漳浦、詔安等縣拏獲盜首。所有議敘，仍歸各屬，不自居功。此仁教最鉅，傳頌至今。其他善績，不能殫述。詎意本年正月卸事身故，部民同聲嗟悼，雖荒村僻里，婦人童子，亦知歎惜。公館臨終，景況淒凉，不可言狀。質衣買棺，殮具儉陋。零丁孤寡，幾至停炊。行道聞之，莫不感泣。省會士庶拈香拜靈者，風馳雲集。汀漳憲轄人民，咸爲設位弔祭，誦經禮懺，共抒哀思，猶恨無以爲報。伏念生而澤被閭閻，殁而貧逾韋布。義有必勸，德無不酬。林光天等泣號昊天，若半途而失父母。尸祝飲食，宜百世以祀春秋。在朝廷議禮秩宗，且俟馨香於名宦；在草野報恩身後，非同違禁之生祠。現今閤省士民捐貲建李公遺愛專祠，以慰輿情而存公義。』得旨允行之，且諭曰：『斯民直道之公也。』祠今建於懷德坊。鹽法道孫爾準素與李君善，經紀其喪。君殁後，家無以爲炊。柩之歸也，士民僚友頗多賻贈。君之子卣尚幼，幸以餬饘粥居於嘉興。

評曰：元在史館，欲纂《儒林》《文苑》《循吏》三傳。《儒林》甫脱稿，俄奉使出都。《文苑》《循吏》，未之纂也。李君之事既論定，上硃書使者奏中曰『良吏』，洵榮褒也。元故以『良吏』名此傳，以貽史館之纂《循吏》者。

次仲淩君傳

淩君諱廷堪，字次仲，安徽歙縣人。遠祖安，唐顯慶中任歙州州判，遂家于歙。父文焆，業賈于海州。君生海州，六歲而孤，困苦窮巷中。母王氏鬻簪珥就塾師，麤記姓名而已。去學賈，不成，年二十餘，始復讀書嚮學。能屬文，懼時過難成也，著《辨志賦》以見志。乾隆四十六年，遊揚州，慕其鄉江愼修、戴東原兩先生之學。四十八年，至京師，始多交游。大興翁覃溪先生見君所撰述，大嗟異，始導之爲四書文，應順天鄉試，不中。明年，復遊揚州，見元，以學問相益。君乃擬李白《大鵬見希有鳥賦》以見意。五十一年，復入都應試，不中。明年，從翁先生于江西。又明年，客河南。秋，三應順天鄉試，始中副榜，南歸。五十四年，應江南鄉試，中式。明年，成進士。出朱文正、王文端二公之門，蓋與洪君亮吉等皆以宏博見拔者也。殿試三甲，例授知縣。君投牒吏部，自改教授，曰：『必如此，吾乃可養母治經。』文端曰：『吾不强子改冷官，子願之，甚善。』文正題其《挍禮圖》曰：『君才富江、戴。』又曰：『遠利就冷官。』蓋甚重之。既選寧國府學教授，乃奉母暨兄嫂之官。孝弟安貧，謹身節用，畢力著述。

君之學，博覽强記，識力精卓，貫通羣經，而尤深于禮經，著《禮經釋例》十三卷。君謂禮儀委曲繁重，不得其經緯塗徑，雖上哲亦苦其難。苟得之，中材可勉赴焉。經緯塗徑之謂何？例而已矣。如鄉飲酒，此飲食之禮也。而《有司徹》祭畢飲酒，其例亦與之同。尸即鄉飲酒之賓也。侑即鄉飲酒之介也。主人獻尸、主人獻侑、主人受尸酢，即鄉飲酒之主人獻賓、主人獻介、賓酢主人也。主人酬尸，奠而不舉，即鄉飲酒之主人酬賓，奠而不舉也。旅酬無算爵，即鄉飲酒之旅酬無算爵也。此異中之同也。《有司徹》獻尸、獻侑及受尸酢，有豆籩、牢俎、匕湆、肉湆、燔從諸節，鄉飲酒獻賓、獻介及酢主人，但薦與俎而已。《有司徹》獻尸、獻侑之禮，主人、主婦、上賓凡三獻，鄉飲酒但主人一獻而已。《有司徹》獻尸、侑畢，復有獻長賓、主人自酢及酬賓之儀，鄉飲酒但獻衆賓而已。《有司徹》旅酬使二人舉觶于尸、侑以發端，鄉飲酒但使一人舉觶于賓而已。《有司徹》無算爵，賓黨則用主酬賓之觶，主人黨則用兄弟後生所舉之觶以發端，鄉飲酒則但使二人舉觶于賓與介而已。此同中之異也。推之于士冠禮，冠畢醴賓以一獻之禮，鄉飲酒、鄉射明日息司正，特牲饋食禮祭畢獻賓，其例皆大約相同，而鄉射之同于鄉飲酒者更無論也。

又如聘禮之聘、享、覿，此賓客之禮也。而聘畢問卿、面卿及士昏禮納采、納徵之屬，其例亦與之同。問卿授束帛、昏禮授雁，即享禮之授璧也。問卿及昏禮納徵，庭實用皮，即享禮之庭實用皮也。昏禮，使者禮畢，主人禮賓，即聘禮之聘賓禮畢，主國之君禮賓也。面卿，幣用束錦，庭實用馬，即私覿之幣用束錦，庭實用馬也。聘賓面卿畢，介面、衆介面，即聘賓之私覿畢，介覿、衆介覿也。此異中之同也。聘用圭，享用璧，面卿及昏禮無授玉之事，但用束帛及雁，如享禮而已。聘禮聘賓至，昏禮使者至，皆設几筵；問卿賓及廟門，不几筵，但擯者請命而已。聘禮，既享未覿之際則禮賓，問卿畢不儐，但行面卿之禮而已。聘禮禮賓，侑醴以幣；昏禮禮賓，但酌醴禮之而已。聘享，聘賓、主國之君皆皮弁，服有襲裼之殊；問卿，聘賓、主人但朝服；昏禮，使者、主人但(元)〔玄〕端而已。聘禮，受玉于中堂與東楹之間，問卿則受幣于堂中西，昏禮則受雁于楹間而已。此同中之異也。推之于士相見禮及聘禮郊勞、致館、歸饔餼，其例皆大約相同，而聘禮之同于覲禮者更無論也。是故鄉飲酒、鄉射、燕禮、大射不同也，而其爲獻酢酬、旅酬、無算爵之例則同也。聘禮、覲禮不同也，而其爲郊勞、執玉、行享、庭實之例則同也。特牲饋食、少牢饋食不同也，而其爲尸飯、主人初獻、主婦亞獻、賓長三獻、祭畢飲酒之例則同也。鄉射、大射不同也，而其爲司射誘射、初射不釋獲、再射釋獲飲不勝者、三射以樂節射飲不勝者之例則同也。不會通其例，一以貫之，祇厭其膠葛重複而已耳，烏覩所謂經緯塗徑者哉！

於是區爲八類：曰『通例』，上、下二卷；曰『飲食之例』，上、中、下三卷；曰『賓客之例』，一卷；曰『射例』，一卷；曰『變例』，一卷；曰『祭例』，上、下二卷；曰『器服之例』，上、下二卷；曰『雜例』，一卷；共爲卷十三。至于弟十一篇，自漢以來説者雖多，由不明尊尊之旨，故罕得經意，乃爲《封建尊尊服制考》一篇，附於『變例』之後，不别立宫室之例者，宋李氏如圭等已詳故也。

君又著《燕樂考源》《元遺山年譜》《校禮堂集》。又著《魏書音義》，未成。君雄于文，《九慰》《七戒》《兩晉辨亡論》《十六國名臣序贊》諸篇，上擬《騷》《選》。《鄉射五物考》《九拜解》《九祭解》《釋牲》《詩楚茨考》《旅酬下爲上解》諸篇，皆説經之文，發古人所未發。其尤卓然可傳者，則有《復禮》三篇，唐宋以來儒者所未有也。

《復禮》上曰：『夫人之所受於天者，性也。性之所固有者，善也。所以復其善者，學也。所以貫其學者，禮也。是故聖人之道一，禮而已矣。孟子曰：「契爲司徒，教以人倫，父子有親，君臣有義，夫婦有别，長幼有序，朋友有信。」此五者，皆吾性之所固有者也。聖人知其然也。因父子之道而制爲士冠之禮，因君臣之道而制爲聘、覲之禮，因夫婦之道而制爲士昏之禮，因長幼之道而制爲鄉飲酒之禮，因朋友之道而制爲士相見之禮，自元子以至於庶人，少而習焉，長而安焉，禮之外，别無所謂學也。夫性具於生初，而情則緣性而有者也。性本至中，而情則不能無過不及之偏，非禮以節之，則何以復其性焉？父子當親也，君臣當義也，夫婦當别也，長幼當序也，朋友當信也。五者根於性者也，所謂人倫也。而其所以親之、義之、别之、序之、信之，則必由乎情以達焉者也。非禮以節之，則過者或溢於情，而不及者則漠焉遇之，故曰：「喜怒哀樂之未發，謂之中。發而皆中節，謂之和。」其中節也，非自能中節也，必有禮以節之，故曰：非禮，何以復其性焉？是故知父子之當親也，則爲醴、醮、祝、字之文以達焉，其禮非士冠可賅也，而於士冠焉始之；知君臣之當義也，則爲堂、廉、拜、稽之文以達焉，其禮非聘、覲可賅也，而於聘、覲焉始之；知夫婦之當別也，則爲笄、次、帨、鞶之文以達焉，其禮非士昏可賅也，而於士昏焉始之；知長幼之當序也，則爲盥、洗、酬、酢之文以達焉，其禮非鄉飲酒可賅也，而於鄉飲酒焉始之；知朋友之當信也，則爲雉、腒、奠、授之文以達焉，其禮非士相見可賅也，而於士相見焉始之。《記》曰：「禮儀三百，威儀三千。」其事蓋不僅父子、君臣、夫婦、長幼、朋友也。即其大者而推之，而百行舉不外乎是矣。其篇亦不僅士冠、聘、覲、士昏、鄉飲酒、士相見也。即其存者而推之，而五禮舉不外乎是矣。良金之在丱也，非鳧氏之模笵，不能爲量焉；良材之在山也，非輪人之規矩，不能爲車焉。禮之於性也，亦猶是而已矣。如曰舍禮而可以復性也，是金之爲量，不必待模笵也；材之爲車，不必待規矩也；如曰舍禮而可以復性也，必如釋氏之幽深微渺而後可，若猶是聖人之道也，則舍禮奚由哉！蓋性至隱也，而禮則見焉者也。性至微也，而禮則顯焉者也。故曰：「莫見乎隱，莫顯乎微，故君子慎其獨也。」三代盛王之時，上以禮爲教也，下以禮爲學也。君子學士冠之禮，自三加以至於受醴，而父子之親油然矣；學聘、覲之禮，自受玉以至於親勞，而君臣之義秩然矣；學士昏之禮，自親迎以至於徹饌成禮，而夫婦之別判然矣；學鄉飲酒之禮，自始獻以至於無算爵，而長幼之序井然矣；學士相見之禮，自初見執贄以至於既見還贄，而朋友之信昭然矣。蓋至天下無一人不囿於禮，無一事不依於禮，循循焉，日以復其性於禮，而不自知也。劉康公曰：「民受天地之中以生，所謂命也。是以有動作禮義威儀之則，以定命也。」故曰：「天命之謂性，率性之謂道，修道之謂教。」夫其所謂教者，禮也，即父子有親、君臣有義、夫婦有别、長幼有序、朋友有信是也。故曰：「學則三代共之，皆所以明人倫也。」

《復禮》中曰：『《記》曰：「仁者，人也，親親爲大。義者，宜也，尊賢爲大。親親之殺，尊賢之等，禮所生也。」此仁與義不易之解也。又曰：「君臣也，父子也，夫婦也，昆弟也，朋友之交也，五者，天下之達道也。知、仁、勇三者，天下之達德也。」此道與德不易之解也。不必舍此而别求新説也。夫人之所以爲人者，仁而已矣。凡天屬之親則親之，從其本也。故曰：「仁者，人也，親親爲大。」亦有非天屬之親，而其人爲賢者則尊之，從其宜也。故曰：「義者，宜也，尊賢爲大。」以喪服之制論之，昆弟，親也；從父昆弟，則次之；從祖昆弟，又次之。故昆弟之服則疏衰裳齊期，從父昆弟之服則大功布衰裳九月，從祖昆弟之服則小功布衰裳五月，所謂「親親之殺」也。以鄉飲酒之制論之，其賓賢也，其介則次之，其衆賓又次之。故獻賓則分階，其俎用肩；獻介則共階，其俎用肫胳；獻衆賓則其長升受有薦而無俎，所謂「尊賢之等」也。皆聖人所制之禮也。故曰：「親親之殺，尊賢之等，禮所生也。」親親之殺，仁中之義也；尊賢之等，義中之義也。是故義因仁而後生，禮因義而後生。故曰：「君子義以爲質，禮以行之，孫以出之，信以成之。」《禮運》曰：「禮也者，義之實也。協諸義而協，則禮雖先王未之有，可以義起也。」《郊特牲》曰：「父子親，然後義生，義生，然後禮作。」董子曰：「漸民以仁，摩民以義，節民以禮。」然則禮也者，所以制仁義之中也。故至親可以揜義，而大義亦可以滅親。後儒不知，往往於仁外求義，復於義外求禮，是不識仁，且不識義矣。烏覩先王制禮之大原哉！是故以昆弟之服服從父昆弟、從祖昆弟，以獻賓之禮獻介、獻衆賓，則謂之過；以從祖昆弟、從父昆弟之服服昆弟，以獻介、獻衆賓之禮獻賓，則謂之不及。蓋聖人制之而執其中，君子行之而協于中，庶幾無過不及之差焉。夫聖人之制禮也，本於君臣、父子、夫婦、昆弟、朋友，五者皆爲斯人所共由，故曰：「道者，所由適於治之路也。」天下之達道是也。若舍禮而別求所謂道者，則杳渺而不可憑矣。而君子之行禮也，本之知、仁、勇三者，皆爲斯人所同得，故曰：「德者，得也。」天下之達德是也。若舍禮而別求所謂德者，則虛懸而無所薄矣。蓋道無跡也，必緣禮而著見，而制禮者以之；德無象也，必藉禮爲依歸，而行禮者以之，故曰：「苟不至德，至道不凝焉。」是故禮也者，不獨大經大法，悉本夫天命民彝而出之。即一器數之微，一儀節之細，莫不各有精義彌綸於其間，所謂「物有本末，事有終始」是也。格物者，格此也。《禮器》一篇，皆格物之學也。若泛指天下之物，有終身不能盡識者矣。蓋必先習其器數、儀節，然後知禮之原於性，所謂「致知」也。知其原於性，然後行之出於誠，所謂「誠意」也。若舍禮而言誠意，則正心不當在誠意之後矣。《記》曰：「自天子以至於庶人，壹是皆以修身爲本。」又曰：「非禮不動，所以修身也。」又曰：「修身以道，修道以仁。」即就仁義而申言之，曰禮所生也，是道實禮也。然則修身爲本者，禮而已矣。蓋修身爲平天下之本，而禮又爲修身之本也。後儒置子思之言不問，乃別求所謂仁義道德者，於禮則視爲末務，而臨時以一「理」衡量之，則所言、所行不失其中者，鮮矣。《曲禮》曰：「道德仁義，非禮不成。」此之謂也。』

《復禮》下曰：『聖人之道，至平且易也。《論語》記孔子之言備矣，但恒言「禮」，未嘗一言及「理」也。《記》曰：「道之不行也，我知之矣。知者過之，愚者不及也。道之不明也，我知之矣。賢者過之，不肖者不及也。」彼釋氏者流，言心言性，極於幽深微眇，適成其爲賢知之過。聖人之道，不如是也。其所以節心者，禮焉爾，不遠尋夫天地之先也。其所以節性者，亦禮焉爾，不侈談夫理氣之辨也。是故冠、昏、飲、射，有事可循也；揖、讓、升、降，有儀可按也；豆、籩、鼎、俎，有物可稽也。使天下之人，少而習焉，長而安焉。其秀者有所憑而入於善，頑者有所檢束而不敢爲惡。上者陶淑而底於成，下者亦漸漬而可以勉而至。聖人之道，所以萬世不易者，此也；聖人之道，所以別於異端者，亦此也。後儒熟聞夫釋氏之言心言性，極其幽深微眇也，往往怖之，愧聖人之道以爲弗如，於是竊取其理氣之説而小變之，以鑿聖人之遺言曰：「吾聖人固已有此幽深微眇之一境也。」復從而闢之，曰：「彼之以心爲性，不如我之以理爲性也。」嗚呼！以是爲尊聖人之道，而不知適所以小聖人也。以是爲闢異端，而不知陰入於異端也。誠如是也，吾聖人之於彼教，僅如彼教性相之不同而已矣，烏足大異乎彼教哉？儒、釋之互援，實始於此矣。《詩》曰：「鳶飛戾天，魚躍于淵。」説者以爲喻惡人遠去，民得其所，即《中庸》引而伸之，亦不過謂聖人之德明著於天地而已，曷嘗有化機也？子在川上曰：「逝者如斯夫，不舍晝夜。」説者以爲感嘆時往不可復追，即孟子推而極之，亦不過謂「放乎四海，有本者如是」而已，曷嘗有悟境也？蓋聖人之言，淺求之，其義顯然，此所以無過不及，爲萬世不易之經也；深求之，流入於幽深微眇，則爲賢知之過，以爭勝於異端而已矣。何也？聖人之道，本乎禮而言者也，實有所見也。異端之道，外乎禮而言者也，空無所依也。「子所雅言，《詩》《書》、執禮。」顔淵問仁，子曰：「克己復禮爲仁。」請問其目，曰：「非禮勿視，非禮勿聽，非禮勿言，非禮勿動。」顔淵曰：「夫子循循然善誘人，博我以文，約我以禮。」聖人舍禮，無以爲教也；賢人舍禮，無以爲學也。《詩》《書》，博文也，執禮，約禮也，孔子所雅言者也。仁者行之盛也，孔子所罕言者也。顔淵大賢，具體而微，其問仁與孔子告之爲仁者，惟禮焉爾。仁不能舍禮但求諸理也。子貢曰：「夫子之文章，可得而聞也。夫子之言性與天道，不可得而聞也。」文章，《詩》《書》、執禮也。性與天道，非不可得而聞，即具於《詩》《書》、執禮之中，不能託諸空言也。夫仁根於性，而視、聽、言、動則生於情者也。聖人不求諸理而求諸禮，蓋求諸理，必至於師心；求諸禮，始可以復性也。顔淵見道之高、堅、前、後，幾於杳渺而不可憑，迨至博文約禮，然後曰：「如有所立卓爾。」即「立於禮」之「立」也。故曰：「不學禮，無以立。」又曰：「不知禮，無以立也。」其言之明顯如此。後儒不察，乃舍「禮」而論「立」，縱極幽深微眇，皆釋氏之學，非聖學也。顔子由學禮而後有所立，於是馴而致之，「其心三月不違仁」。其所以不違者，復其性也。其所以復性者，復於禮也。故曰：「一日克己復禮，天下歸仁焉。」夫《論語》，聖人之遺書也。説聖人之遺書，必欲舍其所恒言之禮，而事事附會於其所未言之理，是果聖人之意邪？後儒之學，或出釋氏，故謂其言之彌近理而大亂眞。不然，聖學，禮也，不云理也。其道正相反，何近而亂眞之有哉？」

《燕樂考原》以隋沛公鄭譯[一]『五旦』『七調』之説爲燕樂之本，又參以段安節《琵琶録》、張叔夏《詞原》、《遼史·樂志》諸書，考之琴與琵琶之弦音，從《遼史》四旦定四均二十八調。四旦者，華言四均。琵琶四弦，故有四均。七弦七調，故有二十八調。燕樂比雅樂高二律，不用黄鍾濁聲，用夾鍾清聲，蔡元定所謂『燕樂用夾鍾爲律本』也。琵琶之七調即三弦與笛之七調，是即今之《伶工字譜》之『合』『四』『乙』『上』『尺』『工』『凡』『六』『五』『亿』『仩』『伬』『仜』也。宋燕樂本十五字，今祇用此十三字矣。二十八調之中，今祇用七商，而七角、七羽亦不用矣。江君鄭堂謂

[一] 譯，原作「澤」，據《燕樂考原》卷一改。

其由燕樂通古樂，思通鬼神矣。

嘉慶十一年，君以母喪去官，兄嫂相繼殁，哀且病。十三年，元復任浙江巡撫，君免喪來游杭州，出所著各書相示。元命子常生從君學。明年歸歙，病卒，年五十有五。

通儒揚州焦君傳

焦君名循，字里堂。世居江都北湖黄珏橋，分縣，爲甘泉人。曾祖源，江都縣學生，爲《周易》之學。祖鏡，父葱，皆方正有隱德，傳《易》學。

君生三四歲，即穎異。八歲，至公道橋阮氏家，與賓客辨壁上『馮夷』字曰：『此當如《楚辭》讀「皮冰切」，不當讀如「缝」。』阮公賡堯大奇之，遂以女字之。年十七，劉文清公取補學生員。年二十，補廩膳生。次年，丁父及嫡母謝艱，自殮及葬，八閲月未櫛沐，食卧不離喪次，甚哀毁。弟徵讀書，自教之。興化顧超宗傳其父文子之經學，超宗與君幼同學，君始用力於經。超宗殁，君理其喪，作《招亡友賦》哭之。歲乙卯，元督學山東，招君往遊，遂自東昌至登州，有《山左詩鈔》一卷。嘉慶歲丙辰，元督學於浙，復招君遊浙東，有《浙江詩鈔》一卷。歲庚申，元撫浙，招君復遊浙。辛酉春，歸揚州，秋，應鄉試，中式舉人。入都謁座師英煦齋先生，先生曰：『吾知子之字曰里堂，江南老名士，屈久矣！』歲壬戌，復招君遊浙，冬，歸揚州。歲乙丑，有勸君應禮部試且資之者，君以書辭之，曰：『生母殷病，雖愈而神未健，此不北行之苦心，非樂安佚輕仕進也。』殷竟以夏病冬卒，君毀如初，克盡其孝。除喪後，小有足疾，遂託疾居黄玨橋村舍，閉户著書。葺其老屋曰『半九書塾』，復構一樓曰『雕菰樓』，有湖光山色之勝，讀書、著書恒在樓，足不入城市者十餘年矣。歲庚辰夏，足疾甚，且病瘧，以七月二十七日卒，距生於乾隆癸未二月三日，得年五十有八。妻阮氏。子琥，廩生。孫三：授易、授書、授詩。

君善讀書，博聞强記，識力精卓，於學無所不通，著書數百卷。尤邃於經，於經無所不治，而於《周易》《孟子》專勒成書。君於《易》本有家學。嘗疑一『號咷』也，何以既見於《旅》，又見於《同人》。一『拯馬壯』也，何以既見於《復》，又見於《明夷》。『密雲不雨』之象，何以《小畜》與《小過》同辭。『甲庚三日』之占，何以《蠱》象與《巽》象相例。丁父憂後，乃徧求説《易》之書閲之，撰述成帙。甲子後，復精研舊稿，悟得洞淵九容之術實通於《易》，乃以數之比例求《易》之比例，於是擬撰《通釋》一書。丁卯病危，以《易》未成爲憾。病瘳，誓於先聖先師，盡屏他務，專治此經，遂成《易通釋》二十卷。自謂所悟得者，一曰旁通，二曰相錯，三曰時行。旁通者，在本卦初與四易，二與五易，三與上易，本卦無可易，則旁通於他卦，亦初通於四，二通於五，三通於上，先二五後初四、三上爲當位，不俟二五而初四、三上先行爲失道。《易》之道，惟在變通，二五先行，而上下應之，此變通不窮者也。或初四先行、三上先行，則上下不能應，然能變而通之，仍大中而上下應。如《乾》四之《坤》而成《小畜》《復》，失道矣；變通之，《小畜》二之《豫》五，《姤》二之《復》五，《復》初不能應，《姤》初則能應，《小畜》四不能應，《豫》四則能應。《坎》四之《離》上成《井》《豐》，失道矣；變通之，《井》二之《噬嗑》五，《豐》五之《涣》二，《豐》上不能應，《涣》上則能應，《井》三不能應，《噬嗑》三則能應。此所謂時行也。比例之義，出於相錯。如《睽》二之五爲《无妄》，《井》二之《噬嗑》五亦爲《无妄》，故《睽》之『噬膚』即《噬嗑》之『噬膚』。《坎》三之《離》上成《豐》，《噬嗑》上之三亦成《豐》，故《豐》之『日昃』即《離》之『日昃』，《豐》之『日中』即《噬嗑》之『日中』。《漸》上之《歸妹》三，《歸妹》成《大壯》，《漸》成《蹇》，《蹇》《大壯》相錯成《需》，故『歸妹以須』之[一]即《需》也。《歸妹》四之《漸》初，《漸》成《家人》，《歸妹》成《臨》，《臨》通《遯》，相錯爲《謙》《履》，故眇能視，跛能履，《臨》二之五，即《履》二之《謙》五之比例也。

《易通釋》既成，復提其要爲《圖略》八卷，凡圖五篇，原八篇，發明旁通、相錯、時行之義，論十篇，破舊説之非。復成《章句》十二卷。總稱《雕菰樓易學三書》，共四十卷。君《易》學既成，

[一] 按：『之』下當有『須』字。

數年中有隨筆記録之書，編次之，得二十卷，曰《易餘籥録》。凡友朋、門弟子所問答及於《易》者，取入《三書》外，多有所餘，復録而存之，得二卷，曰《易話》。自癸酉立一簿，自稽所業，得三卷，曰《注易日記》。又有《易廣記》三卷。君之《易》學，不拘守漢魏各師法，惟以卦爻經文比例爲主，『號咷』『密雲』，蹤跡甚顯，『蒺藜』『樽酒』，假借可據，如郭守敬之以實測得天行也。

既又著《孟子正義》三十卷，疏趙岐之注，兼採近儒數十家之説，而多下己意，合孔、孟相傳之正指。

君又著《六經補疏》，説曰：説漢《易》者，每屏王弼之説。然弼之解『箕子』，乃用趙賓説，孔穎達不能申明之。他如讀『彭』爲『旁』，借『雍』爲『甕』，通『孚』爲『浮』，而訓爲『務躁』，解『斯』爲『廝』，而釋爲『賤役』。蓋以六書通借解經之法，尚未遠於馬、鄭諸儒，惟貌爲高簡，故疏者視爲空論耳。因作《周易王氏注補疏》二卷。説《尚書》者，多以孔傳爲僞。然《堯典》以下至《秦誓》，其篇固不僞也。即魏、晉人作傳，亦何不可存？因舉其説之善者，如《金縢》『我之不辟』，訓『辟』爲『法』，『居東』即『東征』，『罪人』即管、蔡。《大誥》周公不自稱王，而稱成王之命，皆非馬、鄭所能及。作《尚書孔氏傳補疏》二卷。毛、鄭義有異同，然《正義》往往雜鄭於毛，比毛於鄭，而聲音訓詁疏略亦多，因撰《毛詩鄭氏箋補疏》五卷。《春秋》成而亂臣賊子懼，《左氏傳》云：『稱君，君無道。稱臣，臣之罪。』杜預且揚其詞而暢衍之，與孟子之説大悖。預爲司馬懿女婿，目見成濟之事，將有以爲昭飾，且有以爲懿、師飾，即用以爲己飾，此《左氏春秋集解》所以作也。萬氏充宗斥左氏之頗，惠氏半農、顧氏棟高糾杜氏之失，然未有摘其姦而發其覆者，撰《左氏春秋傳杜氏集解補疏》五卷。謂《禮》以時爲大，蔽千萬世制禮之法，而訓詁名物亦所宜究，撰《禮記鄭氏注補疏》三卷。《論語》一書，所以發明伏羲、文王、周公之恉，其文簡奧，惟《孟子》闡發最詳最鬯。《論語》一書之中，參伍錯綜，引申觸類，其互相發明者，亦與《易》例同，撰《論語何氏集解補疏》二卷。合之爲《六經補疏》二十卷。

君游浙，因元考浙江原委以證《禹貢》三江，歸揚州，撰《禹貢鄭注釋》一卷，專明班氏、鄭氏之學。君謂王伯厚《詩地理考》繁襍無所融貫，作《毛詩地理釋》四卷。君又仿東原戴氏《孟子字義疏證》，撰《論語通釋》一卷，凡十二篇，曰聖，曰大，曰仁，曰一貫忠恕，曰學，曰知，曰能，曰權，曰義，曰禮，曰仕，曰君子小人。君又撰《羣經宮室圖》二卷，爲圖五十篇。《毛詩鳥獸草木蟲魚釋》十一卷，《陸璣疏考證》一卷。君録當世通儒説《尚書》者四十一家、書五十七部，仿衛湜《禮記》之例，以時之先後爲序，得四十卷，曰《書義叢鈔》。

君思深悟鋭，尤精於天學算術。謂梅徵君《弧三角舉要》環中黍尺，撰非一時，緐複無次，戴庶常《勾股割圜記》務爲簡奥，變易舊名，撰《釋弧》三卷。錢辛楣先生稱『是書於正弧、斜弧、次形、矢較之用，理無不包，法無不備』。君上書於錢辛楣先生論『七政』諸輪，辛楣先生復書云：

『推闡入微，以實測之數，假立法象以求其合，尤爲洞徹根原。』君以弧線之生緣於諸輪，輪徑相交，乃成三角，輪之茀明，法無從附也，撰《釋輪》二卷。君又謂康熙《甲子律書》用諸輪法，雍正《癸卯律書》用橢圓法，實測隨時而差，則立法亦隨時而改，撰《釋橢》一卷。君又謂劉徽之注《九章算術》，猶許氏慎之撰《説文解字》，講六書者不能舍許氏之書，講《九章》者亦不能舍劉氏之書。《九章》不能盡加減乘除之用，而加減乘除可以通《九章》之窮，作《加減乘除釋》八卷。君與吴縣李君尚之、歙汪君孝嬰商論算學，是時李仁卿、秦道古之書，兩君未之見也。乙卯，君在元署中，得《益古演段》《測圓海鏡》二書，急寄尚之。尚之爲之疏通證明。君又得秦氏所爲《數學大略》，因撰《天元一釋》二卷、《開方通釋》一卷，以述兩家之學。尚之敘云：『此書於帶分寄母同數相消之故，條分縷析，發揮無餘藴。自李欒城、郭邢臺之後，爲此學者，未如此妙也。』又教子琥曰：『李欒城之學，余既撰《天元一釋》以闡明之，而《測圓海鏡》《益古演段》兩書，不詳開方之法，以常法推之不合，讀者依然溟涬黯黮。余得秦道古《數學九章》，有正負開方法，因作《開方通釋》，詳述其義，汝可列《益古演段》六十四問，用正負開方法推算之。』因以同名相加、異名相消、用超用變之法詳示琥。琥乃知以秦氏之法讀李氏之書，布策推算，一一符合，六十四問，每問皆詳畫其式。君喜曰：『得此而《演段》可以讀矣。』即命名曰《益古演段開方補》，且曰：『可附《里堂學算記》之末。』

君又善屬文，最愛柳柳州文，習之不倦，謂唐宋以來一人而已。後人多斥柳州爲王叔文黨，君爲雪之，且曰：『田山薑《古歡集》，馮山公、王西莊兩先生於叔文事皆立論平允，足洗不讀書者隨聲附和之陋習。』

君於治經之外，如詩詞、醫學、形家、九流之書，無不通貫。又力彰家鄉先哲，勤求故友遺書，孜孜不倦。黄珏橋有老屋一區，爲前明忠臣梁公于涘之故宅，君買修之，扁曰『北湖耆舊祠』，設木主三十位，祀嘗居北湖忠孝行誼載于史志足爲鄉人表率者，復揭三十人事實于壁，里人頗觀感焉。復理採舊聞，搜訪遺籍，成《北湖小志》六卷。又因分撰《揚州府志》，收拾雜文舊事，次第爲目録一卷，名曰《揚州足徵録》。又以隨筆考録揚事者，成《邗記》六卷。君每得一書，必識其顛末，或朋友之書，無慮經史子集，即小説詞曲，亦必讀之至再，心有所契，則手録之。如是者三十年，命子琥編寫成《里堂道聽録》五十卷。又舉國朝人著述三十二家，作《讀書三十二贊》。又著《貞女論》二篇，《愚孝論》一篇，皆有補于世教。君之文集手自訂者，曰《雕菰集》二十四卷，《詞》三卷，《詩話》一卷，種痘醫説等書不具録。

君性誠篤直樸，孝友最著，恬淡寡欲，不干仕禄。居恒布衣蔬食，不入城市，惟以著書爲事，湖山爲娱。壯年即名重海内，先輩中如錢辛楣、王西莊、程易田諸先生，皆推敬之。煦齋冢宰見君《易》學，敍之，以爲發千古未發之藴，且集蘇文忠句，書贈之曰：『手植數松今偃蓋，夢吞三畫舊通靈。』子琥，能讀書傳父學，端士也。

評曰：焦君與元年相若，且元族姊夫也。弱冠與元齊名，自元服官後，君學乃精深博大，遠邁于元矣。今君雖殂，而學不朽，元哀之切，知之深，綜其學之大指而爲之傳，且名之爲『通儒』，諗之史館之傳儒林者曰：『斯一大家，曷可遺也！』

李尚之傳

李鋭，字尚之，一字四香，元和縣學生員。幼開敏，有過人之資，從書塾中撿得《算法統宗》，心通其義，遂爲九章八綫之學。

古算術至唐以後幾於亡，明泰西利瑪竇入中國，有《幾何原本》一書，徐光啟、李之藻之徒從而演繹之，《周官·保氏》《九章》之遺法不能燭照數計也。李之藻《同文算指》以西術易《九章》盈朒方程之説，梅宣城定九謂非利氏本意。蓋中西術其理則同，而立法則異，三率比例較古法方田粟米差分爲密，而少廣爲西法所無，是略而不備矣。宣城梅氏，近世推絶學，以梅氏智計，豈有不知古法與西法不同者？第囿於西術，而《九章算經》諸書皆未之見，所見者惟《周髀》勾股之法，雖欲深求古術，然苦無古籍，出於意測耳。

李君起而振之，力求古學。王孝通《緝古算經》，詞隱理奥，無能通之者。君與陽城張君古餘共著《細草》，詳論二十術，而商功之平地役功廣袤之術，較若列眉矣。又於同邑顧君千里得秦九韶《九章算經》，乃窮究天元一術，論其法與借根方不同，於是郭守敬、李冶之説始明，知唐順之、顧應祥之書甚無謂也。君嘗謂四時成歲，首載《虞書》，五紀明曆，見於《洪範》，曆學乃致治之要，爲政之本，《通典》《通考》置而不録，不亦偵乎？因著《曆法通考》。其書體例大略以顓頊、夏、殷六曆久矣隳亡，記載咸缺。《太初術》本之殷曆，立法疎濶，《三統術》雖推法較密，然亦用《太初》四年增一日之術，是《四分術》無異於《太初》也，故斷自《三統術》始，至國朝之橢圜法止。唐瞿曇悉達《九執曆》、宋荆執禮《會天曆》，史志佚其法，乃於《開元占經》《寶祐四年會天曆》中求其術，而爲之説焉，惜未成書。惟《三統術注》《四分術注》《乾象術注》《奉元術注》《占天術注》《日法朔餘强弱考》六科而已。又有《召誥日名考》《方程新術草》《勾股算術細草》《弧矢算術細草》《開方説》，皆藏於家。

君天禀高明，潛心經史，以唐宋人詩文爲雕蟲小技，不足觀也，然工四書之文。家居教學，從游者多登第，君則屢不得中。且蘭草未徵，臼炊頻夢，行自傷，得咯血疾，戚戚少歡悰。猶復静心調攝，力疾著書，卒以此殁矣。

元昔在浙，延君至西湖校《禮記正義》。予所輯《疇人傳》，亦與君共商榷，君之力爲多。嘉慶二十三年夏，江君子屏來嶺表，謂予曰：『尚之殁矣。』并述陽城張君之言云：『元朱世傑《四元玉鑑》，雖用天元一術，然茭草形正負之法猝讀難通，因寄尚之，俾爲推究。二十一年，演成數段，寄至豫章，尋根推密，極爲精審。越兩月而凶問至，良可哀也。』《四元玉鑑》乃予藏本録以贈張君者。惜乎！李君《細草》未成，遂無能讀是書者矣。

君之子繼淑[一]書來，求作傳，書中于君之世系行事及生卒年月不具，但云終於六月而已。今與江君共論之，姑舉所知者而爲之傳。君中年無子，以兄之子繼淑[二]爲子。及三娶[三]薛[四]氏，始生一子，今尚在襁褓中也。悲夫！

[一] 繼淑，甲戌續刊本作『可久』。
[二] 繼淑，甲戌續刊本作『可久』。
[三] 按：據張星鑑《仰蕭樓文集·李尚之先生傳》，當作『四娶』。
[四] 薛，甲戌續刊本作『某』。

揅經室二集卷五

嚴忍公子餐方貽傳

錢塘嚴杰，通經術，余詁經精舍翹材生也。爲忍公先生之八世孫，子餐先生之七世孫，方貽先生之六世姪孫。生以其家狀請爲傳，遂合傳之曰：

嚴武順，字忍公，明餘杭人。父大紀，嘉靖乙未進士，官太常寺正卿。公補增生，入南京國子監。生而穎異，七歲爲《詠蝨》詩，輒驚人。及壯，與兄調御、弟勑相師爲學，海内偁『三嚴先生』。善武順學以正誼明道爲宗，尤究心於經世之務，諸史傳志，得失成敗，制度沿革，靡不通其源委。善古文詩詞、篆隸行草，亦善鑒别尊彝書畫。生平坦直，勇於赴人之急，守己嚴義利之辨，動以古人爲師。所著有《古秋堂詩文集》十二卷、《鑑閣集》四卷、《讀史質疑》二十卷。子沆。

沆字子餐。幼讀書，以孝聞，爲詩古文，浸沈《六經》《史》《漢》，爲『西泠十子』之冠。善射，命中無虚發。順治十二年進士，改庶吉士，御試第一。十三年，帝諭吏部：『庶吉士教習已一年，授爲科道，果有忠言讜論，始不負所學。』沆授兵科給事中。沆疏言：『臣蒙恩簡庶常，特授言職，正矢忠報效之日。伏念皇上側席焦勞，求治甚切，而諸臣習爲故常，因循諉卸，積弊不除。六部大臣總司政紀，近遇大政會議，皆借端推諉，稽時廢事。請以後事在某部，滿、漢堂官先盡心參酌，詳列上陳，勅下廷議可否，裁定請旨。即關地方利病，亦不得輒諉督撫查議，致延時日而卸職任。至諸臣條奏，因時變通，豈無足録，亦當虛公酌量，不得執泥成規，止以「無庸再議」塞進言路。』得旨：『所言是。嚴沆可謂不負作養。所疏議行。』旋歷吏科、户科、刑科、禮科給事中，太僕寺少卿，僉都御史，宗人府府丞，左副都御史。沆在臺省，先後疏言：『各省皆有經制額兵，又諸路遣滿兵駐防，互爲犄角。今遇警即請禁兵，以致勞師靡餉。宜專責成各督撫提鎮標兵，精加選鍊，與駐防兵同心協勦，不得專藉請援，自踈職守。各省廢弁，宜令回籍，不得仍留舊地，蓄丁製械。南北水驛，不得借起運官物名色，横索牽夫，攔截鄉民，充夫解役。僉解逃人，途次强住民房，需索搆釁，請嚴行禁止，立限舖遞，刊榜懸示。户部各差回部，例應考核，再准製差，今往往惜掛欠之名，遲年餘未考核者，宜立限製差，堂官親注册。督撫請告，理宜候代，乃具疏後，閉門養安，曠廢數月，宜嚴申飭。吏部文選、考功二司，宜擇有才望者調用。』皆議行。十三年疏云：『大軍進征湖廣、川湖，總督不能兼制，請專設四川總督。』從之。十月，授倉場侍郎。公試士，以公明著。康熙丁酉，江南科場舞弊，各省舉人皆覆試，惟公所主山東試，奉旨不必覆試。己未，詔舉鴻博科，朱彝尊、方象瑛、魏禧皆公所薦舉也。十七年，卒於官。所著有《北行日録》二卷、《皐園詩文集》四卷、《奏疏》十二卷。子曾棨。

曾棨，字方貽。早傳家學，才識超越，善行楷書。康熙三年進士，由庶吉士授廣西道御史。十一年，補河南道御史，在臺疏言：『刑部民命每奉有所擬太重尚輕之旨，即此類推，凡六部各案，事同罰異、引例不當者更多。地方利病，下部題覆者，動偁「毋庸再議」。大抵滿、漢司員多而意見不一，始則議論參差，繼且因循推諉，及限期既迫，草率具奏，請嚴申飭。督撫保舉貢監吏員異途出身人，請詳列居官政績，聽部察議，庶庸流不致冒濫。』皆議行。十二年，以父任僉都御史，迴避。十七年，丁父憂。二十一年，補江南道御史。二十八年，補右參議，尋轉遷鴻臚寺卿。三十年，遷通政使。十月，遷太僕寺卿。三十一年，遷副都御史。三十六年，授兵部右侍郎。三十九年，卒於官。公廉謹自厲，居官無所儲。歿之夕，幾無以爲殮。有詩文集四卷。

順昌縣訓導伊君墓表

君諱應聚，字文起，號清泉。爲商阿衡之苗裔，世居汴州陳留，陳留有古莘城。唐末，諱顯者入閩，至寧化居焉。二十世，至清泉君。君，明諸生。君生明季，入本朝，由生員歲貢入成均，選順昌縣訓導。時值耿逆之變，有僞劉將軍者，擾郡縣，劫君使從逆。君誓死不爲動，笞榜極苦，卒不能屈，以免於難。康熙中年，天下無事，有司舉賓筵之典，君三爲鄉飲正賓。卒於康熙辛卯十月二十有六日，年八十有三。葬城西謝家科。娶陰宜人、管宜人。子爲阜。爲阜生經邦，縣學生。經邦生朝棟，乾隆己丑進士，刑部安徽司主事，官至光禄寺正卿，貤贈君奉政大夫。又數十年，朝棟子秉綬，復以己酉進士、刑部郎知揚州府事。於戲！君以校官值變，守正不屈，大節如此，卓然傳矣，細行雖不書，可也。

瑞州府學教授浦亭阮公墓表

公姓阮，諱湖，字少川，號浦亭。先世系出晉陳留阮瑀，瑀後遷巴陵，宋名子宗者始遷新建。名逵者，宋承事郎。名宣、名簡者，皆宋進士。簡官祕書省校書郎。簡七世孫子升，徙忠孝鄉之竹山。又八世，爲公曾祖士藻，績學不仕。祖嗣中，縣學生。父龍光，乾隆庚午舉人，知河南通許縣，擢湖北黄州府同知，有惠政。

公幼聰穎，善屬文，試輒高等，以第一人補廩膳生。壬子，中式副榜，就教諭職。歷署餘干縣學教諭，廣信、瑞州府學教授，所至以造士爲己任。慮民閒孝節爲吏所壅，乃親諭各鄉舉報之。餘干之俗，奸民貸錢於生、監之富者不遂，輒摭事訟之學。公曰：『生果惡，當訟之縣令。訟之學，圖傳訊洩忿耳。』擲其詞，俗乃變。廣郡旱，隨知府集紳士減價糶穀，民以安。公子爲暹及兄子爲暄、爲昆、爲景等，皆先於公中式舉人，公以甲子科始中式舉人。乙丑，會試不第，閏六月五日卒于京師，年六十。歸葬於新建。

公性孝弟，母丁宜人疾，侍藥，衣不解帶。父卒於官，致哀毀，扶柩歸，伴宿三年。卜葬地，北極西山，南至瑞河，足跡遍百里，跋涉寒暑，蓋其慎也。新建阮氏族譜無專書，公明世系，辨昭穆，支分而總輯之，譜成，曰《松湖族譜》，告之祖考。構屋於省城，爲試館，名曰『雲溪別墅』，後堂祀同知公象，曰『念德堂』，子孫應試者，咸居讀焉。子姪讀書者，公終年約之在塾，戒毋外遊，毋習浮靡，書馬伏波《誡兄子書》于座右。其視諸兄之子猶子也，嘗語人曰：『吾不愛兄子，是秦越吾兄也。且自吾父、吾祖視之，皆孫也。疎之，非祖、父志也。』誡子弟曰：『爾曹勿營私，吾兄弟蒙祖、父澤，只知有骨肉，不知有財利。』皆名言也。竹山阮氏無祖祠，公度地興工，構祠堂甚宏敞。祀始祖、始遷祖于寢室，各房小宗以次祔於東西廳事，復立四室，分祀儒學、宦績、孝義、文藝。置田五十畝，爲奉祭祀、課子弟讀書之用。祠右半畝園，建雲溪書院，爲子姓讀書地，名其軒曰『静軒』，取濂溪『主静』之意。撰《鏡心》《鎔質》二銘，揭于東、西廂。諸遠祖墓皆立碑，時修飭之。輯高祖以上遺文及曾祖老閒居士詩古文、祖六閒子集等，編爲《阮氏流芳集》。老閒居士舊殯于宅前琉璃岡，公于其地建祠，專祀曾祖、祖、父三世，統名曰『司馬祠』。又於父皇封岡墓建廬十餘楹，爲展墓止宿之所。事諸兄盡弟道，手足相依，雖白首如童時。所著有《古今體詩》《餘干吟》等集十八卷。病于京邸，猶作《文雉賦》以見志。

妻唐孺人，生爲暹，嘉慶戊午舉人，揀選知縣。繼妻劉孺人，生爲昇、爲昦，皆幼，讀書。孫一，孺僑，爲暹子也。公蒙先業，飭祠墓，奉祭祀，修譜牒，教子姪讀書，皆有成，可謂孝義矣。偶爲校官，輒盡其職。使[一]治民，當若何？然觀其諸所設施，厚矣！後之子姓，當更有大其宗者。

吾阮氏明季自淮安遷揚州，明初自江西清江遷淮安。溯其始，則自陳留阮瑀。後遷湖廣、巴陵，宋由巴陵遷新建，復遷清江。雖元、明兩遷譜系失考，不可妄續之，然新建阮氏固吾宗也。嘉慶十年冬，同姓孝廉爲暹奉其考浦亭公柩過揚州，相弔焉。明年，孝廉以公狀來乞銘。元方居憂，不爲韻語。十二年，再祥，乃寄文表其墓如右。

翰林編修河東鹽運使司沈公既堂墓志銘

運使沈公，諱業富，字既堂。元代由吳興徙高郵，明代遷貴州普安。官河南按察副使奕琛者，

[一] 使，甲戌續刊本作『涉』。

復歸高郵。曾祖弼，官廣東高州府知府，遷儀徵。祖文岦，遷江寧。父之亮，徙揚州府城。公猶以高郵通籍，祖、父皆贈如公官。

公幼穎異好學，雷學使鋐始拔之。年二十二，舉于鄉。次年，成進士，改庶吉士，習國書。有謂公早達爲倖者，里巷擊柝者曰：『吾每當子夜風雪時，過沈氏書樓，未嘗不聞讀書聲。何倖也？』越二年，散館，授編修，撰制誥文，辦院事。庚辰，充江西副考官。壬午，充山西副考官。乙酉，分校順天鄉試。皆以先正法衡文，得士爲盛，尤屏絶聲氣，關節不通，館譽重之。前後充國史館、《續文獻通考》館纂修官。

乙酉冬，補安徽太平府知府。掌院劉文正公曰：『纂書之勤，無如君者。』欲留公京秩，未果。公久于太平府任者十六年，于災眚尤盡職。己丑大水，城野成巨浸，公隨布政司坐浴盆，經行邨落，公曰：『太平昔年賑多者三四萬口，今非五十萬口不可。』賑乃大行。當塗縣大官圩決，公夜半至，見遠邨肆奪，火光銃聲不絶，公自爲密札十，下各官圩，勸富家糶濟，曰：『本邨人面相識，鄰邨即路人矣。今當各保各邨，毋轉掠。轉掠，是圩皆路人也。互相殺能保富乎？今密札不顯諭者，別有以靖之也。』有告某富家不糶者，笞械之，曰：『汝奉何明文，令富家出粟耶？』民始定，糶濟大行。總督聞之，下其法于他郡。辛卯秋，泗州水，撫部裴公知公賢，檄治其賑。公釐户口之弊，民受其惠。乙未，旱，禱雨無應，爲文哭祀社稷木主，卒得雨。庚寅，大疫，設藥局、瘞局，絶葷祈禳，民乃寧。前後課各邑種柳數百萬株，官路緑陰相接成幄。督理暴露十餘萬棺，有一邨同時舉數百棺前明之棺尚在者，民始而譁，及見其親之骨，感泣曰：『非府君教督，不至此。』戊子，割辮妖妄案起，羽檄紛馳，捕搜徧各郡，獨太平不獲一人。有誣者立出之，上司責公，公曰：『本無奸，曷捕焉？』蕪湖有兄弟訟者，公察其詞出一手，杖主訟者，兄弟悔悟，友善如初。當塗有師弟互以陰事訐者，公取火盆置案前，卷盈尺，遽火之，曰：『爾等詞必有稾，可上控，曰郡守焚案，不汝靳也。』師弟皆泣，訟乃息。貴池有以墓地訟于部者，塵案山積。公夜視舊牘，得成化二十一年閏四月官契，公謂愚民安知閏，檢《明史・七卿表》，得是年閏四月文，遂據以定其讞。公治郡，資最深。每考績，輒有尼之者，或勸赴省，公曰：『求之得，可恥也。不得，更可恥也。』

逮辛丑，始授河東鹽運使，純皇帝所特簡也。河東鹽池受淡水，歉産，商運蒙古鹽多勞費，及鹽盛産，而弊益多，商益乏。公曰：『鹽池自古爲利，不當革，若聽民自販，必致蒙古鹽内侵。商人之力不在寡，在不均，其弊有三：奸商弃瘠據肥，一也；費浮地遠，火攫其利，二也；簽代之期，貧富倒置，三也。』乃立均引順路之法，總三省引地，以三等均之，復以道路相近者，順配爲五十六路，路各一籤，令各商鬮分籤掣之，於是賂絶而弊不行。洎乾隆六十年後，廢商運，蒙古鹽内侵。嘉慶十一年，復舊制，皆如公所預燭者。

公所涖，皆興學愛士，修書院，習樂舞。運司署西隙地，仿鄉場號舍，立四十舍，月課諸生。才人黄景仁殁于山西公署，公經其喪，厚其賻，送其柩歸常州，海内高其義。事母以孝聞。在晉甫一年，以母老宜奉歸，請終養，撫部不許，固請，乃許之。俄而湖北陸撫部有凡官親老者勒令終養之議，撫部曰：『非一月前人奏，今無以對子矣。』公曰：『但得終養，即勒歸，無憾也。』母卒，喪以禮。服闋，以溼疾，恬然不復出。居鄉十餘年，多善舉，里黨皆曰：『沈公乃正人。』所著有《味鐙齋詩集》若干卷、《文集》若干卷。

公生于雍正十年五月二十二日，卒于嘉慶十二年八月十五日。公子在廷，以十三年某月干支葬公于某某山之原，配鄭淑人祔焉。子一，在廷，癸卯舉人，内閣中書。女一，適工部郎中裴正文。孫二，勤增，太學生員；次勤埴，元昔以長女荃字之。余女殤，勤埴亦未冠卒。公與先大夫友善，且爲姻家，故公子屬元爲銘。銘曰：

公文在經，公學在性。忠厚其心，砥礪其行。拙于成宦，勤于從政。飽民之饑，療民之病。以史斷獄，以道出令。苦鹽既調，澹泊無競。以孝辭職，壹志温清[一]。既享其壽，乃歸其命。藏此佳城，積善餘慶。鄉里私謚，僉許曰正。

[一]　清，甲戌續刊本作『凊』，誤。

默齋張君誄

詁經精舍生烏程張鑑，通經博覽，善詩古文，佐予書記者有年矣。嘉慶十一年，丁父憂。十二年秋，述其父之言行以示予。予謂立言爲三不朽之一，𣪊蔑一言，可知其賢，今張君之言善，是宜傳而爲之誄也。

君諱德奎，字聚東，號默齋，國子監生。父元熙，爲長生會、育嬰堂諸善舉。君繼之勿替，每出遊，閒月一歸，鐙下爲鑑講《柳州小記》、馬伏波《誡兄子書》、韓昌黎《寄符城南讀書》詩，談古今忠孝事，至漏三下不止。嘗訓鑑曰：『凡人爲忠孝事，不獨身名俱泰，即祖若父亦蒙其榮。否則，里閭恥談其姓氏，而行路之人唾棄之，故心術不可不謹也。』又曰：『爲善之大小有不同，其存乎心者則一。余生平不自知其善與否，然未嘗爲惡。昔范孟博臨終，與子訣曰：「吾欲使汝爲惡，則惡不可爲。吾欲使汝爲善，則吾不爲惡。」此雖有激之言，終與聖人樂善之旨有閒，汝宜思之。』君以同學計魚計學行淵雅，命鑑從之學，學或不進，即怒之。嘉慶辛酉，鑑選拔貢生，從諸城劉侍郎入都，君教之曰：『此行遇合有命，任事不可不謹。汝身安，則我心安矣。』鑑試畢旋里，予招入幕，君教之曰：『食焉勿怠其事，汝勉旃。』甲子，鑑中副榜舉人。十一年，從予在揚州。冬，君病，鑑奔歸，得順風，一晝夜行四百里抵家，治湯藥，逾數日乃歿，年七十有八。著《八詠樓吟草》四卷。

君善醫，著《桐雷歌訣》二卷。誄曰：

惟忠與孝祖父榮，聖賢樂善有令名。嗚呼！張君言之而能行。

知不足齋鮑君傳

乾隆三十八年，高宗純皇帝詔開四庫館，采訪天下遺書。歙縣學生鮑君廷博，集其家所藏書六百餘種，命其子仁和縣監生士恭由浙江進呈。既著録矣，復奉詔還其原書。其書内《唐闕史》及《武經總要》，皆聖製詩題之。皇上《御製内府知不足齋詩》云：『齋名沿鮑氏，《闕史》御題詩。集書若不足，《千文》以序推。』注云：『齋額沿杭城鮑氏藏書室名。乾隆辛卯、壬辰，詔采天下遺書，鮑士恭所獻最爲精夥，内《唐闕史》一〔一〕書，曾經奎藻題詠。嗣後其家刊刻《知不足齋叢書》，以《唐闕史》冠册，用周興嗣《千文》，以次排編，每集八册，今已十八九集，可爲好事之家矣。』

嘉慶十八年，方公受疇巡撫浙江，奉上問鮑氏叢書續刊何種？方公以續刊之弟二十六集進。奉上諭：『生員鮑廷博，於乾隆年間恭進書籍，其藏書之知不足齋，仰蒙高宗純皇帝寵以詩章，朕

〔一〕史一，甲戌續刊本誤作『中二』。

於幾暇亦曾加題詠。兹復據浙江巡撫方受疇代進所刻《知不足齋叢書》第二十六集。鮑廷博年逾八旬，好古績學，老而不倦。著加恩賞給舉人，俾其世衍書香，廣刊祕籍，亦藝林之勝事也。』

元按：君字以文，號渌飲，世爲歙人。父思詡，居于浙，娶于胡。胡卒，又娶於仁和顧，生君。君幼而聰敏，事大父能孝，念父遊四方，恒以孫代子職，得大父歡。大父卒，既葬，君父攜家居杭州。君事父又以孝聞，以父性嗜讀書，乃力購前人書以爲歡。既久，而所得書益多且精，遂裒然爲大藏書家。自乾隆進書後，蒙御賜《古今圖書集成》《伊犁得勝圖》《金川圖》。四十五年，南巡狩，迎鑾獻頌，蒙賜大緞二疋。疊膺兩朝異數，褒奬彌隆。君以進書受知，名聞當世。謂諸生無可報稱，乃多刻所藏古書善本，公諸海内。至嘉慶十八年，年八十有六，所刻書至二十七集。未竣，而君以十九年秋卒，遺命子士恭繼志續刊，無負天語之褒。

君勤學躭吟，不求仕進，天趣清遠，嘗作《夕陽》詩甚工，世盛傳之，呼之爲『鮑夕陽』。元在浙，常常見君，從君訪問古籍，凡某書美惡所在，意恉所在，見于某代某家目録，經幾家收藏，幾次鈔栞，眞僞若何，校誤若何，無不矢口而出，問難不竭。古人云：讀書破萬卷。君所讀破者，奚翅數萬卷哉！

武進臧布衣傳

布衣姓臧，名繼宏，字世景，晚號厚菴。先世山東東莞人，遷浙江長興，復遷江南武進。曾祖琳，祖晉，父兆魁。幼貧困失學，冬寒無厚服，日得四五錢以爲食。及長，助人理業，誠謹勤篤，稍能自給，乃力舉先代五殯卜葬，孺慕以終其身。族之無嗣者繼之，寡者贍之，孤女嫁之，負貸者代償之。嘗旅行遇虎、見覆舟，皆無懼色，蓋有以自恃也。生子四：鏞堂、鱣堂、禮堂、屺堂。卒于嘉慶元年，春秋六十有九。布衣殆敦孝友篤行于鄉里者歟？然而布衣之曾祖玉林先生，經學大儒也，學與太原閻百詩徵君齊，徵君稱爲隱德君子，所著《經義雜記》三十卷、《尚書集解》一百二十四卷、《大學考異》一卷、《知人編》三卷、《困學鈔》十八卷、《水經注纂》三卷，皆未傳于世，布衣篋藏之，不失片紙。命其子鏞堂、禮堂從餘姚盧召弓學士遊，勗以經術，不期以科名，遂通九經三史，尤明小學。乃命啓其篋，校録之，曰：『四世相傳之業，勿自我而墜，足慰先人于地下矣。』嘉定錢辛楣少詹事、金壇段若膺大令見之，歎曰：『此漢唐儒者之學，不刊之書也。』然則非布衣能守先緒、啓後學，不及此，吾是以論而著之。

孫頤谷侍御史傳

孫君名志祖，字詒穀，字或作『頤谷』，號約齋，仁和人。乾隆丙子舉人，丙戌二甲進士。分刑部，補山東司主事，由員外郎陞雲南司郎中，欽差通州坐糧廳，擢江南道監察御史。乞養父母歸里，復少宦情，不復出，以著書爲事。嘉慶六年，掌紫陽書院教，二月二十九日以疾卒，年六十有五。

侍御性孝友，雅近和平，生而穎悟過人。得《毛西河全集》，鐙下讀之，不寐累夕。凡讀經史，必求釋其疑而後已。同時全謝山、杭堇浦、厲樊榭、張曦亮諸君子，皆相與質難，以益所學。以解經見重於督學汀州雷公，補附學生。其舉于鄉也，禮部侍郎武進莊公策問李鼎祚《周易集解》，惟侍御對最詳。其以第六名中式禮部也，工部尚書新建裘公試《詩》『黍稷與與』文，惟侍御以黍、稷分比，數典不紊。凡此皆稽古之力，無所愧于科名。任刑部時，于庶獄必察至再三，精覈與其治經史同。管糧務，革陋規，以公治之，軍民稱便。居族黨，重然諾，施予無德色，嘗云：『但願一生常助人，不至求人助，亦幸矣。』

侍御幼寡嬉戲，所樂讀書而已。羣經、《文選》成誦，《易》而熟精其理，似素所習者。卒之前歲，病中夢金碧樓殿，牓字非民間所有，又夢見故友趙鹿泉先生握手曰：『來日苦少。』豈非天性和正，讀書多而爲政舉，吴越間固多靈氣，其生也有所秉，其死也有所歸歟？侍御所著書，有《家語疏證》六卷，謂王肅作僞難鄭，誣聖背經，既作《聖證論》以攻康成，又僞撰《家語》，飾其説以欺世，因博集羣書，凡肅所剿竊者，皆疏通證明之，如鞫盜之獲眞藏也，其有功于鄭氏，似孫叔然。《文選考異》四卷，據潘稼堂、何義門諸校本，參稽衆説，仿朱子《韓文考異》之例，以正俗本之誤。《文選注補正》四卷，仿吴師道校《國策》之例，輯前賢評論及朋輩商榷之説，以補李注所未及。又輯《風俗通逸文》一卷，又補正姚之駰輯《謝承後漢書》五卷，《讀書脞録》七卷，考論經子襍家，折中精詳，實事求是，不爲鑿空武斷之論，慤然如其爲人。又謂《孔叢子》亦王肅僞托，其《小爾雅》乃肅借古書以自文，作《疏證》辨其妄，惜未成書。又《脞録續篇》亦未成。侍御無子，以兄景曾子同元爲後。同元好學能文，得侍御教，傳其家法。

四川廣安州知州阮君墓表

君諱和，字煦初，江西新建人。系出晉陳留阮瑀，自陳留徙巴陵，宋徙新建松湖鎮，明遷竹山鎮。父龍光，乾隆庚午舉人，官通許縣知縣，擢黄州府同知，有循聲。

君讀書有才畧，少隨父任，習民事。甲午，遵川運例爲知州，試用之四川。丙申，署天全州印，又署會理州印。會理居蜀邊，夷獠雜處，土司譎悍互吞并，君以德感之，皆帖服。丁父憂去官，民哭之，爲立碑。辛丑，服闋，仍赴川署天全州事。調署雅州府軍糧同知，統轄漢土官兵，兼爐關稅務，綏理番夷藏驛事，皆無誤。癸卯，實授廣安州知州。甫下車，即革搶穫、移屍諸惡俗。州城多傾圮，君捐俸倡修之，東南隅當渠水衝，以石隄捍之。城中少水，君浚塘注水，以澹火災。倉穀、書院次弟經營。屢決大獄，無冤縱者。癸丑，調署汶川縣事。又署雲陽縣事。雲陽多險灘，廟灘、東陽尤甚，舟行易溺，君鑿石平之。嘉慶丙辰，大寧邪賊起，廣安民日夜望君回，總督亦以川東北緊要，檄君回廣安。九月，達州邪教王三槐等倡亂，往來鄰界，君獻議大帥曰：『達州邪匪，勞動王師，川東北民受害已不小。茲復竄擾嘉陵江以西東鄉、太平等處，賊聚黨橫行，隘口、水次更須嚴防。卑州境内現設寨八十四座，大寨約三五千户，小寨五七百户及千餘户不等，卑職傳諭各寨首：聯五六寨爲一團，同團以二十里爲度，按户挑壯丁一名，每月操鎗一次，如有賊圍攻，彼此互援。辦理已有成局。又古制寓兵於農，今似可仿行。查卑州額征糧五千餘石，按糧一石二斗僱募健勇一名，每名全年酌給工價鹽菜錢二十千，著令糧户公捐，每糧一石攤捐錢一千七百，卑州約得鄉勇四千名，遵照兵制操習行伍，慎選舉貢生監爲領隊，逐日操演軍器，由官捐備火藥，赴局支領，並請委武弁六員，來州教習鎗箭。敵愾禦侮，事竣論功行賞，文武領隊以爵秩議敘，鄉勇或准作武生，或酌賞銀，自當人人奮勇争先。如此以逸待勞，似可事半功倍。若川北、川東州縣均能一律辦理，則處處有義兵截殺，逆賊無所逃遁。首惡既誅，黨羽必散矣。』奉大帥准行。

乙卯，王三槐兩入境，皆以防堵嚴密去。丙辰五月，又來州屬之金山場、青崗場。君率士勇禦之，乃折回大竹、梁山而逸。六月，川賊冉文儔、陝賊張漢潮等，由清溪場逼州境，徐添德又由大竹、鄰水入州焚掠。八月，王光祖由大溪口竄入河東。九月，張添德、張子聰、徐添德、冷添禄各賊分竄州境之河東、河西焚擾。君令寨民竭力防守，城不可攻，野無所掠。賊知廣安嚴，相戒勿犯。州北老鷹巖者，峭壁高州城數倍，中開一竇約十餘里，君曰：『此造物設險以護人，若棄不守，必爲賊據。賊據，則挾建瓴之勢以臨我，州城危矣！』乃亟商之樓尉，集紳耆，召匠築堡。於是鄉民移居者踵相接，爲錫名曰『安居城』，州城由是益固，而民間牛馬、器具、糧食益有所屯積矣。己未四月，冷添禄入境。君督鄉勇對壘三日，賊不退，乃請參贊額侯督兵來州，殲冷賊於石笋河，餘黨戮殆盡。大帥入告，額侯復爵，而君名旁奉硃圈『軍功議敘加二級』。自後張子聰、張添禄、包正洪以及各賊竄入境者，不下二十餘次，莫不望風走。自丙辰至庚申，凡五載，廣安獨無恙，皆君設策保護功也。是歲護理順慶府知府事，總督勒公以君團練得法，通飭各州縣遵照辦理，曰：『毋讓阮牧獨爲好官。』辛酉五月，州民張老五、李合等以阻米起衅，聚衆滋事，君率壯丁親往捕治，外委王家元被賊戕，并斃役十餘名。張老五、李合自稱元帥、總督，發兵勦捕，殺賊一百餘名，生擒一百五六十名。張老五、李合藏山林，君懸重賞，鼓厲寨民搜山，親擒首逆張老五，餘悉平。奏上，奉上諭：『知州阮和不能先事防範，本有失察之咎，但首逆張老五係其親自拏獲，功過尚足相抵。

加恩，免議處。』君因勞敝，年齒衰邁，遂告退。

君治廣安前後十六年，署他州縣六年，一本其父治通許者治之，而在廣安疊遭賊擾，艱難又復過之，乃履險如夷，卒能全城全百姓，皆盡心愛民所致也。去廣安之日，士民如失所怙，送者數百里始返。歸祀家廟，垂涕久之。凡祖墓，歲必再三至，視其罅漏，察其燥濕。事父孝，夜嘗爲父煖足。父母遺象，朝夕拜之，有微物必獻，每視象，若有憂喜色者，輒應休咎。素惡分爨，曰：『吾雖不能爲張公藝，姑待吾没世可也。』嘉慶九年夏，病卒，年七十有四。葬于某某之阡。以軍功，遇覃恩，授奉直大夫，父母如其階。妻夏氏，繼妻梁氏。子三：長貽昆，辛未進士，翰林院庶吉士，妾葛氏出；次綬，江都縣丞；次爲昂，國學生，並梁氏出。

嘉慶十六年，貽昆在京師，乞元表君墓。元之先，自元末明初系出江西，爲同姓，遂載筆焉。

誥封奉直大夫翰林院編修陳君墓志銘

君諱鶴書，字東麓。先世居閩泉州，曾祖式璜遷福州閩縣。祖應瑞，父起龍，皆以農業佐儒術，起龍補縣學生。君幼穎異，家貧，雄于文，試輒高等。朱文正公、紀文達公、王文端公在閩，皆賞拔之。累不舉于鄉，補歲貢生，教授鄉里，生徒衆多。嘗主講仙遊、龍巖、邵武、漳平、上杭書院，皆有經法，弟子多舉科名者。君恂恂端謹，守身如玉，質直好義，交不逆詐。詩集數卷，古體沖淡近陶、韋，今體綿婉近白、陸。嘉慶十五年七月干支卒，年六十有五。以子壽祺官得封，妻亦封宜人。子三人：壽祺，己未進士，翰林院編修，文淵閣校理，國史館總纂，京察一等，記名御史；壽□，壽□，皆儒業。壽祺幼被父教，文藻博麗，規畫揚、馬，通達經傳，精究小學。康熙己未、乾隆初年皆有鴻博科，儒術爲盛，嘉慶己未雖非制科，然如張惠言、王引之、壽祺等，擬之前人，似無讓也。顧壽祺之學，皆出于其父之教，然則君之所學可知矣。壽祺爲元門生，在都聞訃，星奔歸葬，來請銘其墓。銘曰：

君行肫誠，君學通明。匪有金在籯，而教子惟經。子顯揚其名，名重者勢輕。山靈氣清，鬱鬱乎佳城。

誥贈中憲大夫山東兗沂曹濟兵備道一鳳孫公暨妻許恭人墓表

公諱枝生，字一鳳，氏曰孫。先世定遠人。明初有諱興祖者，以佐命功封燕山侯。侯之從子諱繼達，以行省都鎮撫守禦常州，賜田宅，是爲武進孫氏。凡二侯三指揮使，登庶司者百人，尚書慎行尤以清望著，其傳世與明相始終。公曾祖餘，封翰林院檢討。祖自儀，桂陽州同知，封翰林院編修。父謀，康熙辛未科進士，禮部主客司郎中。禮部公清宦家貧，既没，公尚幼，其從兄鳳飛官廣西州吏目，公以諸生從之廣西，贅于許氏。公念門户中衰，二親早弃養，綴身妻家，非學無以自立，乃下帷讀書，刻苦無閒晨夜。體素羸，遂致疾。雍正九年四月壬子卒，年厪二十有六。嗚呼！公以望族丁衰祚，讀書勵行，天不假以年，無事業著述表見于世，微乎微矣！然公之子若孫，以學行掇科甲，名滿天下，交遊偁之，非公之隱德餘蔭，曷克及此哉！

公妻許太恭人，以嘉慶十年六月辛未卒于其孫山東糧道任所，春秋九十有八，距公之卒，蓋苦節七十五年矣。太恭人以二十三歲而寡，乾隆二十四年，奉旨旌表節孝。今之節母且致上壽，未有如太恭人者也。太恭人父建，宜興人，以舉人官廣西義寧縣知縣。無子，欲爲太恭人擇壻，見公于鳳飛家，器異之，以爲館甥。二年生子。又二年，一鳳公卒，義寧君欲奪太恭人志，而以公之子爲許氏後。太恭人誓且泣曰：『女何不若兒？孫氏一綫不可絶。父無子，我當祀許于孫氏。』義寧君知不可奪，從之，旋卒。太恭人以一婦人，自粤西奉父及夫之棺以歸，陟嶺嶠，浮湘湖，山林叢密，風波險惡，猿啼于晝，鬼歗于夜，太恭人抱孤子以泣，顛連修阻，卒達江左。奉義寧君棺葬于宜興，遵公遺言厝棺于夾巷祖墓。母病，侍藥不解帶者五月。喪如父禮。以贈嫁陽羨田易田于常州爲祭田，奉春秋祀事。又以子官俸置祀田于宜興，歸之許氏宗祠。孫氏歲時祭祀，必兼祀義寧君夫婦，以至于今。太恭人性矜嚴廉儉，不苟言笑，不拜佛誦經。年近百齡，每奉壽觴，必戒曰：

『吾食半盂飯即飽，製一衣著數十年。無受屬吏金幣爲也。』方太恭人之初歸江南也，先人敝廬二閒有半，炊烟滿梁，太恭人晨夕操作，紡織鍼黹以易食，夜篝燈課子讀書。子有過，必責之，責必哭。教孫學，亦如之。嘗反鍵書室，自牖納食，故學行迄有所成。嗚呼！方在粤西，孫氏之系不絶如縷，非太恭人矢志撫孤，力貧教學，又曷克及乎此哉！

公子名勳中，乾隆癸酉科舉人，句容縣教諭，截取河曲縣知縣，署渾源州、直隸沁州事。孫三人：長星衍，乾隆丙午舉人，丁未科一甲第二名，賜進士及第，授翰林院編修，改刑部主事，陞郎中，授山東兗沂曹濟兵備道，署山東按察使，今官山東督糧道；次星衡，河南候補縣丞，署洛陽縣典史；次星衢，直隸候補布政司經歷，署安州州判。一鳳公初以子官勅贈修職郎、句容縣教諭，後以孫官誥贈奉直大夫、刑部直隸司主事、前翰林院編修，晉贈中憲大夫、山東兗沂曹濟兵備道。太恭人初勅封太孺人，晉封太宜人、太恭人。嘉慶十年冬，附葬一鳳公墓，墓在常州府某地之原。

誥封奉政大夫掌陝西道監察御史歲貢生游君墓表

君諱晟，字若李，號旭軒。先世出鄭世叔。唐末，邃始自固始從閩王入閩。至宋，文肅孫桂又自建陽至長樂。康熙閒，高祖鍾元爲耿逆所掠，遂家福寧，著籍霞浦。曾祖勝岳，生員，早卒。祖瑨，州鄉飲賓。父煒，生員，以孫貴，誥贈奉政大夫。母程宜人，晚生君，故尤鍾愛。年十八，始鄉學，下筆驚其長老，試輒冠其曹，屢爲學使者所器，然卒不遇，以明經老。

君性孝，侍贈公病，無倦容。祭必泣。素不習青烏家言，以葬贈公，遂通其説。母程晚喜飲酒，左右必盡歡。有女弟早寡，割宅宅之，爲之立後。居平課其子極嚴。光瓚成進士歸，令授徒，禁與外事，將謁選，則教之曰：『吾上世皆積行累善，汝無以吏事害其家聲。』既而選漳州教授，則又諭之曰：『師道立則善人多，汝勉旃。』迨叔子光繹以進士官翰林，歲必以金畀之，曰：『詞臣清貴，毋以貧傍人門户。』及爲御史，以事降官，君乃亟命之歸。晚尤愛交友、種花果，坦白無城府，暇則爲文酒之會，談先世勤儉孝弟，則亹亹不倦。年七十有二，自營生壙，時儗之司空表聖。嘉慶十年閏六月五日卒，年七十有九。例授修職郎，勅封儒林郎、翰林院編修，晉封奉政大夫。娶王宜人，繼葉孺人。子四：光瓚，庚子進士，福州府學教授；光繼，勅封儒林郎；光繹，己酉進士，翰林院編修，掌陝西道監察御史，皆王出；光縝，葉出。孫六：大釗、大鎔，皆廩生；大銈、大琛，皆附生；大芳、大謨。

揅經室二集卷六

山東分巡兖沂曹濟道唐公神道碑銘

揚州郡城，垂三百年之舊家，以宦績著者，唐氏其一。唐先世由泰州遷高郵，復遷江都。八世諱虞，明進士。虞生明獻，明獻生之日、之天。之天官靈山縣知縣，生詩。詩爲之日後，詩生六子，紹祖、繼祖皆官翰林，綏祖由舉人知縣歷官江西、湖北巡撫，兩湖總督。綏祖生扆衡、秉衡。扆衡歷官至迤西道，生侍陛。秉衡早卒，總督公命侍陛爲之後，即兖沂曹濟道芝田公也。

公字贊扆，又號悔庵。幼讀書，補恩蔭生，隨總督公任，習奏牘文案。屢試未第，乾隆二十六年，蔭生引見，以通判用。二十九年，發南河。三十年，題署山盱通判。三十二年，實授通判事，署宿虹同知。三十六年，調裏河同知，復調銅沛同知，暫署外河同知。三十七年，仍以銅沛管外河事。四十年，以在工屢著勞績，舉卓異。四十二年，陞湖北鄖陽府知府。四十五年，丁本生母劉恭人憂。四十七年，服闋，將入都，時河南青龍岡屢築屢圮，阿文成公特奏公精明强幹，熟悉河務，請旨發河工，途次得旨，逕赴河南。四十八年，以河歸故道，擢授開歸陳許道。四十九年，丁母孔恭人憂。五十一年，奉旨署河南、河北道。五十五年，丁本生父憂。五十七年，補山東運河道。秋，調兖沂曹濟道。五十九年，以失察前曹縣民毆斃饑民案，降級調用，遂以病歸，不復出。嘉慶九年十一月朔日，卒于里第，年七十有二。

公生名門，讀書通治理，服官數十年，有功於河、淮者爲多。洪澤湖五壩龍門水誌，舊以上游正陽報水誌長落尺寸爲準，乾隆二十九年，公官山盱通判，湖暴漲而正陽未報長，且亦有正陽報長而湖不漲者，大府委公勘之。公徧歷各縣，歸呈圖説，曰：『淮出桐柏，千里至正陽，所并之水已多，正陽長落固可爲誌，但正陽以下潁、肥、洱、洛、天芡諸水雜注之，乃至懷遠縣，又下則有渦、淝、澥、東西南濠、月明湖諸水注之，乃至臨淮縣，又下則有沱、澮、潼、漴四水注之，迄于盱眙縣。所并諸水，潁、渦尤大，若正陽以上水未長而潁、渦諸水驟長，湖必漲，正陽不知也。正陽報長而潁、渦諸水不長，淮至正陽下且將倒盈諸水之科而後進，迨歸湖十僅二三，是以湖不與正陽相應也。宜增設懷遠、臨淮兩誌樁，與正陽相證，乃不僨事。』大府用其言，請以行，故今懷、臨兩誌樁之設自公始。

公赴豫工，時阿文成公與河督議改河之策，決計于公，公曰：『今全河下注，非土埽所能當，欲逆挽歸正道，難矣。今但于南岸上游百里外開引河，則不與急流争，其全勢易掣，以逸代勞，此上計也。』文成公始定計開蘭陽引河，至商邱歸正河，以公總其事。功以成，得旨嘉奬，擢開歸道。公管南岸工時，新引河隄初成，溜逼甚險，乃復請于儀封十六堡增開引河，曰：『史郵歸舊河達大河。』夏水發，果分爲二派，一由新引河，一繞儀封舊城之南達所增引河。又于毛家寨請增築月隄千餘丈，睢汛七堡建挑水壩，溜勢乃暢下，無潰決。自公管南岸，駐工防守，迎溜決幾者二十餘處，皆急護無患。

五十三年，官河北道。時屢奏安瀾，公測河勢，知將有變，乃請于銅瓦廂工大隄後增築撐隄二百四十丈，河督蘭公第錫以爲歲修有定款，搶險在臨時，今非時，無故忽興大工，難之。公固請，乃行。次年夏，銅瓦工内塌決不移踵，調任河督李公奉翰初視河，曰：『奈何？』公曰：『若待其塌透，必大決，決則全河頓徙。今當于隄之下口新築撐隄，内掘數丈，使水迴溜而入，入必淤，淤則大隄、撐隄合爲一，是河直注之力已殺，而隄可保。』河督從之，隄合而險平。河督曰：『君之所以出奇制勝者，在前此之預築隄也。』公前官銅沛時，亦決下游使水迴溜停淤，兩隄合一，是公善用放淤平險之策也。又宿虹之夏家馬路，黃、運交偪，公親捍其險，裏河水淺，將漫隄，公住舟中，效黃河清水龍法，疏河底之淤，隄乃安。徐州城外增築石工，石磯嘴增爛石工，城乃無患。衛河水弱，漕艘不利，公請掘地千二百餘丈，引沁挾濟，以助衛河。其他畫策弭患者，不可悉數。公嘗論治河之道曰：『河行挾沙，治法宜激之使怒，而直以暢其勢，曲以殺其威，無廢工而不可偪，無争土而不可讓。守此岸則慮彼岸，治上游則防下游。』皆名言也。公官宿虹時，立捕蝗法，率官弁按鄉搜撲，蝻盡而民不擾。於其去也，民争送者萬人。守鄖，懲鈔關胥吏苛索之弊，嚴申禁令，凡空船皆不征，人載但稽其人，舟載税百錢，舟大者一再倍爲限，商旅便而税亦無缺。觀察河北時，修書院，延師課士，增膏火貲，輯三郡志書。其他諸善政不具書，書其治淮河事之大者。

公元配吴氏，封恭人。子二：長瑩，戊午科舉人，側室劉氏出；次鋆，側室姚氏出。十一年六月十四日，葬於城西卜家墩新塋。元與公弟仁埴爲同年舉人，又與公子瑩爲同學生。瑩請爲碑銘，既葬而瑩卒。十二年秋，乃踐諾爲銘，其辭曰：

浩浩洪河，湯湯淮水。履之測之，知水之理。灑之釁之，曲彼直此。民田民居，河淮之東。決則爲害，治則爲功。受其益者，孰知唐公？公若不歸，將總河政。惜未竟展，居里而病。清白之家，終焉無競。鬱鬱新阡，公所自卜。若斧若房，拱兹宰木。勒碑刻銘，拜者來讀。

賜按察使銜河南開歸陳許兵備道柘田唐君墓志銘

君諱仁埴，字凝厚，號柘田。先世由常州遷泰州，復遷高郵，再遷江都。曾祖詩，康熙甲戌進士，累贈太常寺卿、湖北巡撫，崇祀鄉賢。祖綏祖，康熙丁酉舉人，由河南封邱縣知縣累遷至湖北巡撫，署湖廣總督。父宸衡，由通判歷陞雲南迤西道，生子三：長仕謹，官潮州鹽運司運同；次侍陛，由恩廕生官河南開歸陳許道、彰衛懷道、山東運河道、兖沂曹道；君，其季也。

君生而英敏過人，誦書善記，善屬文。事親孝，家庭有榘度。隨任迤西各郡，讀書之暇，講求吏治，幕中諸老宿僉曰：『此名家千里駒，殆有宿根乎？』乾隆庚子，丁内艱。甲辰，高宗純皇帝南巡，君以國子生獻册，召試列二等，賞綵緞、荷包。尋中丙午科舉人。丁未，成進士，殿試二甲，授浙江嵊縣知縣。嵊故僻地，君捐俸葺書院，增膏火，講明禮教，修節孝祠以彰風化，仁聲洋溢，治行稱最。調任仁和，爲省會首邑，君審案定讞，士庶之畏懷者一如在嵊時，有『唐青天』之稱。尋丁外艱，服闋入都，簡發江西，補樂安縣，調豐城縣。豐城濱大江，多水患，君修堤以資捍衛。歲甲寅，以失察事落職。家居數年。庚申，就教職，選全椒教諭。俄值江南高家堰及山盱五壩役工起，遂以通判投効南河出力，加同知銜。乙丑，安東縣陳家浦工起，君以熟諳修防，留工遣用，工竣，授通判。戊辰，署商虞通判。時桑家堤、馬家坊險工屢出，君晝夜築護，得無決。踰年，實授，尋署懷慶府黄沁同知。沁水瀑漲，武陟埝幾破刷，君率兵夫馳救，得無決，加知府銜。壬申，實授黄沁同知。十月，調開封下北河同知，復保蘭陽十五堡之險，護河北道印務，擢署開歸陳許道。戚友有以君之伯兄曾任此官爲言者，君謂今昔情形不同，河工全在應變，非若地方事有一定準繩也。是年下南廳之黑岡工甚危，君晝夜防堵，于烈日寒雨中，屢枵腹不得食，險始定。洎睢州決，大工興，舉君總稽，出入往來兩壩，積半年之久，眠食幾廢。合龍後，蒙恩賜按察使銜，而君力亦既瘁矣。丙子，署河南按察使。君素有痰症，至是感冒加劇，遂請解職。丁丑，蒙諭旨回籍調養，歸江都。是年，長子鑄捧檄至豫，君誡之曰：『吾家世受國恩，祖孫父子皆蒙禄養。今年力衰，未能報，汝其勉之。且汝曾祖任封邱時，上邀世宗憲皇帝特達之知，超顯秩。汝初膺民社，適亦茲邑，當秉承遺緒，毋墜家聲。』觀君之言，可以爲世家教子弟之法。

君生于乾隆十七年五月二十日卯時，卒于嘉慶二十五年四月十二日子時，年六十有九。元配宋，誥贈淑人。繼配李，誥封淑人。側室錢。君生四子：長鑄，河南通許縣知縣；次鏞，國學生，早卒；次錡，國學生；次鐘，候選知縣。女子子二：長適同里試用縣丞秦嶧，次適紹興候選鹽場大使陶德華。孫二，女孫三。君與余同年舉于鄉，余撫河南時，奏君權臬事，且訪輿論，知商虞、蘭陽、武陟、黑岡之不決者，君之力爲多。嗟乎！洪河浩瀚，障之極難，其決也，下傷民生，上勞國計。余過睢州，見決堤跡，心傷之。然則于將決未決時，能屢保之勿決者，其力巨矣。君之可傳者在乎此。余知君，故爲銘曰：

君之兄弟，皆治河渠。功留保障，法密釁疏。君于豫岸，捍之無虞。非君之力，大梁其魚。曲突焦頭，相較何如。德蔭後嗣，封樹待諸。

江西銅鼓營同知劉台斗傳

劉君名台斗，字建臨，星槎其號也。先世繇蘇州遷寶應。曾祖諱中從，康熙戊子舉人，石埭縣教諭。祖家昇，康熙甲午副榜。父世謩，貢生，靖江縣訓導。兄台拱，字端臨，爲世名儒。君少而敏悟，由本縣學生中乾隆丙午科舉人。嘉慶己未會試，成進士，官工部營繕司主事。君傳經學于其父兄，尤究心于水利，凡治河得失、漕輸利弊，無不洞知其源流。通籍後，持服家居，講求尤確。

服闋，兩江總督鐵公、河帥徐公奏留南河協塞減壩，工竣，得功，奉旨以同知用。會黄河南溢入射陽湖，衆議有欲因其勢改建新河由射陽入海者，君作《黄河南趨議》千餘言駁之，上之總督，曰：『今歲黄河漫溢，自陳家鋪迤下，漫口數百丈，正河淍成平陸，大溜由射陽湖一帶入海，將有南趨之勢。蓋地勢北高南下，若順其就下之性，則舍舊圖新，似亦因勢利導之機也。然竊見新河有難成者五，有不可不慮者四。夫現在之漫口，數百丈之口也，而口門以下愈遠愈闊，至四五十里、六七十里不等。河面太闊，無以束水，水寬則流緩，流緩則沙渟，此難成者一也。現行溜勢，奔騰四注數十里之地，或東或西，十數日之間，忽深忽淺，河無一定之形，溜無一定之勢，此難成者二也。且漫口向南，而大溜先向西南，轉趨東北，若因之成河，則是折一大灣，迎溜必生險工，對灣仍致淤阻，下壅上潰，未見其暢流歸海，此難成者三也。且改新河必須築一南堤，又須于清、黄交界之處，中間隔一橫堤，乃數十里中汪洋一片，人力既無可施，取土更無所出，此難成者四也。凡言湖者，皆瀦水之區，非行水之道也。若射陽湖有出水之口，則滔滔下注，久當涸出，五壩之水不當停積中泓矣。謂之爲湖，其形必如盂如釜，外仰内凹，故水滿則溢，水平則停，蓋盈科而溢出海灘，非暢流而直趨海口也。現在河流南注，勢似湍激者，以瀕湖一帶地勢較河身爲低，河面較地勢又低，故此時似暢，究之湖外之海灘，仍反高仰，非如海口，得建瓴之勢也。河將入海，必束之使高于海面，故能敵逆上之海潮，以衝突入海。若今之射陽湖口，則河流之趨湖，雖由高入低，而由湖趨海之路，反由低入高。以低就高，數年之後，必淤阻，此難成者五也。更有不可不慮者。夫五壩減下之水，減入下河者也。往時五壩一開，雖無黄流之阻，尚且淹漫數縣之地，停蓄數月之久，必須閉壩而後就涸，未有壩未閉而先行涸出者。若分射陽湖以爲黄水之道，則清水去路爲黄水所奪，減壩之水全積下河，不能容納，此可慮者一也。運河閘洞之水，亦歸入下河者也。一爲黄流所阻，去路日高，水無所歸，以内地爲壑，此可慮者二也。淮南之鹽場，東南財賦之藪也。沿海場垣瀕于鹽阜，今若逼近黄流，淡水内侵，産鹽必少，清水内壅，場垣必淹，此可慮者三也。至于黄河本有南趨之勢，阜寧地勢高于鹽城，鹽城地勢高于興化，愈南則愈低。今若導之使南，再有漫溢，則就下之勢必入興、鹽，一入興、鹽，則不能入海而南入于江，是河與江合，江、淮、河、漢四瀆合流，是古今一大變遷也。杞人之憂，又不止淮、揚二郡之生靈，東南一帶之財賦矣。』于是南新河之議弗果行。

君又上書曰：『山盱、五壩減出之水歸入下河者，以高郵各壩爲口，以壩下引河爲喉，以興、鹽各路湖蕩爲腹，以串場河各閘爲尾閭，以范堤外各港口爲歸墟，必須節節疏通，使水不中渟，層層關鎖，使水不旁溢，方能引水歸海而保護田廬。數年來，各邑受淹之故，以壩下引河淺窄，而兩岸十餘里外即無堤形，是以減下之水不能下注，先已旁流，此高郵受災之緣由也。壩水注之興、鹽，渟蓄湖蕩，湖蕩雖能受水，而不能消水，旁無堤防，下無去路，盈科而進者，仍復泛溢四出。在湖蕩之上者，誤以湖蕩爲歸墟，在湖蕩之下者，止知曲防壑鄰，幸游波之不及，而壅極必潰，雖少緩須臾，亦復同歸于盡。此興、鹽各邑被水之緣由也。場河淺，故上游之水不能驟洩。海口高，故場河之水不能驟出。加以壩面寬而閘面窄，來源多而去路少，猶以斗米注升，欲其暢流，不得矣。此范堤内外被水之緣由也。誠使壩下之引河加掘寬深，堅築隄防，引歸湖蕩，則高郵之田可保矣。湖蕩之旁，圈築圍圩，約攔水勢，仍留去路，導入場河，總使水有下注之路，而無旁溢之門，則興、鹽一帶之田可保矣。再于場河挑深，酌添范堤閘座，並挑通閘外港口，則范堤内外之民竈可無虞矣。惟是場河以外形如釜邊，場河以内形如釜底，以釜底洩入釜邊，必須擡高水面，方成建瓴。若以挑河之土堅築兩岸之堤，則地勢雖内低外仰，而水面仍内高外下也。如此則有溝有防，表裏相應，誠一勞永逸之計也。』總督韙其言而未能行。

丁卯，簡發江西，以同知補用，試吴城。吴城民多板屋而居，值火災，燔燒千餘家。君至，爲設火龍，六坊各一，梯衝鉤鋌及貯水之器各數百，坊立役夫二十人，以時習其激躍轉輸之事，官給以食，均勤惰，爲賞罰，又多掘井，以備綆缶，立教萬算，役夫以外，民有擔水一石，與算一，官給以價，以是吴城不復火。巡撫金公下其法于通省，今仿行之。在任二年，善政最著，補瑞州銅鼓營同知實缺，以病乞歸。吴城民持鏡一奩、水一盂拜于舟前，曰：『象我公之明且清也。』送者數千人，率相泣別去。癸酉，補原官。奉檄總運事，遂以勞頓卒。卒之前日，謂家人曰：『吾死無他恨，惟吾兄未祀鄉賢，以此耿耿爾。』『吾兄』者，端臨君也。

君未第時，即勇于爲義，嘗與邑令孫君源潮剏建畫川書院，修節孝祠、戚烈婦祠，治宋涇河，引漕河水入城以溉民田，治城北之劉家潭，築堤以捍水患。在官時，則平歙人兄弟二商之訟，表前明土人葉景恩死難之烈，歸新建主簿某停滯之喪。它如拯漂溺、置義冢、立質劑、禁游手，具載于君之家譜及事略，弗具書。君有功于河，書其河議之有裨時用者。所著有《下河水利説》一卷。

論曰：君駮新河改道之説，深切著明，後之人欲知射陽海口情形者，曷覽之。君下河築隄之議，本于靳文襄之書。文襄建此議，爲吾鄉喬侍讀等所阻，然靳公規畫工程丈尺、經費，具載于君《水利説》中。昔阻其如此者，今欲求其如此而不得矣。

贈承德郎翰林院庶吉士加一級例晉朝議大夫錢君暨配屠恭人墓志銘

君諱汝鼎，字東原，嘉興縣人。明太常寺□□，諱□□，與其季父及弟，並以甲第起家，爲浙西望族。曾祖贈光禄大夫，諱□□。祖贈光禄大夫，諱綸光。父廩貢生，候選訓導，諱峯，前刑部尚書謚文端之次弟也。

君生四歲而孤，母任安人以節孝著。年十歲，能作徑尺大書，讀經史成誦。前禮部侍郎諱載者，君從子也。君師之，盡受其學。乾隆元年，以文端廕，入監讀書，並遵例納州同銜，爲太學官生，緣目疾，幾失明，絶意進取。錢氏舊置義田，歲入贍族，規條繁密，子姓日衆。文端以君德性仁孝，才堪治劇，以賙給之事委之。君體祖宗設法之意，任文端委託之重，夙夜經營，不辭勞瘁，支分派衍，度田按口，三黨歡如，宗族稱孝。嗜作書，始爲蠅頭小楷，以目疾改學歐、柳法帖，常侍文端坐論波磔鈎趯之法，文端稱之。晚年書益工，縑素流傳，得者寶之。卒於乾隆三十一年□月日，年□十有□。

配屠氏，同縣前進士棗强縣知縣諱應麟女，幼好《詩》《禮》，棗强愛之，名之曰文。事姑暨祖姑陳太夫人，體無形聲，重幃悦豫。君理義田時，實左右之，嘗典質簪珥以濟賙給所不足。君之殁也，家計日落，至鬻屋僦居廡舍，幼子孤孫，煢煢相依。恭人課《詩》《書》，紡績自給。後以孫貴，禄養漸充，而裙布絺絜，不改其素。久侍南樓，稔知先世事，每聚族姓，談祖宗忠孝之德。鄰嫗邨婦過從，必接席與語。乾隆六十年，歷春秋七十有八，終於里第。

君以孫楷官，加級贈承德郎、翰林院庶吉士，今例得推贈朝議大夫。君配封太安人，例晉恭人。子三：長濬，增生，候選縣丞，贈庶吉士。丙戌冬，應試在京，聞訃奔歸，哀毁咯血，卒於途次。婦程恭人，仰事姑，俯教子，孝慈苦節，亦如屠恭人。次淇，增生。次涵，國子監生。女六，皆適士族。孫六：長楷，即濬子，己酉會試弟一，殿試二甲第一，由庶吉士歷户部員外郎，軍機處行走。次模。次棫，生員。次樸，次梧。次柏，生員。女三，俱幼。嘉慶元年□月葬君及恭人於縣南曹王廟原，祔於父阡。先是，君痛幼失怙，愼選窆地，偶泊舟城南新字圩塘，夢神人引至高阜，指其顛有如虎踞者曰：『此非吉壤乎？』翼日卜，遂定，並誡子曰：『吾不逮事父，異日必葬我墓側。』即今君與屠恭人合葬地。元與楷同登進士第，又同官翰林，交最篤。今視學其鄉，以狀來乞銘。乃爲銘曰：

懿哉錢氏，世德高門。誦芬詠烈，清流遠源。奕奕光禄，隱德彌敦。賃廡相舂，共啓後昆。生大司寇，以孝承恩。惟東原君，光禄之孫。君生少孤，蚤被慈教。故有節者，必酬以孝。重慈致歡，含飴每笑。師少宗伯，蔭任國校。雛下騰聲，詞場名噪。於戲嬰疾，幾喪厥明。煇彂玉氣，采匿珠光。友于爲政，任黨恤鄉。竭勞盡哀，以持後喪。壽山協夢，用誌厥祥。穆祔于昭，遺訓聿長。於赫恭人，康僖雲嗣。純固敦厚，温和淑懿。視疴於寢，省膳於饋。恭人之孝，與公兼致。度田贍族，修睦重義。恭人之賢，佐公爲治。家德在儉，世學維經。教子及孫，皆底於成。文冠天下，筆珥樞庭。帝錫綸言，以褒先型。馬鬣吉封，虎踞佳城。下車再拜，敬勒阡銘。

誥封刑部山東司員外郎鄭君墓誌銘

君諱鑑元，字允明，號澂江，又號餘圃。先世以鹽筴自歙遷儀徵，遷江寧，遷揚州，皆占籍焉。祖廙，父爲翰，皆贈中議大夫。

君好書史，讀《孝經注疏》恒不釋卷。性節儉，雖處豐厚，泊如也。居恒以誠訓其子弟，于孝義之事恒樂爲之。修京師揚州會館，獨捐數千金，又修歙縣洪橋鄭氏宗祠、上律寺遠祖海公宗祠，置香火田。建祖父江寧宗祠，三置祭田，由縣立案于府。又嘗脩族譜，舉親族中婚葬之不克舉者。建親樂堂于揚州宅後，子姓以時奉祭祀。嗟乎！席豐厚者無足重，重乎孝義也。不以其財助鄉里有益于人之善事，不以其誠爲睦婣任卹之正事，卒之不豐不厚，求一事銘墓者不可得，所謂孝義者安在？若先生者，其殆庶矣！先生總司鹺事十餘年，誥授通議大夫、候選道。乾隆五十五年，入京祝萬壽，加一級，召預千叟宴，賜御製詩及粟帛。又以輸軍餉一萬兩以上，議敘加五級，覃恩誥封中憲大夫、刑部山東司員外郎。生于康熙五十三年二月十日，卒於嘉慶九年九月二十八日。子二：長涵，附貢生，候選州同知；次宗汝，刑部山東司員外郎。孫三：兆玉，候選州同知；兆珏，乙卯舉人，候補内閣中書，涵出；兆理，大理寺丞，宗汝出。曾孫六：烜、炤、炘、煦、熙、焜。卜於嘉慶十年三月二十八日，與其配吴恭人合葬于江寧之南鄉琵琶井，因伐石而系以銘曰：

黄山鍾山，廣陵秣陵。鄭公之鄉，人以德興。孝祀以虔，善義力勝。富而好禮，昔賢所稱。革薄積厚，人所罕能。用綏眉壽，耄年以登。子孫繩繩，施于重曾。埏道既安，惟靈所憑。藏此貞石，風暖春塍。

童處士墓表

君諱孝源，字甬川。先世義烏，明季遷鄞。祖某，州判。父某，國子生，有孝行，勵學，與妣孫孺人相繼卒。君纔六歲，居喪如成人。以祖母陳命，依季父居。季父嚴，以君力學不事生産，出之外舍，有地數弓，乃益發書讀之。從師游，遂通小學、《史》、《漢》，旁及百氏。既壯，舅陳明經廉知孝友，妻以女，復以舅爲師。然不事舉業，嘗曰：『吾先人以隱居著書，不求宦達，今有書有田，復奚志哉！』由是入則横經，出則負耒，歲以其入賙親黨之貧乏者，有券至四百緡，悉燒之。復力疾修遠宗墓廬，雖困踣，不顧也。戊午，槐以優行弟一貢太學，明年，考取武英殿校録，秋，順天鄉試中式。聞至，君已疾，顧孺人曰：『吾殆不起，異日當勖兒以黜浮崇實，勿替祖、父之訓也。』疾竟卒，年六十七。子一，槐。女四。表曰：

古獨行，農而士。帶挂經，室懸耜。存婣睦，絶怙侈。老能教，長可紀。式彝訓，生才子。銘既藏，表足視。崇善良，告惇史。

江都淩君士驌傳

淩士驌，字禹臣。其先世江南泰州人，明海樓僉都御史之後也。海樓諱儒，明嘉靖癸丑陳謹榜進士，有直聲，言事遭廷杖，時論韙之。事詳《明史》。著《海樓集》。士驌祖襄，康熙乙卯科武舉人，官古琅所千總。父鸞，國子生，工詩文，屢試不第，授生徒于郡城，因家焉，士驌遂爲江都人。幼孤貧，身親勞苦，手足胼胝，以力養母。妻張氏，亦紡績以佐之。家稍成立，母病，侍湯藥，衣不解帶者數月。母卒，喪葬盡哀禮。有同産兄八人，皆悌敬備至，生養死殯悉資助之，而自奉則甚約，故人皆以孝弟稱之。士驌讀書識字，僅記姓名。性和易，無急言遽色。里閈有争者，輒以微詞解之，争者斂手退曰：『長者言，不可違。』夫以布衣居鄉里，未有勢利加于人，而人胥聽之，非其生平性行積誠以動人，何人折服之深也？士驌自悔幼失學，遂教其子讀書，嘉慶十一年卒，年八十有四。仲子曙，博覽工文詞，治經傳，不爲俗學，從父教也。

翰林院編修彭遠峯墓誌銘

編修諱藴輝，字璞齋，又字遠峯，江蘇長洲人。彭氏爲蘇州之望，定求官翰林修撰，其孫啓豐亦由修撰歷官兵部尚書，世所稱祖孫皆會元、狀元者也。啓豐生紹咸，貢生。紹咸生希洛，乾隆丁未進士，官御史，力行善事，歲饑輒平糶，捐貲繕育嬰堂，殁祀鄉賢。希洛生藴輝，五十日而其母陶恭人殁。

藴輝幼穎悟，十歲從父宦京師。稍長，工詩文。嘉慶三年，順天鄉試，中式南元。四年，成進士，改庶吉士，授編修。初娶兵部尚書吴江金士松孫女，繼娶南河總督平湖吴璥女。七年，歸蘇州。八年，在清江。十年，入京師，任館職。是時，淮南屢被水災，編修與徐侍御寅亮等在京師捐募白金，屬友人至淮南村墟，活餓者甚衆。冬十月，奔父喪，致哀毁。十三年，服闋，入京，充國史館、文穎館協修。夏六月，上試翰林八人于南書房，編修列第五，賞紗緞。皇帝五旬萬壽，獻文册，蒙獎賞紙筆。是年得咯血疾，冬十二月九日，竟以是疾卒，年三十有二，是可哀也。

編修儀度玉立，性仁厚端謹，有志概，接三黨以誠。家世積善，濟貧恤嫠，戒殺放生，敦勉不怠。

文筆清麗，讀史慕古人。方當樹聲詞苑，世濟忠美，乃忽夭折而死。子凝福，甫四齡，亦殤。妻吴孺人，諱懷珍，性善慈，慟夫及子，亦相繼卒。或疑作善而不獲報，其善有未至耶？非也。《論語》曰：『死生有命。』又曰：『朝聞道，夕死可矣。』仁而夭，愈于不仁而壽者。且仁者非責報于天而始積善也，不然，顔子何不得天命哉！揚州阮元爲編修己未座師，哀其亡也，于其葬，紀以銘曰：

震澤之濱，秀鍾儒人。彭氏才子，質敏性仁。金蓮燭古，玉笋班新。何圖覽揆，而命不辰。影速于隙，霜隕于春。營兹浄域，封以香塵。善行可紀，寫于貞珉。山光藏璞，葆爾清神。

臧拜經别傳

拜經姓臧名庸，字西成，又字拜經，本名鏞堂，武進縣人。父繼宏，業賈。康熙間，有與閻百詩同時老儒玉林先生名琳者，拜經之高祖也。乾隆五十四年，餘姚盧學士文弨主常州書院，拜經往受經學，抱玉林先生所著《經義襍記》質于學士。學士驚異之，于挍《經典釋文》中多引其説。五十八年，在蘇州從嘉定錢少詹大昕、青浦王侍郎昶、金壇段縣令玉裁講學術，錢公、王公薦拜經于湖廣總督畢公沅，授其孫蘭慶經。嘉慶元年歸，丁父艱。二年，元督浙江學政，延拜經至西湖，助輯《經籍纂詁》。三年，《纂詁》成，拜經至廣東南海縣，挍刊于板，而臧氏《經義襍記》諸書亦以是時刊成之。五年，元巡撫浙江，新闢詁經精舍于西湖，復延拜經至精舍，補訂《纂詁》，校勘《注疏》。七年，歸常州。九年，入京應順天甲子鄉試，王伯申侍講引之、桂香東侍講芳皆引重之，桂侍講命其弟桂萏從之學。秋試，房考吴美存編修其彦薦其文，主司抑之。十一年，南歸，過揚州，伊墨卿太守秉綬延修《廣陵圖經》。十二年，復應元招至杭州，讀書于北關署中。十四年，歸里，病。十五年，復應順天庚午鄉試，不中式，吴編修延之修中州文獻書。十六年，復病。七月，卒于吴氏館，年四十有五。

拜經沈默敦重，天性孝友，遵父命，續其高祖將絶之學，脩身著書，並見于世，可不謂孝乎！其弟禮堂，孝子也，以毁瘠卒，拜經哀之，乞朱文正公諸名儒之詩文以表章之，可不謂友乎！其爲學根據經傳，剖析精微，德清許周生兵部宗彦謂其好學深造，如皇侃、熊安生，當求之唐以上也。所著之書，擬《經義雜記》爲《拜經日記》八卷，高郵王懷祖先生念孫亟稱之，用筆圈識其精確不磨者，十之六七。其敘《孟子年譜》，辨齊宣王、湣王之訛，閩縣陳恭甫編修壽祺歎爲絶識。又著《拜經堂文集》四卷，《月令雜説》一卷，《樂記》二十三篇、《注》一卷，《孝經考異》一卷，《臧氏文獻考》六卷。又其生平考輯古義甚勤，故輯古之書甚多，《子夏易傳》一卷，以《子夏傳》爲漢韓嬰所撰，非卜子夏，惟采《釋文》《正義》《集解》《古易音訓》《大衍議》五家，不取宋以後説。《詩考異》四卷，大旨如王伯厚，但逐條必自考輯，絶不依循王本。《韓詩遺説》二卷、《訂譌》一卷，顧千里廣斫以爲輯《韓詩》者衆矣，此爲最精。《盧植禮記解詁》一卷，《爾雅古注》三卷，《説文舊音考》三卷，《蔡邕月令章句》二卷，《王肅禮記注》一卷，《聖證論》一卷，《帝王世紀》一卷，《尸子》一卷，《賈唐國語注》二卷，《挍鄭康成易注》二卷，《蕭該漢書音義》二卷，皆詳過于人。

元初因寶應劉端臨台拱獲交拜經，十年之間，于我乎館者爲多。卒之後，元寫其所著書爲副本，以原本還其家，敘玉林先生入《儒林傳》中，而以拜經附焉。顧《儒林》爲國史，文體宜簡，乃復述所未盡者爲别傳，以告後之學人，且致其哀恤云爾。

杭州府西海防同知路君墓志銘

君諱錞，字鳴于，漢陽縣人。父遵王、伯兄釗，歷任南陽、尉氏知縣。君幼佐兄理吏事，習政治，捐納鹽場大使，分發浙江，歷青村場、許村場，擢諸暨縣知縣，調平湖縣，大計卓薦，擢杭州府西海防同知。君明敏和正，所治之縣皆有益于民，未嘗妄刑一人。宰諸暨，伸十餘年未發之冤，人情快之。平湖水鄉，故多盜賊，君能弭之。每課書院，皆捐廉以資膏火。海塘鉅工，修防誠實。予再莅浙，方將倚君治大郡之事，而君以嘉慶十四年正月乙酉卒。生於乾隆十三年十二月某日，得年六十有二。妻吴宜人，先卒。子文澤，戊辰進士，分發福建即用知縣。將以某年月日歸葬君于某地之原，乞銘其墓。余以君廉静篤實，善治民，從余治浙事者八年矣，歿之日，吏民皆惜之曰：『好官如路公，何遽死？』豈余私言哉！遂銘之曰：

悃愊無華安静吏，月計有餘民乃治。不緣飾以媚世，不逸惰而廢事。安得如君置有位？君德有餘蔭後嗣，歸葬漢南視銘字。

誥封奉直大夫奉賢陳君墓表

陳君諱遇清，號碻菴。先世出潁川宋平章事秦國公某之後。十三世禎明，河南參政，有治河功。十二世詢，官祭酒，謚文莊，事具《明史》。居華亭之南橋，今奉賢地。曾祖藎，明季杜門講學。祖祖壽。父基，貢生。基三子，君其長也。

君生俶儻，善讀書。年二十一，補華亭學生、國子監生。以父老歸，家口益衆，與兩弟析居，慕薛包之風，築室於舊居東南以奉親。親病噎，君訪醫，進湯液惟謹，不解帶者經年。父母相繼卒，君哀毁骨立，營窀穸，靡不誠慤。族之人秀異者造就之，其有貧乏、殯葬不給、有急難者佽助之。生平未嘗謁公庭。丙子，邑大祲，君倡賑粥，十里爲一廠，廠有紳士，而君爲之綱。所居奉賢爲分邑，無學宫，縣令廉君高誼，諮於君，首捐千緡，事遂集。居家教子弟以法，延名師，禮意俱備。丁酉，季子廷慶授桃源訓導，令肄書構屋數楹，如諸生。是年，廷慶中式。癸卯，長子廷溥中式。己酉，廷慶以員外郎充山左副主試，君教以恪矢公慎，俾得人爲報稱。明年，廷慶典郡，天語垂問父母兄弟，廷慶對：『臣有父母，年俱六十八歲。兄廷溥，癸卯舉人。』上曰：『爾既有兄養親，正可廉慎供職，報効國家。』廷慶叩頭謝。七月，廷慶迎養至辰州，君諭『以勤補拙，以儉養廉』。數年之間，大吏以廷慶爲能者，君有以訓率之也。甲寅夏，患癱滯，七月十六日卒，年七十有二。君性嚴峻，而仁孝於族，尤加意祖塋祠宇，歲必葺之。又其修梁、浚渠、飯餓、衣凍、槥殣之事，不可殫舉。虎谿書院添設講堂、廨舍、聚奎樓以及脩脯膏火，其大焉者也。尤精鑒藏書畫，晚繪《耕讀圖》，一時如沈宗伯德潛、王光禄鳴盛，多爲題詠，其隱居之志，殆有素焉。以子貴，例贈朝議大夫。

妻顧氏，誥封恭人。恭人爲同邑南陵縣訓導紱之女。性端恪，幼不苟言笑，動合禮法。母陳，授《内則》《列女傳》，涉口成誦。父以爲女職治酒漿、習織紝而已，因不復讀。年二十一，歸于碻菴君。事舅姑盡婦道，能先意承志，佐碻菴君讀書敦行，暇事女紅。自碻菴君倡賑粥、立學宫，家事悉以委恭人。恭人整齊嚴肅，纖曲周到，爲二子延師，必酒肉豐潔，漏三四下，猶篝燈課讀也。先是，族有無後者，議以廷溥繼之，已而易他人，其家將以貲之半貽廷溥，恭人以義卻之。戊戌，父南陵君卒，碻菴君歸自京，經其喪，恭人致其哀。廷慶之授教官也，恭人訓之曰：『當正身率行，仕學兼勉，勿謂冷曹不足爲也。』自後遇恩眷，必勖焉。丙辰，廷溥舉孝廉方正，戒之曰：『此特科，毋以虚聲貽誚。』廷溥因力辭，不赴。恭人素敦六行，其賙卹親黨一如碻菴君，嘗以君遺命捐義田五百餘畝，修祠墓葬地，及贍同祖五世之人米布，以暨母、妻兩黨均有教養之資。嘗有九喪未葬者，特畀重資以濟之。丁卯十一月，以疾卒於家，年八十有五。先是，碻菴君卒，葬於柘林之魚塘灣光字圩，至是祔焉，禮也。非躬行孝義，德符梁、孟，曷克有此！宜乎子孫食報之未有艾也。

子三：廷溥，舉人，候選大理寺丞，加一級，改授内閣中書；廷棫，殤；廷慶，由拔貢成進士，庶吉士，改廣西司主事，遷員外郎，己酉山東副考官，湖南辰州府知府，署辰永沅靖兵備道。女二，長適貢生張鴻圖，次適候選按察司經歷夏必達。孫三：泰熊，廩生；泰蛟，泰彪。曾孫二：光裕、光璇。

武康徐母周孺人傳

予督浙學三年，于湖州府貢優行生一人，曰徐熊飛。熊飛少孤寒，力學，事母孝，文筆斐然。越三年，予撫浙，聘熊飛爲平湖書院院長。熊飛母死，泣以行略聞，爲傳之曰：

徐母姓周氏，武康人。生而明慧，四歲，《孝經》成誦，隨諸兄入塾讀書，《春秋左氏傳》《資治通鑑》，皆能覽之。年十九，歸武康徐氏。時熊飛父喬寓上柏，賣藥授生徒，甚貧。熊飛年十四，父卒，無以爲斂，母鬻破屋治喪葬，借鄰人草屋，攜子女居之。口授熊飛經，使爲童子師，已則晝夜貼錫、織篛以易食。貼錫者，磨錫爲紙，便製冥鏹；織篛者，資山商裹茶笋，皆業苦而值微者也。母冬寒手龜坼，鎔松脂補之，氣蒸蒸從凍坼出，夏蝨蚋集膚，亦弗少輟。徐母之母家亦衰，就養于徐母，晨易米一升，煮爲糜，淅其成粒者奉母，餘以豆屑、野菜糅雜，與子女分食之。歲饑行賑，母不就賑，曰：『吾能餓死，忍蒙袂輯屨，向里正乞活耶？』熊飛既長，爲學生員，館于平湖，歸輒索其篋，見與人論學書則喜，否則訶責不少容。或爲謀遷居平湖，母曰：『先人墟墓皆在此山中，可不邱首邪？』熊飛名日重，授經多束脩，母乃贖周氏老屋之半爲居，奉徐、周兩姓木主，命子姪歲時祭之。知平湖縣事李賡芸贈熊飛以金，母喜曰：『此廉吏金，當爲吾置棺。』嘉慶六年十一月初九壬午，母卒，諱稱英。

論曰：母以舊族耐勤苦，支兩姓衰寒之祚，教子學成，可謂賢矣。不然，貼錫織篛，薄業也，茅屋豆粥，貧媪也，死則死耳，學士大夫烏得馨其事而稱之？歐陽公母以荻畫地，貧者學也。故備述母勤苦之事，知熊飛所椎心飲泣而欲著表于世者，正在此也。

朱母高太孺人傳

嘉慶元年，予奉命視學兩浙，以經學詩古文試士于平湖，得朱生爲弼，根柢深厚，不爲俗學，亟賞拔之。又三年，來撫浙，招生課予弟及子。是秋，生領鄉薦。明年，應禮部試。南歸前一月，其大母高太孺人嬰疾卒于家，生以冢孫承重，列狀來請爲傳，因得書其略。

按狀，太孺人姓高氏，系出渤海。曾祖士奇，受仁廟特達之知，世所稱『江邨詹事』是也。祖輿，以編修供奉内廷。父岱，候補州同知。母樊氏，實生太孺人。七歲，從女師授《毛詩》《左傳》《國語》《戰國策》《列女傳》，輒通大義，遇貞烈節孝事，尤樂道不厭。父性嚴峻，好潔，能先意承志，不辭勞瘁，以是絶愛憐之。年二十，歸朱葯房先生。先生諱英，爲桐鄉令族，績學敦氣誼，事二親以孝聞。兄弟八人，仲兄荃，官翰林，叔兄浚谷，主政兵部。家聲方振，而太孺人躬習勤苦，不假婢媪手，隨諸娣姒問安視膳，無失時，無倦容。病侍湯藥，夜不交睫，焚香籲天，請以身代。舅姑先後殁，哀毁不欲生，遂得痰嗽疾，終其身不復瘳。會葯房先生以荃之獄胥靡入蜀，羈三十七年，太孺人以紡績所入課子讀書，學成名立，既補弟子員，即遣入蜀省視。先是，浚谷兵部無子，病中欲以弟之子爲後，並馳書蜀中，亦許之矣。太孺人初以獨子難之，及兵部殁，慨然曰：『吾夫安知不即歸？此時姑從其言，第他日，吾重有望于吾子。今若驟富，必廢學。無已，以所遺財與諸子姓分之，庶可繼也。』其持大體類如此。乾隆乙巳，菿房先生蒙特恩釋歸。明年，抵里門，白頭相對，諸孫林立，里鄗傳爲美談，且謂先生入蜀後，所以再新門庭者，皆太孺人力也。又四年而先生歿，太孺人又後先生十三年而歿，享壽八十歲。子一，鴻猷，桐鄉邑庠生，兼承兵部宗祧。孫五：爲弼，庚申舉人；爲榦，爲均，爲霖，爲爕，均、霖皆諸生，爲兵部後。

論曰：《晉書》稱韋逞母宋氏與夫在徒中，推鹿車，背負父所授書，諷誦不輟，晝則樵採，夜則教逞。逞後仕爲太常，母年八十，視聽無闕，猶設講堂，隔絳紗幔授經，號宣文君。今朱母以青年丁家難，夫婦暌離在數千里外，歷三十餘年而復合。中閒門户楮柱，以一弱女子任之，教子教孫胥成立。噫嘻，何其難也！視韋逞母，蓋跡異而心同者與？抑聞菿房先生就逮蜀中，非其罪也，徒以兄故慷慨赴義耳，世以是多之。《易》曰：『恒其德，貞。』若朱母者，又能成夫子之德者矣！

净因道人傳

净因道人者，余老友甘泉秋平黄居士文暘妻也。父張堅，甘泉公道橋北湖儒者，母徐氏，北湖坦菴先生曾孫女。道人幼讀書，習《詩》《禮》，知孝義，兼工繪事，夜觀恒星，皆能指而名之。年二十五，歸于黄，事舅姑以孝聞，戚黨咸呼之曰『趙五娘』，用《琵琶記》故事也，其孝可知。居士雄于文，爲里中老宿，屢不第，家貧，以館穀自給。道人常典簪珥以爲炊，或以畫易米，與居士相倡和，或賭記書籍、策數典故以爲樂。舅姑殁，寫《偕隱圖》以寄意。乾隆歲丙午，饑甚，居士有貧友來投者，道人解衣衣其妻而自忍凍，分米爲糜以食之。吴梅邨祭酒之孫貧餓于竹西路，居士割宅居之，其子女失母，道人撫之至成立。長官慕道人名，求見其詩者，閉門謝曰：『本不識字也。』曲阜衍聖公尚幼，余薦居士往爲之師。道人與居士以《六十自壽》詩相倡和，山左盛傳之。

居士長余二十七歲，余童時即見居士、道人于埽垢山房。歲癸亥，邀二老來西湖，扁舟涉江，登虎阜，汎鸎脰湖，皆有詩。余于署中開別館居之，每二老出游，竹輿小舫，秋衫白髮，蕭灑于湖光山色間。余内子孔，亦以詩與道人相倡和。歲乙丑，歸揚州，畫《埽垢山房聯吟圖》以寄意，名士多題者。歲丁卯，居士客于外，其弟暨長子婦死，道人經其喪，勞且哀。季冬，居士歸，道人以微病卒。僕媪鄰婦來，相撞而哭，感其仁賢，血滿地，不知誰咯者。道人卒年六十有七，所著《緑秋書屋詩集》五卷。子二：金寶、鑾其。家諱稱因。

論曰：程子引《詩》『誠不以富，亦祇以異』，以證雖餓，而民稱也有以哉！道人之賢孝，且藝且貧，異矣！非然者，吾烏得而稱之？

鮑姑辭敘

鮑姑爲元祖考之長女，與元考同爲江祖妣所生。適江都鮑公雲書，事舅姑甚孝。鮑公狹俞婦于外舍，俞婦者，某縣尹之妾，乘其尹死，挾貲而逃者也。以故舅姑不許之入室。俄尹之子訟鮑公，鮑公畏罪，挾婦入京師。舅姑漸老病，家亦漸貧，家事賴于姑，姑致力爲養者二十餘年。鮑公匱以醫自給于京師，久之，入太醫院，爲八品吏目。俞婦生子永觀。乾隆五十年，始迎姑入京師。俄鮑公卒，姑歸揚州。鮑無居室，于是元考迎姊居于家。及元官内外，舟輸所至，皆奉姑無少離。永觀跛一足，病殤卒，生三子，皆性落拓，不能有所業，姑是以不能不終于阮。道光二年正月十日，卒于廣東節署，年九十有二，柩歸揚州。姑性仁厚，知禮盡孝，其生平大節在力奉舅姑，生養死葬，三黨所共稱也。先是，俞婦已與鮑公同葬，姑常命曰：『我死，當别葬于北鄉。』故元不爲墓文。姑九十歲時，有撰《鮑姑辭》爲壽者，引《列女傳》宋鮑蘇妻女宗爲比。鮑蘇仕衛，有外妻，女宗在宋養姑，貞一不去，宋公表其閭曰『女宗』，劉向列之爲傳。以今擬古，事極相類，且同鮑姓，爰爲敘以誌之。

女壻張熙女安合葬墓碣

余之女子安，孔夫人所生。余得一古鏡，有『孔静』二字，遂字之曰『孔静』。幼明敏，未嘗習鍼黹，師錢塘嚴厚民讀書，師奉新劉蒙谷學畫，其詩受教於父母者爲多，頗能析理摹景。年十三，許聘江都張熙。熙字子興，又字定江，翰林給事中馨之曾孫、賜三品銜鈞之子。于是，厚民又館于張氏，與武康徐雪廬迭教熙。熙性沈静和厚，不妄言笑，詩亦有法。十五六歲時，得肝風疾，時疾時已。嘉慶二十五年春，熙年十八，其父命隨其師嚴來粤東，贅余署中，且讀書受余教。雖新婚，而内外有兩書室，各讀書賦詩，不少輟。熙以嶺南草木物産考之古籍，頗著於篇，又自以端溪巨石雕爲硯山，曰『臨潼秋色』。給事本籍臨潼，乾隆甲子陝西解元也。十二月，熙肝風病發，甚劇，道光元年正月十二日卒。是時，安年二十，初有娠，哭幾死。家人以嶺路遠，勸緩歸江都保娠，冀得遺腹子，安乃節哀慎疾。夏秋，身甚健，然嘗指其腹，私語其保母曰：『我望伊是子，我故保伊性命。將來伊眞是子，乃保我性命。』是以家人恒防之。孟秋，月死覇，既産，乃女也，猶語家人曰：『女亦佳，勝于并女無之者。』不哭泣，然色甚變，心鬱志烈，内熱外發，氣若蒸。八月二日，猝然死。家人疑其吞金，檢其金，無所失，蓋其久蓄死志，以死爲願，故産後不慎疾，若惟恐其疾不急而死不速者。余雖哭之慟而心許之，曰：『禮也。人孰無死？娠未辯男女而死，絶夫之後，非禮也。篤夫婦之情，靡笄懸磬，橫殘其親之遺體，非禮也。舅姑老，不留身以事之，非禮也。今産女，病而死，熙不患無繼子，舅姑未衰，尚有妯娌，三是，則合乎禮，不逾乎情而同至，命矣。』安嘗于所居粉壁前登几畫梅，縱横盈丈，幼隨母嫂分《梅花百詠》，得五言律十餘首，又廣《梅花百詠》，再成百題，獨作一百首爲一卷，詩中爲其師點改者十之二。又有《百梅唫館詩》一卷。熙有《宜之室詩文遺稿》二卷。熙，五品頂帶；安，宜人。于其合葬也，命常生書刻於石。

揅經室二集卷七

封泰山論

泰山者，上古大山居天下之中者也。封泰山者，七十二代易姓而王，祭天刻石以紀號也。上古淳質無史册，刻石紀號者，著一代之史也。《説文·後序》云：『書者，如也。五帝三王改易殊體，封泰山者七十二代，靡有同焉。』然則泰山石刻即七十二代之史書，若無此石，則文字不別見于竹帛，代號不可考矣。是故封禪爲古大禮。古者開創之帝王，雖功德有醇駁，而皆得行之。秦始皇、漢武帝之求長生，光武帝之用讖緯，宋眞宗之得天書，皆以邪道壞古禮，不足爲封禪咎。秦始皇、晉武帝、隋[一]文帝、唐太宗議封禪，或行或不行，非也，此皆易姓一天下之君，當刻石紀號者也。漢武帝、魏明帝、北齊文宣帝、唐高宗、(元)〔玄〕宗、宋眞宗、明成祖議封禪，或行或不行，亦非也，此非易姓一天下之君，不當刻石紀號者也。竊嘗考之古矣。泰山曰岱，岱者，代也，古帝王告代之處也。《後漢書》注云：『太山者，王者

[一] 隋，甲戌續刊本作『隨』。

告代之處，爲五嶽之宗，故曰「岱宗」。』所居曰齊州，齊者，中也，居天下之中也。《爾雅》曰：『齊，中也。』又曰：『中有岱岳。』《列子·湯問》篇言『齊州』，《黃帝》篇言『齊國』，皆中州、中國也。上古水土未平，中國地褊，泰山、齊國地高而無洪水，遂爲天下之中。有王者起，德教足以服衆，功力足以制人，即可以朝諸侯，有天下，登泰山而封之，七十二代豈皆如黃帝、堯、舜之德歟？其以雜霸之力收天下之權，如後代秦、隋者，必有之矣。其時文字始造，史册未興，設非大朝會，升中于天，刻石岱宗以紀之，則天下之權猶未一，代興之號猶未正，且其君之姓名亦無以傳于後世也。惟其盛衰興廢，三古迭更，受命易姓，必有封禪以定之，是以管夷吾所記者十有二家，不能以受命易姓之辭窮齊桓公，乃設爲嘉祥未臻之説。嗚呼，豈知後世文人，昧管氏之大義，反以其所設之辭，侈爲符瑞以飾封禪，致迂儒疑封禪非古禮，豈不慎哉！秦泰山石刻，乾隆間始燬，琅邪石刻今尚存，其文辭亦載于《史記》，所謂『成功盛德，紀號久遠』者，雖爲李斯之文，但其遺制必襲自三代以上。秦石至今三千年尚存，然則唐、虞、夏、商之石，秦時當有存者。

泰山志序

昔管子舉封禪之典以告齊桓公，蓋以上古質樸，未有史策之文，朝覲之禮，故七十二代之興，咸合諸侯于泰山下，以定天位，乃刻石其上，以紀有天下之號，如後世之修史也。然則刻石之制，先于漆書，七十二代，先于典誥，又何論于諸史乎？山經地志，史家之書也。山莫大于泰山，史亦莫古于泰山。泰山之必當有志，重于天下山經地志遠矣。況以我朝列聖御蹕時巡，登祭之典，天章之富，照耀山嶽，垂示萬禩哉！前明歙汪子卿作志，既詮序混淆，而查志隆之重修《岱史》，宋燾之《泰山紀事》，蕭協中之《泰山小史》，以及國朝林杭學之《泰山輯瑞集》，皆疎畧淺陋，不足以紀岱宗。余於乾隆五十九年奉命視學山左，試泰安畢，登岱，覽其勝，又徧拓其金石文字爲《金石録》，而岱志之舉，尚望諸鴻通博覽之君子。今休寧金太守棨來守泰安，訟簡民和，歲時豐稔，遂乃窮圖經之幽邃，憫舊志之殘缺，實始爲修志之舉。本聶鈫《泰山道理記》《金石記》，朱孝純《圖志》，而廣徵典禮，博採貞珉，作《紀》三卷、《圖》一卷、《志》十卷、《記》五卷、《敘録》一卷，總爲二十卷。經始於乾隆乙卯，告成於嘉慶戊午。余喜得其書而盡觀之，序述賅備，體例謹嚴，兼史家之三長，考地理于千古。善乎，何異以古今爲經緯，爲岱宗勒成一史乎！元舊爲《封泰山論》一篇，今太守亦刊于卷中，武斷之論，不足以質當世。然爲《泰山志》發凡原始，或有取焉。

焦山定陶鼎考

西漢陶陵鼎，以漢慮俿尺度之，高七寸三分，身高四寸二分，蓋高一寸六分，蓋上有三環，各高一寸二分，兩耳高二寸二分，三足高二寸。銅質，五色斑駁，腹有棱，純素。蓋鑿隸書銘，大字十五，曰：『隃麋、陶陵共厨銅斗，鼎蓋并重十一斤。』小字四，曰：『汧第卌五。』器鑿隸書銘，大字十七，曰：『隃麋、陶陵共厨銅鼎一，合容一斗，并重十斤。』小字十六，曰：『汧共厨銅鼎，容一斗，重八斤一兩，第廿一。』

案：《漢書·地理志》隃麋、汧二縣屬右扶風。《後漢書·耿弇傳》：『建武四年，封耿況爲隃麋侯。』《續漢書·郡國志》作『渝麋』。又《續漢志》：『定陶在濟陰郡，本曹國。』後漢屬兗州刺史部。郭璞曰：『城中有陶邱。』《史記》云『穰侯出之陶』，即其地。定陶共王康，元帝子，哀帝父，永光八年自山陽徙封。《漢書·丁太后傳》：『建平二年，上曰：「太后宜起陵恭皇之園。」遣大司馬票騎將軍明東送葬于定陶，貴震山東。』《共王傳》：哀帝二年，『追尊共王爲共皇帝』。《水經注》：『濟水自定陶縣南，又東逕秦相魏冉冢南，又東北逕定陶恭王陵。』此器云『陶陵』，是定陶共王陵也。隃麋、汧二邑合共此器，故曰『共厨銅鼎』。《鍾鼎款識·漢好時鼎銘》云：『今好時共厨金一斗鼎。』《汾陰宫鼎銘》云：『汾陰共官銅鼎。』《上林鼎銘》云：『上林共官銅鼎。』漢器體制如是。漢陵廟皆有厨，《三輔黄圖》『昭帝平陵爲小厨，裁足祠祝』，《款識·漢孝成鼎銘》云『長安厨孝成廟銅三斗鼎』是也。此鼎蓋與器銘辭不相應者，當時共帶正多，不知何時互錯也。器銘云『并重十斤』，又云『重八斤一兩』，云『器重八斤一兩』，則蓋當重一斤十五兩矣。今除蓋以庫平法馬稱之，重五十三兩七錢二分。銘云『容一斗』，以今官倉斗較之，得一升八合。定陶故城在今山東曹州府定陶縣西南。予得此鼎，因思焦山祇有周鼎，若以漢鼎陪之，經史引徵，可增詩事。爰以官牘達之鎮江府丹徒縣，付焦山寺僧永守之，并加册于櫝，繪圖、搨款、鈐印，紀之以詩，時嘉慶七年季秋月。

金承安重刻唐萬歲通天史承節撰後漢大司農鄭公碑跋

漢高密鄭司農祠墓在濰水旁礪阜山下，承祀式微，不能捍采樵者。濰沙乘風内侵，其深及牆，祠宇頽没，元率官士修之。祠南門外積沙深遠，遂改門東向，植松楊行栗于西南，以殺風勢，修齊正殿，改書木主，增建旁屋三楹，爲官吏祭宿地，建坊書『通德門』，以復孔文舉之舊。祠外田廬號『鄭公莊』者三，散據高密、安邱、昌邑三縣地，鄭氏苗裔百數十人居之，務農少文，而譜系世守猶可考，擇其裔孫憲，書請於禮部，劄爲奉祀生，給田廬，使耕且讀。是役也，掘沙之工半於土木。

趙商漢碑見于著録，今求之不得，得金承安重刻唐萬歲通天史承節所撰碑，搨其文讀之，知承節之文乃兼取謝承諸史，非蔚宗一家之學，其補正范《書》、昭雪古賢，心迹非淺也。碑高六尺三寸，廣三尺四寸，文廿九行，正書。承節以萬歲通天元年，奉勑於河南道訪察，至高密，因父老之請爲文，文成，未書碑而卒。開元十三年八月，密州刺史鄭杳始命參軍劉朏刻石于墓。唐所刻石今無存，賴金承安五年三月所重刻知之。據《金石録》云承節碑乃『雙思貞行書』。今金碑改爲正書，削唐人書碑舊名，然其文則皆因唐舊，無所竄改。元以范書《鄭康成列傳》校之，《傳》『先始通京氏《易》』，碑無『先』字。《傳》『東郡張恭祖』，碑作『欽祖』。《傳》徵爲大司農及與袁紹之會數事，碑皆次於《與子益恩書》前。《傳》『故太山太守應中遠』，碑作『太山守』。《傳》『所注《周易》《尚書》《毛詩》《儀禮》《禮記》《論語》《孝經》』，碑多『《周官》』，無『《論語》』。《傳》『答臨孝存』，碑作『孝莊』。《傳》『不爲父母羣弟所容』，碑無『不』字。《傳》『獲覲乎在位通人，處逸大儒，咸從捧手，有所受焉』，碑省其文作『大儒得意，有所受焉』。《傳》『乃歸供養』，碑作『乃歸鄉』。《傳》『遇閹尹擅勢，坐黨禁錮』，碑載其事入銘辭中。《傳》『舉賢良方正』，碑作『方正賢良』。《傳》『公車再召』，碑作『再徵』。《傳》『其勖求君子之道』，碑無『其』字。《傳》『末所憤憤者』，碑作『凡某所憤憤者』。《傳》『亡親墳壟未成』，碑作『吾親』。凡此異同，比而核之，可釋學者積疑，蓋有三焉。司農《戒子益恩書》，乃歸老疾篤時事，故宜在漢公車徵爲大司農及袁紹邀至冀州諸事後，而范《書》反載《書》文於前，使事蹟先後倒置，一也。所注《儀禮》《周官》《禮記》，范《書》無《周官》，案司農《周官注》，完善無缺，世所共學，而范《書》遺之，二也。『爲父母羣弟所容』者，言徒學不能爲吏以益生産，爲父母羣弟所含容，始得去厠役之吏，游學周、秦，故《傳》曰「少爲鄉嗇夫，得休歸，常詣學官，不樂爲吏，父數怒之」，夫父怒之而已，云爲「所容」，此儒者言也。范《書》因爲父怒而妄加「不」字，與司農本意相反，三也。至于易「恭祖」爲「欽祖」者，金避顯宗允恭諱也。「孝存」作「孝莊」者，唐碑本行書，石或剥落，金時不省，而誤「存」爲「莊」，「莊」爲漢諱，未有不避者。其他異同，與范《書》可互校正。故急表而録之，以告同志。「鄭杳」見《宰相世系表》「北祖房」，官至婺州刺史，「劉胐」亦見《表》「彭城房」，官至汴州刺史。

知足齋詩集後序

《詩》三百篇，《雅》《頌》之作，皆古名臣大儒之所爲也。唐宋以來，名臣大儒多有詩集。詩者，志也，可以覘其志而不能揜。詩者，持也，可以驗其所持而不可拔。性情、心術、政績、遭遇，皆可於詩見之。顧古人詩集雖多，而賡颺之作，究不能累牘疊見。且古帝王有詩集者蓋鮮，即有之，而與名臣大儒言懷論道之作，更不多見，是惟吾師大興朱公《知足齋詩集》爲最盛矣。我師未弱冠入詞林，與兄竹君先生競爽，早被高宗純皇帝任使，歇歷中外。純皇帝濬器德量，命直上書房，侍皇上講誦，有甘盤舊學之義焉。方出使在外時，純皇帝嘗以御製詩郵示往返命和，褒錫甚渥。皇上望遠寄懷，專爲師而發之歌詩者，不下數十首，師亦皆賡雅音而敷至道，都俞陳音，何其盛也！雖吾師學邃行修，得以際兹隆遇，實由兩朝睿製，曠古所無，是以交慶明良，徵韶成樂，此集卷袟，閒得以發其光華而極其典重也。

元奉命巡撫浙江，師嘗以詩寄示，爰請於師，得授全集，將栞之於板，師復命元選訂之。元乃與及門陳編修壽祺等共商删存，以癸亥年以前編爲二十四卷。師之詩，閎中肆外，才力之大，無所不舉，且直吐胸臆，眞情至性，勃勃動人，未嘗求肖於流派，而自觀者衡量之，實於杜陵、昌黎爲尤近。刻既成，欣聞甲子春皇上繼美前徽，臨幸翰苑，師之資最深，且掌院事，恩加太子太傅，領袖清班，極一時詞臣之榮遇。西園東壁，撰獻之作必多，甲子後之新編，更應美富，古名臣大儒之專集，未有盛於此者。然覽者當知吾師之志與師之所以持，庶幾於《雅》《頌》閒求之矣。

菣厓考古録序

鍾君菣厓，甘泉人，名褎，長于余三歲。余年十七時，與君同受經于李晴山先生之門。君居二郎廟蔬田之西，左倚碧城，右依緑圃，花晨月夕，每相過論文史。嘗雪後泛舟，衝寒敲冰，至小香雪後山，又嘗翦燭，作詩于海棠花下，舊遊固如昨也。予入京師後，菣厓以讀書自娱，耿介謹厚，以敦行自勉，殊不汲汲于科名。歲甲子，年四十四，始受知于諸城劉學使，舉優行生員。明年秋，余以丁憂歸揚州，君適病，病遽卒。余在苫次，未得見君，傷哉！又明年，余從君子葵嘉索君遺書，令其就正于執友焦君里堂。里堂爲寫録之，成四卷，更爲墓銘。余遂栞之于板，以付葵嘉。少暇當再録其詩，續入《英靈集》也。

毛西河檢討全集後序

蕭山毛檢討以鴻博儒臣，著書四百餘卷，後之儒者或議之。議之者，以檢討好辨善詈，且以所引證索諸本書，閒有不合也。余謂善論人者，略其短而著其功，表其長而正其誤，若苛論之，雖孟、荀無完書矣。有明三百年，以時文相尚，其弊庸陋謭僿，至有不能舉經史名目者。國朝經學盛興，檢討首出于東林、蕺山空文講學之餘，以經學自任，大聲疾呼，而一時之實學頓起。當是時，充宗起于浙東，朏明起于浙西，寧人、百詩起于江、淮之閒，檢討以博辨之才，睥睨一切，論不相下，而道實相成。迄今學者日益昌明，大江南北著書授徒之家數十，視檢討而精核者固多，謂非檢討開始之功則不可。檢討推溯《太極》《河》《洛》，在胡朏明之先，發明荀、虞、干、侯之《易》，在惠定宇之先，于《詩》駁申氏之僞，于《春秋》指胡氏之偏，《三禮》《四書》，所辨正尤博。至于古文詩詞，後人得其一，已足以自立于千古，而檢討猶不欲以留于世，則其長固不可以一端盡矣。至于引證閒有訛誤，則以檢討彊記博聞，不事翻檢之故，恐後人欲訂其誤，畢生不能也。我朝開四庫館，凡檢討所著述，皆分隸各門，蓋重之也。余督學兩浙，按試紹興府，説經之士雖不乏人，而格于庸近者不少。陸生成棟家藏《西河全集》，刻版請序于余，因發其誼于卷末，俾浙士知鄉先生之書，有以通神智而開蒙塞，人蓄一編，以教子弟，所藉以興起者，較之研求注疏，其取徑爲尤捷。余曩喜觀是集，得力頗多，惟願諸生共置案頭讀之，足勝名師十輩矣。

全謝山先生經史問答序

經學、史才、詞科，三者得一足以傳，而鄞縣全謝山先生兼之。先生舉鴻博科，已官庶常，不與試，擬進二賦，抉《漢志》《唐志》之微，與試諸公皆不及，精通經史故也。予視學至鄞，求二萬氏、全氏遺書及其後人，慈谿鄭生勳奉先生《經史問答》來，往返尋繹，實足以繼古賢，啟後學，與顧亭林《日知録》相埒。吾觀象山、慈湖諸説，以空論敵朱子，如海上神山，雖極高妙，頃刻可見，而卒不可踐。萬、全之學出于梨洲而變之，則如百尺樓臺，實從地起，其功非積年工力不成。噫！此本朝四明學術所以校昔人爲不憚迂遠也。

南江邵氏遺書序

餘姚翰林學士邵二雲先生，以醇和廉介之性，爲沈博邃精之學，經學、史學，竝冠一時，久爲海内共推，無俟元之縷述矣。歲丙午，元初入京師，時前輩爲[一]學者，有高郵王懷祖、興化任子田暨先生而三，元咸隨事請問，捧手有所授焉。先生本得甬上姚江史學之正傳，博聞强記，於宋、明以來史事最深，學者唯知先生之經，未知先生之史也。於經則覃精訓詁，病邢昺《爾雅疏》之陋，爲《爾雅正義》若干卷，發明叔然、景純之義，遠勝邢書，可以立于學官。在四庫館，與戴東原諸先生編緝載籍，史學諸書，多由先生訂其略，其提要亦多出先生之手。先生又曾語元云：『《孟子疏》僞而陋，今亦再爲之。《宋史》列傳多訛，欲删傳若干，增傳若干。』顧皆未見其書。今先生久卒於官，所著書惟《爾雅注疏》先已栞行。今令子秉華等復栞《南江札記》四卷、《南江文鈔》若干卷，次第皆成，尚有《南江詩鈔》十卷、《韓詩内傳考》一卷、《舊五代史考異》、《宋元事鑑考異》、《大臣謚跡録》、《方輿金石編目》若干卷未栞，將次第栞之，以貽學者。元既心折於先生之學行，又喜獲交於令子秉華，能輯先生之書，俾元受而讀之，得聞先生未罄之緒論也。謹記數言，以諗同學者。

[一] 爲，甲戌續刊本作『講』。

王西莊先生全集序

西莊先生編定詩文全集四十卷，既成，屬元爲之序。先生自歸田後，以經術文章發海内者數十年，大江南北承學之士，知究心經術者，實奉先生與竹汀少詹爲歸焉。古來爲才人易，爲學人難，先生少歲入詞館，出使車，聲華爛然。既而杜門著述，今全集告成，元尤幸得先覩。先生生平論詩，以風人爲主，在唐如玉溪、飛卿，不失温柔敦厚之恉，宋、元古法漸失矣。先生詩，上者法六朝，次亦確守三唐規範，以視世之抱韓尊蘇者，超然遠焉。先生之文，紆徐淳厚，用歐、曾之法，發鄭、服之學。凡序、記、論、説、考、議諸體，皆高視今古。天台齊宗伯稱其爲文不名一體，體各造極，非虚言也。夫漢人治經，首重家法，家法亦稱師法，前漢多言師法，後漢多言家法，至唐承江左義疏，惟《易》《書》《左氏》爲後起者所奪，其餘家法未嘗亡也，自有破樊籬者，而家法亡矣。以先生之才，倘吐納衆家，自闢堂奥，安知詩文不將駕唐、宋而上也？乃斤斤守古，不背厥宗者，蓋深感家法之亡，而于詩文寓其轍耳。然當涵濡既久，其達之者守古之法，無守古之蹟，寖寖乎周、秦、漢、魏之間，又足爲私心自用者關其口而奪其氣，則才學之卓絶，所以矩範後來者，豈淺末之可窺測哉！

元學術媿未成立，何足以知先生？幸得序先生之詩文，闡明先生確守家法之意，挂名簡端，有榮施焉。元和蔣氏徵蔚最服膺先生，其與元言先生者甚詳，今因蔣氏之歸，書此質之先生，不識先生以爲知言否也？

于忠肅公廟題壁記

于忠肅公於明室有再造功，以徐、石奸誣故遇害。元在京師聞餘姚邵學士晉涵云：『嘗見明景泰間通政司舊册，内署「某月日于某一本爲太子事」，惜其年月未能記憶。』元以此語仁和孫御史志祖，御史云：『英宗不當復辟，則景帝之易儲亦未爲過，惟景帝疾篤時，公若上疏請復沂王爲太子，而景帝從之，則仁至義盡，何致有徐、石之事？』豈學如忠肅見不及此？然則邵學士所見通政司舊册有『于某一本爲太子事』者，當不在易儲之日，而在請復沂王之時，斷斷然矣。文氏《漫鈔》謂憲宗於忠肅褒卹之典有加，憲宗曾見公手疏之故，斯言更可證矣。此前賢未彰之事，特爲揭之。

西湖詁經精舍記

聖賢之道存于經，經非詁不明。漢人之詁，去聖賢爲尤近，譬之越人之語言，吴人能辨之，楚人則否；高、曾之容體，祖、父及見之，雲、仍則否。蓋遠者見聞終不若近者之實也。元少爲學自宋人始，由宋而求唐、求晉魏、求漢，乃愈得其實。嘗病古人之詁，散而難稽也，于督學浙江時，聚諸生于西湖孤山之麓，成《經籍纂詁》百有八卷。及撫浙，遂以昔日修書之屋五十間，選兩浙諸生學古者讀書其中，題曰『詁經精舍』。精舍者，漢學生徒所居之名。詁經者，不忘舊業，且勖新知也。諸生請業之席，則元與刑部侍郎青浦王君述庵、兖沂曹濟道陽湖孫君淵如迭主之。

諸生謂周、秦經訓，至漢高密鄭大司農集其成，請祀於舍，孫君曰：『非汝南許洨長，則三代文字不傳於後世，其有功于經尤重，宜竝祀之。』乃于嘉慶五年五月己丑，奉許、鄭木主于舍中，羣拜祀焉。此諸生之志也。元昔督學齊魯，修鄭司農祠墓，建通德門，立其後人，是鄭君有祀，而許君之祀未有聞。今得並祀于吴、越之間，匪特諸生之志，亦元與王、孫二君之志。謂有志於聖賢之經，惟漢人之詁多得其實者，去古近也。許、鄭集漢詁之成者也，故宜祀也。精舍之西有第一樓，生徒或來遊息於此。詩人之志，登高能賦，漢之相如、子雲，文雄百代者，亦由《凡將》《方言》貫通經詁。然則舍經而文，其文無質，舍詁求經，其經不實。爲文者尚不可以昧經詁，況聖賢之道乎？

金沙港三祠記

西湖孤山六一泉之三祠，權輿于前明南關榷使陳公調元祀熹、懷兩朝諸賢。我朝太守張公奇逢復祀列代名賢于左廡，分正氣、先覺兩堂，又于西廡移前太守李公祀之，則又遺愛堂之權輿也。鄉之人乃建遺愛堂，奉相國李公之芳等，并附祀鄉賢孝義之士，故先覺較多。此三堂之始末也。乾隆間，畺吏修六一泉，改堂廡爲佛宇，遂以數百栗主納諸兩序外夾室中，地極湫隘。吾師大興朱公曾倡修之，刻碑書名。今屋與主又且朽壞，不可收拾，且地狹甚，亦不能廓之也。金沙港有大閣數楹，甚宏敞，元遂有改遷之舉。因舊祀之人無定例，集詁經精舍諸生議之，諸生言多可采，而議各殊，元遂以己意定之曰：『「正氣」之言，始于《楚辭·遠遊》，而文丞相《正氣歌》實發明之，非有死節至行如文山者，不得與也。「先覺」之言，始于孟子，在畎畝則樂道，任天下則覺民，非有任事如阿衡者，不得以類從也。「遺愛」之言，始于孔子之泣子産，非有功德及浙民如鄭僑者不可也。』

元今所定金沙港之三祠，較之六一泉，有互遷者，有除祀者，有增祀者。

六一泉正氣閣列漢嚴公光，唐褚公遂良、宋公璟、張公巡、許公遠、顔公眞卿、郭公子儀、李公泌、陸公贄、白公居易，宋林公逋、范公仲淹、歐陽公修、蘇公軾、岳公飛、韓公世忠、洪公皓、葛公邲、文公天祥、徐公應鑣，明方公孝孺、高公遜志、于公謙、孫公燧、邵公經邦、萬公燝、楊公漣、左公光斗、魏公大中、袁公化中、周公朝瑞、顧公大章、高公攀龍、周公順昌、周公起元、繆公昌期、李公應昇、周公宗建、黃公尊素、劉公鐸、丁公乾學、夏公嘉遇、林公日瑞、陳公士奇、崔公文榮、馬公如蛟、劉公熙祚、衛公景瑗、朱公之馮、范公景文、倪公元璐、李公邦華、汪公偉、王公家彥、孟公兆祥、周公鳳翔、施公邦曜、淩公義渠、吴公麟徵、馬公世奇、劉公理順、申公佳胤、陳公純德、吴公甘來、王公章、陳公良謨、許公直、成公德、金公鉉、蔡公懋德、孟公章明、藺公剛中、陳公龍正、劉公宗周、祁公彪佳、黃公道周、余公煌、黃公端伯、陳公潛夫、王公道焜、陳公子龍、夏公允彝、陸公培、楊公廷樞、黃公淳耀、顧公咸建、吴公爾壎、姚公奇胤、吴公聞禮、葛公寅亮、張公煌言、朱公拱辰，國朝朱公昌祚、范公承謨、陳公丹赤、葉公映榴、劉公欽鄰、馬公琾、高公咸臨、錢公楞、郎公斗金、錢公嘉倫、徐公尚介、王公萬鑑、徐公修，一百五人。今改嚴公光、郭公子儀、陸公贄、林公逋、歐陽公修、葛公邲、邵公經邦、陳公龍正、葛公寅亮，皆歸先覺堂正祀，徐公修歸先覺堂旁祀，宋公璟、李公泌、白公居易、范公仲淹、蘇公軾、韓公世忠、朱公昌祚皆歸遺愛堂。

六一泉先覺堂列宋趙公抃、楊公時、張公九成、王公十朋、吕公祖謙、楊公簡，元仇公遠，明宋公濂、方公孝孺、王公琦、姚公夔、陳公選、章公懋、李公明、宋公應昌、王公守仁、盧公雍、盧公襄、茅公瓚、茅公坤、淩公立、高公儀、勞公永嘉、陳公善、柴公祥、淩公登名、淩公登瀛、楊公廷筠、張公懋忠、王公思任、陳公雲渠、張公蔚然、洪公瞻祖、李公元暉、李公之藻、李公流芳、陳公肇、盧公復、柴公應槐、盧公昊、盧公璋、劉公宗周、翁公汝遇、聞公啟祥、聞公啟禎、柴公紹煇、柴公紹勳、郭公嗣汾、郎公兆玉、徐公尚勳、艾公南英、章公國佐、柴公世埏、吴公大沖、錢公喜起、徐公繼恩、徐公復儀、張公元徵、吴公之龍、嚴公調御、嚴公武順、嚴公敕、宋公賢、徐公恕、張公元，國朝茅公起龍、淩公萃徵、陳公晉明、汪公澄、汪公渢、陳公麗明、徐公繼聖、張公遂辰、張公嵩、朱公之錫、胡公亶、趙公廷標、高公偁、虞公穆、吴公鑛、詹公惟聖、徐公旭齡、嚴公沆、顧公豹文、嚴公曾榘、洪公秉銓、洪公吉臣、盧公琦、盧公璉、徐公潮、汪公霦、虞公鈖、應公撝謙、王公修玉、柴公紹炳、陸公圻、陳公廷會、胡公介、張公右民、章公士斐、陳公祚明、陸公嘉淑、吴公震衛、俞公時篤、王公至健、陸公堦、陸公堃、孫公涗思、王公佑賢、陳公張相、陸公繁弨、盧公之頤、宋公鼎銓、張公麟、嚴公曾槷、沈公近思、柴公謙、張公潁荀、郎公廷泰、汪公廷俊、項公日永、章公戡功、章公撫功、陳公曾篁、陳公曾蘙、盧公辨、盧公麰、洪公福星、陸公進、金公號跂宋、劉公號何實、劉公萬祺、周公號于宣、章公號長玉、趙公號梓木、章公號程伯、方公擢、周公拱辰、趙公號遜志、張公元吕、陳公季方、盧公必陞、趙公啟裕、吕公蘭，一百四十四人。今改徐公復儀入正氣閣，改盧公襄入遺愛堂，方公孝孺、劉公宗周本在正氣閣，兹重出，除之。其粟主事蹟未經考得者，正氣閣之朱公拱辰，先覺堂之洪公福星、金公跂宋、劉公何實、劉公萬祺、周公于宣、章公長玉、趙公梓木、章公程伯、趙公遜志、張公元吕十一人，製成木主，而別藏之樓側，俟考得再列之左右，今暫除之。

六一泉遺愛堂列明周公新、王公世貞、王公在晉、薛公應旂、樊公良樞、李公文奎、陳公仕賢、甘公士价、張公延登、劉公一焜、許公豸、陳公調元，國朝馬公如龍、李公之芳、金公鋐、王公騭、趙公士麟、王公國安、崔公爾仰、鄭公開極、周公清源、顔公光斆、金公之俊、胡公作梅、彭公始摶、馬公豫、于公敏中、趙公（宏）〔弘〕燦、王公世臣、傅公澤淵、高公熊徵、張公奇逢、李公洊德、通判王、納公興安、黄公在中，三十六人。舊碑附載項公景襄、田公逢吉、張公希良、遲公惟培、李公鐸、吴公垣五人。今改項公景襄入先覺堂，金公之俊、通判王二人除之。

其定爲增祀者，于正氣閣增明[一]張公憲、卓公敬、沈公鍊、翁公鴻業、顧公王家、許公文岐、王公鍾彦、宋公天顯、于公騰蛟、翁公之琪、楊公振熙、吴公正道、王公志端、王公纘爵、趙公景和、徐公石麒、張公國維、熊公汝霖、錢公肅樂、沈公宸荃、陳公函煇、朱公大典、傅公巖、俞公元良、都公廷諫、湯公芬、周公允吉，二十七人。于先覺堂增晉謝公安，宋沈公括、宗公澤、趙公汝愚、朱文公熹、王公應麟，元許公謙，明商公輅，國朝固山貝子公福喇塔、陸公隴其，十人。于遺愛堂增唐李公德裕，明胡公宗憲、阮公鶚、戚公繼光，國朝張公鵬翮、趙公申喬、朱公軾、李公衛，八人。

[一] 明，甲戌續刊本作『宋』，誤。

或曰：互遷之義，既以孔、孟、文山之義律之矣，增也、除也有定例乎？曰：無之。六一泉之三祠，以先覺爲稍濫，其間至有不可考其名籍者，姑以『有其舉，莫敢廢』之義，多存之。而以實不愧爲先覺者爲南向正祀，有事功者爲西向旁祀，有學行者爲東向旁祀。其三祠主之位次舛亂者，爲釐正之，并悉標舉其爵秩。增者不勝其增，今則以己意所最重者增之，未必盡符乎人意也。如以爲未善，則俟後之能修建者增損之。此金沙港三祠之事也。三祠共爲大閣五楹，閣之上，南向爲正氣閣，北向爲遺愛堂；閣之下，南向爲先覺堂，北向則水榭[一]與花神廟隔水相向。其工畢于嘉慶八年夏六月，浙江巡撫、前浙江學政揚州阮元刻碑記之，并列序今所定三堂名位于碑後。董斯事者，鹽庫大使婁縣許元仲。書丹者，錢唐高塏。

荆州窖金洲考

荆州江陵縣南門之外大江之中有洲，俗名窖金。乾隆五十三年，荆州万[二]城大隄潰，水入

[一] 榭，甲戌續刊本作『柳』。

[二] 万，甲戌續刊本作『方』。

城，大學士阿文成公來荆州，相度江勢，以爲此洲阻遏江流，故有此潰，乃于江隄外築楊林嘴石磯，冀挑江流而南之，以攻其洲之沙，今三十年矣。元來閲荆州兵，兼閲江隄，計自造磯後，保護北岸誠爲有力，但不能攻窖金之沙，且沙倍多於三十年前矣。昔江流至此分爲二，一行洲南，一行洲北。今大派走北者，十之七八，洲南夏秋尚通舟，冬竟涸焉。議者多所策，余曰：『無庸也，惟堅峻兩岸隄防而已。此洲自古有之，人力不能攻也，豈近今所生可攻而去之者耶？』考北魏《水經注》曰：『江水又東會沮口，又南逕江陵縣南，縣平聲。江有洲，號曰「枚迴洲」，江水至此兩分而爲南、北江。』據此，知此洲即古枚迴洲也。沮口今在萬城隄即古方城，宋荆南置制使趙方之子葵守方城，避諱改『万』，又訛爲『萬』。外沮水入江之口，千古不改，枚迴洲在沮口之下，江陵之南，指地定名，非此洲而何？況沈約《宋書》毛佑之擊桓(元)〔玄〕于江陵枚迴洲，斬之。是晉、宋至唐皆有此洲，特今俗易其名耳。百數十年後，安知江之大派不又行洲南耶？姑存余言，以諗來者。或謂荆江舊有九穴，今惟南岸虎渡口、調絃口二穴尚通，北岸郝穴等口皆塞。議開各穴口以分江流，此又不知今昔形勢之不同也。虎渡、調絃二口之水，所以入洞庭湖也。春初湖水不漲，湖低于江，江水若漲，則其分入湖也尚易。若至春、夏間，洞庭湖水已漲，由岳州北注于江，則此二口之水入湖甚微緩矣。若湖漲而江不甚漲之時，則虎渡之水尚且倒漾而上至公安，安能分洩哉？余于丁丑立夏後，親至調絃，察其穴水平緩，竟有不流之勢矣。至于郝穴，則内低於外，更無可開之理，惟冬洩内水于外，尚便利耳。

江隄説

古江自岷山導源會漢，分三江入海，故其就下甚暢，然其夏、秋間挾泥載沙，渾流而下，幾與黄河無異。巴蜀、漢中、陜西、湖北、湖南、江西、安徽之地方千萬里，泉源雨潦刷滌于巖壑坡陀之間，掘發于隴畝溝渠之外，膩泥細沙流入長江，洪波大瀾，鼓之東下，晉以後先淤塞浙江之南江，唐以後又淤塞高淳之中江，今惟有揚州北江一江而已。金、焦兩山之東，在漢皆爲大海，唐以來漸淤漸遠，今遠至海門外數百里矣。揚州江都縣之瓜洲，唐在江心，今連平陸矣。焦山北之佛感洲，康熙間始漸淤高，今成大鄉矣。凡此江尾海頭所淤之新地，皆江漢上游之泥沙所積而成之者也。自荆州下至江南，兩岸皆隄，隄内民田古高于江，今則江高于田者，蓋因有田之處皆築隄以防水，水所不到，泥沙亦不得而淤之。使不築隄以防之，則隄内之地歲淤分寸之泥，百年亦必積丈尺之土，久高于江矣。故江水之所以日高者，三江塞其二，且江南海口之遠也，江愈高，田愈低，隄愈險，誠末如之何矣！黄河由大梁、宋、曹入淮北，日見其高，亦安東以下淤遠故也。河若北行，泛濫岱北，若南下，則淮、揚之間積土矣。故河必使中行，雲梯關尤爲難治。

廣州大虎山新建礮臺碑銘

廣州省城南海中有大虎山，爲内外適中扼要之地。昔人未於此建礮臺者，以其東南彌望，皆水漫無逼束故也。余於丁丑冬閱虎門水師，乘兵船出零丁、鷄頸諸外洋，遍觀内外形勢，及澳門夷市而歸，乃擇於大虎山築建礮臺。或曰：『山前彌望皆水，若賊船不近山，豈能招之使來受礮耶？』余曰：『此即昔人所以不於此建礮臺之故也。豈知水雖瀰漫而沙厚積於遠水之底，外潮内江，急水深泓所濬滌而行者，皆近此山之根。』爰乘小舟親測之，近山者其深數十丈，若遠至百丈以外，漸淺矣，二百丈大舟不能行矣。築臺周一百廿丈，高丈八尺，女牆三十六，神廟、藥局、兵房畢具，置大礮自七千斤至二千斤者三十位，發之能擊三百丈之外。此無異對面有山逼而束之，使近出此山之前也。此臺之外，有沙角礮臺，爲第一門户，進而横檔、鎮遠爲第二門户，此大虎爲第三門户，又於大虎之内，新建獵德、大黄二礮臺，爲第四門户。方今海宇澄平，無事於此，此臺之建，聊復爾耳。然安知數十年後，不有懼此臺而陰弭其計者？數百年後，不有過此臺而遽[一]取其敗者？又若山之内、山之外，或淤高而耕爲田，或濬深而改其道，則亦未能預料矣。爰爲銘曰：

[一] 遽，甲戌續刊本作『巨』。

嶺南薄海，虎門洞開。乘潮立壁，馮山起雷。聲威所擊，無堅不摧。波恬風偃，巍巍乎此臺。

通鑑訓纂序

北宋學者，當推司馬温公，于經史皆最淳正。公于經未多[一]成書，又成《書儀》《切韻》等書[二]。若以公之識力，開宋之經學，則其流派必更淳正矣。公于史成《資治通鑑》，《通鑑》之後，爲此學者，若王應麟之《地理》，史炤之《音釋》，司馬康之《釋文》，胡三省之《注》，嚴衍之《補》，皆于此書爲有功。至于温公當日領袖羣賢，博采載籍，斟酌異同，棄取裁截，後之學者望洋而歎，幾不盡知其所由來，安能全見其命意之所在？且其中有無差異，又安能是正乎？江君鄭堂專治漢經學，而子史百家，亦無不通，于《通鑑》讀之尤審，就己意所下者，抄成《資治通鑑訓纂》若干卷，皆取其所采之本書而互證之，引覽甚博，審決甚精。昔胡梅磵等未能通經，故僅立乎史之後，今江君由經子百家而及于史，蓋立乎史之前，譬如挽十鈞之弓者，更挽百斤之弓，裕如矣。使具此精力

[一]　多，甲戌續刊本作「有」。
[二]　「又成書儀切韻等書」八字，甲戌續刊本作「僅成類篇小學一書」。

學識，在彼之時，温公必引置劉、范之右，此江君所以有古人不見我之恨也。

史炤通鑑釋文跋

《通鑑釋文》，宋史炤撰。炤字見可，眉州人。嘗爲右宣義郎，監成都府糧料院。其曾祖清卿，爲縉紳所宗，蘇氏兄弟以鄉先生事之。《資治通鑑釋文》在宋時舊有二本，一爲司馬公休注，刻於海陵郡齋者，名爲『海陵本』；一爲史炤撰，爲成都府廣都縣費氏進修堂版行、以釋文附注本文之下者，名爲『龍爪本』。自龍爪本行，而海陵本廢，自胡三省本行，而龍爪本又廢。《直齋書録解題》稱公休名康，爲温公之子。史炤之書與公休大略同而加詳焉，炤蓋因其舊而附益之，然則炤書本是康注，宜得涑水著書遺意，乃三省作《辨誤》，摭其一二缺失詆史者，且以詆康，未免太過。三省以地理名家，而小學不甚究心，大率承襲史氏舊文，偶有改易，輒成罅漏。此本近代藏書家鮮有著録，惟吴門蔣氏有宋槧本，前有紹興三十年三月左朝散郎權發遣黎州軍州主管學事繒雲馮時行序，與《書録解題》及《宋史·藝文志》卷數相同。《玉海》稱其紹興三十一年上，則當日固進之於朝，不可以胡氏一家之言而絀之也。

四史疑年録序

書之性近於史，史傳中遥遥華冑，瑣瑣姻亞，常娓娓言之。欲於史有所請業，予檢錢辛楣先生《疑年録》付之曰：『曷廣求之？』書之乃由兩漢迄于兩晉，求之得數百人，寫成七卷。其中如因張湯之母而推《湯傳》『周陽侯』『侯』上脱『懿』字，顔師古誤爲『趙兼』，因《曹大家傳》而推知《文選·東征賦》『永初有七』爲『永元有七』之訛等事，頗有証據。至於沈約之書，則尚未能從事。予曰：『南北朝以後，書籍漸多，是須博覽，未可但據正史。此非婦人所能，勿勉强爲之，反多遺漏也。』

寧波范氏天一閣書目序

海内藏書之家最久者，今惟寧波范氏天一閣巋然獨存。其藏書在閣之上，閣通六間爲一，而以書廚間之，其下乃分六間，取『天一生水，地六成之』之義。乾隆間，詔建七閣，參用其式，且多寫其書入《四庫》，賜以《圖書集成》，亦至顯榮矣。余自督學至今，數至閣中，繙所藏書，其金石搨本當錢辛楣先生修《鄞縣志》時即編之爲目，惜書目未編。余於嘉慶八、九年間，命范氏後人登閣分廚寫編之，成目録一十卷。十三年，以督水師復來，寧紹台道陳君廷杰言及之，陳君請觀其目，遂屬府學汪教授本校其書目、金石目，並刻之。刻既成，請序焉。

余聞明范司馬所藏書，本之于豐氏熙、坊。此閣構于月湖之西，宅之東，牆圃周迴，林木蔭翳，閣前略有池石，與闤闠相遠，寬閒静閟，不使持烟火者入其中，其能久一也。又司馬没後，封閉甚嚴，繼乃子孫各房相約爲例，凡閣廚鎖鑰，分房掌之，禁以書下閣梯，非各房子孫齊至不開鎖，子孫無故開門入閣者，罰不與祭三次；私領親友入閣及擅開廚者，罰不與祭一年；擅將書借出者，罰不與祭三年；因而典鬻者，永擯逐不與祭，其例嚴密如此，所以能久二也。夫祖、父非積德則不能大其族，族大矣而不能守禮讀書，則不肖者多出其間。今范氏以書爲教，自明至今，子孫繁衍，其讀書在科目學校者，彬彬然以不與祭爲辱，以天一閣後人爲榮，每學使者按部，必求其後人優待之，自奉詔旨之褒，而閣乃永垂不朽矣，其所以能久者三也。觀察刻目録既成，即以板畀其後人庋閣下，甚盛舉也。余更有望者，此閣所藏五萬三千餘卷，皆明天啟以前舊本，若明末暨國朝之書概闕焉，范氏子孫若有能繼先業而嗜典籍者，以裒藏繼之，則書益以富矣。且閣不甚高敞，木亦漸朽，新而增之，不益褘歟！

又案《甬上耆舊傳》曰：『范欽字堯卿，嘉靖十一年進士，知隨州，有治行，遷工部員外郎。時大工頻起，武定侯郭勛爲督，勢張甚，欽以事忤之，勛譖于帝，下獄廷杖。知袁州，大學士嚴嵩，其郡人也。嵩之子世蕃欲取宣化公宇，欽不可，世蕃怒，欲斥之，嵩曰：「是抗郭武定者，踣之適高其名。」遂得寢。稍遷按察副使，備兵九江，歷遷副都御史，巡撫南贛，擒劇賊李文彪，平其穴，疏請築城程鄉之濠居村，設一通判，以消豫章、閩、粵之奸。復攻大盜馮天爵，斬之。遷兵部右侍郎，解組歸。張時徹、屠大山亦里居，人稱爲「東海三司馬」。欽築居在月湖深處，林木翳然。性喜藏書，起天一閣，購海内異本，列爲四部，尤善收説經諸書及先輩詩文集未傳世者。浙東藏書家，以天一閣爲第一。卒年八十三。』因並録之，以見司馬事實。又黄梨洲先生有《天一閣藏書記》，亦録而刻之於卷首。

揅經室二集卷八

奉敕撰熙朝雅頌集跋

我皇上御極之九年，山東巡撫臣鐵保采輯八旗詩進呈乙覽，蒙皇上錫名『熙朝雅頌集』，製序以弁其首，誠聖代之大文、藝林之盛事也。隨經鐵保奏請，命臣刊刻，并恭撰跋語於後。奉旨俞允，臣不勝欣躍榮幸之至。伏讀御製序文，仰見皇上於右文成化之中，兼肆武習勤之意，敬天法祖，垂訓諄諄，以品端心正爲先，公忠體國爲尚。凡兹臣僕獲覩宸章，無不感激奮興，竭圖自効，何敢忘勞耽逸，專事謳吟。我朝聖聖相承，勵精圖治，萬幾餘暇，間及篇章，鉅製鴻編，永垂奕禩。涵濡既久，自天潢貴裔以及勳衛文武之臣，或近侍巖廊，或宣勞行陣，或致身館閣，或歟歷封疆，皆能以忠愛之忱，發爲咏歌之什，允宜蒐采，勒爲成書。兹鐵保所輯，自崇德辛巳後，莫不詳加甄録，格取其正，詞取其眞，百數十年間，得書一百三十四卷。自今以往，億萬斯年，景祚洪延，文明日啟，則繼斯集而作者，日益以富。是書於嘉慶九年九月開雕，四閱月而工竣。臣幸躬逢其盛，綴名簡後，祗遵聖訓，忠孝爲本，詞章爲末，奎文示教，日月長昭，正不獨斯集之媲美賡颺，和其聲以鳴太平之盛也已。

恭注御撰味餘書室隨筆進呈後跋

欽惟我皇上傳堯、舜、周、孔之學，行内聖外王之道，見諸政治，四海安平，十年於兹矣。巍巍乎帝德帝學，焕乎久著于文章哉！臣元伏讀《味餘書室隨筆》，乃于御製文之外别成一書者，其中發經史之至理，持政教之大端，愷切肫誠，非唐太宗《帝範》所能企及。然唐臣賈行、韋公肅尚有《帝範》之注，其詳見于《四庫書提要》。臣愚以爲我大清之治，上掩漢、唐，臣雖譾陋，秉皇上之教，任使内外，于唐臣賈行等亦未敢多讓，是以紬繹皇言，敬爲之注。

《味餘書室隨筆》二卷，共五十二章。第一章論五常之性，以和爲貴，涵養太和，歸于中正。第二章論爲政之道，必資賢才，禮善遠佞，立法萬世。第三章論天道好生，治民尚寬，敬敷五教，以振君綱。第四章論代天宣化，不可違時，謹持小節，以杜侈源。第五章論用賢則治，任邪則亂，開元初政，姚、宋皆賢。第六章論心平氣和，感通天地，天下民安，本于君身。第七章論正己之道，大公無我，積善存誠，物來畢照。第八章論臣道忠純，學須寧静，諸葛儒者，優於管仲。第九章論智者通方，先濬心源，仁者愛物，先培元氣。第十章論安民之道，在于知人，平天下者，先致其知。第十一章論安民之道，勿妨農時，損上益下，行政施惠。第十二章論至誠之功，悠久不已，朝乾夕惕，推誠布公。第十三章論奉天治民，本於至公，臣竭其誠，民心悦服。第十四章論五倫達道，皆止于善，無過不及，合乎中庸。第十五章論《易》道首乾，健行不息，不驕不憂，存理屏欲。第十六章論除暴用兵，乃不得已，武王七德，秦、楚反之。第十七章論晉獻内亂，五易其主，晉文雖譎，尚扶舊業。第十八章論晉悼入國，六官得人，後世失權[一]，三家分晉。第十九章論舜、禹大聖，好問拜言，文王皇華，使獲五善。第二十章論利用正德，幅富安貧，義利之辨，必遵《大學》。第二十一章論君臣威儀，本於禮意，傲刻侈佞，民不畏愛。第二十二章論晏嬰溥利，申、韓墟國，欲得正言，先擇仁人。第二十三章論川澤容物，天地寬大，光武豁達，德宗猜忌。第二十四章論好惡之正，與民同之，中和而仁，不拂其性。第二十五章論禮爲儀本，儀爲禮末，禮主于敬，行之以和。第二十六章論君子之道，和而不同，小人逢迎，辨之宜早。第二十七章論《春秋》書法，懲惡重名，君子保名，思義循實。第二十八章論黄鍾之數，萬事根本，聲律身度，天地合德。第二十九章論《禹謨》三事，培養惟和，藏富于民，乖戾不生。第三十章論《洪範》八政，治國澤民，五事三德，以建大中。

[一] 權，甲戌續刊本作『懽』。

第三十一章論天爲剛德，猶不干時，剛柔得中，仁不犯順。第三十二章論取民有制，重斂必亡，民足君足，保安國本。第三十三章論仁取仁守，卜世緜長，秦用凶德，二世而絶。第三十四章論天人相與，無非一誠，人倫日用，自成之極。第三十五章論貧賤飢渴，不可害心，鑒小養大，取義舍利。第三十六章論名器不假，僭竊不生，出信制禮，威福無作。第三十七章論稼穡饑饉，關民生死，《無逸》重農，知民之依。第三十八章論天下要塞，據于形勢，地利所在，尤重人和。第三十九章論才智不同，皆宜勤學，小人不學，亂所由生。第四十章論《皇矣》九德，作事無悔，正修治平，子孫賴之。第四十一章論大舜諧孝，朱、均自棄，彝倫心性，盡人合天。第四十二章論用人行政，敬天澤民，勤則不匱，怠則失之。第四十三章論官人用賢，尤在察奸，有如石顯、林甫、安石。第四十四章論德過于才，可以大受，有才者教，恃才者敗。第四十五章論思不出位，各盡其職，克去己私，不驕不倍。第四十六章論《易》道研幾，成天下務，聖人至誠，極之于深。第四十七章論天地萬物，皆本至誠，人欲不閒，久道化成。第四十八章論民心所存，即爲天命，畏天敬天，畏民勤民。第四十九章論惟博故厚，惟高故明，悠久不息，參贊化育。第五十章論顯仁藏用，内外如一，宅心寬仁，愼獨宥密。第五十一章論德無小大，但分體用，並育並行，不害不悖。第五十二章論憂民救民，作民父母，聰明誠信，恭己憲天。

以上五十二章，皆《九經》《四書》之正道名言，廿二史、《通鑑》之治理大義，諸子百家、《大學衍義》等書無所不包，誠由皇上文學淵博，深于古文之法，故氣盛理明，所舉經籍如萬斛泉源，隨地涌出，而物之大小畢浮。以臣學殖淺薄，雖博爲引證，猶多舛漏，未能發明聖製於萬一，謹録成二册，恭呈睿鑒。臣曷勝惶悚戰慄之至。

浙江刻四庫書提要恭跋

欽惟我皇上稽古右文，恩教稠疊，乾隆四十七年，《四庫全書》告成，特命如内廷四閣所藏，繕寫全册，建三閣於江、浙兩省，諭『士子願讀中祕書者，就閣傳寫』，所以嘉惠藝林，恩至渥，教至周也。《四庫》卷帙繁多，嗜古者未及徧覽，而《提要》一書，實備載時、地、姓名及作書大旨，承學之士，鈔録尤勤，毫楮叢集，求者不給。乾隆五十九年，浙江署布政使司臣謝啟昆、署按察使司臣秦瀛、都轉鹽運使司臣阿林保等，請於巡撫兼署鹽政臣吉慶，恭發文瀾閣藏本校刊，以惠士人。貢生沈青、鮑士恭等咸願輸資，鳩工集事，以廣流傳。六十年，工竣，學政臣阮元本奉命直文淵閣事，又籍隸揚州，揚州大觀堂所建閣曰『文匯』，在鎮江金山者曰『文宗』，每見江淮人士瞻閲二閣，感恩被教，忻幸難名。兹復奉命視學兩浙，得仰瞻文瀾閣於杭州之西湖。而是書適刊成，士林傳播，家有一編，由此得以津逮全書，廣所未見，文治涵濡，歡騰海宇，豈有既歟！臣是以敬述東南學人歡忭感激之忱，識於簡末，以仰頌皇上教化之恩於萬一云爾。

瀛舟書記序

予于嘉慶四年冬奉命撫浙，其時閩、浙海盜則有安南大艇幫四總兵三十餘艘，鳳尾、水澳、蔡牽三幫各六七十艘，箬横小幫浙盜二十餘艘。予造巨艇大礮尚未成，而五年六月，神風助順，乘風勒兵擊之，安南巨盜五六千人及土盜小船全蕩平于台州松門，四總兵溺死者三，磔死者一。奉旨以總兵敕印擲還安南王阮光纘。光纘言但令總兵巡海，不慮其入浙爲盜，上表謝罪，自後安南夷寇不復入浙。六年，巨艇成，鳳尾、水澳、箬横三幫以次擊滅，此三鎮大船大礮之力，然蔡牽尚竄于閩、浙閒也。七年冬，蔡牽疊被浙兵勦逼，惟餘二十四船，遁閩詐降，繼而得横洋大舶，始往來於臺灣。其始往臺也，第爲避兵船之計，繼而在臺劫得船米，會合粤盜朱濆，遂復入内海與兵船相抗，以致温州胡總鎮在閩被害，繼且過臺上岸攻城矣。十年夏，余以喪去官，其時蔡牽尚在閩，續出之黄葵幫已於十年春在玉環投誠，所餘者和尚秋等三五小釣船而已。然蔡逆未能殄除，有負國恩，且恨且憂，疚心靡已。十二年，息影于雷塘墓廬，偶檢數年來辦兵事之書記稿本，流連翻閲，其閒調度兵船、奬飭鎮將、製造船礮、籌畫糧餉諸舊事，一一如在目前，且其閒有可憂者、可喜者、可憤者、可哭者，有與提督蒼公保、李公長庚商籌者，亦一一如在目前。回憶當時，每發一函、出一令，皆再三謀慮而爲之，有自起草者，有幕友起草者，有幕友起草而自爲改訂者，筆墨之蹟，如蠅如繩，以之覆瓿，殊爲可惜。因破十數日工，删其繁，存其要，授寫書人，録爲六卷，存之家塾，俾將來覽者知我苦心而已。弟仲嘉别有《洋程筆記》二卷，歷敘兵船盜船往來勦獲起滅之事，亦頗詳明，可與此相輔，因附録于後。丁卯二月。

洋程筆記序

元前任浙江巡撫，數年中蕩平夷寇等事，有案牘册籍可稽，弟亨因采之，爲《洋程筆記》二卷。元奉諱家居時，有李忠毅公之事，蔡逆愈猖獗，攻臺灣，立僞號，稱王。元復任浙撫時，張阿治投誠後，蔡逆乃族滅，亨復有《後記》一卷。臣敬讀皇上御製詩集中《辛未[一]春勝聯句》詩，注云：『浙洋土盜鳳尾、水澳、箬黄各幫在蔡牽之前，最爲猖獗，撫臣阮元派令總兵岳璽等督兵四處搜捕，探知箬黄幫匪在太平縣屬之狗洞門等處遊奕肆劫，因飭舟師出其不意，于夜半迅駛抵彼，直前攻

[一] 辛未，甲戌續刊本作『庚午』，誤。

擊，鎗礮齊施，轟斃無數，獲牽盜船十二隻，生擒盜首江文五等一百七十餘名，箬黄幫自此勦滅。』『始洋匪之滋擾浙省者，安南夷艇爲尤甚。夷艇本巡夷洋，乃私入浙境之松門，勾結水澳、鳳尾各幫，屯聚伺劫。阮元駐師守捕，先散布間諜，令其互相猜忌，水澳一幫旋即駛退，因籌兵進勦，適颶風驟起，賊船百數十號俱簸蕩擊撞，覆溺無算，官兵乘勢奮擊，賊棄船登山，悉就擒戮，餘匪漂出外洋，經阮元飛檄各鎮，向遼遠島嶼徧行搜捕，盡滅艇匪及鳳尾二幫，由是安南夷不復爲患，而土盜亦日漸零星矣。』『海洋積年首逆，稔惡稽誅，惟蔡牽爲最，朱濆次之。朱逆由粵竄閩，尚剩匪船四十餘隻，經許松年等追入粵界，在南澳長山尾洋面督兵奮擊，守備黄志輝坐船撞翻大賊船一隻，並焚燬牽獲多船，殺賊無算，餘船潰竄廣澳外洋，探確該逆已于此次被礮轟傷，旋即斃命。蔡逆窮蹙日久，剩船十餘隻，潛逃浙江之魚山外洋，王得禄、邱良功約會閩、浙師船躡蹤追及，閩幫擊散各匪，浙師專注逆船，極力追勦，直抵温州黑水外洋，兩省舟師合圍火攻，燒壞逆船舨邊尾樓，王得禄用坐船乘勢衝去，斷其後舵，逆船遂沈，該逆同伊妻被浪捲没，夥衆盡散淹斃。二逆罪惡貫盈，先後殄除，人心大快。』『閩、浙兩省自朱渥、張阿治投誠後，全境俱已肅清，而粵省尚剩烏石二一幫。方郭學顯投首時，該匪亦有乞降之請，經百齡奏聞，奉旨查明伊等果出自至誠，即照郭學顯之例辦理。奈該匪自外生成，意存攜貳，竟以乞降爲緩兵之計，仍敢連艐伺擾，圖劫村莊。百齡知其怙惡狡詭，飭令舟師探勦，躡至儋州洋面，該匪船三十餘隻正欲駕逃，兵船驟集，奮力圍攻，將該匪及家口全行擒縛，并擒首夥烏石大、烏石二、鄭耀章、楊片客等百數十名，餘匪殲滅無遺。自此鯨鯢翦盡，海不揚波，陬澨騰歡，共樂承平之宇矣。』臣元并敬録冠于兩《記》之首。戊寅六月。

淮海英靈集序

吾鄉在江、淮之閒，東至于海。漢、唐以來，名臣學士概可考矣。我國家恩教流被百餘年，名公卿爲國樹績，其餘事每託之歌詠。節臣孝子、名儒才士、畸人列女，輩出其閒，雖不皆藉詩以傳，而鍾毓淳秀發于篇章者，實不可泯。元幼時，即思輯録諸家，以成一集，而力未逮。入都後，勤于侍直，亦未暇及此。乾隆六十年，自山左學政奉命移任浙江，桑梓非遥，徵訪較易，遂乃博求遺籍，徧于十二邑，陳編蠹稾，列滿几閣。校試之暇，删繁紀要，效遺山《中州》十集之體，録爲甲、乙、丙、丁、戊五集，又以壬集收閨秀，癸集收方外，虚己、庚、辛三集，以待補録。曰『淮海英靈』者，宋高郵秦少游嘗名其集曰『淮海』，唐殷蟠選唐詩亦曰『河嶽英靈集』矣。書成雕板，用廣流傳。

余之録此集，非敢取鄉先生之詩衡以格律而選定之也，亦非藉已故詩人爲延譽計也。廣陵耆舊零落，百餘年矣，康熙、雍正及乾隆初年已刊專集，漸就散失，近年詩人刻集者鮮，其高情孤調卓然成家者固多，即殘篇斷句僅留于敝篋中者，亦指不勝數，亟求之猶懼其遺佚而不彰，遲之又久，不更替乎？且事之散者難聚，聚者易傳，後之君子，懷耆舊之逸轍，采淮海之淳風，文獻略備，庶有取焉。

廣陵詩事序

余輯《淮海英靈集》既成，得以讀廣陵耆舊之詩，且得知廣陵耆舊之事，隨筆疏記，動成卷帙，博覽別集，所獲日多，遂名之曰『廣陵詩事』。其閒有因詩以見事者，有因事以記詩者，有事不涉詩而連類及之者，大指以吾郡百餘年來名卿賢士嘉言懿行綜而著之，庶幾文獻可徵，不致霝落殆盡。且余生于諸耆舊百餘年後，亦藉此收羅殘缺，以盡後學之責也。退食餘閒，檢付弟亨、子常生，鈔録成書，將以付刻。至于爵里族姓，或有舛誤，遺聞佚事，再當補述，尚望同志君子訂而續之。

小滄浪筆談序

余居山左二年，登泰山，觀渤海，主祭闕里，又得佳士百餘人，録金石千餘本，朋輩觴詠，亦頗盡湖山之勝。乾隆六十年冬，移任浙江，回念此二年中所歷之境，或過而輒忘，就其尚能記憶者，香初茶半，與客共談，且隨筆疏記之。何君夢華、陳君曼生皆曾遊歷下者，又爲余附録詩文于後，題曰『小滄浪筆談』。小滄浪者，居泲南時習遊大明湖小滄浪亭，卷首數則皆記小滄浪事，遂爲風舟之濫觴耳。

皇清碑版録序

元數年來，仿朱子《宋名臣言行録》、李幼武《續録》及杜大珪《名臣碑傳琬（玉）〔琰〕録》之例，閲文集數十百家及碑誌搨本，爲《皇清碑版録》數十卷。歸里後，復屬丹徒王柳邨豫補輯之，又幾十卷。兹不過隨時鈔録之書，是非去取，次序先後，皆無義例也。

江蘇詩徵序

嘉慶元年，余在浙督學，選輯國朝浙人之詩，曰《兩浙輶軒録》，刻之。又選輯國朝揚州府及南通州之詩，曰《淮海英靈集》，刻之。復欲輯江蘇各府州之詩，勞勞政事，未能也。歲丙寅、丁卯間，伏處鄉里，見翠屏洲王君柳邨儲積國朝人詩集甚多，而江蘇尤備。柳邨欲有所輯，名之曰《江蘇詩徵》。余乃歲資以紙筆鈔胥，柳邨遂益肆力徵考，於各家小傳詩話，尤多采擇。嘗下榻擁書於焦山佛閣中，月色江聲，與千百詩人精魄相盪。鐵冶亭制府聞而異之，因題其閣曰『詩徵閣』。柳邨選詩，謹守歸愚《別裁》家法，雖各適諸家之才與派，而大旨衷於雅正，忠節、孝義、布衣、逸士詩集未行於世者，所録尤多，可謂攄懷舊之蓄念，發潛德之幽光者矣。丙子歲，輯成五千四百三十餘家，勒爲一百八十三卷，屬余訂之。余方馳驅豫、楚，心力不足，目力亦昏，不能如在浙時從事於此，東其槀入粵，同里江君鄭堂藩、許君楚生珩、淩君曉樓曙，皆在粵館，爰屬三君子刪訂校正之。梓人告成，裒然巨集，庶幾自酬夙願，而柳邨亦不虛致此力矣。

嘉慶四年己未科會試録後序

欽惟我皇上文啟重光，學承道統，體仁孝以繼德，本忠信以臨民，海内之士，莫不身被至教，中心誠服，況懷牒入京師，親見備禮敷政者哉！本年己未會試，命臣朱珪爲正考官，臣劉權之、臣阮元、臣文寧副之。伏念臣江淮下士，學識庸愚，由内廷翰林洊陟卿貳，受恩逾格，感激之忱與悚媿之念交摯焉。兹承任使，襄校禮闈，臣矢竭顓蒙，虚公將事，伏思校數千人之文藝，必當求士之正者，以收國家得人之效，欲求正士，惟以正求之而已。唐裴行儉曰：『士先器識，而後文藝。』器識之遠大不易見，觀其文，略可見之。文之淺薄庸俗，不能發聖賢之意旨者，其學行未必能自立。若夫滨於學行者，萃其精而遺其粗，舉其全而棄其偏，簡牘之閒，或多流露矣。故臣愚以爲得文者未必皆得士，而求士者惟在乎求有學之文。且皇上之所以得士者，多其數以擢拔之，寬其途以登崇之，育之以成其材，教之以端其術，積數十年後，供皇上内外任使者，必有今日之士。然則士之砥礪濯磨，期無負乎皇上教育之恩者，當何如也？《文王有聲》之詩曰：『自西自東，自南自北，無思不服。』然則多士之心服聖人，願趣左右者，實聖人之仁孝忠信有以篤啟之也。

兩浙輶軒録序

余督學浙江時，輯《淮海英靈集》成，蓋江、淮間一郡之詩，采録尚易，欲輯江蘇一省之詩，則力有未能。繼思余督學于浙，乘輶軒采風，非力之所不能爲也，爰訪遺編，求總集，徧于十一郡，自國初至今，得三千餘家，甄而序之，名曰《兩浙輶軒録》。嘉慶三年，書成，存之學官，未及栞板。六年，巡撫浙江，仁和朱朗齋、錢塘陳曼生請出其稾，願共栞之。乃畀之重加編定，序而行之，别爲條例，以志其詳。此雖余少年好事之所爲，然力有可爲者，則爲之耳，未計其他也。獨念吾鄉自國初至今，詩人輩出，他時或有好事者，乘使者車，至大江南北，輯而録之乎？是有望焉。

兩浙輶軒録補遺序

予督學時，所輯《兩浙輶軒録》既梓行矣，其間應録而未録者頗有之，惟以爲疊吏之政，不復能從事于此。楊孝廉秉初等各以所輯補者將栞板行之，就正于予。予繙閲之，誠能補前録之所闕佚。鉅卿名士，本不以入録爲重，而録詩者不可遺之。至如一介之士，或恃聲律以自表見，與其删之，毋寧存之，故元于此補録者，不泰一人也。

試浙江優行生員策問

問：取士之道，宜先行誼而後文藝，顧文則易知，行難驟考，當若何觀察，以得其實歟？以四書義取士，垂數百年，明初勦襲成書，爲《五經大全》，錮蔽士人耳目，至我朝以經術教士，當若何提倡，以矯空疎雜濫之弊歟？得人之法，在於命題，務隱僻則困英士，偏一體則棄衆才，當若何平正體要，使人各能盡其所長歟？鄉試則二、三兩場功半頭場，歲科則防弊之力半于閲卷，當若何勤敏，以督房考而肅關防歟？士之治經史者，或短于文詞；工文詞者，或疎于經史；專學藝者，或鈍于時務；習時務者，或荒于學藝；當若何棄其短以得長，教其偏[一]以求全歟？江、浙爲人才淵藪，被國家太平之治，百餘年矣，化顓蒙以學業，榮草茅以科名，諸生他日苟有膺取士之任者，宜若何虚懷誠求，勿遺佳士，以酬聖人教養之恩于萬一也。其悉對毋隱。

己未會試策問

問：孔子假年學《易》，雅言《詩》《書》、執禮，《易》有三而《周易》獨傳，漢、晉、唐、宋説，能擇其精而析其弊歟？乾坤象龍馬，用九六，然則象數可偏廢歟？詩言志，聲依永，律和聲，有《詩》而後有韻律歟？或《詩》韻必取同部，閒有分合然歟？同部假借、轉注能言其例歟？《詩》中訓詁見於《爾雅》者幾何？未見者幾何？《尚書》見於《史記》《漢書》者，孰爲古文？孰爲今文？孔、蔡傳解，句讀可别白參解否？《堯典》中星至周而差，恒星東行，確可據歟？三江舍經文則支條歧出，淮、泗何以通菏？敷淺原、三亳確在何地？《儀禮》宫室制度若誤，則儀節皆舛，試舉正之。鄭注後孰精其業，試指數之。《周禮·小司徒》田賦與《司馬法》異而同歟？鄭注『讀爲』『讀若』之

[一] 按：各本皆作『徧』，疑當爲『偏』字。

例，與許慎同否？《禮記·月令》節物可與《夏小正》《呂覽》諸書參考歟？經注正義訛脱可校補歟？我國家經學昌明，其各舉所知以對。

問：正史二十有四，應補撰注釋、音義者何？書、表、志與紀、傳竝重，孰詳孰闕歟？儒林、文苑、道學應分應合歟？《史通》所論，得失參半歟？編年與紀傳分體，《資治通鑑》前何所本、後何所續歟？二劉、范祖禹、胡三省輩有功司馬者何在？紀事本末體何所倣？袁樞以後，誰爲繼作？《通鑑綱目》何所裁别？夫經述修治之原，史載治亂之蹟，踈於史、《鑑》，雖經學文章，何以致用耶？我朝史法遠邁前代，《舊唐書》《舊五代史》，備列于正史，《御批通鑑輯覽》及《評鑑闡要》，欽定《明史》及《通鑑綱目三編》，于宋、明閏位并存年號，以示大公，『遜國』『復辟』『議禮』三大案皆有定論，直紹《春秋》，以垂教萬世，諸生能講貫條舉，徵體用之學歟？

問：察吏所以安民也，民生艱易，賴乎守令，守令廉貪，視乎大吏，虞廷三載考績，周官六計弊治，此允釐之要也。漢刺史以六條察二千石，唐考功有四善二十七最，宋置考官院考中外官，當若何循名責實，乃有裨於官箴民命歟？兒寬當課殿，民爭輸租，張綱卒於郡，寇亦喪服，究何實以臻此？廣漢、孫寶同尚嚴威，張霸、張堪皆崇德化，寬猛何以相濟歟？楊震遺子孫以疏食，陸贄受刺史之新茶，廉吏所爲，可指數歟？袁安爲河南尹，名重朝廷，范純仁識吴仁澤起於簿領，儲材采望，可期大法小廉歟？韋皋侈横，亦務蓋藏，德秀賑饑，親行邨谷，民生安危，不基於此歟？明孝宗朝，六卿得人，則賢能輩出，正内以飭外，察吏有漸，更有本歟？我皇上躬先仁孝，舉錯大公，董正官方，肅清綱紀，賢士乘時敬應，其各言爾志。

問：弭盜之法，寄於軍政，《周禮》司馬掌兵，而追胥竭作屬之，司徒掌戮禁暴，隸于秋官，然則兵法與教刑通歟？漢制南北軍而郡守即爲將，唐制彍騎而裴、李奏厥功，宋則河北、河東有神鋭、忠勇，陝西有保毅、强人，荆、湖有義軍，復有川陝土丁、涪州義軍、夔州壯丁，然則團練精鋭，隨地皆可弭盜歟？韓琦籍陝西義勇，程琳以廂兵補募兵，司馬光言鄉弓手不宜刺充正軍，利弊可晰舉歟？王安石減兵節財，變行保甲，何以有流弊歟？蘇軾疏河北弓箭社事宜，其説可採歟？用兵弭盜，在乎將略，若明項忠之擒滿俊，彭澤之平河南、四川，韓雍、王守仁之破斷藤峽，其謀勇可述歟？剿撫兼行，必先勦而後撫，若原傑撫荆襄流民四十餘萬，王守仁撫降田州蠻，其方略可法歟？我皇上廟謨勝算，簡命經略，勦辦[一]川、陝餘匪，俾戮其渠首，赦其脅從，德威並用，計日蕩平，多士盍考古而抒所見焉。

[一] 辦，底本作『辨』，據甲戌續刊本改。

海運考跋

以海運易河運，不特數百年舊章不可驟改，且數萬丁伍水手失業無賴，亦爲可慮。然近年河運屢屢梗塞，且天庾無多儲，萬一南船不達，則嗌而不食，可爲寒心者也。嘉慶八年十一月，欽奉上諭，爲預籌海運一事，即與僚屬盡心集議，外訪之於人，内稽之於古，知數百年來，民生國計，籌之未嘗無人，徒以目前牽率之時，萬不敢以待供之度支，取嘗試於一旦，故入告之章曾有『海運非必不可行之事，然非萬不得已而後行之』之語，蓋不敢決然行之，亦不敢決然不行之也。後得皇上福庇，河流順軌，其議亦寢。然九年十月，洪澤湖水低弱，力不足以刷黄，以致河口淤沙，七省糧船全不能渡，因開祥符五瑞閘，放黄水之上流入湖，減黄助清，于是清、黄始平，復開小引河數里，飛輓各船，始能渡河。當引河水未通時，七省齊奏備駁運之法，然以七省數百萬之糧，用小船以萬計，方可達淮，民情必致擾動。浙省尤少船，須向外江争先封僱，費尤鉅，勢難全漕皆歸駁運，不得已，乃暗籌海運一法。十一月招致鎮海縣由北來南之船，約得一百餘艘，此種船聞松江、上海尚有二百餘艘，約可得四百艘，每艘可載米一千五百餘石，畧用兵船護出乍浦〔一〕，即放大洋。其裝卸

〔一〕乍浦，甲戌續刊本作『盡山』。

之程、脚價之費，俱與之議立章程，以待不虞，交卸如速，一年可以往返三次，較河運省費三之二。後以河道復通，遂不復用。然未雨之綢繆，聖人不廢，且近年民困于丁，丁困于河，東南之力竭矣。運費增則民力困，運費減則民力紓。因重理舊説，凡考之于古與參之于今者，纖悉著之于簡，都爲《海運考》一册。昔明（邱）〔丘〕濬《大學衍義補》曰『國家都燕，蓋極北之地，而財賦之入，皆自東南而來，會通一河，譬則人身之咽喉也，一日食不下咽，立有大患。迂儒過爲遠慮，請于無事之日，尋元人海運之故道』云云，則元猶此志也。夫以聖人御世，山川效靈，亦不必尋蹈故轍，以爲千慮一得之效，而以臣子過計之心，夫亦何所不至？故不忍棄去，綜而述之，或用此法，分江、浙全漕十分之幾，試而行之，可乎？嘉慶十年春。

海塘擥要序

浙江海塘爲杭、嘉、湖、蘇、松、常六郡民田廬舍，所關國計至重。晉、唐以後，南江道塞，南宋嘉定以前，潮由中亹出入，南北兩岸俱無所害。自嘉定十二年，潮失故道，水力直趨於北，海寧州南四十餘里淪入海水，而禪機、河莊兩山間中小亹旋刷旋淤，不能不藉塔山石壩以殺其北衝之勢，且使大潮不得闌入以爲汕刷之資，斯萬世不易之良法也。乾隆二十七年，翠華南幸，軫惜民瘼，親臨閱視，見其横截海中，直偪大溜，因斷自宸聰，添設坦水竹簍木櫃，隨時鑲築，遂爲東南永奠之基。夫海猶河也，治海而不安其性，猶弗治也。恭讀聖製《閱海塘記》《視塔山誌事》諸碑文，知東南六郡數十年安恬之福，非大聖人不能總其樞要者，可耕鑿而罔知帝力乎？元自庚申撫浙，捍禦多年，今聖天子廑念要工，月披圖奏，繼先志也。元嘗虞治河有書，而治海無書，治河如潘、靳諸書，雖用力不必盡同，皆能發明水理，確然措諸施行，而治海自翟均廉《海塘録》一書之外，新志缺而未備，是亦未窺今廟謨之所在矣。爰于嘉慶六、七年間，屬門生陳編修壽祺纂成全志三十卷，繼因奉諱去官，未及梓行。東防同知合州楊君莅任後，究心斯事，請其稿于元，而加以删葺，别爲《海塘擥要》一書，以續長白琅公所輯新志。歲戊辰，元復來撫浙，又期年，而此書刊適成，來請序。其書以修築工程爲要，而考古次之，浙之官士可仰識聖澤之高深，且知坍漲之形勢、工用之準則矣。

嘉靖搢紳册跋

余家藏《嘉靖搢紳》數册，得自闕里孔氏。其京職一册題曰『搢紳』，至外省一册則但題曰『仕宦備覽』。若河間紀氏所藏順治十八年《搢紳》，則無分京、外，皆曰『搢紳』矣。册中于都察衙門既列各省總督撫按，而各外省又重列之，已駸駸乎不列于京職矣，故册首葉題曰『新刊隨省總督撫按總鎮搢紳』。曰『新刊隨省』者，明乎舊之不隨省也。其外省總督則陝西三邊、四川一員，江南、江西一員，福建一員，浙江一員，湖廣一員，兩廣一員，雲貴一員，漕運一員，河道一員，共八員。巡撫則提督操江兼巡撫安慶、徽、寧、池、太五府，廣德州兼轄光州、固始、黄梅、廣濟、湖口、德化地方一員；順天、河間、永平三府，宣府一鎮、密雲等關一員；直隸保定、直順、廣泰地方，紫荆等關一員；山東一員；山西太原等處，雁門等關一員；河南兼河道一員；陝西一員；延綏一員；寧夏一員；甘肅一員；總理糧儲巡撫江寧等處地方一員；浙江一員；江西一員；南贛、汀、韶、惠、潮、郴、桂等處一員；福建一員；湖廣一員；撫治鄖陽等處一員；偏沅等處一員；四川一員；廣東兼鹽法一員；廣西兼鹽法一員；雲南兼建昌、畢節、東川等處一員；貴州兼督理湖北、川東等處一員；鳳陽等處兼理海防一員，共二十四員。總督皆兼兵部尚書，或兼右都御史，或兼左、右副都御史銜。巡撫或兼兵部左、右侍郎，或兼右副都御史、右僉都御史銜。其江南省督撫按之後，則列江南等處左布政一員，右布政司兼錢法一員，按察使一員，提督江、安、徽、寧、池、太、廬、鳳八府，滁、和、廣三州，上江學政，按察僉事一員，提督淮、揚、蘇、松、常、鎮六府、徐州等處學政，按察僉事一員。外省提鎮亦列京職，在鑾儀衛衙門中，或兼左、右都督，或兼都督僉事銜。外省亦各隨省列之。凡此，皆足以資考證也。

揚州府志事志氏族表圖説三門記

自古史傳，人事與地理相爲經緯者也。人事月改日易，而終古不易者，地理也。同一郡縣山川，在漢某年爲治爲亂，在唐某年爲失爲得，賢良之拊循，忠烈之嬰守，災害利弊，前史具在，修郡志者，是宜專立一門，以備考覽。揚州太守伊公秉綬，以修圖經之事訪于余，余爲立『事志』一門，凡經史書籍中有關揚州府事者，編年載之，始于《左傳》吴城邗，溝通江、淮，迄于順治十六年賈質死瓜洲之難。纂修諸君依余言撰之，成六卷，三千年事粲然畢著矣。太守以憂去官，此六卷稿與各門稿本皆存余家。余除服入都，巡鹽御史阿公克當阿續修府志，延余門生姚文田等撰之。余以此門授文田，曰：『勿可改也。』故此門至今刊成獨詳備，特名『事志』曰『事略』耳。

又立『氏族表』一門。氏族表者，仿《唐書·宰相世系表》爲之者也。一縣之中，必有大家舊族、新貴儒門，以此爲主，而收其族，凡内官翰、詹、科、道以上，外官道、府、鎮、協以上，由科甲出身者，皆以其姓氏立表，首敘先世遷徙之由，表中詳載各房名字，自生員以上皆附見于表。即如江都、甘泉、儀徵之耿氏、唐氏、楊氏、常氏、鄭氏、秦氏、許氏、阮氏、興化李氏、高郵王氏、寶應劉氏、喬氏、泰州宫氏等族，各以宰相、九卿、勳爵、督撫等官，家自爲譜，余皆借而次第輯成表稿，惜余入都後，當事者有所礙而未之纂也。

又立『圖説』一門。圖説者，以一邑分四鄉，以四鄉分都圖，每一地保所管之地繪爲一圖，周回徑直不過二三里耳。圖内爲説，曰東西南北至某處，有某山與何處相連，有某水某路自某處來，自某處去，所管之地有某村、某橋、某廟、某墓，聚十數地保之圖，即成一鄉，聚四鄉即成一邑。一邑之圖説須以數十紙計，而城池、廨宇、街巷更在此外，此所以爲圖經也。惜在官不能集事，圖説一門遂止矣。余在雷塘嘗畫雷塘一地保之圖，刻爲木板，印百紙，呈太守，屬其頒之縣爲式，使各保具此圖。遲之又久，卒無圖者。余路經堡城，呼其地保詢之曰：『若具所管地圖乎？若見所頒圖式乎？』地保曰：『未之見也。縣吏匿其圖，曰：「各保如欲圖式者，輸我錢若干。」故至今未具圖也。』余瞿然而止，不敢再言。嗟乎！幸地保之未具圖也，使再促之，未有不轉斂錢于村民者，弊之難防如此。雷塘一圖，余載之《雷塘墓記》篇後，可覽而知其概也。

吴烈婦吞金紀事卷跋

西湖葛嶺之下，舊有吞金祠，祠後有墓，墓爲吴烈婦所葬。烈婦姓戴，初與錢塘學生吴錫居比鄰，戴父死，哭之至失明，人呼爲孝女，因聘焉。既歸，後數年而錫疾，戴侍湯藥，知不治，請先死。錫曰：『吾未死而汝死，是以死促我也。』戴泣而止。將屬纊，呼弟鑰曰：『汝嫂將必死，屬家人伺之。』及死，戴以首觸棺，碎首，血被面，家人環伺之，絞以巾，刺以裙刀，凡求死者七，最後吞金，不得死，乃密壞玻璃瓶，吞其廉，腸斷，嘔碧血數升死。里人祠之，事載毛西河檢討所爲墓誌，視其家所藏傳記加詳。吞金者，志烈婦之志也。烈婦之死，或以玻璃不成辭，故以吞金志之乎？祠既毁，墓將不可識別，其後裔因梁山舟學士爲之表，乃復建坊於其地。余前任浙撫時，曾訪其墓，入祠揖其栗主焉。嘉慶十四年春暮，吴氏後人以此卷請題，傳曰『有其舉之，莫敢廢也』，矧烈婦之志有不可得而泯者乎？是亦守斯土者之宜急與也。爰具書以歸之。

吉蘭泰鹽池客難

予之奏改吉蘭泰鹽爲任商自運自售，不定鹽額，而止水運於皇甫川，增河東鹽課八萬餘引也。客有難者曰：『曷爲税榷乎？』余曰：『税若不定額耶，則與余所改不定引額無異。定額耶，誰其補所虧也？且新設各官皆鹽官，而改爲税，則當改鑄監督印，改名不改實，可勿更張矣。』客曰：『近年吉鹽爲内地商民之累，曷絶之，而以此鹽課歸地丁也？』余曰：『吉鹽累商及民者，賠課洒派也。今已請弛之，曷累焉？昔河東鹽課歸地丁爲課數，始自國初，故可也。今吉鹽之課始增於嘉慶十一年，若歸地丁，是加賦始吾君，曷可也？』客曰：『有議以鹽池賜還藩王，示不屑有之者，似得體也。』余曰：『阿拉善部在河套西，即古賀蘭山，康熙初，多羅禮無所歸，聖祖仁皇帝賜以此土，孳遊牧者百餘年矣。吉蘭泰乃其部之鹽池，阿拉善王瑪哈巴拉任回民馬君選等販鹽，侵潞、淮，皇上執回民罪之，宜也。瑪哈巴拉懼而獻其地，皇上收之使商運之，亦宜也。今曷與之？且若與之，亦當曰再賞之，不當曰還之。』客曰：『吉鹽不至晉二年矣，民未聞淡食，有議封禁之勿水運之者，是也，曷使内運焉？』余曰：『吉鹽性重味佳，醃物能久利醬菹，苟不貴，民甚利之。若内運，可以平潞鹽、土鹽、鄂爾多斯鹽之價，藩民及塞外貧民賴爲生計者數萬人，曷絶之？』客曰：『既不可絶，而今以皇甫川爲止，是絶其半矣。』余曰：『藩民不可使之太富，亦不可使之太貧。太貧則不安，太富亦不安。今半絶之，所以權衡使適中也。且皇甫川一大使耳，能全絶私船乎？皇甫川距河東引地六百里，一二年後河東私鹽必侵而北，皇甫川私鹽必侵而南，兩侵則兩爲平準焉，民食裕而市價賤矣。譬如南北二家之田，中隔閒地六畝，歲既久，南者必稼而北，北者必稼而南，兩私則不争，争則官治之，并閒田失之矣。』客曰：『河東商曷肯增引也？』余曰：『吉鹽二年不至晉，河東之行無引之鹽必多，特無實據耳，然不敢久，久則懼或發之。余之許其增引，知其實有可增也。余之請止吉鹽於皇甫川，蓋陰制藩部太富之計，非爲河東增引計也。』客曰：『河東道但請禁水運，商人以增引兼請，何也？』余曰：『此道官與商同氣也。水運當禁自禁之，不在增引不增引。商引當增則增之，不在水運不水運。若終固挾而求焉，余將劾而請逮治之矣。商知余之不可要，乃終請增引，而不復敢言禁水運也。』客曰：『唯唯。』時壬申五月二十九日。此奉使往山西查辦蒙古鹽事[一]。

致杭嘉湖道李坦書

浙江之性，非折不行。乾隆中年，杭城以東、海寧城以東皆有護沙，而中間老鹽倉一段數十里獨受頂衝，則以南岸有牛舌尖沙之故。惟其有此尖沙吐尖向北，故江水之下也，過尖衝北岸則折而向南，潮水之上也，過尖衝北岸亦折而向南，兩頭向南，故護沙生而受衝險工僅中間一段耳。乾隆五十年間，有不諳塘工水性者，以牛舌尖沙爲可惡，若截而直之，則中段亦望護沙之漲，于是截牛舌，開引河，導水刷沙一空，孰知不但中段不生護沙，并兩頭護沙全失，杭城烏龍廟外全受頂衝潮撲，民居之簷塘外，桑田盡爲滄海，海寧鎮海墖以下，亦皆一片大海矣。余保障危險、調劑水性者數年，至嘉慶十一年以後，兩頭漲沙復生，則以南岸漸復尖沙之故，元方以爲深幸，但恐將來復有惡尖沙不直者，故以奉告耳。庚午秋日。

[一]『此奉使往山西查辦蒙古鹽事』十二字，甲戌續刊本無。

嘉興嘉禾圖跋

嘉興馮鷺庭前輩以《嘉禾圖》卷來屬題句。元案：嘉興本嘉禾郡，以地産嘉禾得名，顧所謂嘉禾，今老農未之見也。嘉慶九年甲子五月，江、浙大雨，水汎濫沈浸，浙西三郡皆被災，禾之已種者爛于水，民厄且懼。六月，水退，民補栽苗者十之九，秋甚燠，晴雨相閒，禾大熟。有一莖三四穗至九穗者，老農詫以爲異，士之知古者曰：『此即吾郡所謂嘉禾也。』相慶以爲帝之德所感召焉。方水之橫行也，魚游于民竈，舟越阡陌帆而行，余具狀馳驛入告，帝憫甚，命發倉穀數十萬，賤其值糶于民，或以粥、或以錢米，賑貧者三十餘萬口，蠲緩地丁漕米數十萬石，勿徵于民。邑之富者各出錢穀卹其鄰，民少安，而游食之徒復乘災鳩衆橫于鄉里，余飭文武官擒其渠，散其黨，民乃益安。迨九月，禾大熟，有一莖九穗者，此帝之德足以召祥和，故其轉也爲甚速。若大吏者，方省愆之不暇，敢貪天和爲己力乎？且田之終不能補種并禾而無之者，尚比比也。寒冬雨雪，就食粥者，尚萬人也。余披圖感悚，知此爲天之恩、帝之德而已。今皇帝尚德政，不言嘉祥，未敢以此聞于朝，亦未敢爲詩歌以侈之，謹識其事於卷末云爾。

硤川煮賑圖後跋

救荒無善策，惟因時地制宜而已。余撫浙無德，屢致災。嘉慶九年夏，浙西大水，已行平糶、賑濟、借籽種諸政矣。十年夏，蠶麥又失收，民益困，乃遵欽定《工賑紀事》粥賑之法，奏設粥廠於十五州縣，凡三十四廠，大率相距二三十里，即分設一廠焉。始也，議者紛起，以爲粥必有石灰，非救民，乃害民，又以爲婦孺必相踐而死，又以爲人多必致疫，又以爲司事者必侵蝕，民無實惠。余曰：『此數弊皆所素有，但在人爲之耳。』于是每廠皆延誠實紳士，委以錢穀煮賑之事，官吏不涉手，惟鉤算彈壓而已。硤石惠力寺廠，其一也。海寧馬君鈺以部郎居鄉，平日好行其德，委以廠務，力任不疑，余又薦原任臨海縣令尹無錫華君瑞潢助之。其散籌分男女兩廠，佛寺大蘆篷無雨淋日炙之苦，貧民盪舟而來，道路出入次第，皆以木柵栫礟爲號令紀律，日賑數萬人，無擁塞之虞。有疾者給以藥，老病廢疾者別有廠，婦女有厠篷。終數十日，無一人死于廠者，粥濃厚，皆遵余令以立箸不倒、裹巾不滲爲度。馬君及分司者與飢民同食之，無一盎饐餲者。除領官銀之外，凡可以格外便民者，馬君皆力爲之，以故硤石之賑尤盡善。夫水旱之事不能必無，國家休養之恩百數十年矣，昔之八口食十畝者，今數十口食之矣。今之六分災，敵昔之十分災也。倘不以此次煮賑爲謬，數十年後，若有荒歉，或可倣而行之。或曰：『分廠賑粥，不如分鄉散米。』余曰：『分鄉散米固善，但一二縣之地，有良有司、善紳士爲之乃可，若數十州縣，必有流弊。且賑粥專爲下下貧民供朝夕也，若錢與米，則中中、中下人皆走索之，反使下下之民短其賑期矣。』總之，賑災無善策，惟相時地之宜，實惠及民而已。馬君繪此圖，屬華君示予，并請題後，是仁者之用心也。曷再以原奏及煮粥散籌各章程附録于後，俾後之人益有所考焉。

重修廣東省通志序

元涖兩廣，閱《廣西通志》，乃嘉慶初謝中丞啟昆所修，喜其載録詳明，體例雅飭。及閱《廣東通志》，則猶是雍正八年郝中丞玉麟所修，書僅六十四卷，《四庫書提要》稱其一年竣事，體例牴牾，未悉訂正，且迄今九十餘年，未經續纂，若再遲，則文獻愈替，是不可不亟修纂矣。爰奏請開局纂修之，大略以《廣西通志》體例爲本，而有所增損，凡總纂、分纂、採訪、校録，莫不肩任得人，富於學而肯勤其力，三年有成，奏進御覽。《志》三百三十四卷，爲典一，曰『訓典』；爲表四，曰『郡縣沿革』，曰『職官』，曰『選舉』，曰『封建』；爲略十，曰『輿地』，曰『山川』，曰『關隘』，曰『海防』，曰『建置』，曰『經政』，曰『前事』，曰『藝文』，曰『金石』，曰『古蹟』；爲録二，曰『宧[一]績』，曰『謫宧』；爲列傳八，曰『人物』，曰『列女』，曰『耆壽』，曰『方技』，曰『宧者』，曰『流寓』，曰『釋老』，曰『嶺蠻』；爲雜録一，共二十六門。古人不曰『志』而曰『圖經』，故圖最重。宋王中行等《廣州圖經》不可見矣，今則一縣一州爲一圖，沿海洋汛又爲長圖，按册讀之，粲然畢著矣。《廣東通志》舊有康熙十二年劉中丞秉權所修之三十卷，明萬曆二十九年郭棐所纂之七十二卷，嘉靖三十六年黄佐所撰之七十卷，嘉靖十四年戴璟所撰之初稿四十卷，各書多就殘佚，惟黄《志》爲泰泉弟子所分撰者，體裁淵雅，䆒有存本，今求得之，備加採録。元家藏秘籍如宋王象之《輿地紀勝》等書，亦多採録，是以今《志》閲書頗博，考古較舊加詳，而選舉、人物、前事、藝文、金石各門亦皆詳覈。至於國初收粤、平削尚藩諸鉅事，則已載在國史，此志不得記之，與《廣西志》同例也。書成刊校，爰敘其後。道光二年閏三月。

[一] 宧，底本誤刻作『宦』，據《〔道光〕廣東通志》改。以下本篇中徑改，不再出校。

恭進十三經注疏校勘記摺子

欽惟皇上聖德天縱，典學日新，爲政本乎《六經》，教士先夫儒術，此我朝聖聖相承之極軌也。臣幼被治化，肄業諸經，校理注疏，綜核經義，於諸本之異同，見相沿之舛誤，每多訂正，尚未成書。乾隆五十六年，奉敕分校太學石經，曾以《唐石經》及各宋板悉心校勘，比之幼時所校，又加詳備。自後出任外省，復聚漢、唐、宋石刻暨各宋、元板本，選長於校經之士，詳加校勘，自唐以後單疏分合之不同，明閩附音之有别，皆使異同畢録，得失兼明，成《十三經注疏校勘記》二百十七卷，附《孟子音義校勘記》一卷、《釋文校勘記》二十五卷。昔唐國子博士陸德明慮舊籍散失，撰《經典釋文》一書，凡漢、晉以來各本之異同，師承之源委，莫不兼收並載，凡唐以前諸經舊本賴以不墜。臣撰是書，竊仿其意。連年校改方畢，敬裝十部，進呈御覽。臣自維末學，莫贊高深，妄瀆聖聰，不勝戰慄悚惶之至。謹奏。嘉慶二十一年十二月。